北京京师（海口）律师事务所
彭浩珍 / 主编

析案说法

——专业化的魅力

中国财经出版传媒集团
中国财政经济出版社
北京

图书在版编目（CIP）数据

析案说法：专业化的魅力 / 彭浩珍主编. -- 北京：中国财政经济出版社，2023.11

ISBN 978-7-5223-2532-3

Ⅰ.①析… Ⅱ.①彭… Ⅲ.①法律—基本知识—中国 Ⅳ.①D920.4

中国国家版本馆CIP数据核字（2023）第209245号

责任编辑：陈志伟　　　　责任印制：史大鹏

封面设计：卜建辰　　　　责任校对：徐艳丽

析案说法——专业化的魅力

XI'AN SHUOFA—ZHUANYEHUA DE MEILI

中国财政经济出版社 出版

URL：http：//www.cfeph.cn

E-mail：cfeph@cfeph.cn

社址：北京市海淀区阜成路甲28号　邮政编码：100142

营销中心电话：010-88191522

天猫网店：中国财政经济出版社旗舰店

网址：https：//zgczjjcbs.tmall.com

北京时捷印刷有限公司印刷　各地新华书店经销

成品尺寸：170mm×240mm　16开　24.5印张　345 000字

2023年11月第1版　2023年11月北京第1次印刷

定价：118.00元

ISBN 978-7-5223-2532-3

（图书出现印装问题，本社负责调换，电话：010-88190548）

本社图书质量投诉电话：010-88190744

打击盗版举报热线：010-88191661　QQ：2242791300

编/委/会

序 Preface

序一

法律是治国之重器，建设社会主义法治国家是我国的一项基本治国方略。良法善治，民之所向。律师作为法治建设不可或缺的力量，更要创新形式的宣传法律，增强全民法治观念、促进法治社会建设，让法治融入每个人的血液，融入社会生活的方方面面。

法律的真谛是实践，实践的归宿是总结。一个律师在新形势下如何不内卷，是青年律师、转型律师需要回答的问题。我们认为：契合实际的目标、强大的学习力、敏锐的洞察力、准确的判断力、知行合一的实践力、把脉准确的总结力，都是律师能力的护城河。具体到实践，“四能”尤为重要：“能写能讲，能说能走”，既能妙手著文章，又能走上法律讲台，再能逻辑清晰激辩法庭，还能云游四海联动律界。出版书籍，更胜一筹，出书就是总结，就是迈向巨人肩膀的坚实台阶。

2023年初，恰逢京师海口律所年度庆典，为推动律所专业的迭代升级，提高“四能”，特提出在海口、深圳、太原、天津、山东等京师体系以律所名义推出系列《析案说法》，副标题分别冠以专业化的魅力、专业化的深度、专业化的荣光、专业化的引力、专业化的影响。向之前京师大连律所已经出版的《析案说法——专业的力量》学习，同时做成系列书籍，形成品牌合力，提高京师品牌美誉度。

本书从选题、内容和框架都独具一格。选题不固定方向，涵盖如房屋买卖租赁、物业、合同、劳动合同、侵权维权、执行等内容，全面深刻细致，突出实务，紧扣目前与生活密切相关的热点法律问题，尤其是加入了2023年出现的新问题，以深入浅出、通俗易懂的语言讲解法律问题，将法律术语转化为生活语言，既有理论深度，又富有实践性，让读者在轻松的阅读中学会法律知识，知法守法，依法维护自身权益，实现尊法、学法、守法、用法。体系和框架编排上，以典型案情为载体，还原案件事实，引出争议焦点，附带法庭裁判，解析法律原文，提出解决对策，条理清晰，通过生动直观的案例，数据分析以案释法，整体框架逻辑严密，清晰流畅，帮助读者快速理解案件争议焦点和办案思路。

本书凝聚京师海口律所律师总结的办案成果和实务经验，我们认为本书内容翔实，专业实用，是从业者能用来学习、实践的指导用书，亦为解决相关案例提供新思路。

在此，感恩彭浩珍律师的精心组织和及时督促，感佩每一位参与编写的京师律师，感谢京师海口律所以及行政服务团队的大力支持，感激百忙之中为本书写序的各位专家老师，感怀每一个支持本书出版的同仁，谢谢您们！

是为序！

邵雷雷　蔡春雷

2023年秋于北京

序二

党的十八大以来，以习近平同志为核心的党中央高度重视律师工作，将律师工作摆在全面依法治国的重要位置统筹推进，为我国律师事业发展指明前进方向。《律师法》明确规定“律师应当维护当事人的合法权益，维护法律的正确实施，维护社会公平和正义”。这是对律师职业的最新定位，也是对律师社会责任最权威的阐释。律师队伍是法律职业共同体的重要组成部分，是服务经济社会发展、推进全面依法治国、推进中国式现代化建设的重要力量，在维护当事人合法权益、维护法律正确实施、维护社会公平正义方面承担着不可替代的职责和使命。

本书中选取的经典案例，大部分来自京师律所律师亲自承办的案件，这些案例涵盖民、刑、仲裁等多个领域，围绕实务中出现的疑难问题，通过“案情概要”“法律分析”“理论阐释”“裁判结果”等结构设计，以案由为载体，精心剖析案例。本书以案释法、重点突出、通俗易懂、受众广泛，读者既可以是对法律实操感兴趣的研究人员、涉及相关纠纷处理的当事人，也可以是律师、司法工作人员等法律工作者。引导读者深刻把握事实认定和法律适用的辩证关系，探明法律规范的意义和法律用语的内涵，总结法律实施规律和律师办案规律，进而掌握法律规则运用的方法和技巧。

本书特色在于，一是案例选取精准，代表性强。本书所选取的每一个案例所涉及的法律问题均为法学领域研究的典型案例或重大事件。二是体系内容完备，针对性强。本书聚焦近年来法学领域的热点和争议问题，内容较为完整地将法律规范、司法案例和法学理论三者有机结合。三是视角鲜明，方法创新。本书汇集多方法律职业群体的案例分析视角，注重案例评注在理论研究与学科教学的运用，实现法学理论的演进与法治实践的需求相同步。

就具体内容来看，本书既包括日常生活中高频出现的法律纠纷问题，如《小区选聘物业公司操作要点及法律风险防控》《从代理三个案例看提供劳务者受害责任纠纷责任划分认定的法理与情理》，也包括司法实务中所涉的疑难问题，如《执行案件参与分配中的优先权解析》《申请撤销仲裁裁决的代理方案设定和律师视角》，全面体现相关理论和实践中存在的争议及解决对策。并且选取的案例生动、真实，是京师律所众多律师在法律工作中总结出的实践经验，立意专业与深度，旨在通过深入剖析，总结律师相关办案成果和法律实务经验，有助于塑造和培养律师思维，帮助读者更好的理解法律的基本原理与基本规则。

我们期待京师律师能进一步深耕新兴业务，开拓新的领域，提高业务水平，为法治中国建设和海南自由贸易港高质量发展贡献力量！

王琦

海南大学法学院院长、教授、博士生导师

序三

非常荣幸能够为本书撰写序言。在这个瞬息万变的时代，隔行如隔山，专业能力成为各行各业职业人士成功的关键要素。无论是在职场还是日常生活中，我们都渴望能够展现出自己独特的专业魅力，以求得更好的发展和成就。尤其是律师行业，我们律师朋友们都是靠专业技能吃饭的专业人士。因此，借助各种舞台和机遇，展示自己专业水平和实力，就势在必得！

因此，在这种背景下，深有远见卓识和明睿眼光的北京京师律师事务所总部创始合伙人蔡春雷主任提议出版此书。一方面是为海口京师律师事务所打造专业的深邃魅力和无与伦比的职业实力。另一方面，也是为所有愿意参与写稿的主任律师们，提供一个展示自己专业魅力的舞台和机会！可以说一箭双雕，共赢未来！对集体对个人而言，都是极好的升级机遇！在此，特别感谢蔡春雷主任的大力支持和鼓励，还有各重要环节的把关和风险预控。感谢所有编写此书的律师们的热情参与和付出，百忙之中抽出时间认真负责地写稿改稿。因此，本书的出版是集体智慧的结晶，是大家一起齐心协力、同心同德、努力加油的结果！

尤其感谢蔡春雷主任对我本人的责任心的信任和出书方面经验的认可肯定，由我负责组织具体实施本书的推进出版。我倍感压力和责任在身，因此比自己之前单独出书还上心和操心。过程中与各律师编者反复不厌其烦地催稿，筛选合适的出版社，与出版社反复商讨谈合作，多次催促主管编辑加班加点，反复琢磨对比并确定版式设计、封面设计、编委会等，一路走来，如临深渊如履薄冰。

但是幸运的是，我并不孤单。帮助我支持我的同事和朋友不少。本书的出版，特别感谢海口京师律师事务所行政人员王开芸女士的大力支持配合，她悟性高，情商高，沟通能力强，做了很多中间搭桥沟通工作和编辑辅助工作。特别感激之前合作过的中国财政经济出版社编辑部的尉敏主任，我们目标一致，就是出精品，出好书。细节把关和时间节点，我们一直能做到相互理解，彼此照顾。作为一个综合实力很强的规范出版社，编辑部任务很多很重的情况下，还能为本书的及时出版争取了比较多时间和机会。唯有说一句，我的运气真好，合作真的比较愉快！

《析案说法——专业化的魅力》是由北京市京师律师事务所海口分所出的第一本专业法律书籍，在党中央提出建设自贸港的过程中，海口京师律师事务所也拿出了自己在法律专业领域的实力和魅力，因此，本书的出版意义非凡，责任重大。

本书旨在通过多篇专业的论文论证分析和案例实例，在刑事民事行政等领域都有值得一读的精彩分享。无论您是想从理论强的论文中吸取营养，听听专业领域的专家娓娓道来，还是想从日常法院判决的案例分析中总结经验和品读人生，都能如您所愿！

最后，我希望《析案说法——专业化的魅力》能够成为各位同仁们了解海口京师律师事务所、打开海口京师律师事务所专业领域的一张名片、一个独特的视角、一个合作共赢的机会！

祝愿您阅读愉快，衷心祝福您收获满满！

彭浩珍

2023年秋于北京

目录 Contents

新时代社区矫正对象正确定位和改造目的探讨

□ 彭浩珍　贾晓文①

【摘　要】习近平总书记提出，新时代，作为司法工作者，我们要积极响应新时代的号召，在社区矫正对象的正确定位和改造目的方面，我们也要与时俱进。那么在以人为本的大环境下，社区矫正应尊重和保护人权，保障社区矫正对象的各项合法权益，让社区矫正对象成为新时代的见证者、参与者。同时，我国对绝大多数罪犯的基本态度是惩罚与改造相结合，以改造人为宗旨。惩罚是基础，改造是重点，目的是通过对罪犯实施针对性改造，帮助社区矫正对象重新回归社会，成为守法公民。在我国，监狱和社区矫正是惩罚和改造罪犯的两种主要行刑方式。在行刑实践中，认罪悔罪是改造的重要内容，也是确保提高改造质量的重要环节。罪犯只有充分实现认罪悔罪，真诚接受改造，才能取得被害人的谅解和全社会的重新接纳，才能重新成为新时代的合格公民。因此，新时代如何定位和改造社区矫正对象是一个非常有意义的议题，值得我们共同去探讨。

【关键词】新时代；社区矫正对象；正确定位；改造目的

---

① 彭浩珍，法学硕士，北京市京师律师事务所总部主任律师，主做重大疑难刑事民商交叉案件，法院调解员，仲裁员，司法部公益普法负责人，多家权威媒体特约评论员，《校园人——你不能不知道的法律知识》主编。
贾晓文，司法部干部，国家立法专家。

《中华人民共和国社区矫正法》规定，社区矫正工作应当依法进行，尊重和保障人权。社区矫正对象依法享有的人身权利、财产权利和其他权利不受侵犯，在就业、就学和享受社会保障等方面不受歧视。社区矫正对象是我国公民和普通社会成员中不可分割的组成部分。作为时代新人，社区矫正对象必须认识新时代，走进新时代，拥抱新时代，奉献新时代，必须根据新时代的道德要求约束自己的行为，做一名合格的新时代公民。

一、新时代社区矫正对象的正确定位

（一）社区矫正对象是新时代的见证者、参与者

尽管社区矫正对象在监禁状态下进行服刑矫正，但是最终他们还是需要通过一段时间的矫正、帮扶，顺利回归社会，成为正常公民。所以，在矫正期间，及时、了解掌握社会发展形势、国家相关政策是非常有必要的。当前，我国已经进入新时代。新时代有何新内涵，与以前发展阶段有何不同，掌握这些知识对于社区矫正对象顺利开展矫正活动具有重要意义。对于什么是新时代，不同主体有不同认识。社区矫正对象作为新时代的见证者、参与者，也有自己不同的认识。

【案例精析】

案例1

社区矫正对象积极参加疫情防控，主动回报社会

社区矫正对象张某是S省C市G司法所一名在矫对象。在入矫初期，张某因身份意识、服刑意识不牢固，违反社区矫正管理规定，在未经批准的情况下，私自外出，曾被G司法所工作人员给予警告处分，并要求张某在一段严管期内每天都要去G司法所报到，

接受谈话。经过一段时间的个别教育，张某思想意识发生了很大转变，身份意识、服刑意识、守法意识显著提高。

2020年，全国暴发新冠疫情。S省C市也未能幸免。C市发生新冠疫情后，大批社区工作者和社会志愿者奋战在抗疫一线，默默奉献。张某看到抗疫情景，深受感动，并决定自愿加入抗疫队伍。他主动报名志愿者，多次参加志愿服务，对于脏活、累活不挑不拣，抢着干，搞宣传，把抗疫政策及时传达给社会大众，测体温、做登记，杜绝高危人员传播疫情。为了能够做好防控工作，每天都在外值守十几个小时，吃饭喝水都无法正点，但是张某从未抱怨，一直保持饱满的热情。面对组织和群众的赞誉，张某表示，自己就是要用实际行动回馈社会，感谢党和政府给自己提供新生的机会，用实际行动接受矫正、洗涤心灵，用实际行动知罪、认罪、悔罪、赎罪。

案例2

社区矫正对象积极参加公益劳动，修复社会关系

依照《社区矫正法》，社区矫正对象参加公益劳动是社区矫正工作的重要内容之一，也是社区矫正机构对社区矫正对象实施矫正和教育帮扶的一项主要措施。

2022年7月，J省R市W县司法局为了充分发挥公益劳动的教育和塑造功能，加强对社区矫正对象的教育帮扶作用，提高社区矫正对象的公德意识和社会责任感，进一步修复因社区矫正对象实施犯罪行为而破坏的社会关系，统一组织辖区内正在接受社区矫正的50多名社区矫正对象前往D街道街心公园开展美化环境、种植花草活动。在这次公益活动中，50多名社区矫正对象热情高涨，共清理垃圾100多千克，种植花草100多棵（株）。这次公益活动，受到了游园群众和当地城管部门的一致好评。

在公益活动中，社区矫正对象积极配合W县司法局的监督管理和组织安排，接受人民群众的监督，活动进展顺利。通过这次活动，社区矫正对象进一步增强了社会公德意识和规章纪律意识，提高了社会责任感和集体观念。参加公益活动的社区矫正对象纷纷表示，继续好好接受矫正，早日回归社会，做一名守法公民。

案例3

社区矫正成效显　重新做人美名传

蔡某经营一家小超市。2020年上半年，因琐事与人发生冲突，构成了犯罪。F县人民法院依法认定蔡某有罪，判处两年有期徒刑缓刑三年，实施社区矫正。2020年8月，蔡某前往F县P司法所报到，接受社区矫正。在社区矫正期间，司法所工作人员依法开展社区矫正，耐心对蔡某进行教育帮扶。经过司法所工作人员的持续教育，蔡某思想认识发生了很大改变，深刻认识到因自己的犯罪行为给被害人及其家属、自己及其家人、整个社会造成的伤害；深刻认识到自己走上犯罪道路是由自己法律意识和观念淡薄、爱贪小便宜造成的；深刻认识到自己接受社区矫正是自己实施的犯罪行为应该付出的代价，是咎由自取；深刻认识到只有抓住党和政府给予的"挽救"机会，真诚认罪悔罪赎罪，才能争取国家、社会、被害人、家人的谅解；深刻认识到刑满释放回归社会后，只有重新做人才能弥补自己的过错。

蔡某是这样认识的，也是这样做的。解除社区矫正回归社会后，他起早贪黑，诚信经商，把自己经营的超市打理得有条不紊，生意红红火火。同时，蔡某还利用闲暇时间，回报社会，多次以志愿者身份参加公益活动帮助别人。比如，去敬老院看望、照顾孤寡老人，去留守儿童学校看望留守儿童捐赠学习用品，积极参加救灾救难活动等。蔡某的“转变”受到了地方司法行政机关的充分肯定，爱心公益活动受到了各界人士的一致颂扬。

案例4

社区矫正对象感恩在心　回报于行

2019年4月，Y省C市F县司法局为了充分发挥劳动的惩戒、教育和塑造功能，进一步提升社区矫正对象的劳动观念，增强他们的公德意识、责任意识和纪律意识，矫正他们的犯罪心理和行为恶习，特意组织辖区内所有社区矫正对象前往县社会福利院开展“感恩在心，回报于行”主题教育活动，为老人们送去温暖与关怀。

在主题教育活动中，全体社区矫正对象听从司法局工作人员统一指挥，拿起手中的劳动工具对福利院各个角落进行了彻底的打扫和清理。此外，他们还发挥各自专长，为福利院老人提供心理咨询、衣物清洗、床铺整理、陪侍聊天，为福利院修剪花草树木等。福利院的老人们感受到了亲人般的关怀和家的温暖，福利院也获得了社区矫正对象提供的公益服务。

尽管这次主题教育活动时间不长，但取得了良好的法律效益和社会效益：不仅全体社区矫正对象觉得活动很成功，增强了他们的社会责任感、自我认同感和价值感，而且福利院职工和老人们也对这次活动和全体社区矫正对象的表现给予了很高评价。这为社区矫正对象顺利回归社会创造了良好条件。

案例5

社区矫正对象奋勇救火被点赞

2022年5月4日上午，社区矫正对象余某、赵某参加当地迎接全国文明城市复验执勤工作。上午9时左右，突然看到附近一栋居民家属楼顶楼浓烟滚滚，他们立即拨打了119电话，向值班领导做了汇报，并迅速赶往事发地点。他们一到事发点，就立即着手疏散群众、救助被困群众。二人顾不上自己的安危，冲进浓烟搜寻。在搜寻中，余某和赵某发现起火点在卧室，而且室内放有电脑、充电器等电器，他们立即切断电源，拿起灭火器果断灭火。室内还有一位行动不便的老人，他们立即找来一条棉被，用水打湿盖到老人身上，背起老人往外跑。后来，当地消防员赶来后，余某和赵某才悄悄离开。

余某和赵某的见义勇为行为，及时避免了火灾给群众造成财产损失和人员伤亡。事后，新闻媒体进行了整个事件的追踪报道，余某和赵某见义勇为的行为得以为世人知晓。司法所知道他们的事迹后，找到他们了解情况，准备给予表扬。余某和赵某表示：以前由于他们法律知识和法律意识欠缺，一时冲动犯了法，非常后悔。经过司法所工作人员的教育，目前已经认识到自己的错误和缺点，总想通过自己的行为弥补以前的过错。这次救火行为能够避免群众生命和财产遭受损失，心里非常高兴。他们一致表示，将充分利用社区矫正的机会，彻底改造自己，争取尽早回归社会，做一个对社会有用的人。

【案例解读】

社区矫正的最大特点就是将社区矫正对象放在“社区”接受改造与矫正，避免监禁矫正的“物理隔离”带来的弊端。这体现了党和政府对社区矫正对象的“人性化”关怀。广大社区矫正对象也对党和政府的“厚爱”非常珍惜，在新时代，把握时机抓矫正，力所能及做贡献。上述五个案例就是近三年来，社区矫正对象根据自己对新时代的不同认识，在社区矫正期间及回归社会后，通过自己的作为回报社会的先进典型代表。案例1中的社区矫正对象张某在新冠疫情防控期间，继续巩固并充分展现自己接受社区矫正取得的矫正成果，充分认识到自己是新时代国家建设的一份子，自己在能力范围内做好每一件小事，都是在为国家建设、社会发展尽一份力量。只有每一个社会成员都有良好的社会公德，助人为乐、遵纪守法，我们的社会和国家才会更加和谐美好。基于这种认识，张某在疫情防控期间，积极参与疫情防控，带头维护社会秩序，用自己的实际行动践行着自己感恩回馈社会的承诺。案例2中的社区矫正对象通过矫正认识到新时代需要良好的社会公德。他们积极参加当地司法局组织的公益活动，不仅培养了公德意识，提高了社会责任感，更为关键的是受到了当地干部群众的一致好评，取得了很好的社会效果。这对于他们修复社会关系，建立新的社会支持系统，社区矫正期满更好地顺利回归社会具有重要意义。案例3中的社区矫正对象蔡某因法律意识不强、贪恋小便宜而实施了犯罪行为。通过社区矫正，他认识到新时代是法治时代，依法治国是国家政策，每一个社会公民都应知法、守法、用法，遵守法律，依法办事，遵守职业道德。在此基础上，蔡某感恩国家和政府没有抛弃他，给他提供了重新做人的机会。为此，刑满释放后，他诚信经商，守法经营，努力工作，把自己的超市经营得红红火火，同时他还积极做力所能及的公益活动回报社会。案例4中的社区矫正对象积极参与当地司法局组织的社会福利院“感恩在心，回报于行”主题教育活动，为福利院老人送去温暖与关怀。这不仅有利于弘扬我国尊老爱幼的传统美德，更为关键的是，有利于唤起社区矫正对象的家庭责任感，促使他们反思因自己的行为给家庭，尤其是父母、子女带来的伤害，促使他们更好地知罪、认罪、悔罪、赎罪，更好地抓住机会主动改造和矫正，提高矫正质量，矫正期满后更好地融入家庭、预防和减少犯罪。案例5中的社区矫正对象余某、赵某对新时代有自己的理解和认识，他们认识到在法治社会，应该人人为我，我为人人，相互依存，共同发展。每一个人都是权利与义务的统一体，既要依法行使权利，更要履行法定义务，当个人利益与集体利益发生冲突时，个人利益应服从集体利益。正是基于这种认识，面对公共财产和他人生命受到威胁，余某、赵某奋不顾身救火，弘扬了社会正能量，赢得了当地群众认可。这体现出余某、赵某已经培养了良好的个人品德，表现出了良好的个人品行。

【知识梳理】

2017年10月18日，中国共产党第十九次全国代表大会召开。习近平做了题为《决胜全面建成小康社会 夺取新时代中国特色社会主义伟大胜利》的报告。习近平总书记在报告中说，经过长期努力，中国特色社会主义进入了新时代。

新时代有新内涵，不同主体有不同的认识。

1. 国家

从国家层面，搞清楚什么是新时代，首先要明白新时代意味着什么。中国特色社会主义进入新时代意味着近代以来久经磨难的中华民族迎来了从站起来、富起来到强起来的伟大飞跃，迎来了实现中华民族伟大复兴的光明前景，意味着科学社会主义在二十一世纪的中国焕发出强大生机活力，在世界上高高举起了中国特色社会主义伟大旗帜，意味着中国特色社会主义道路、理论、制度、文化不断发展，拓展了发展中国家走向现代化的途径，给世界上那些既希望加快发展，又希望保持独立性的国家和民族提供了全新选择，为解决人类问题贡献了中国智慧和中国方案。

搞清楚新时代意味着什么之后，需要进一步搞清楚，从国家层面到底什么是新时代。应该说，这个新时代是承前启后、继往开来，在新的历史条件下，继续夺取中国特色社会主义伟大胜利的时代；是决胜全面建成小康社会，进而全面建成社会主义现代化强国的时代；是全国各族人民团结奋斗，不断创造美好生活，逐步实现全体人民共同富裕的时代；是全体中华儿女勠力同心，奋力实现中华民族伟大复兴中国梦的时代；是我国日益走近世界舞台中央，不断为人类做出更大贡献的时代。

那么，新时代有什么新特点呢？习近平总书记在党的十九大报告中说，进入新时代后，我国社会主要矛盾发生了变化。社会主要矛盾已经由原来的人民日益增长的物质文化需要和落后的社会生产之间的矛盾转化为人民日益增长的美好生活需要和不平衡不充分发展之间的矛盾。社会主要矛盾的变化给我们提出了新目标。

在社会主要矛盾发生变化的前提下，我们的新目标也更加清晰可见。它就是在我国已经解决了十四亿多人口的温饱问题，总体上实现小康的前提下，不久将来会全面建成小康社会。从2017年到2020年，是全面建成小康社会的决胜期。在全面建成小康社会的基础上，再奋斗十五年，到2035年，基本实现社会主义现代化。然后，再花费十五年时间，到本世纪中叶，把我国建成富强、民主、文明、和谐、美丽的社会主义现代化强国。

2. 公民

从公民角度，不同人对新时代有不同的理解。有的人认为，新时代就是新的生活方式；有的人认为，新时代是改变命运、脱胎换骨的事业；有的人认为，新时代是不断转化人生角色的舞台；有的人认为，新时代是五彩斑斓的人生；有的人认为，新时代是家庭幸福和事业光明的未来；有的人认为，新时代是爱与责任；有的人认为，新时代是一个打造富人的摇篮；有的人认为，新时代是衣食父母；有的人认为，新时代是温馨和谐的家庭；有的人认为，新时代是展现价值、实现人生梦想的平台，是追求人生价值的大舞台；有的人认为，新时代是温暖的家；有的人认为，新时代是责任；有的人认为，新时代有爱，有健康，有舞台，有责任，有使命，有家庭的幸福，有人生光明的事业和未来。新时代其实已经成为一种生活方式。

3. 新时代的特征

新时代是一个具有标志性、里程碑式的发展阶段。有的人认为，新时代具有以下几个特征：是承前启后，继往开来，夺取中国特色社会主义伟大胜利的新时代；是决胜全面建成小康社会，全面建成社会主义现代化强国的新时代；是实现共同富裕的新时代；是实现中华民族伟大复兴中国梦的新时代；是中华民族日益走近世界舞台中央的新时代。[①]有的人认为，新时代是

① 邓纯东：《中国特色社会主义新时代的五大特征》，http：//myy.cass.cn/tplx/201805/t20180518_4259351.shtml。

党史、新中国史的重要组成部分，是新坐标、新的里程碑。[①]有的人认为，新时代有五个典型特征，即形成了新论断，创立了新思想，谋划了新蓝图，明确了新使命，焕发出新活力。[②]可以看出，新时代具有新特征，不同人具有不同认识。但是通常来说，新时代标志着国家发展进行新阶段，每一个国家公民、社会成员都应积极参与、拥抱新时代，都应为新时代国家、社会发展出一份力。

【实践应用】

新时代是党和国家就我国当前发展阶段做出的新判断。每一个国家公民、社会成员都是新时代的参与者、建设者、实践者。社区矫正对象尽管因其犯罪行为受到了刑事惩罚，接受社区矫正，但是他们仍然是国家公民，是社会成员。所以，社区矫正对象也应积极了解、认识、参与新时代。社区矫正对象应把握好国家和政府提供的重新做人的机会，加速矫正、改造，完成角色转化，重新融入社会，做新时代的典型和模范。

（二）社区矫正对象拥抱新时代成为时代新人

面对新时代对公民道德建设的新要求，需要对社区矫正对象开展道德教育。当前，道德教育是社区矫正机构依法对社区矫正对象开展教育帮扶的重要内容。社区矫正机构通过对社区矫正对象开展道德教育，进一步提高他们的思想道德修养和水平，切实提高教育矫正质量。道德教育主要包括学习社会主义核心价值观、社会公德、职业道德、家庭美德、个人品德等内容，学习道德模范助人为乐、见义勇为、诚实守信、敬业奉献、敬老孝亲等先进事迹，引导社区矫正对象深入思考，在思想和行为上达到内化于心、外化于行，树立正确的世界观、人生观和价值观，强化社区矫正对象的社会责任感

① 曲青山：《新时代在党史、新中国史上的重要地位和意义》，人民出版社，2019。

② 宋书超：《新时代的五个典型特征》，《青春岁月》2018年第14期，第364页。

和公德心，有效促进社区矫正对象顺利融入社会，预防和减少重新犯罪。对于社区矫正对象来说，就是要主动响应、积极参与社区矫正机构开展的道德教育活动，同时也要加强道德自律，抓住一切机会提升自己的道德修养，成为时代新人。

【案例精析】

案例1

××市社区矫正管理局通过实现“三转变”对社区矫正对象强化道德教育

××市社区矫正管理局一直以来非常重视对社区矫正对象开展道德教育。2019年，《新时代公民道德建设实施纲要》和《社区矫正法》出台后，××市社区矫正管理局把学习贯彻《新时代公民道德建设实施纲要》和全面落实《社区矫正法》结合起来，积极组织社区矫正对象学习《新时代公民道德建设实施纲要》和《社区矫正法》，依法落实教育帮扶措施，着力提高他们的道德水平，引导他们知法学法守法、服从监督管理、遵守道德要求。具体来说，针对实践中教育帮扶是“软指标”，通过创新教育矫正措施，实现“三转变”，提升社区矫正对象道德水平，提高社区矫正工作矫正质量。

一、刑期转变为学期

××市社区矫正管理局将辖区社区矫正对象的服刑期与制订个性化矫正方案结合起来，设定矫正总目标、基本目标和阶段性具体目标，细化学习内容。一是开设道德课堂，加强社会公德教育。根据不同需求，对社区矫正对象进行分类，进行个别化编班，分设不同教学点，选配专业讲师团，实施个别化教育，重点是将《新时代公民道德建设实施纲要》的要求与日常道德习惯和当地风土人情结合起来，鼓励社区矫正对象在日常工作生活中遵纪守法、助人为乐，积极主动修复社会关系，确保学习成效；二是开设职业课堂，加强职业道德教育。根据不同兴趣和就业爱好，开设不同的职业班次，实施职业技能培训，特别是重视对社区矫正对象传授职业道德知识，引导他们诚实守信、爱岗敬业，坚决与弄虚作假、以次充好、怕苦怕累、违规违纪行为决裂；三是开设亲情课堂，加强家庭美德教育。开展“社区矫正场所开放日”活动，邀请社区矫正对象家属代表，参观矫正场所、与社区矫正工作人员谈心交流，拉近社区矫正机构、社区矫正对象、帮扶家属的距离，鼓励家属开展日常帮教，特别是将家属“引进来”，借助家属力量，定期开展“家属帮教课堂”，鼓励社区矫正对象与家属同台分享，修复家庭关系，感化引导其他社区矫正对象加速改造；四是开设特殊课堂，加强个人品德教育。鼓励社区矫正对象分享阶段性矫正成果，特别是介绍矫正先进典型，通过“现身说法”教育，增强社区矫正对象自我改造主体意识和自我价值感、认同感，引导其他社区矫正对象向“先进”学习、向“榜样”学习，形成“比、学、赶、超”浓厚氛围，相互督促、相互学习、共同进步。

二、严管转变为帮扶

监督管理和教育帮扶是社区矫正工作的主要内容。《社区矫正法》正式实施后，接受教育帮扶已经不再是社区矫正对象的法定义务。为此，××市社区矫正管理局正确处理监督管理与教育帮扶的关系，监督管理作为开展社区矫正工作的前提和基础，将社区矫正工作的重点放在教育帮扶。根据社区矫正对象的特点，开展分类管理和个别化矫正，实现精准教育帮扶。一是对未成年社区矫正对象实施特殊帮扶。《社区矫正法》设未成年人社区矫正专章，对有关未成年人社区矫正做了特别规定。××市社区矫正管理局借助当地未成年人服务中心的力量对辖区未成年社区矫正对象开展个案化帮扶。二是对回归社会有特殊困难的社区矫正对象开展针对性帮扶。《社区矫正法》规定，社区矫正对象可以按照国家有关规定申请社会救助、参加社会保险、获得法律援助，社区矫正机构应当给予必要的协助。××市社区矫正管理局对辖区内有特殊困难的社区矫正对象进行摸排，分类实施救助。《社区矫正法》正式实施两年来，××市社区矫正管理局通过与有关职能部门协调，共对近50名社区矫正对象提供了住房帮扶、医疗救助和法律援助。三是对有身体残疾的社区矫正对象开展互帮互助。身体有残疾的社区矫正对象属于有特殊救助需求的人群，需要充分发挥社会力量的独特优势。××市社区矫正管理局分析梳理辖区内具有身体残疾特点的社区矫正对象，并建立个案档案。根据残疾对象在行动、起居等方面的特殊需求进行分类救助，鼓励社会志愿者开展一对一帮扶，引导社区矫正对象之间实施互帮互助。四是对有创业需求的社区矫正对象开展帮扶。就业是社区矫正对象顺利回归社会的基础。××市社区矫正管理局高度重视社区矫正对象就业问题。鼓励有条件的社区矫正对象创业，向他们及时分享有关的法律、政策和信息，教育他们合法创业、守法经营、诚信经商。协助工商、税务、银行、民政等职能部门为社区矫正对象创业提供帮助。

三、被动矫正转变为主动矫正

社区矫正工作的核心是对社区矫正对象开展个别化矫正，矫正其不良心理和行为恶习，以便刑满释放解除矫正回归社会后不再重新实施违法犯罪。为了提高矫正质量，必须在矫正期间完成被动矫正向主动矫正的转变。××市社区矫正工作人员在日常社区矫正工作期间，非常重视实现这种转变。具体来说，在社区矫正初期，先对社区矫正对象进行严格的监督管理，强化身份意识、服刑意识、道德意识和法律意识，强制进行思想和行为矫正，迫使他们认罪服法，遵守法律道德等行为规范。在社区矫正中后期，根据社区矫正对象的服刑表现，及时调整矫正策略，适时引导已经知罪认罪悔罪的社区矫正对象主动开展自我矫正，学法、守法、用法，遵守基本道德准则，实现自我救赎。比如，吸收社区矫正对象参与矫正措施和矫正方案的制定、调整，鼓励社区矫正对象主动修复社会关系等。近年来，××市社区矫正管理局通过搭建矫正平台，引导社区矫正对象参与矫正措施和矫正方案的制定、调整共100余人次，引导社区矫正对象参与公益活动300余人次，20多场次。××市社区矫正管理局及时发现、总结、表彰、奖励社区矫正对象的“矫正典型事例”，引导他们更好地实现自我主动矫正，取得了很好的政治效果、法律效果和社会效果。

案例2

重视“孝道”教育　修复家庭关系　传承家庭美德

家庭是社会的细胞。在社区矫正对象回归社会过程中，家庭具有重要作用。社区矫正对象实施犯罪行为或多或少会给家庭带来伤害，对家庭关系造成损害。W省B市L县社区矫正管理局在社区矫正过程中，重视家庭关系的修复，为社区矫正对象将来顺利回归社会创造条件。L县社区矫正管理局以《新时代公民道德建设实施纲要》为依据，结合当地风土人情和道德实践现状，以家庭为落脚点，围绕家庭关系修复，对社区矫正对象开展“孝道”教育，同时鼓励家庭成员开展亲情帮教，充分发挥亲情在弘扬家庭美德、树立良好家风、建设幸福家庭、提升矫正质量方面的重要作用，将亲情帮教融入社区矫正对象教育帮扶全过程各环节。

一是养一份孝心。孝道是中华民族的优良传统。培养社区矫正对象尊重他人，懂得设身处地为他人思考，这对于重塑“三观”，矫正行为非常重要。社区矫正对象实施犯罪行为，其中的重要原因之一就是他们多数性格自私，以自我为中心，不懂得换位思考，替他人着想，人际关系不和谐。L县社区矫正管理局重视对社区矫正对象的“孝道”教育，开展“百善孝为先，矫治孝先行”活动，目的就是以“孝”为突破口，教育感化社区矫正对象，提升他们道德素养，以便潜移默化地培养社区矫正对象对他人的尊重理念、关爱理念。具体来说，社区矫正工作人员以“二十四孝”故事讲解为引入点，通过引经据典、通俗易懂的方式开展传统美德教育，培养社区矫正对象以孝为本、勤俭持家、孝俭养德的良好品格，引导社区矫正对象养成“敬老爱亲”“尊老爱幼”“夫妻和睦”“邻里互助”的习惯。同时，开展社区矫正对象“孝道”典型案例“现身说法”分享活动，使“孝道”理念深深根植于每一个社区矫正对象的心田。

二是写一封家书。L县社区矫正管理局在全县所有司法所集中开展“一封家书”活动。倡导所有社区矫正对象每季度给家人写一封家书，写自己的思想认识、矫正收获、未来打算，引导社区矫正对象表达对家人的内疚之心、感恩之情，促使其更深刻地认识自己、反省自己、矫正自己。同时也有利于唤起社区矫正对象家属的原谅之心、接纳之情。

三是送一份礼物。L县社区矫正管理局在全县所有司法所集中开展“一份礼物”活动。倡导所有社区矫正对象每半年给亲人送一份礼物，可以是自己手工制作的卡片、玩具、衣物，也可以是自己用劳动收入购买的商品。礼物可以送给父母，表达感恩养育之心；可以送给配偶，表达爱慕浪漫之情；可以送给子女，表达思念关爱之情。一份小小的礼物传递着亲情，拉近了亲情之间的心理距离，让社区矫正对象家属感受到社区矫正对象重新做人的意愿。礼物送出后，家属往往会进一步加强对社区矫正对象的帮教力度和接纳力度，亲情得到进一步巩固，被破坏的亲情关系得到进一步修复。这让社区矫正对象感受到了亲人对他们的不离不弃，有利于促进社区矫正对象加速改造自己、矫正自己。

【案例解读】

我国进入新时代是全体社会成员和中国公民一切行为的基本出发点。在新时代，作为社会主义建设者的一个部分，社区矫正对象不应置身事外，而应积极拥抱新时代。社区矫正对象是中国公民，有自己的职责使命和社会责任，也有自己的生活梦想和人生目标。同时，社区矫正对象又是罪犯，他们既要遵纪守法，也要遵守道德。在社区矫正期间，社区矫正对象依法应接受教育矫正，矫正其错误思想和行为恶习，培养健康向上的道德品质。

案例1中，××市社区矫正管理局依据《社区矫正法》《新时代公民道德建设实施纲要》，从中国公民的角度，通过实现“刑期转变为学期”“严管转变为帮扶”和“被动矫正转变为主动矫正”等“三个转变”，特别是引导社区矫正对象将刑期变学期，对社区矫正对象开展道德教育，加强社区矫正对象公民道德建设，不仅学习中华传统美德，还将道德教育与法律法规知识学习、道德教育与亲情教育有机结合起来，引导社区矫正对象自我觉醒，树立正确的道德观念和道德素养，为顺利回归社会创造条件。

案例2中，L县社区矫正管理局以家庭为落脚点，以治人治本为目标，重视“孝道”教育，在社区矫正对象的道德教育中，把教育重点放在家庭美德的培养上。他们充分发挥家庭亲人在弘扬家庭美德、树立良好家风、建设幸福家庭方面的重要作用，把家人的亲情帮教融入社区矫正对象教育帮扶全过程各环节，倡导家人之间弘扬正能量，传承中华传统家庭美德，培育践行社会主义核心价值观。应该说，家庭成员在社区矫正对象道德教育中具有特殊作用。对社区矫正对象开展家庭美德教育，有利于修复因犯罪破坏的家庭关系，也有利于社区矫正对象回归社会后建立良好的家庭支持系统。

【知识梳理】

1. 新时代：新变化、新要求

（1）新时代有新变化：新生活、新征程。

一是新时代有新生活。进入新时代，我国取得很多重大成就，社会成员的生活有了新变化。①经济发展速度快。我国经济总量已经跃居世界第二，仅次于美国。粮食生产连年丰收，谷物、肉类、禽类、花生、茶叶、水果、水产品等产量稳居世界第一；②重点工程数量多。西藏拉林公路、港珠澳大桥、北京大兴国际机场等具有里程碑意义的重点交通项目建成，公路、桥梁、码头、机场发展迅速，四通八达的交通让社会成员出行越来越方便；③科技成果有创新。嫦娥探测器在月球着陆，蛟龙号潜水器可以下潜深度达到7 062米，“中国天眼”——500米口径球面射电望远镜建成运行等一系列高科技成果取得突破，让我们“可上九天揽月，可下五洋捉鳖”；④生态环境增亮点。海绵城市建设，生态农业发展，风力发电、新能源汽车推广，垃圾分类实施等正在改变着人们的日常生活，培养热爱自然的好习惯，保护环境人人有责的观念逐渐深入人心；⑤军事发展成就大。航母山东舰、福建舰先后建成，国产055等万吨大驱批量下水；歼20、轰6等军机列装服役；东风41、东风17等国之重器战备值勤，国家安全得到高度保证；⑥人民生活更便捷。随着国家新型城镇化规划落地，农村脱贫攻坚、乡村振兴实现和推动，借助互联网、物联网、大数据、云计算、人工智能、5G、区块链、高铁、移动支付等高科技成果运用，我们在娱乐、购物、学习、出行等生活方面越来越便利，工作越来越高效。

二是新时代有新征程。新时代，我国确立了“两个一百年”的奋斗目标和两步走的发展战略，即，到2020年，中国共产党建党一百周年时，全面建成小康社会；到2050年，新中国成立100周年时，建成社会主义现代化强国。其中，第二个百年分两个阶段，即从2020年到2035年，基本实现社会主义现代化；从2035年到2050年，在基本实现现代化的基础上，再奋斗十五年，把我国建成富强、民主、文明、和谐、美丽的社会主义现代化强国。如今，新的征程已经开启。习近平总书记说，人民期盼有更好的教育、更稳定的工作、更满意的收入、更可靠的社会保障、更高水平的医疗卫生服务、更舒适的居住条件、更优美的环境，期盼孩子们能成长得更好、工作得更好、生活得更好，人民对美好生活的向往就是我们的奋斗目标。每一个社会成员都应投入新征程，将个人理想融入我国建设的宏伟蓝图，树立为建成社会主义现代化强国而努力奋斗的意识。每一个社会成员都应对新时代的发展充满期待，从现在做起，从自己做起，努力学习，勤奋工作，为建成社会主义现代化强国做出自己的贡献。

（2）新时代有新要求：做时代新人。

国家的奋斗目标与人民的生活息息相关，实现国家的奋斗目标就是达成人民对美好生活的向往。我们成长在新时代，享受着美好生活，每一个社会成员都不是时代的看客、过客，而应当是担负人生使命、扛起社会责任的参与者、实践者，在社会上成为一个带头遵守社会公德的好公民，在工作中成为一个模范遵循职业道德的劳动者，在家庭里成为一个传承家庭美德的好成员，在日常生活中成为一个自觉培养和努力展现良好个人品德的好榜样。广大社区矫正对象应该通过不断提升自己道德修养，树立坚定的爱祖国、爱人民、爱社会主义的情感，积极投身到实现中华民族伟大复兴中国梦的实践中去。

2. 社区矫正对象：一类特殊的国家公民和社会成员

关于社区矫正对象的称谓，有一个不断认识、实践、改变的过程。自从我国2003年全面引入社区矫正制度，社区矫正对象先后有罪犯、社区矫正人员、社区服刑人员、社区矫正对象等称谓。

为了体现对社区矫正对象的人文关怀，充分尊重和保障他们的人权，为他们顺利回归社会创造更好条件，《社区矫正法》着重淡化“犯罪”“罪犯”“服刑”色彩，采用社区矫正对象这一相对“中立”的称谓来称呼。作为一个法律概念，认识社区矫正对象的内涵与外延，必须根据《社区矫正法》等相关法律来进行。

（1）身份特征。

社区矫正对象至少有三种身份：中国公民、社会成员、服刑罪犯。中国公民是社区矫正对象的政治身份，因为他们具有中华人民共和国国籍，他们就是中国公民；社会成员是社区矫正对象的社会身份，他们生活在中国，其社会关系主要发生在中国社会成员之间，他们是中国社会成员的一部分；服刑罪犯是社区矫正对象的法律身份，虽然他们在社区矫正期间，日常生活和工作基本与其他社会成员没有明显差别，但是需要明确的是，从法律角度而言，社区矫正对象是罪犯，只是在社区进行服刑，接受惩罚与改造，因此，与监狱矫正没有本质区别。

（2）行为特征。

按照《社区矫正法》的规定，社区矫正是保障刑事判决、刑事裁定和暂予监外执行决定的正确执行的刑事执行活动。所以，社区矫正是执行刑罚的活动。社区矫正对象的行为特征是接受法律惩罚，实施行为矫正。国家给予社区矫正对象刑罚惩罚并付诸实现，就是要体现对社区矫正对象实施的犯罪行为予以报应（惩罚）。同时，因社区矫正对象普遍主观恶性不深，其实施的犯罪行为的社会危害性不大，可以采取社区矫正的方式进行行刑，通过在社区对社区矫正对象进行矫正，帮助他们顺利回归社会。社区矫正的主要目的是特殊预防，通过矫正，防止社区矫正对象回归社会后再次实施违法犯罪。[①]在社区矫正期间，社区矫正对象必须接受社区矫正机构实施的监督管理，组织的教育帮扶，借助分类管理和个别化矫正等手段，针对性地减少或消除可能导致他们回归社会后再次重新犯罪的因素，达到特殊预防的目

① 马克思反对把一般预防和特殊预防作为刑罚的目的。他指出，自由是人的天性，是人所固有的东西。人类按照自由的规律生活行事。这里的自由的规律在国家中表现为法律。法律是不能预防人的行为的。法律是自由的必然反映，是自由的肯定存在。“预防性的法律本身并不包含任何尺度、任何合乎理性的准则，因为合乎理性的准则只能从事物的本质中取得。预防性的法律没有范围，因为为了预防自由，它应当同它的对象一样包罗万象，无边无际”。转引自刘畅，庞博，对马克思刑罚目的观的解读与评析，《重庆科技学院学报（社会科学版）》2010年第17期第49页，《马克思恩格斯全集（第1卷）》，人民出版社，1956。

的。社区矫正对象在矫正期间，必须严格约束自己的行为，遵守法律规定，认真认罪悔改，主动接受矫正，特别是要树立服刑意识和矫正意识，珍惜国家和社会给予的改过自新、重新做人的机会。

（3）社会特征。

对于社区矫正对象的社会特征，应明确以下几点：①社区矫正对象实施了犯罪行为，对社会或他人造成了客观危害，具有一定社会危害性和人身危险性。②社区矫正对象实施的犯罪行为，破坏了正常的社会关系和社会秩序，必须接受惩罚，为其犯罪行为付出代价，同时努力恢复破坏了的社会关系和社会秩序。③社区矫正对象既是社会人，又是自然人，是社会性与自然性的统一。开展社区矫正，既要保障其作为自然人的基本人权，又要充分考虑其作为社会人，回归社会，成为正常社会成员的现实需要。④社区矫正对象经过一段时间矫正后，绝大部分都需要重新回归社会，成为正常社会成员。⑤社区矫正制度的一个突出特点是“社区”。社区矫正活动在社区开展，并充分借助社会力量开展教育帮扶活动，而且社区矫正对象工作生活也在社区。按照《社区矫正法》第34条的规定，社区矫正的措施和方法应当避免对社区矫正对象的正常工作和生活造成不必要的影响。所以，社区矫正对象的日常生活和工作基本与其他社会成员没有明显差别。同时，社区矫正机构在组织教育帮扶活动中，也会充分考虑社区矫正对象回归社会后成为社会成员的正当、合理需求，针对性采取教育帮扶措施，如技能培训、政策宣讲、社会关系修复等，为社区矫正对象顺利回归社会扫除障碍，提供便利条件。

【实践应用】

国家的奋斗目标与人民的生活息息相关，实现国家的奋斗目标就是满足人民对美好生活的向往。当今，全体中国公民成长在新时代，享受着美好生活。每一个社会成员都应做一个追梦人、奋斗者，努力参与、投身到社会主义现代化建设中，担当更多社会责任，为实现中华民族伟大复兴的中国梦而努力奋斗。社区矫正对象作为中国公民、社会成员，也应如此。每一名社区矫正对象都应牢牢抓住国家给予的“完善自己”“重塑自己”的难得机会，积极矫正，努力培养对善恶、是非、美丑的分析辨别能力，向榜样学习，不仅应该向成功“戒断”犯因、顺利回归社会的其他社区矫正对象学习，而且应该向具有良好道德品质的普通社会成员学习，不断洗涤心灵，培养健全品德，带头弘扬社会公德，促进良好社会风尚，培养良好职业素养，做一个有职业道德的人。积极弘扬家庭美德，继承传承美好家风，不断加强个人道德修养，展现良好个人品行。总之，应在社会公德、职业道德、家庭美德、个人品德等方面全面努力，做合格时代新人。

二、社区矫正改造的目的——认罪悔罪

我国对绝大多数罪犯的基本态度是惩罚与改造相结合，以改造人为宗旨。惩罚是基础，改造是重点，目的是通过对罪犯实施针对性改造，帮助他们重新回归社会，成为守法公民。在我国，监狱和社区矫正是惩罚和改造罪犯的两种主要行刑方式。在行刑实践中，认罪悔罪是改造的重要内容，也是确保提高改造质量的重要环节。罪犯只有充分实现认罪悔罪，真诚接受改造，才能取得被害人的谅解和全社会的重新接纳。

然而，行刑实践中，部分罪犯认罪悔罪不彻底、不充分，不能直面自己的犯罪行为，而是虚假改造，没有把握好国家给予的重新做人的机会，没有彻底改正过去的错误认知和行为，结果刑满释放后再次重新犯罪。社区矫正是非监禁刑罚执行活动。社区矫正对象的大多数属于缓刑犯，没有监狱服刑经历，身份意识和服刑意识相对监狱服刑人员来说，比较薄弱，更需要重视认罪悔罪工作。

首先，社区矫正对象应认识到，其自身具有自然性、社会性和法律性的统一。从自然属性来说，社区矫正对象是人，具备自然人的所有特点。从社会属性来看，社区矫正对象是普通社会成员，依法行使普通社会成员的权利

和义务。从法律属性来说，社区矫正对象是因实施了犯罪行为被人民法院判决有罪并依法在社区接受惩罚与矫正的一个特殊群体。因此，社区矫正对象应该深刻认识自己实施的犯罪行为的危害，明确自己的法律身份，时刻提醒自己“我是什么人？”时刻牢记自己的罪犯身份、服刑身份和矫正身份。

其次，社区矫正对象应该做到，珍惜社区矫正的机会，主动自觉知罪、认罪、悔罪、赎罪。在社区矫正工作人员和社会工作者及社会志愿者的帮助下，接受监督管理和教育帮扶，深刻剖析自己实施犯罪行为的原因，内心开展自我反省、检讨、批判，真心接受人民法院的判决和惩罚，主动积极配合、加速接受矫正和改造，改恶从善，重新做人，以合格公民的身份复归、融入社会，成为对国家、社会有用的人。

（一）认清犯罪危害

认清犯罪危害是社区矫正对象接受改造与矫正的前提，是知罪的重要表现。所谓“知罪”，从字面来看就是知道自己的罪过。按照基督教教义，“知罪”多指实施了违背教义的行为，产生罪责感，并服罪于上帝面前对自己具体的心思和行为进行忏悔。目前，法律意义上的“知罪”，就是指实施了犯罪行为的人，事后认识到自己行为的性质、后果和危害。

知罪是认罪的前提和基础。所谓“认罪”是指罪犯承认犯罪事实，并对其违法性、社会危害性和应受惩罚性产生合乎行刑目的的认识。同时承认犯罪事实是自己所为。认罪的关键是承认自己的罪行并产生负罪感。只有认罪，才可能服判，服判是认罪的必然认识结果；只有认罪服判，才可能触及灵魂，进行忏悔，进而积极赎罪。

依照《社区矫正法》规定，社区矫正的适用范围为“四类对象”，即被人民法院判处管制的罪犯、宣告缓刑的罪犯、裁定假释的罪犯和被公安机关、监狱管理机关决定适用暂予监外执行的罪犯。社区矫正对象必是以上“四类对象”之一。可见，“四类”社区矫正对象的共性特征是罪犯。尽管《社区矫正法》从“尊重和保障人权”、为社区矫正对象顺利回归扫除身份障碍、助力再社会化的角度出发，有意淡化社区矫正对象的罪犯身份，减少了标签化倾向，但是社区矫正对象的基本法律属性是罪犯，这是不能忽视的。

通常认为，犯罪是具有刑事责任的人实施了刑法打击的行为。它具有“三个特点”，即社会危害性①、刑事违法性和应受惩罚性。犯罪是前提，刑罚是后果。只有实施了刑法规定的犯罪行为并经过人民法院审判被认定为犯罪，才需要承担相应的刑事法律后果。社区矫正对象正是因其违反了刑法规定，实施了刑法明令禁止的行为而被人民法院判处刑罚处罚的。社区矫正对象实施的行为具有社会危害性是其行为构成犯罪的基本特征。犯罪的社会危害性是指犯罪对国家和人民利益所造成的危害。当然，在我国，这种社会危害性必须达到严重的程度，才会受到刑法干预。这是犯罪行为与一般违法行为和合法行为的根本区别。如果一种行为根本不可能对社会造成危害，刑法就没有必要把它规定为犯罪；虽然一种行为具有一定的社会危害性，但是情节显著轻微危害不大的，也不认为是犯罪。所以，社区矫正对象要认清自己行为的性质和后果，充分认识自己实施的行为是犯罪行为，其犯罪行为给国家、社会、被害人及其家庭成员以及社区矫正对象自己及其家庭成员带来的危害。

第一，社区矫正对象实施的犯罪行为对被害人造成的危害。社区矫正对象实施的犯罪行为最直接的侵害对象就是被害人。其行为或者侵害被害人人身，或者财产，或者名誉等合法权益。这些权益与被害人的正常生存、发展利益密切相关，一旦被侵害直接会给被害人带来重大损失。比如，社区矫正对象实施了侵害被害人财产的犯罪，或者实施了侵犯被害人生命权、健康权的暴力犯罪，客观上给被害人造成了人身伤亡、财产损失的严重后果。

第二，社区矫正对象实施的犯罪行为对被害人家庭成员造成的危害。虽然社区矫正对象直接针对被害人实施了犯罪行为，但是间接会造成对被害人家属合法权益的侵犯。比如，社区矫正对象实施了暴力犯罪，侵犯了被害

① 这里的社会是广义的含义。犯罪行为对国家、社会、被害人及其家人、犯罪人及其家人造成的危害都属于行为具有社会危害性的体现。

人的生命权、健康权，造成被害人重伤或死亡，最终会给被害人家属造成精神上、物质上、身体上、经济上的伤害。如果被害人是家庭的“顶梁柱”，有的被害人家属可能会因此而陷入生活困难、经济贫困，出现父母无人赡养、子女无人抚养的人间惨剧，整个被害人家庭陷入窘境，甚至可能会引发新的报复性犯罪。

第三，社区矫正对象实施的犯罪行为对自己及其家庭成员造成的危害。因自己的错误行为，社区矫正对象沦为罪犯，成为家庭、社会的罪人和“另类”，改写了自己的人生轨迹，葬送了自己的光明前途。在社区矫正期间，人身自由受到限制，正常工作、生活受到影响。解除社区矫正后，因先前的犯罪行为会让自己的父母、妻儿、兄弟姐妹蒙羞，在街坊邻居面前抬不起头，子女在就学、就业方面也会受到不利影响，甚至可能会造成妻离子散、兄弟反目、家破人亡的家庭灾难。

第四，社区矫正对象实施的犯罪行为对国家和社会造成的危害。社区矫正对象通过实施作为或者不作为的行为对国家和社会造成一定危害，破坏正常的社会秩序和国家安定团结的大好局面。根据我国刑法的规定，犯罪行为对国家和社会造成的危害主要包括以下几大类：（1）危害国家安全。比如，实施危害国家主权、领土完整和安全，分裂国家、颠覆人民民主专政的政权和推翻社会主义制度等行为。（2）危害公共安全。比如，实施放火、爆炸、投毒、破坏交通工具，非法制造、买卖、运输、邮寄、持有、私藏枪支、弹药、管制刀具、爆炸物等危险物品的行为。（3）破坏市场经济秩序。比如，实施生产、销售伪劣产品，走私，金融诈骗、逃税抗税等行为。（4）侵犯公民人身权利、民主权利。比如，实施杀人、伤害、强奸、绑架行为，侮辱诽谤，虐待遗弃等行为。（5）侵犯财产。比如，实施抢劫抢夺，盗窃诈骗侵占等行为。（6）妨害社会管理秩序。比如，实施寻衅滋事、聚众斗殴等扰乱社会秩序行为，实施毒品犯罪和卖淫犯罪行为。（7）危害公共权力的廉洁性、公正性。比如，实施贪污受贿，挪用侵吞公款，滥用职权，玩忽职守，徇私舞弊等行为。（8）危害国防利益。比如，实施破坏武器装备、军事设施、军事通信，非法生产、买卖军用标志等行为，军人实施违反职责的行为。

【法条链接】

《宪法》

序言：在我国，剥削阶级作为阶级已经消灭，但是阶级斗争还将在一定范围内长期存在。中国人民对敌视和破坏我国社会主义制度的国内外的敌对势力和敌对分子，必须进行斗争。

第十二条：社会主义的公共财产神圣不可侵犯。国家保护社会主义的公共财产。禁止任何组织或者个人用任何手段侵占或者破坏国家的和集体的财产。

第十三条：公民的合法的私有财产不受侵犯。国家依照法律规定保护公民的私有财产权和继承权。

第三十七条：中华人民共和国公民的人身自由不受侵犯。任何公民，非经人民检察院批准或者决定或者人民法院决定，并由公安机关执行，不受逮捕。

禁止非法拘禁和以其他方法非法剥夺或者限制公民的人身自由，禁止非法搜查公民的身体。

第三十八条：中华人民共和国公民的人格尊严不受侵犯。禁止用任何方法对公民进行侮辱、诽谤和诬告陷害。

第三十九条：中华人民共和国公民的住宅不受侵犯。禁止非法搜查或者非法侵入公民的住宅。

第五十一条：中华人民共和国公民在行使自由和权利的时候，不得损害国家的、社会的、集体的利益和其他公民的合法的自由和权利。

第五十二条：中华人民共和国公民有维护国家统一和全国各民

族团结的义务。

第五十三条： 中华人民共和国公民必须遵守宪法和法律，保守国家秘密，爱护公共财产，遵守劳动纪律，遵守公共秩序，尊重社会公德。

第五十四条： 中华人民共和国公民有维护祖国的安全、荣誉和利益的义务，不得有危害祖国的安全、荣誉和利益的行为。

第五十五条： 保卫祖国、抵抗侵略是中华人民共和国每一个公民的神圣职责。依照法律服兵役和参加民兵组织是中华人民共和国公民的光荣义务。

第五十六条： 中华人民共和国公民有依照法律纳税的义务。

《刑法》

第十三条： 一切危害国家主权、领土完整和安全，分裂国家、颠覆人民民主专政的政权和推翻社会主义制度，破坏社会秩序和经济秩序，侵犯国有财产或者劳动群众集体所有的财产，侵犯公民私人所有的财产，侵犯公民的人身权利、民主权利和其他权利，以及其他危害社会的行为，依照法律应当受刑罚处罚的，都是犯罪，但是情节显著轻微危害不大的，不认为是犯罪。

《社区矫正法》

第二条： 对被判处管制、宣告缓刑、假释和暂予监外执行的罪犯，依法实行社区矫正。对社区矫正对象的监督管理、教育帮扶等活动，适用本法。

第四条第二款： 社区矫正工作应当依法进行，尊重和保障人权。社区矫正对象依法享有的人身权利、财产权利和其他权利不受侵犯，在就业、就学和享受社会保障等方面不受歧视。

【案例精析】

潘某某盗窃罪一审刑事判决书

[（2022）浙03××刑初×××号]

公诉机关：浙江省某县人民检察院。

被告人潘某某，男，1951年9月11日出生于浙江省某某县，汉族，小学文化，无业，户籍所在地某某县。曾因涉嫌犯盗窃罪于2020年11月12日被某某县人民检察院决定不起诉。因涉嫌犯盗窃罪于2022年4月12日被监视居住，同月28日被继续监视居住，同年7月12日被继续监视居住。

某某县人民检察院以××检刑诉（2022）×××号起诉书指控被告人潘某某犯盗窃罪，于2022年6月24日向本院提起公诉。本院于同年7月1日立案，并依法组成合议庭，公开开庭审理了本案。某某县人民检察院指派检察员陈某某出庭支持公诉，被告人潘某某到庭参加诉讼。现已审理终结。

某某县人民检察院指控：（1）2021年4月21日早上，被告人潘某某行至某某县某某镇新桥头附近路边，盗走许某停放在路边的人力三轮车1辆。（2）2021年8月31日半夜，被告人潘某某行至某某县某某镇坡南街461号旁边的巷子，盗走章某某停放在此处的人力三轮车1辆。（3）2022年4月9日白天，被告人潘某某行至某某县某某镇“家友超市”大门口，盗走李某停放在此处的“五星”牌人力三轮车1辆以及车上的银手镯、银珠项链、银项链、翡翠手链。经鉴定，涉案人力三轮车价值人民币120元，银手镯价值人民币280元，银珠项链价值人民币118元，银项链价值人民币20元，翡翠手链价值人民币20元。案发后，被告人潘某某于2022年4月12日11时在某某县某某镇三排口被公安民警抓获，涉案的“五星”牌人力三轮车以及银手镯、银珠项链、银项链、翡翠手链已起获并发还给李某。在本院审理过程中，被告人潘某某分别退赔许某、章某某经济损失人民币200元、100元。

公诉机关认为，被告人潘某某以非法占有为目的，多次秘密窃取他人财物，应以盗窃罪追究其刑事责任。被告人潘某某归案后能如实供述自己的罪行，退赔失主经济损失，当庭建议判处被告人潘某某拘役四个月，缓刑六个月，并处罚金人民币1 000元。

被告人潘某某对指控事实、罪名及公诉机关当庭提出的量刑建议均没有异议，在开庭审理过程中也无异议。

经审理查明的事实与公诉机关的指控一致。

上述事实，由公诉机关提交并经法庭质证、认证的下列证据予以证实：被告人潘某某的供述，失主李某、章某某、许某的陈述，价格认定结论书，勘验笔录，辨认笔录，监控视频，扣押决定书，扣押清单，发还清单，照片，接收证据材料清单，不起诉决定书，户籍信息，归案经过等。

本院认为，被告人潘某某以非法占有为目的，多次秘密窃取他人财物，其行为已触犯刑法，构成盗窃罪。公诉机关指控罪名成立。被告人潘某某归案后能如实供述自己的罪行，已退赔失主经济损失，当庭认罪认罚，有悔罪表现，依法予以从轻处罚，并适用缓刑。公诉机关提出的量刑建议适当，予以采纳。据此，依照《中华人民共和国刑法》第二百六十四条、第六十七条第三款、第七十二条、第七十三条第一款及《中华人民共和国刑事诉讼法》第十五条之规定，判决如下：

被告人潘某某犯盗窃罪，判处拘役四个月，缓刑六个月，并处罚金人民币1 000元（已预缴）。（缓刑考验期限，从判决确定之日起计算。）

如不服本判决，可于接到判决书的第二日起十日内，通过本院或直接向某某市中级人民法院提出上诉。书面上诉的，应交上诉状正本一份，副本二份。

审　判　长　　谢某某
人民陪审员　　杨　某
人民陪审员　　王某某
二〇二二年九月××日

【案例解读】

从刑事判决书可以看出，潘某某多次实施盗窃行为，盗取多辆人力三轮车及手镯、项链等物品，造成许某、章某某、李某等被害人财物损失。其盗窃行为构成了犯罪，受到人民法院的惩罚，被依法认定成立盗窃罪。只是因潘某某被公安机关抓捕归案后，能够如实供述自己的犯罪行为，积极退赔被害人的经济损失，减轻了犯罪行为带来的危害，并当庭认罪认罚，反映出潘某某人身危险性较低，所以人民法院依法给予潘某某从轻处罚，判处拘役四个月，缓刑六个月，接受社区矫正。

总之，社区矫正对象在矫正期间，一定要时时刻刻清楚地认识到自己实施的犯罪行为的社会危害，正确认识到刑事判决是其犯罪行为的必然结果，只有真诚认罪悔罪赎罪才是唯一正确的态度和道路。

【知识梳理】

任何人必须为自己的罪行付出代价。任何人只要实施了刑法规定的犯罪行为就必然会受到相应的处罚，必然会受到人民检察院的追诉和人民法院的审判。正确认识人民法院的判决是社区矫正对象自觉接受改造与矫正的基础，是认罪的重要内容。社区矫正对象只有正确认识到，人民法院做出的判决是自己犯罪行为必须付出的代价，人民法院做出社区矫正的判决是国家给予自己赎罪、挽救的机会。对于社区矫正对象来说，应正确认识判决。

（二）正确认识判决

什么是判决？从字面来看，判决包括“判”和“决”两项内容。何谓“判”？本义是指“分开、判分”，现在引申为“区别”“分辨”“评估”，是一个根据特定时空条件下已经收集到的客观信息进行分析评判的过程。所谓“决”，本义是指“排除阻塞物，疏通水道”，后引申为“断定”“决定”“决断”，是一个在前期分析评判的基础上作出是非、真假、美丑的决断的过程。所以，“判决”是指有关主体根据客观事实，形成主观判断，作出客观决定。比如，我们大家比较熟悉的古代的官府断案，现代体育比赛中的裁判员作出的裁判决定。对于社区矫正对象来说，判决主要是要掌握法律层面的含义，也就是人民法院等司法机关（包括公安机关、监狱管理机关[①]）对有关案件审理结束后依法作出的裁决。比如，人民法院作出的管制、缓刑判决和假释裁定、暂予监外执行决定，公安机关和监狱管理机关作出的暂予监外执行决定。这些判决都是依法作出的，都是对社区矫正对象前期行为的法律认定。依法形成的判决书是社区矫正最重要的法律文书之一，是社区矫正机构开展社区矫正活动，社区矫正对象依法接受社区矫正、履行法律义务的基本依据，也是人民法院、人民检察院、公安机关等政法机关和教育、民政、人力资源和社会保障等政府部门及有关社会团体履行社区矫正协助义务的重要依据。社区矫正对象必须严格遵守判决书规定的内容，接受社区矫正。社区矫正对象如果违反法律判决，会带来不利的法律后果。为了保障刑事判决、裁定和暂予监外执行决定的正确执行，我国专门制定了《社区矫正法》。

① 依照法律规定，公安机关、监狱管理机关依法可以做出暂予监外执行决定。

【法条链接】

《社区矫正法》

第一条：为了推进和规范社区矫正工作，保障刑事判决、刑事裁定和暂予监外执行决定的正确执行，提高教育矫正质量，促进社区矫正对象顺利融入社会，预防和减少犯罪，根据宪法，制定本法。

第二十条：社区矫正决定机关应当自判决、裁定或者决定生效之日起五日内通知执行地社区矫正机构，并在十日内送达有关法律文书，同时抄送人民检察院和执行地公安机关。社区矫正决定地与执行地不在同一地方的，由执行地社区矫正机构将法律文书转送所在地的人民检察院、公安机关。

第二十一条：人民法院判处管制、宣告缓刑、裁定假释的社区矫正对象，应当自判决、裁定生效之日起十日内到执行地社区矫正机构报到。人民法院决定暂予监外执行的社区矫正对象，由看守所或者执行取保候审、监视居住的公安机关自收到决定之日起十日内将社区矫正对象移送社区矫正机构。监狱管理机关、公安机关批准暂予监外执行的社区矫正对象，由监狱或者看守所自收到批准决定之日起十日内将社区矫正对象移送社区矫正机构。

第二十二条：社区矫正机构应当依法接收社区矫正对象，核对法律文书、核实身份、办理接收登记、建立档案，并宣告社区矫正对象的犯罪事实、执行社区矫正的期限以及应当遵守的规定。

（三）正确认识人民法院做出的判决

人民法院是我国的审判机关。这是人民法院的基本属性，也是其存在的合理性依据。人民法院负责审理刑事、民事、行政等各类案件，通过审判活动，惩办一切犯罪分子，解决民事、行政等纠纷，保卫无产阶级专政政权，维护社会公共秩序，保护国家财产、人民合法财产不受侵犯，保护公民人身权利、民主权利和其他权利不受非法侵犯，为社会主义建设事业和人民安居乐业提供法治保障。我国法院系统包括最高人民法院、地方各级人民法院和军事法院等专门人民法院。人民法院审理案件，除法律规定的特别情况外，一律公开进行。在审理案件过程中，人民法院依照法律规定代表国家独立行使审判权，不受任何行政机关、社会团体和个人的干涉，确保审判结果公平公正。人民法院做出有罪判决都是在查清案件事实真相，且有确实、充分的证据进行佐证的基础上进行的。

可见，人民法院代表国家行使审判权，其依法形成的判决是国家意志的体现。人民法院依法做出的管制、缓刑判决和假释裁定、暂予监外执行决定以及社区矫正决定都是人民法院依法行使审判职能的结果，都有国家强制力予以保障，是严肃的司法活动。社区矫正对象因其犯罪行为被人民法院给予犯罪的认定，只是因其具备法定情形才被决定进行社区矫正。社区矫正对象必须认真对待人民法院的刑事判决，充分认识到刑事判决是自己前期犯罪行为带来的必然结果，应下定决心与“过去的自我”决裂，重新塑造“新的自我”。如果社区矫正对象不严格履行人民法院作出的刑事判决规定的法律义务，给予相应处罚，情节严重的，可以重新收回监狱执行监禁刑。

【法条链接】

《宪法》

第一百二十八条： 中华人民共和国人民法院是国家的审判机关。

第一百二十九条： 中华人民共和国设立最高人民法院、地方各级人民法院和军事法院等专门人民法院。最高人民法院院长每届任期同全国人民代表大会每届任期相同，连续任职不得超过两届。人民法院的组织由法律规定。

第一百三十条：人民法院审理案件，除法律规定的特别情况外，一律公开进行。被告人有权获得辩护。

第一百三十一条：人民法院依照法律规定独立行使审判权，不受行政机关、社会团体和个人的干涉。

第一百三十二条：最高人民法院是最高审判机关。

《人民法院组织法》

第二条：人民法院是国家的审判机关。人民法院通过审判刑事案件、民事案件、行政案件以及法律规定的其他案件，惩罚犯罪，保障无罪的人不受刑事追究，解决民事、行政纠纷，保护个人和组织的合法权益，监督行政机关依法行使职权，维护国家安全和社会秩序，维护社会公平正义，维护国家法制统一、尊严和权威，保障中国特色社会主义建设的顺利进行。

第四条：人民法院依照法律规定独立行使审判权，不受行政机关、社会团体和个人的干涉。

第五条：人民法院审判案件在适用法律上一律平等，不允许任何组织和个人有超越法律的特权，禁止任何形式的歧视。

《刑事诉讼法》

第五条：人民法院依照法律规定独立行使审判权，人民检察院依照法律规定独立行使检察权，不受行政机关、社会团体和个人的干涉。

第二百条：在被告人最后陈述后，审判长宣布休庭，合议庭进行评议，根据已经查明的事实、证据和有关的法律规定，分别作出以下判决：

（1）案件事实清楚，证据确实、充分，依据法律认定被告人有罪的，应当作出有罪判决；（2）依据法律认定被告人无罪的，应当作出无罪判决；（3）证据不足，不能认定被告人有罪的，应当作出证据不足、指控的犯罪不能成立的无罪判决。

第二百六十五条第一款：对被判处有期徒刑或者拘役的罪犯，有下列情形之一的，可以暂予监外执行：（1）有严重疾病需要保外就医的；（2）怀孕或者正在哺乳自己婴儿的妇女；（3）生活不能自理，适用暂予监外执行不致危害社会的。

【案例精析】

社区矫正对象肖某被撤销缓刑收监执行案例

肖某，男，1992年6月出生，户籍地、居住地均为陕西省××市××县。2019年7月5日，肖某因犯危险驾驶罪被陕西省××县人民法院判处拘役四个月，缓刑六个月。缓刑考验期自2019年7月16日起至2020年1月15日止。2019年7月17日，肖某到××县司法局报到，办理入矫手续后，由司法所负责对其社区矫正期间日常管理。

社区矫正对象肖某家庭经济困难，妻子因其家贫与其离婚，幼子与其共同生活，母亲早年因病去世，其父一直在外务工，继母在家帮其照顾孩子。肖某初中毕业后便外出务工，但收入均不理想，无法帮助其摆脱贫困的现状。2019年年初，肖某与朋友在四川省××市××区合伙经营洗脚店，开始自主创业。

在肖某审前调查评估阶段，我局社区矫正工作人员曾与其联系，告知其如将其纳入社区矫正应当遵守的规定，尤其是在缓刑期间不得私自外出务工。肖某声称其虽与朋友在外地合伙开店，但店面日常管理均由其朋友负责，除年底账目结算外，不会外出。但肖某在到司法局报到当天，便提出要请假外出照顾店面，每月月底回××县汇报思想。从这件事上反映，肖某对社区矫正管理规定的认识存在不足，无法做到言行一致，存在一定的管理风险。

（一）发现、认定行为情况

2019年7月27日至2019年9月3日，肖某擅自外出至四川省××市××区下和街道。期间，社区矫正工作人员先后多次通过电话、手机短信、微信等方式通知其报到，并告知其私自外出所承担的法律后果，并于2019年8月16日根据《社区矫正实施办法》第二十五条，给予其警告处分一次，通知其三日内到司法局报到，但其均不理会不配合，导致脱管长达一个月零八天。

（二）调查取证情况

2019年9月5日，司法所工作人员听说肖某因房屋装修回家，便到其家告知其次日到司法所接受思想教育，并再次向其告知社区矫正监管规定。2019年9月6日，司法所所长对肖某进行谈话教育，肖某如实供述了擅自外出的时间、地点及原因。2019年11月4日，××县司法局社区矫正工作人员通过微信朋友圈发现，肖某定位于上海市××区清真寺附近，经和司法所联系发现其未履行请假手续私自外出。司法所电话通知肖某到司法所报到，肖某拒接电话，工作人员遂至其家中，发现其并未在家。经向其邻居调查了解，肖某于9月20日左右因房屋装修回家，在家中待了四五天便外出。

根据有关法律、“两院两部”《社区矫正实施办法》及《××县社区矫正工作实施细则（试行）》等文件具体规定条款，社区矫正工作人员调查核实社区矫正对象肖某违反社区矫正规定的情况，依法、及时、全面地收集有关证明材料，认定其违反社区矫正监督管理规定的事实。

（1）按照“两院两部”《社区矫正实施办法》第二十五条和《××县社区矫正工作实施细则（试行）》第六十八条规定，司法所收集了相关证据，向××县司法局提交了《提请撤销缓刑审核表》并附相关证明材料，根据规定由县司法局社区矫正中心负责人、主管局长逐级审核同意。通过会议研究，2019年11月7日，××县司法局依法向××县人民法院提交《撤销缓刑建议书》。

（2）××县司法局提请撤销缓刑过程中自觉接受××县人民检察院监督。××县司法局撤销缓刑的建议书和××县人民法院的裁定书同时抄送××县人民检察院和××县公安局。××县人民检察院检察官详细查阅了有关案卷，并向司法所所长和社区矫正中心负责人了解了有关情况。

（3）2019年11月25日，××县人民法院裁定撤销缓刑，执行原判决拘役四个月。

【案例解读】

只有正确认识人民法院的判决才能强化身份意识和服刑意识。社区矫正实践中，有些社区矫正对象，特别是被判处缓刑进而接受社区矫正的对象，他们没有进过监狱，普遍存在服刑意识、罪犯意识淡薄的问题，这不利于改造与矫正工作的顺利开展。就像上述案例中的肖某因犯危险驾驶罪被人民法院判处拘役四个月、缓刑六个月并依法进行社区矫正。应该说，人民法院给予肖某社区矫正的判决，肖某应该珍惜并把握这次机会，好好接受改造与矫正。遗憾的是，肖某身份意识、服刑意识不强，对社区矫正管理规定认识不足，在社区机构告知其有义务服从监督管理的情况下，仍然我行我素，不理会社区矫正工作人员的提醒、警告，导致脱管长达多月，最终被人民法院裁定撤销缓刑判决，收监执行原判拘役刑。肖某的服刑经历值得所有社区矫正对象吸取教训。

（四）正确认识社区矫正

要想正确认识社区矫正。首先，要了解社区矫正的概念。社区矫正一词来源于国外。从字面含义来看，社区矫正就是将特定犯罪者放在社区开展矫正，通过各种措施和手段进行思想、心理、行为干预、治疗，促其转化，重新融入社会。其次，要清楚社区矫正与监狱矫正的关系。就共同点而言，监狱矫正与社区矫正都是刑事执行活动，都是对人民法院刑事判决的执行，都是在刑罚执行机关的监督管理下接受改造与矫正，刑满释放后重新回归社会。监禁矫正对象与社区矫正对象都是罪犯，都是因实施了犯罪行为而被国家给予刑罚惩罚的人。

就不同点而言，监狱矫正是罪犯被隔离监禁，关押在监狱，在监狱人民警察的严格监督管理下接受改造矫正。社区矫正又叫非监禁矫正，它是将罪犯放在社区，由社区矫正机构（司法所）在人民法院、人民检察院等政法机关和公安机关、教育、民政、人力资源与社会保障等政府有关部门和社区矫正对象所在单位、所在村（居）民委员会、就读学校、监护人、家庭成员、社会工作者以及社会志愿者等主体的协助下，在判决、裁定或决定确定的期限内，矫正其犯罪心理和行为恶习，并促进其顺利回归社会的非监禁刑事执行活动。显然，监狱矫正与社区矫正既有共性，又有区别。社区矫正与监狱矫正最大区别就是充分利用社会资源，借助社会力量，实施犯罪系统治理、源头治理、综合治理和依法治理，实现共建共治共享的理念。最后，要掌握社区矫正的特点。社区矫正的特点是什么？主要有以下几个：（1）矫正对象是罪犯；（2）矫正力量多元；（3）矫正场所在社区；（4）工作目标是回归社会。其中，最突出特点和优势就是在社区充分发挥社会力量的作用。

【法条链接】

《刑事诉讼法》

第二百六十九条：对被判处管制、宣告缓刑、假释或者暂予监外执行的罪犯，依法实行社区矫正，由社区矫正机构负责执行。

《监狱法》

第二条：监狱是国家的刑罚执行机关。依照刑法和刑事诉讼法的规定，被判处死刑缓期二年执行、无期徒刑、有期徒刑的罪犯，在监狱内执行刑罚。

第四条：监狱对罪犯应当依法监管，根据改造罪犯的需要，组织罪犯从事生产劳动，对罪犯进行思想教育、文化教育、技术教育。

第五条：监狱的人民警察依法管理监狱、执行刑罚、对罪犯进行教育改造等活动，受法律保护。

《社区矫正法》

第三条：社区矫正工作坚持监督管理与教育帮扶相结合、专门机关与社会力量相结合，采取分类管理、个别化矫正，有针对性地消除社区矫正对象可能重新犯罪的因素，帮助其成为守法公民。

第四条第一款：社区矫正对象应当依法接受社区矫正，服从监督管理。

第八条：国务院司法行政部门主管全国的社区矫正工作。县级以上地方人民政府司法行政部门主管本行政区域内的社区矫正工作。人民法院、人民检察院、公安机关和其他有关部门依照各自职责，依法做好社区矫正工作。人民检察院依法对社区矫正工作实行法律监督。地方人民政府根据需要设立社区矫正委员会，负责统筹协调和指导本行政区域内的社区矫正工作。

第九条：县级以上地方人民政府根据需要设置社区矫正机构，负责社区矫正工作的具体实施。社区矫正机构的设置和撤销，由县级以上地方人民政府司法行政部门提出意见，按照规定的权限和程序审批。司法所根据社区矫正机构的委托，承担社区矫正相关工作。

第十一条：社区矫正机构根据需要，组织具有法理、教育、心理、社会工作等专业知识或者实践经验的社会工作者开展社区矫正相关工作。

第十二条：居民委员会、村民委员会依法协助社区矫正机构做好社区矫正工作。社区矫正对象的监护人、家庭成员、所在单位或者就读学校应当协助社区矫正机构做好社区矫正工作。

第十三条：国家鼓励、支持企业事业单位、社会组织、志愿者等社会力量依法参与社区矫正工作。

三、如何让社区矫正对象真诚认罪悔罪

认清犯罪危害，正确认识判决是社区矫正对象接受改造与矫正的前提和基础。在此基础上，社区矫正对象只有从主观上老实认罪、真诚忏悔，主动剖析自己犯罪的原因，客观上承担罪责，积极配合社区矫正机构及其工作人员开展针对性矫正，矫正自己不良心理和行为恶习，才能将“矫正期”变为“学习期”，实现洗心革面、重新做人的目标。可见，真诚认罪悔罪是社区矫正对象提高改造与矫正质量的关键，是赎罪的重要条件。

所谓“赎罪”，本义是指用钱物赎免罪行，现在主要是指用某种实际表现抵消罪过。也就是说，社区矫正对象要通过自己的良好矫正表现和效果抵消自己所犯罪行给国家、社会和被害人及其家人以及自己及其家人带来的危害，取得国家、社会、被害人及其家人和自己家人的谅解，修复被犯罪行为破坏的社会关系并重新融入社会成为守法公民。

（一）正确认识“改造”或“矫正”的含义

监狱工作中常用的一个词叫“改造”，社区矫正工作中常用的一个类似词叫“矫正”。所谓“改造”，主要有两层含义，一是改变事物原有状况，使其适合主观需要。比如，改造农田，提高产量。二是从根本上改变旧的事

物，建立新的事物。比如，改造一个人的世界观。监狱工作中的“改造”，其意是指改变罪犯旧有的观念、心理、习惯、行为方式，塑造符合社会规范的新观念、心理、习惯和行为方式，使得罪犯刑满释放后成为合格社会成员。

所谓“矫正”，本义是指改正、纠正，最初多用于医学领域。后来被引入社会领域，成为司法方面的用语，往往是指国家司法机关和工作人员通过各种措施和手段使得犯罪者或具有犯罪倾向的违法人员得到思想上、心理上和行为上的矫正治疗，从而重新融入社会，成为正常公民的过程。社区矫正工作中的矫正，其意是指社区矫正机构在专业社会工作者和社会志愿者等社会力量的积极参与下，通过采取监督管理和教育帮扶等措施，使社区矫正对象的错误思想、心理和行为得到纠正，进而重新融入社会，预防和减少再犯罪。所以，从本质上来说，“改造”和“矫正”都具有“革故鼎新”的意思。社区矫正对象应充分把握矫正的机会，加速自我矫正，与“旧我”说再见，建立“新我”。

【法条链接】

《监狱法》

第一条：为了正确执行刑罚，惩罚和改造罪犯，预防和减少犯罪，根据宪法，制定本法。

第三条：监狱对罪犯实行惩罚和改造相结合、教育和劳动相结合的原则，将罪犯改造成为守法公民。

《社区矫正法》

第一条：为了推进和规范社区矫正工作，保障刑事判决、刑事裁定和暂予监外执行决定的正确执行，提高教育矫正质量，促进社区矫正对象顺利融入社会，预防和减少犯罪，根据宪法，制定本法。

第三条：社区矫正工作坚持监督管理与教育帮扶相结合，专门机关与社会力量相结合，采取分类管理、个别化矫正，有针对性地消除社区矫正对象可能重新犯罪的因素，帮助其成为守法公民。

（二）社区矫正对象从主观上真诚忏悔，主动剖析自己犯罪原因

所谓“真诚”，本义是指通过真挚的情感，诚实的品格，真心实意做事，坦诚相待做人，使他人从心底里受感动，从而取得他人的认可和信任。“真诚”的反义词有虚假、欺骗、糊弄、险诈、虚伪等。

所谓“忏悔”，是指认识到了自己过去的错误，并为之痛心，决心改正，以请求他人谅解。忏悔的目的，是自净其心不复再犯。忏悔的功能是通过严格的自我反省和自我检束，改过自新，使得自己从罪恶感中得到自我救赎，恢复心灵的平静。

对于社区矫正对象来说，犯罪已成，错误已酿，只有认认真真地反省自己的过去，寻找自身的缺点和不足，采取实事求是的态度痛改前非，纠正错误，形成良好品行，才能获得他人的原谅和接受。如果社区矫正对象不能做到真诚忏悔，那么过去犯罪的阴影将永远藏在心底，时时刻刻遭受精神折磨。

当然，真诚忏悔的重要内容是深刻剖析犯罪原因。任何犯罪都是由一系列原因共同作用引起的。社区矫正对象想要实现自我救赎，不再重新犯罪，那么就必须消灭自己实施犯罪行为时的犯罪原因。一个人实施犯罪行为通常是由个体因素、环境因素和社会因素一起导致的。社区矫正对象要全面解剖犯罪原因，对个人身上存在的致罪因素，包括错误的认知、严重的恶习、不良的心理，如好逸恶劳、急功近利、侥幸心理等诚恳反思，对周围不良环境及时清理，包括交友环境，如“酒肉朋友、江湖义气”等。社区矫正对象只有实现主观上的“想改”“愿改”，才可能实现客观上的“真改”“彻改”。

【法条链接】

《社区矫正法》

第二十四条： 社区矫正机构应当根据裁判内容和社区矫正对象的性别、年龄、心理特点、健康状况、犯罪原因、犯罪类型、犯罪情节、悔罪表现等情况，制定有针对性的矫正方案，实现分类管理、个别化矫正。矫正方案应当根据社区矫正对象的表现等情况相应调整。

《社区矫正法实施办法》

第二十一条： 社区矫正机构应当根据社区矫正对象被判处管制、宣告缓刑、假释和暂予监外执行的不同裁判内容和犯罪类型、矫正阶段、再犯罪风险等情况，进行综合评估，划分不同类别，实施分类管理。社区矫正机构应当把社区矫正对象的考核结果和奖惩情况作为分类管理的依据。社区矫正机构对不同类别的社区矫正对象，在矫正措施和方法上应当有所区别，有针对性地开展监督管理和教育帮扶工作。

第二十二条： 执行地县级社区矫正机构、受委托的司法所要根据社区矫正对象的性别、年龄、心理特点、健康状况、犯罪原因、悔罪表现等具体情况，制定矫正方案，有针对性地消除社区矫正对象可能重新犯罪的因素，帮助其成为守法公民。矫正方案应当包括社区矫正对象基本情况、对社区矫正对象的综合评估结果、对社区矫正对象的心理状态和其他特殊情况的分析、拟采取的监督管理、教育帮扶措施等内容。矫正方案应当根据分类管理的要求、实施效果以及社区矫正对象的表现等情况，相应调整。

【案例精析】

社旗县司法局：社区矫正显成效　真心悔改传温暖

社旗县吴某某，因个人琐事犯罪，于2020年6月起作为社区矫正对象在潘某司法所接受社区矫正。“人心都是肉长的”，在一年多的社区矫正过程中，通过潘某司法所工作同志的努力，吴某某从内心深刻认识到由于自己法律意识不强，贪小便宜带来的严重后果。并表态以后一定学法懂法，做一名守法公民，以实际行动回报社会。

吴某某说到，也做到了，他起早贪黑地工作，把自己经营的某某百货超市经营得红红火火。事业有所起步的同时，他不忘回报社会的承诺，于2020年8月加入了某某县慈善总会做一名志愿者，多次参加公益活动，尽自己的力量去帮助需要帮助的人。

去敬老院看望孤寡老人，去留守儿童学校看望留守儿童并捐送学习用品，参加爱心送考公益活动等，社旗县的公益活动，经常出现吴某某的身影。特别是在前不久河南省发生洪水灾害的时候，吴某某到司法所请假请求去受灾地区慰问帮助受灾群众，做一些力所能及的事。领导批准了他的请求，并嘱托去灾区救援一定要注意自身安全，平安归来。就这样，吴某某先后2次携带救援物资前往巩义、新乡、浚县等受灾严重的地区参加救援任务。

像这样的事情吴某某做了很多很多，谈起这些事情，吴某某仍然十分激动，他说：“是司法所同志的帮助教育让我重新认识了我自己，也改变了我自己。我力所能及地做些公益活动也算是对社会的回报。”

【案例解读】

社区矫正对象只有正确认识自己的罪行，准确分析犯罪原因，才能配合社区矫正机构制订科学的矫正方案，做好个性化改造和矫正工作，针对性消除自身存在的犯罪因素，确保解除社区矫正回归社会后，成为守法公民。实践中，大多数社区矫正对象能够做到这一点，取得了较好的法律效果和社会效果。就像案例中的吴某某，虽然因个人琐事实施了犯罪行为并被人民法院判决有罪，但是他并没有因此而消沉。他利用社区矫正的机会，从内心深处深刻认识到自己之所以犯罪，主要在于自己法律意识不强，具有贪“小便宜”的心理。所以，在社区矫正期间，他积极学习法律知识，守法经营自己的事业，同时多次参加公益活动，主动回报社会，彻底实现了“自我蜕变”和“自我救赎”。

（三）客观上积极配合矫正，矫正自己不良心理和行为恶习

对于社区矫正对象来说，主观上真诚悔罪，最终还需要落实到客观上的矫正行为上。具体包括两个方面：一是被动矫正；二是主动矫正。一方面，人民法院作出的判决生效后，社区矫正对象持有相关法律文书，包括判决书前往执行地社区矫正机构报到并接受矫正。通常，在矫正初期，社区矫正对象会出现一个适应的过程。社区矫正机构实施的监督管理和教育帮扶措施，社区矫正对象常常是被动接受。另一方面，随着矫正活动的深入，一段时间后，绝大多数社区矫正对象会更加自觉地接受社区矫正，主动配合社区矫正机构及其司法所开展的社区矫正工作，积极改正、纠正自己的错误思想和行为，使自己的思想、心理和行为得到彻底改造治疗，以新的姿态和面貌重新融入社会。应该说，从被动矫正到主动矫正既是一个逐步转变的过程，又是一个必须实现的过程，只有如此才能彻底实现自我改造、自我革新。

依照《社区矫正法》的规定，社区矫正的主要工作是监督管理和教育帮

扶。前者是前提、基础，后者是核心、重点。前者体现报应，通过限制社区矫正对象的一定自由，实现惩罚，迫使社区矫正对象反省。后者体现预防，通过专门机关与社会力量共同努力，实现矫正，帮助社区矫正对象回归，预防再次犯罪。前者维持基本矫正秩序，后者对社区矫正对象进行个性化、差异化教育和帮扶。对于社区矫正对象来说，接受监督管理和教育帮扶都是其义务，必须严格按照法律规定和社区矫正机构及其司法所的要求，认真履行。社区矫正对象只有实现客观上的“真改”“彻改”，才可能修复被破坏的社会关系，重新得到社会的谅解和接受，最终实现赎罪的目的。如果社区矫正对象真诚认罪悔罪，社区矫正机构可以依法给予奖励，如表扬，提请减刑等。如果社区矫正对象不认真接受改造与矫正，彻底做到认罪悔罪赎罪，将会产生不利的法律后果，如给予训诫、警告、治安管理处罚、使用电子定位装置甚至收监执行刑罚等。

【法条链接】

《社区矫正法》

第四条：社区矫正对象应当依法接受社区矫正，服从监督管理。

第二十三条：社区矫正对象在社区矫正期间应当遵守法律、行政法规，履行判决、裁定、暂予监外执行决定等法律文书确定的义务，遵守国务院司法行政部门关于报告、会客、外出、迁居、保外就医等监督管理规定，服从社区矫正机构的管理。

第二十八条：社区矫正机构根据社区矫正对象的表现，依照有关规定对其实施考核奖惩。社区矫正对象认罪悔罪、遵守法律法规、服从监督管理、接受教育表现突出的，应当给予表扬。社区矫正对象违反法律法规或者监督管理规定的，应当视情节依法给予训诫、警告、提请公安机关予以治安管理处罚，或者依法提请撤销缓刑、撤销假释、对暂予监外执行的收监执行。对社区矫正对象的考核结果，可以作为认定其是否确有悔改表现或者是否严重违反监督管理规定的依据。

第二十九条第一款：社区矫正对象有下列情形之一的，经县级司法行政部门负责人批准，可以使用电子定位装置，加强监督管理：（一）违反人民法院禁止令的；（二）无正当理由，未经批准离开所居住的市、县的；（三）拒不按照规定报告自己的活动情况，被给予警告的；（四）违反监督管理规定，被给予治安管理处罚的；（五）拟提请撤销缓刑、假释或者暂予监外执行收监执行的。

第三十一条：社区矫正机构发现社区矫正对象正在实施违反监督管理规定的行为或者违反人民法院禁止令等违法行为的，应当立即制止；制止无效的，应当立即通知公安机关到场处置。

第三十二条：社区矫正对象有被依法决定拘留、强制隔离戒毒、采取刑事强制措施等限制人身自由情形的，有关机关应当及时通知社区矫正机构。

第三十六条：社区矫正机构根据需要，对社区矫正对象进行法治、道德等教育，增强其法治观念，提高其道德素质和悔罪意识。对社区矫正对象的教育应当根据其个体特征、日常表现等实际情况，充分考虑其工作和生活情况，因人施教。

第三十七条：社区矫正机构可以协调有关部门和单位，依法对就业困难的社区矫正对象开展职业技能培训、就业指导，帮助社区矫正对象中的在校学生完成学业。

第三十八条：居民委员会、村民委员会可以引导志愿者和社区群众，利用社区资源，采取多种形式，对有特殊困难的社区矫正对象进行必要的教育帮扶。

第三十九条：社区矫正对象的监护人、家庭成员，所在单位或者就读学校应当协助社区矫正机构做好对社区矫正对象的教育。

第四十条：社区矫正机构可以通过公开择优购买社区矫正社会工作服务或者其他社会服务，为社区矫正对象在教育、心理辅导、职业技能培训、社会关系改善等方面提供必要的帮扶。社区矫正机构也可以通过项目委托社会组织等方式开展上述帮扶活动。国家鼓励有经验和资源的社会组织跨地区开展帮扶交流和示范活动。

第四十二条：社区矫正机构可以根据社区矫正对象的个人特长，组织其参加公益活动，修复社会关系，培养社会责任感。

第四十三条：社区矫正对象可以按照国家有关规定申请社会救助、参加社会保险、获得法律援助，社区矫正机构应当给予必要的协助。

【案例精析】

采纳检察建议，安徽一社区矫正对象因抗疫有功获减刑

张某是某某市一家医院的一名主管护师，因犯贪污罪于2019年9月被法院判处有期徒刑三年、缓刑五年，在某某市某某区接受社区矫正，在此期间，她一直表现良好。2020年年初，武汉新冠疫情最为严峻的时候，张某第一个向医院递交了请战书。

张某作为一名医务工作者，有20多年的急诊工作经验，而且参与过2003年“非典”抗疫工作，虽然是一名社区矫正对象，但她希望能够参与其中。按照规定，社区矫正对象不能随意离开所在辖区，前往武汉必须要经过当地司法局的批准。于是，张某向某某区司法局提交了申请。

安徽某某市某某区司法局局长陆某某说：“考虑到疫情防控很重要，所以我们就向市支队、省司法厅社区矫正处进行了及时汇报，得到他们答复之后，我们批准了她的申请。”

2月15日，张某和同事一起抵达武汉，当天他们被分到了汉阳医院的发热门诊工作。每天一早，她就要到医院为病人登记、分诊，并进行核酸采样，身上穿着厚厚的防护服，她只能不吃不喝、不上厕所。

2月25日，由于这家医院不再作为新冠的定点医院，张某接到通知，她可以先行撤离，但张某却选择了留在武汉继续抗疫，并再次写下请战书，随后她被分配到一家方舱医院，开展救治工作。

3月23日，某某市人民检察院在进行社区矫正检察的时候，注意到了张某的情况，随后，他们了解了张某的日常监管表现。作为社区矫正对象能主动请战赴武汉抗疫，这种行为值得肯定，当即有办案人员提出，像张某这种行为是不是可以申请减刑，对于这个问题，办案人员之间产生了分歧。

安徽省某某市人民检察院第四检察部副主任李某说："因为根据法律的规定，社矫对象一般不予减刑，只有社矫对象符合重大立功条件，才可以参照减刑假释相关规定予以减刑。"

根据《中华人民共和国刑法》第七十八条规定，在抗御自然灾害或者排除重大事故中，有突出表现的，可以认定为具有重大立功表现。某某市检察院进一步开展调查核实，认为张某积极响应党和国家号召，主动请缨，奔赴武汉抗疫一线，为"武汉保卫战"的胜利做出了积极贡献，符合《刑法》第七十八条规定的法定减刑条件，于是发出检察建议，建议某某市司法行政机关对张某提请减刑。

2022年5月22日，某某市中级人民法院开庭审理了张某减刑案，7月6日，法院依法作出裁定，对张某减去有期徒刑一年，缓刑考验期由五年缩短为三年。某某市检察院依法对中级法院的裁定进行了监督。

【案例解读】

社区矫正工作的目的是在社区矫正机构及其有关工作主体和人员的共同努力下，帮助社区矫正对象矫正其错误的思想、心理、行为，再次重新融入社会。为了督促、引导社区矫正对象的矫正由“被动矫正”转向“主动矫正”，社区矫正机构建立了奖惩制度。社区矫正对象有积极表现就会获得奖励。案例中的张某，主动请战参加武汉新冠疫情防控，利用自己多年医务工作经验开展医疗救治工作，同时积极履行社区矫正义务，被人民法院认定为符合《刑法》第七十八条规定的“在抗御自然灾害或者排除重大事故中，有突出表现”情形，从而以重大立功为由获得了减刑奖励。

总之，认罪悔罪作为社区矫正对象实施改造与矫正的核心内容，其重要意义强调再多都不过分。社区矫正对象一定要把握好机会，充分认清自己犯罪行为的危害，充分认识人民法院判决的正义性，不忘自己罪犯身份、服刑身份，真正做到知罪、认罪、悔罪、赎罪，实现华丽转身，成为合格社会公民。

四、结语

综上所述，在新时代背景下，社区矫正的对象定位和改造目的是值得探讨的，我们要把社区矫正对象定位为新时代的见证者和参与者，同时要把改造的目的定位为认罪悔罪，积极探讨如何让社区改造者能够积极地认罪悔罪，在保障他们各项合法权益的前提下，让他们再次成为社会和百姓接纳信任的新人。只有这样，才能真正地让社区矫正对象改造成新时代合格的社会公民，成为新时代的新力量！

谋略为王反败为胜，还原本意再现亲情

——浅议母子换房引发的兄弟姐妹十年诉讼

□ 梁志强[①]

【摘　要】张父张母房改买断公租房为私产，小儿子张三代父母出资，张父立书面遗嘱该房（大房子）归张三所有；后遗嘱被毁，诉讼未果；张母遂将大房子与张三小房子互换，因无换房流程，而采用评估房价、差价买卖方式过户，兼顾了遗嘱及其他子女利益平衡；后张母将小房子再赠与张三，张三书写了承诺书表示获得该小房子后分出一半利益归最小胞姐张草；后张草联合其他兄弟姐妹将张三及张母诉至法院，确认张三获得大房子无效；之后又就大房子再次行权，并达成调解，张三将其他兄弟姐妹份额买断、母亲的份额也立遗嘱给张三；后张草以承诺书主张分得小房子一半利益而再行诉至法院，一审判决支付折价款500万元，二审发回重审，重审时更换了新代理律师，新律师认为两房是互换，大小二房是同一个互换行为不可分割的两个组成部分，不应大房子无效而小房子有效，大房子已判无效，张母以大房子换得的小房子也应无效并法律上返还张三，张三基于母亲赠与而承诺给张草一半份额的基础已被改变而前提已不存在，不应再履行该承诺书；重审新

① 梁志强，曾任全国知名企业及台企办公室主任、总经理助理等职，2008年通过司法考试进入律师行业工作至今，中国政法大学民商法在职研究生学历，曾任清华同方集团、中国民航报社、住建部办公厅、北京亚北车市等单位法律顾问，擅长民商、经济及房地产领域风险防控及诉讼、仲裁等纠纷处理。

律师以新思路为基础多次开庭、谈话、调解给付张草10万元，与之前所判500万元相差了490万元，不但属于典型的反败为胜，还在一定程度上维护了姐弟亲情。

【关键词】差价买卖手续；再行赠与；判决换房买卖无效；无效后行政诉讼。

一、案情简介（为保护当事人隐私，本文俱用化名，请勿对号入座）

1.张父张母共生育了三子两女，分别是儿子张大、张二、张三，女儿张花、张草。老两口在物质匮乏的年代拼命工作、含辛茹苦地把子女们拉扯大，然后又操心子女们的婚事，直到子女们先后都结婚成家了，老两口才算松了一口气，觉得总算可以好好休息颐养天年了。

2.我国自1949年至1992年很长一段时间实行计划经济，城市的房屋绝大部分为公有住房，根据具体公有住房管理单位的不同分为直管公房（由政府下属的房管所管理）和自管公房（由国营厂矿企业或机关、事业单位管理）两种模式。

本案的张父因工作关系分得了一套公有住房，位于北京西南二环内某楼房的2层，张父张母先是和众子女居住在该房，子女陆续结婚搬出后，就剩张父张母居住；后来张三结婚时也承租了一套公有住房，说巧不巧正好与张父张母同一栋楼同一单元，但位于顶层；张父承租的房子面积较大，使用面积约100平方米；张三承租的房子面积较小，使用面积约60平方米。也即张父张母承租和居住楼下2层的大房子，张三夫妻承租和居住楼上顶层的小房子。

3.大概在20世纪90年代末，国家为了大力发展经济、甩掉落后体制包袱，开始实行房改，允许公有住房的承租人折合工龄及折旧后一次性购买为私产，并会在办理的房产证上标注“成本价购房”，根据原产权单位的不同也分为普通房或央产房，上市交易需原产权单位或央产管理单位盖章同意。这就是商品房之前最普遍的“房改房”。大概至21世纪初，基本房改结束。

4.趁着房改浪潮，张三夫妻把自己承租及居住的楼上小房子参加房改，在折合了张三夫妻双方的工龄及房屋折旧的基础上，支付了剩余比例的房款，购买为私产，并办理了房主为张三的房产证，房产证上标注了“房改房”。

张父张母听说后，也想把老两口承租及居住的楼下大房子参加房改买断，但苦于手中没钱，遂和子女们商量，说谁出资参加房改买断，大房子就归谁；众子女都不愿意出资，唯独张三愿意；于是在折合了张父张母夫妻双方工龄、房屋折旧的基础上，张三夫妻支付了全部剩余房款，将大房子购买为私产，并办理了房主为张母的房产证，房产证上也标注了“房改房”。

5.因张三是最小的儿子，当地祖辈流传小儿子养老的传统（即儿子女儿们逐渐结婚搬离，最小儿子结婚不再搬离，留下来陪伴父母），再加上张三的小房子与父母的大房子位于同一楼栋同一单元，所以父母的日常起居饮食均由张三夫妻照料，其他子女仅是逢年过节探望，这样的照料持续到父母各自去世，按民间常理说法，可以认定张三夫妻对张父张母尽了主要的赡养义务，应适当多分遗产。

6.张父去世前，召集众子女开会，阐明了张三夫妻全部出资参加房改及这么多年一直赡养照顾的事实情况，并当张母及众子女的面书写了遗嘱，大概意思是房改款项由张三所出的，且多年来一直赡养照顾父母，所以这个大房子归张三继承。

7.张父去世后，张母和张三召集家庭会议，并当场展示父亲遗嘱原件，商量父母房改大房子的继承问题，其他兄弟姐妹各自发表了意见，总体意思是不认可遗嘱，也不同意按遗嘱继承。争执中，有人趁混乱将遗嘱画叉，并写作废，还进行了撕毁，最终协商无果，大家不欢而散。

8.后多次沟通协商，均未能达成一致意见。

二、十年诉讼历程（因案情复杂，考虑读者时间因素，仅做简述）

（一）遗嘱继承之诉，证据不足，未获法院支持

自协商无果不欢而散后，张三遂以父亲去世前留有遗嘱为由向人民法院提起了遗嘱继承之诉，将母亲（张母）及其他兄弟姐妹（张大、张二、张花、张草）诉至法院，要求父母房改的楼下大房子归其继承。

其他兄弟姐妹积极聘请律师应诉并主张遗嘱无效，一审法院经审理认为，首先遗嘱存在重大瑕疵，既有画叉及作废字样，还有撕毁的状态，无法确定是不是张父的真实意思表示，无法认定遗嘱效力。其次该房系折合了张父张母双方工龄及房子折旧后房改出售并登记在张母名下的，依法属于张父张母的夫妻共有财产，张父仅享有部分产权（并且该部分产权无法区分），故张父无权单方处分夫妻共同财产，其所立的该房归张三继承的遗嘱在法律上也不具有效力。一审法院经综合上述情况认为无法认定遗嘱的效力，故判决驳回了张三的诉讼请求。

张三不服驳回其诉讼请求的一审判决，遂向上级人民法院提起了上诉，二审法院认定的事实与一审基本一致：经审理认为遗嘱本身就因画叉、作废、撕毁等情况而无法成立，且处分了其他共有人的财产权利也系无效行为，遂判决驳回上诉、维持原判。

我国人民法院实行两审终审制，张三提起的遗嘱继承诉讼，因一审法院判决驳回张三的诉讼请求，张三不服上诉后二审法院又驳回上诉、维持原判，最终张三的本次遗嘱继承之诉以败诉而告终。

（二）遗嘱继承未果后，张三母子为实现张父遗愿、保持公平，另辟蹊径、互换房屋

张三提起的遗嘱继承诉讼被法院判决驳回之后，张母考虑到其大房子房

改时毕竟是张三支付的购房款，张父张母也一直由张三赡养，为实现张父遗愿、保持公平，又顾及其他子女的反应，张母经多方咨询，决定以登记在其名下的大房子来置换张三的小房子，这样既另辟蹊径实现了张父遗愿，同时也对其他子女有个交代。

随后，张三母子在另外一个女儿张草的陪同下，共同到房产所在地的房产交易过户大厅，做了两套房屋互换的手续；但因征税需要，又分别对两套房进行了评估，并以评估价差额进行了征税；为配合征税，还签署了张三购买张母大房子的房屋买卖合同，房屋交易价格就是两套房的评估价差价。

也就是说，无论在办理张母以其大房子置换张三小房子的手续时，还是在办理张三以其小房子置换张母大房子的手续时，甚至告知为征税而评估及以两房评估差价签署房屋买卖合同，小女儿张草都陪同在侧，全程见证了张母与张三换房的全过程，应当认定其对两房互换是知情和同意的。

（三）换房之后，张母基于张三赡养及孝顺，将换来的小房子又赠与张三，同时张三也出具了有张草一半份额的承诺书

在张母以其名下的大房子换得了张三的小房子之后，又经过了一两年，从心理感念小儿子张三的赡养及孝顺，想把换得的小房子也赠与张三。

但女儿张草知晓后，认为母亲偏心，遂多次大吵大闹，扰得邻里不安，为了平息张草的怨念，张三遂起草了《承诺书》，大意是母亲将小房子赠与张三后，无论小房子出租还是出售，都有张草一半份额。

（四）兄弟姐妹提起买卖合同无效之诉，法院以无权处分为由予以支持

其他子女得知张母将其名下大房子与儿子张三名下小房子互换后，先委托律师调取了为配合征税签署的张三购买张母大房子的《房屋买卖合同》，后以张母名下的大房子系张父张母在婚姻存续期间取得属于夫妻共同财产、张父去世后其享有的份额依法由张母及众子女继承（张父的父母均先于张父去世），张母无权进行处置及出售为由，诉至人民法院，要求确认张三购买张母名下大房子的《房屋买卖合同》无效。

张母及张三自认为占理，既未聘请专业律师，也未调取并提供换房档案，亲自到庭应诉答辩，陈述了张母名下的大房子虽然使用了张父张母的工龄，但购房款项均由张三支付，房改买房当时也和众子女商量由张三出资、大房子以后归张三所有，并简要提及了换房理由，要求驳回起诉。

一审法院经开庭审理查明，张父张母原承租的公有住房在房改时折算了张父张母的工龄，无论谁支付的购房款，房款收据上仍然记载付款人系张母，房产证也登记在张母的名下，依法属于张父张母夫妻共有；在张父去世后，其享有的份额由其父母、配偶、子女继承；因张父的父母均先于张父去世，故由配偶（即张母）和子女（即张大、张二、张三、张花、张草）共同继承，各继承张父一半份额的六分之一，即众子女各享有该大房子的十二分之一，张母自有一半份额再加上继承的十二分之一份额，合计享有该大房子的十二分之七；认为张母并不享有大房子的全部产权，依法无权独自处分，故判决张三购买张母大房子的《房屋买卖合同》无效。

张母张三不服，遂上诉至二审法院，二审法院查明事实与一审基本一致，也认为张父去世后，张母夫妻共有财产无权处分，判决驳回上诉、维持原判。

因张三与张母两房互换是根本合同，而买卖合同是表象，是因两房价值差价而征税形成的差价合同，合同目的不是买卖而是征税。也就是说，两房互换中，张三换得（也即征税形式上的买卖）张母大房子的合同无效，作为同一个行为的另一端，张母换得张三小房子的合同也无效。即大房子换小房子无效、同理小房子换大房子也无效。

根据无效合同、自始无效、相互返还的基本原则，大房子基于被判无效回归到了张母名下（归张母与众子女继承共有）；那么，小房子也应回归到张三名下（归张三夫妻共有）；即两房换房无效，法律上和产权上相互返还，两房各自恢复到互换之前的状态。

（五）兄弟姐妹乘胜追击，又提起住建局撤销大房子过户登记的行政诉讼

在张三购买张母大房子《房屋买卖合同》（实为两房互换差价征税合同）被判决无效后，张大、张二、张花、张草遂以住建局（不动产交易中心）的过户登记违法为由，又乘胜追击，将住建局（不动产交易中心）诉至法院，要求确认买卖过户登记行为违法，撤销大房子过户登记，并追加张母及张三为第三人参加诉讼。

住建局的书面答辩状称，并非依据买卖合同办理的过户登记，而是基于两房互换办理的过户登记，且不违反法律行政法规的强制性规定，并无过错；之后的庭审中，住建局当庭辩称，其是根据两房交换办理的登记，而非根据买卖合同进行的登记，认为其不存在过错。

张母及张三也都在庭审中进行陈述，双方系换房，并非房屋买卖关系，且当时在办理两房互换的过户手续及差价征税评估时，小女儿张草全程在场陪同办理，也并未提出异议，应视为同意。

审理期间，经法院调解，张三与张大、张二、张花、张草达成了协议：张三一次性给付张大、张二、张花、张草各50万元，张大、张二、张花、张草放弃大房子权利。张大、张二、张花、张草遂向法院撤回了对住建局的起诉，张三也分别给付了张大、张二、张花、张草50万元的补偿款，张大、张二、张花、张草也分别签署了相应协议，并出具相应收据。

至此，张大、张二、张花、张草因两房在法律上相互返还基础上继承的张父在大房子的份额（各十二分之一），分别以50万元的交易对价出售给了张三；张三购买张大、张二、张花、张草的各十二分之一的份额，再加上其自己继承的十二分之一份额、张三合计享有大房子十二分之五的份额。

而张母则因与张父夫妻共有而享有的一半份额，再加上继承张父十二分之一的份额，张母合计享有大房子十二分之七的份额。

（六）张母委托律师见证遗嘱，邻居代书遗嘱，其自有及继承大房子份额由张三继承

在张大、张二、张花、张草起诉住建局过户登记违法、要求撤销登记的案件审理期间，基于已判决张三购买张母大房子的《房屋买卖合同》无效而大房子回归张母及众子女所有的情况，张母先是委托某律师事务所进行律师见证，立下了张母夫妻共有的一半份额及继承张父十二分之一的份额（合计享有大房子十二分之七的份额）由张三继承的律师见证遗嘱。

之后，张母为保险起见，也为了将自己的真实意思公之于众，遂又找到街坊邻居帮忙代书及见证遗嘱，在邻居李四、刘五、王六在场见证的情况下，张母口述、李四执笔代书、刘五进行录像，由张母在立遗嘱人处签名、李四在代书人及见证人处签名、刘五、王六在见证人处签名，并各自捺印。代书遗嘱的意思是张母享有的夫妻共有的一半份额及其继承张父十二分之一的份额（合计享有大房子十二分之七的份额）全部由张三继承。

张母将上述律师见证书、邻居代书遗嘱交付给了张三夫妻保管。在张三夫妻的精心照料及赡养下，张母过了一段时间也去世了。

（七）张草基于张三承诺书要求小房子一半份额，协商无果后诉至法院，一审法院判决500万元，后二审法院撤销原判发回重审

母亲（张母）去世下葬后，张三将小房子出售，获得房款1 000万元，张草带着《承诺书》来找张三，要求其兑现承诺，支付其出售房款一半的份额，即500万元。

张三解释，之前是拿自己小房子与母亲大房子互换，自己失去了小房子但换得了大房子，后来母亲又想把小房子赠与，自己等于既拥有了大房子，又拥有了小房子（也即两套房）的情况下做出了将母亲赠与的小房子赠与张草一半的《承诺书》，该情况下，张三拥有整套大房子和半套小房子；但之后张三以小房子换得母亲大房子的《房屋买卖合同》被法院判决无效了，大

房子已还给母亲及众子女，小房子也理应还给自己，否则就会出现大房子仅占十二分之一的份额、小房子还按《承诺书》赠与张草一半的不公平局面，这也与张三当年出具《承诺书》的初衷完全背离，所以张三坚决不同意履行《承诺书》。

多次协商无果，张草遂诉至人民法院，要求张三履行《承诺书》，给付小房子一半的折价款500万元。一审法院经开庭审理认为，张母在变成小房子合法产权人后，又将小房子赠与给张三，张三此情况下书写的如出租或出售均有张草一半份额的承诺书是其真实意思表示，故小房子一半权利属于张草，张草应当分得一半，即500万元。一审法院遂判决张三按《承诺书》的约定向张草支付小房子售卖价款的一半500万元。

张三不服一审判决上诉，遂向上级法院提起上诉。

二审法院经开庭审理认为，大房子的买卖合同已被判决无效，虽然房屋档案显示两房系通过置换手续实现的产权变更，但目前并无小房子合同效力认定，小房子不能当然地基于合同无效而变回到张三名下，张三出具承诺书性质应进一步查清，且应考虑到张三配偶在小房子的权利及相应收益，并应当考虑张三房改支出成本，遂判决撤销一审判决发回重审。

三、重审全面展开举证，改变之前代持思路，力求探究本意

在二审法院撤销原判发回重审后，张三开始重视案件，经过长时间向多家律所的多名专业律师反复咨询，最终解聘之前用了多年的代理律师，转而委托了新的代理律师。

新律师为了解整个事件真实过程，也为防止当事人带有主观情绪的误导，全面审阅了张三之前发生过的多次诉讼案件的材料，发现核心关键表述反复，既无法确定张三与张母是两个独立的房屋买卖关系，也无法确定是换房；既不能确认张三在失去小房子权利后又重审获得小房子权利的性质是赠与，也不能确实是基于判决无效后的相互返还。

为了解开谜团，新律师遂持律师调查介绍信前往不动产交易过户大厅，依法调取了大房子、小房子当年过户的底档材料。其中大房子底档材料显示，房屋权利来源为互换、房屋性质为互换，审核意见为张三以小房子换张母该大房子一处，房屋交易价格为交换，且有评估报告及税票。

小房子底档材料也显示，权利来源也为互换、房屋性质也为互换，审核意见也为张母以大房子换张三该小房子一处，房屋交易价格也为交换，但只有评估报告，并无税票。

经律师团队反复研判讨论，最终意见还是应当探究张三及张母在过户时的真实意思表示，作为整个案件的突破口及焦点，诉讼思路为：换房是本质，评估报告及买卖合同是因征税需要而形成的表象文书，不应作为过户依据，更何况无论买卖合同还是税票，其款项数额均系两套房屋评估价的价差，且并未实际支付款项。故能够推断过户当时张三及张母的真实意思就是换房，即以物易物、以房换房，本质是交换，而非买卖，并据此修改了之前代持思路及房屋买卖思路，转为如何层层推进努力探究互换房屋本意的换房思路，并获得了张三夫妻的认可。

因张母早已去世，无法再向其核实当年的真实意思，只能通过之前房档、诉讼等材料来还原其真实意思。新律师还复制了张母生前参与的案件笔录，并对其中的关键表态进行了标注、摘录，与新调取的两房当年过户底档材料一并作为新证据提交，并制作了相应的证据目录。

受疫情影响，首次开庭通过网络云法庭的方式，新律师梳理、优化了举证思路，且采用先实后虚、虚实结合方式。首先向法庭举证了小房子是张三夫妻房改购买而来，张三夫妻拥有所有权及完全处置权。然后又举证了张母基于张父遗嘱效力瑕疵继承无果后而将其名下大房子与张三的小房子互换情况（并进一步举例说明两房互换是同一个行为，两套房的底档均是行为的各一半；这就像结婚一样，对男生而言是和女生结婚，对女生而言是和男生结婚，虽然双方各持一本结婚证，但本质上却只有一个结婚行为）。最后又举证了张母换给张三的大房子的房屋买卖合同无效的法院裁判文书，应理解为大小两房互换，大房子换小房子无效、小房子换大房子也必然无效；就像以钱买房一样，买卖被判无效了，不但买的房无效，购房款也必然无效，应当相互返还，而小房子就相当于这个购房款，也应当因无效而返还给张三（因张母之后已将换得的小房子赠与过户给了张三，法律上应视为已返还，因为张三基于赠与先将小房子返还张母、张母又基于互换无效再将小房子返还张三的行为是没有必要的）。但因网络开庭受限，总感觉具体思路未被主审法官接受。

庭后，新律师再次召开复盘研判会议，并补充提交张母基于大房子无效后进行的律师见证、邻居代书遗嘱及录像、张三购买其他继承人享有大房子份额的协议等新证据，以求证明大房子已因无效而继承及另行处置，大房子已全部失去本案的实质性作用，大房子与本案小房子再无关系。

为了能够更加客观、直接地反映案件事实及前后变化的法律逻辑关系，新代理律师还先后书面及口头申请了现场开庭（法庭先是通知以网络云法庭方式再次开庭，后在新代理律师的反复沟通及坚持下，最终同意了采取现场开庭的方式）。

现场开庭过程中，新代理律师在阐述两房互换无效后相互返还基础上，首先引导在法律上大房子返还给张母及众子女、小房子返还给张三夫妻，至于实际中的过户与否不影响法律关系的认定；其次推断得出张三之前基于张母将换得的小房子赠与而出具承诺书的基础是张三当时能得到大房子和一半小房子（即1+0.5=1.5），而大房子基于无效已返还张母及众子女且已继承完毕，如再按承诺书赠与则会使张三不仅已失去大房子并且失去一半小房子（即0+0.5=0.5），故承诺书已无存在的基础，也无履行的前提；更何况，张母并未明确声明是赠与张三个人，那么张三接受赠与即视为其夫妻共有，后张三出具张草享有一半权利的承诺书并未征得配偶同意，不但系无权处分的单方行为，也严重侵犯了其配偶的财产权利，依法应当认定为无效处置。

经反复辩论，最终重审法院基本上全面采纳了新代理律师的观点，认为两房互换是一个行为，换房是根本、买卖合同是表象，张三以小房子换得大房子买卖合同被判无效，也意味着张母以大房子换张三小房子合同无效；根据无效合同相互返还原则，大房子在法律上返还给张母及张三的兄弟姐妹，小房子法律上返还张三夫妻；双方换房行为终结，各自房子权属返还各自；且认定大房子基于无效返还已另行继承并实际处理完毕（张三以各50万元对价购买张大、张二、张花、张草继承大房子十二分之四份额+张三继承大房子十二分之一份额+张母夫妻共有及继承合计十二分之七份额遗嘱给张三）；小房子基于无效返还给张三夫妻，张母已失去对小房子的赠与处置权，张三基于张母赠与而出具的《承诺书》也因情势变更已失去履行基础，不仅无效，而且无须再继续履行。

重审法官在全面梳理案情、反复论证上述新证据及新思路的基础上，又进行了两次补庭，并进行了调解；张草一方先是让步为原一审判决的500万元款项的一半，后又让步到200万元、140万元、120万元、80万元、50万元，最后以张三一揽子补偿张草10万元达成调解（比之前一审判决500万元减少了490万元）。

而且为了防止张草再次以其他事由另行提起诉讼，又在庭审笔录载明了无论对小房子还是大房子都不再主张任何权利意见，这不但属于重大胜利，也终结了持续十年之久的诉讼生涯，委托人张三及其家属十分满意。

四、律师点评——房产确权要趁早、父母遗嘱须都立

本案之所以会衍生多个案件，并且前后持续了十余年的诉讼，归根结底，既存在对亲情承诺的轻信，也有对事情处理的拖延。特别是刚开始诉讼时，并未委托专业律师，选择赤膊上阵，不仅不熟悉法律，而且不熟悉程序规则，因大意而出现诸多失误，这也是对法律不够尊重的代价。

如果张三在刚出资不久，趁着父母承诺的热情尚未消退，父母的身体及精神也能够积极配合，无论是进行赠与过户，还是父母共同立下公证遗嘱，都是简单、有效、便捷的处理方式。

即使之前未能未雨绸缪，那么刚开始进行诉讼时，也应当积极聘请专业律师，而不是基于省钱考虑赤膊上阵或专挑收费低的律师来代理。殊不知，自己省的是律师费，没经验的律师却是以此案练手，结果自然不理想。

张三囿于诉讼经验较少，并不清楚在诉讼庭审中如何去表述事实，因此张三竟然在原一审中还发表了其代张母代持小房子的答辩意见，不仅未曾认真考虑及逐步论证换房的基础事实及无效相互返还的基本原则的运用，更未提及母亲基于无效后的遗嘱、张三购买其他继承人大房子份额相关证据，导致原一审法官一头雾水，各方诉讼参与人只能在买卖合同、评估报告、缴税票据等似乎构成差价买卖——两个买卖关系的框架下推断本案，即大房子在张三名下、小房子张母赠与张三名下，且出具了与张草各一半份额的《承诺书》，张三貌似已取得大房子的权利属于没有根据的多得多占，导致未能厘清案件基本事实，也无法作出公正裁判。说到底，还是功夫下得不够深，分析研判不够到位。

五、结语

在此，也善意提醒各位当事人，律师办案也是有成本的，资深律师诉讼经验是需要很多年及很多案件积累，不同律师代理思路及策略也各有侧重、不尽相同，若遇到纠纷应尽量去找该纠纷领域内的专业律师——最好是在规模律所担任专业部门主任的律师代理，以增加胜诉可能性；同时，也希望律师同仁，对于接案及代理都要慎之再慎，毕竟我们办的不仅是案子，还可能是别人的人生。

最后，希望当事人在日常生活中，尽可能多通过有偿法律咨询或聘请法律顾问等方式提前预测及防范法律风险，以求降低利益受到损害的程度；发生纠纷后，更要积极全力应对，最大限度保护自己的合法权利！祝愿大家将法律风险防患于未然！

从代理三个案例看提供劳务者受害责任纠纷责任划分认定的法理与情理

□ 徐艺梅①

【摘　要】我们生存在同一片法治海洋之中，大旱来临之时，我们都是涸泽之鱼，需要始终存储一汪清泉于心间，解生命的干渴。以下3个有关提供劳务者受害责任纠纷案例是笔者以有限的工作经验，作出的浅陋分享，是笔者浅尝人间的一点感悟，所学之识投入世界之海的一点回响，希望这一点自语的文字能给读到的你一点点帮助，本篇主要参考文献是张文虎的《提供劳务者受害责任纠纷疑难问题探析》，笔者的初心与张文虎先生的初心一致，实际办理该类型案件时经常会有很多问题困扰着承办法官，如劳务关系和承揽关系的认定和区分、承揽关系和承包关系的认定和区分、谁才是雇主、过错应如何认定、如何才能更大程度地保护受害者的利益同时兼顾他人的合法权益等，希望这3个案例分享能为后来者办案同仁提供一些有益的参考，也希望能促进建工行业对安全义务的警惕之心，若诸君对该课题感兴趣，可仔细研读张文虎先生的《提供劳务者受害责任纠纷疑难问题探析》一文，以下是笔者具体案例分享，请诸君赏目，因时间紧急未经案例主人翁许可，笔者均以姓氏+字数某某，化名分享，如造成阅读不舒服，请诸君担待。

① 徐艺梅，江西上饶人，法学学士与管理学学士，现为北京京师（海口）律师事务所专职律师，北京京师（海口）律师事务所青年律师工作委员会委员，目前主要从事民事与刑事案件代理，一位喜爱写作，热爱法治事业的青年执业律师。

【关键词】提供劳务者；劳务关系；承揽关系；归责原则；法理与情理

一、案例1　彭某诉黄某提供劳务者受害责任纠纷案

（一）案情介绍

【损害地点】农村自建房

【案情提要】

2021年4月某日午后，我县某个村子里发生一起村民坠楼死亡事件。事故发生后村民立马报警，警察及救护车第一时间到达现场，通过现场勘察及事故现场目击证人死者妻子痛哭陈述，其与丈夫像往常一样吃完午饭后就出工干活，谁知道今天在三楼搭建木板时，丈夫踩空从楼上摔下来，当场死亡。最终警方排除他杀可能，认定为意外坠楼死亡，同时医生根据伤情认定佐证死者确因高空摔下致使脑颅破裂而亡。当天下午该楼房主黄某的儿子，立马从务工市区赶回来，配合警方调查并积极帮助死者家属处理相关丧葬事宜。后双方因赔偿数额协商不成，死者家属以提供劳务损害为由将房主黄姓父子三人一并告上法庭，要求对方承担70%的赔偿责任，黄某内心不服，因为死者并非其雇佣而来，而且自己全程都在外地务工，该装修搭建木板的事项完全发包给第三方彭某负责，认为应当由彭某承担事故责任。

（二）法律聚焦

本案案情虽明了，但争议焦点多，属于典型的劳务型人身权损害案件。关于两者主体适格、法律关系定性和责任划分，三方具有很大的争议。后面笔者经过与黄某面谈，更加了解本案整个事情经过，对黄某一家的艰难处境和彭某某的妻子中年丧夫之痛深表同情。但黄某父子所说的话是否真实是否具有证据佐证，在没有看到证据前，切忌主观代入。之前曾听律师

前辈们说当“当事人感性和冲动的时候，我们律师必须保持理性，帮助其解决问题，用证据说话，让法律的正义得到实现”。案件首要要义是对法律关系的判定，本案存在争议的要点在于法律关系是劳务关系还是承揽关系。从劳务关系和承揽关系的定义上看，劳务关系是提供劳务的一方为需要的一方以劳动的形式提供劳务活动，由需要方支付约定报酬的劳动活动；承揽关系是承揽人按照定作人的要求完成工作，交付工作成果，定作人支付报酬的合同。

（三）人民法庭裁判

法院依法认定二者之间符合承揽合同关系。判决由黄某父子三人承担20%选任过错赔偿责任、彭某某自行承担余下责任。法院经审理查明彭某是出于好意介绍活干，未收取任何费用，不承担任何责任。

【法律依据】

《民法典》

第一千一百六十五条：行为人因过错侵害他人民事权益造成损害的，应当承担侵权责任。

依照法律规定推定行为人有过错，其不能证明自己没有过错的，应当承担侵权责任。

第一千一百七十三条：被侵权人对同一损害的发生或者扩大有过错的，可以减轻侵权人的责任。

第一千一百七十九条：侵害他人造成人身损害的，应当赔偿医疗费、护理费、交通费、营养费、住院伙食补助费等为治疗和康复支出的合理费用，以及因误工减少的收入。造成残疾的，还应当赔偿辅助器具费和残疾赔偿金；造成死亡的，还应当赔偿丧葬费和死亡赔偿金。

第一千一百九十三条： 承揽人在完成工作过程中造成第三人损害或者自己损害的，定作人不承担侵权责任。但是，定作人对定作、指示或者选任有过错的，应当承担相应的责任。

（四）代理思路与案件痛点

笔者在仔细分析彭某某家属诉状及查阅相关证据与法条后，发现原告诉请要求黄某父子承担70%的赔偿责任，笔者认为原告方认定法律关系错误且责任划分比例过高。又因本案涉及利害关系人第三人彭某，于是与承办法官沟通，提交追加被告申请书，要求追加彭某作为被告出席，方便查明案情。但因彭某已经去往外地务工，目前难以查询其下落，法庭考虑到本案现实紧迫性，避免群众之间矛盾激化，在听取各方当事人意见，决定如期开庭。彭某后回村参加彭某某葬礼，愿意出庭说明事实，因彭某涉及利害关系，法庭将其列为第三人。一波三折后，本案最终如期审理并依法作出判决，双方对判决都予以认可。但庭审过程中，三方内心都有疙瘩解不开，内心均不服。黄某一家对70%的比例划分不服，表示自己事后积极出钱给对方进行丧葬事宜，彭某才是找彭某某做事的人，为什么原告没有起诉彭某？黄某的儿子们也不服，为什么房子明明是父亲的，自己压根没打算住，对方为什么把自己也给起诉了？彭某只是把活介绍给别人干了，自己一分钱没赚，为什么还要赔钱？而彭某某妻子认为彭某某给黄某家房子做事，现在摔死了应该由黄某一家子负责。

（五）案件评析

经过充分的法庭调查、质证和辩论，法庭法律释明，三方内心的疙瘩都解开了。这个悲剧发生是任何人不想看到的，也都是乡里乡亲的，法律与情理应是相互通融的。虽然房子在黄某名下，可两个儿子都是该房共同受益人；同时彭某承包工程擅自转包给彭某某，黄某认为其应当承担赔偿责任也属于情理之中，应当列席出庭查明事实。本案中彭某某给黄某家房子搭木板行为，按照我们民间俗话讲，黄某一家是房主，彭某某是做事的，自认为是劳务关系，而不是承揽关系。让当事人理解法律关系，打破他们根深蒂固的狭隘思想是法律工作者的社会责任。法庭调查事实很清楚，彭某某出工的时间完全由彭某某自行决定，工作时间也无限定，工具自行携带，完成工作成果后黄某一次性结清，属于我国《民法典》定作承揽法律关系。与此同时，彭某某做工时未尽到自身安全注意的义务，作为长期从事搭建木板的师傅，明知自己在承揽搭建木工活身处高空，可仍未做好任何防护措施，盲目相信自己的体力与经验，最终导致悲剧的发生。彭某某应当自行承担主要责任。同时黄某父子三人作为定作人，在明知彭某及彭某某没有建筑资质，让对方修建自己的房屋，存在选任过错，应当承担相应的责任。

法庭在审理本案，存在对法律关系梳理的一个大前提，即确认双方之间存在的法律关系是劳务关系还是加工承揽关系，两者在法条上明确定义了责任范畴，如确认劳务关系，法院适用《民法典》第一千一百九十二条之规定“提供劳务一方因劳务受到损害的，根据双方各自的过错承担相应的责任”。从该条法律条文我们可知，此时责任划分原则为过错责任原则；如确认承揽关系，法院适用《民法典》第一千一百九十三条之规定“承揽人在完成工作过程中造成第三人损害或者自己损害的，定作人不承担侵权责任。但是，定作人对定作、指示或者选任有过错的，应当承担相应的责任”。那么，如何结合案件事实过程与形式，来界定双方到底是“劳务关系还是承揽关系”，在我国学理上，主要从以下几个方面来认定与区分：（1）从工作环境与工作内容上体现的人身依附关系上看，劳务关系具有较强的人身依附关系，雇主对雇员的工作时间、工作地点、工作内容具有绝对领导权，雇员只有服从；承揽关系中人身依附关系微弱，承揽人具有较大人身自由性，其只要按照定作指示完成，将工作成果交付给定作人即可，定作人无须对其工作时间、地点等作出详尽安排，承揽人具有较强的灵活性。（2）从劳动报酬的支付方式上看，劳务关系一般根据工作人数、劳动过程、工作量多少支付相应劳动报酬；承揽关系的双方按照定作的物品约定总价，待承揽人完成定作人定作物品，交付成果之时一次性支付价款。

另外，承揽合同具有以下特征：（1）承揽合同是诺成合同、有偿合同、双务合同、不要式合同；（2）承揽合同以一定工作的完成为目的；（3）承揽合同的标的是特定的工作成果；（4）承揽人的工作具有独立性；（5）承揽人在工作中独立承担风险。再结合本案案情，黄某作为房主将其房屋建筑工程包给彭某建设施工，采取包工包料的形式，约定安装模板每平方米48元，工作成果交付完成后支付相应价款，黄某不参与建房活动，对建房过程不进行指挥和管理，只要求施工人员按照要求把房屋装修建成，庭审中彭某陈述双方存在搭模工程的事实，双方之间达成的口头协议属于承揽合同关系。彭某又把楼层搭建模板的工程发包给彭某某承建，彭某某从彭某处承揽的搭建模板工程后，叫上其妻子一起做工，施工目的明确，且自备施工工具和材料。

鉴于上述事实，法院认定黄某与彭某某之间存在法律关系为承揽关系。那对于责任划分，便是判定在承揽关系中黄某是否存在“指示与选任过失责任”，彭某某自身是否存在过错。根据相关定义，定作人存在过失类型包括：定作过失、指示过失和选任过失。定作过失，是指定作加工的本身就存在过失，即承揽事项本身不合法，如对危险物品的加工等；指示过失，是指定作本身为正当，但定作人在对承揽人完成定作事项的指示中具有过失，如用低标号水泥代替高标号水泥施工的情况；选任过失，是指定作人在选任承揽人时存在过失，未尽必要的注意义务。所谓“定作”是针对工作自身的性质而言，所谓“指示”是针对指示工作进行的方法而言，所谓“选任”是针对选择工作的作业人而言。定作人对承揽事项自身性质、指示工作进行的方法或选择作业人具有过失是定作人指示过失责任的第一个要件。本案黄某明知彭某与彭某某均无相应资质，仍让对方修建其房屋，存在未尽到必要的注意义务。结合本案事实，认定本案黄某是否存在选任承揽人过失（即选择没有建筑资质的承揽人为其建房），存在一个大前提即农村建房装修工程是否需要承揽人具备建筑资质。因本案事故损害为农村自建房施工时，受害人彭某某从三楼摔伤致死，假若农村自建房不需要建筑资质，则本案中黄某不承担任何责任，该事故损害则由彭某与彭某某全部承担。结合庭审各方阐述的事实，本案中，彭某与彭某某长期在黄某所在农村一带从事建筑业，经常帮人建房，黄某基于信任选任彭某某为其建房，故笔者认为黄某不存在选任不具有建筑资质承揽人过失，且目前在农村建房也没有具体法律规定一定要具备相应资质才可以从事建筑工程。笔者在查询诸多资料中发现，仅建设部《关于加强村镇建设工程质量安全管理的若干意见》第三款中提到，对于村庄建设规划范围内的农民自建两层（含两层）以下住宅的建设活动，县级建设行政主管部门的管理以为农民提供技术服务和指导作为主要工作方式。根据该《意见》条款，笔者认为我国现行法律、法规关于农村建房，对施工人是否必须具有相应资质并无强制性规定。但相反的是，法庭同样根据该款规定，认为“农民自建两层（含两层）以下住宅的建设活动”中2层以下房屋建造，无须建筑施工资质，但本案受害者从事施工的农村自建房已高达三层，故黄某家建房行为，应当适用属于需要施工资质建设活动。故法庭认定黄某在本案中，存在选任承揽人过失责任，未尽到安全注意义务。

鉴于法庭认定，本案农村自建房需要建筑资质依据，判定本案黄某存在选任无资质施工人彭某或彭某某施工，应自行承担选任20%的过错责任。故此，笔者认为，本案选任承揽人是否存在过错，是由农村自建房楼层高度决定的（即法庭认定二层以下不需要，二层以上需要建筑资质）。因本案涉案房屋为三层，笔者想要明晰，三层以上施工是否需要相应资质，在查询相关判例法律规范后，笔者发现实践判例中存在两种观点：

第一种观点认为农村自建新房三层以下，不需要建筑资质施工单位，则本案黄某选任没有建房资质的彭某某建房的行为不存在相应选任承揽人过错。但结合本案房屋实际为三层，存在加盖行为，法庭根据《最高人民法院关于审理人身损害赔偿案件适用法律若干问题的解释》第十条“承揽人在完成工作过程中对第三人造成损害或者造成自身损害的，定作人不承担赔偿责任。但定作人对定作、指示或者选任有过失的，应当承担相应的赔偿责任”之规定，本案中黄某作为发包人知道彭某没有相应资质，黄某作为发包人应当承担连带责任。”结合《民用建筑设计》第3.1.2条“一层至三层为低层住宅”的规定，涉案房屋不超过三层，属农民自建低层住宅，不适用《中华人民共和国建筑法》关于施工资质的规定，来作出判定一般含本数三层。故法庭认为，本案房屋不属于农村自建低层住宅，仍需要建筑资质。

第二种观点认为农村新建自建房三层以下仍需要建筑资质单位施工，则本案黄某选任没有建房资质的彭某某建房的行为存在相应选任过错。结合本案实际，存在一个分包事实，即彭某某并非直接从黄某承揽修建该房屋工程，而是从彭某处转包而来，故彭某选任没有建房资质的彭某某建房的行为也存在一定的过错，本案中彭某某在建房施工过程没有采取必要的安全防范措施，也没有尽到应有的保障义务，对本案事故的发生亦存在自身一定的过错。本案中，三人各应承担相应民事责任。

综上，依据本案事实，笔者心悦诚服于法庭对黄某适用《民法典》第一千一百九十三条规定“承揽人在完成工作过程中造成第三人损害或者自己损害的，定作人不承担侵权责任。但是，定作人对定作、指示或者选任有过错的，应当承担相应的责任”，承担相应的选任过错。根据公平原则以及各方当事人对本案事故发生的过错程度，黄某承担选任过错责任、根据《民法典》第一千一百九十二条之规定，彭某承担过错责任、根据《民法典》第一千一百七十三条之规定，彭某某自身承担相应过错。

最后，在提供劳务者受害责任纠纷实践中，除了在法律关系、责任划分梳理存在难度。同时对于人身损害数额及司法鉴定这块存在标准不统一，鉴定时间过长，导致受害劳动者生活困难，也是我国对于该类案件，如何实现司法正义一个不可忽视点，需要集思广益，构建更完备规范机制，保护弱势群体权益实实在在的落地有回响，解群众之急。

二、案例2 张某某诉刘某某、徐某某提供劳务者受害责任纠纷案

（一）案情介绍

【损害地点】农村自建房

【案情提要】

本案金某某为刘某某提供装修服务，金某某在卫生间钻排水管墙洞时，因人字楼梯横档断掉，摔伤颅脑致死。本案案情虽然简单，但发生事实悲剧让人心痛。假若各方都能对生命予以敬畏，放下高傲自大，房主严谨用工，劳动者谨慎做工，可能悲剧就不会发生。回到本案法律关系，可能绝大多数老百姓认为，金某某受雇做活，刘某某作为房东应当承担全部赔偿。但本案出现了一个在提供劳务者受害责任纠纷案中常见的“中间人”，即笔者当事人、本案被告之一徐某某。据徐某某自身所述，其为刘某某家安装水电，因需要打洞的师傅，故介绍金某某前来钻排水管的墙洞。徐某某得知自己被起诉非常委屈，而金某某家属认为是徐某某叫金某某去刘某某家干活，若是不去金某某不会摔死，徐某某理应承担相应责任。

（二）法律聚焦

本案争议焦点是，金某某、刘某某、徐某某三者之间是什么法律关系，过错责任如何划分。该案经法院调查得知，不同主体之间存在不同的法律关系，即一审法院认为金某某与徐某某之间存在劳务关系，徐某某与刘某某之间存在承揽关系。一审法院认定，金某某自身存在过错责任较大，自身承担60%的责任比例；徐某某作为金某某雇主承担未提供安全工作环境30%的过错责任；刘某某承担选任不具有建筑资质徐某某作为承揽人的10%的选任过错责任。徐某某不服一审判决，提起上诉，否认自己与金某某之间存在劳务关系，主张本案金某某是其替刘某某喊来干活的且其劳动报酬由刘某某实际支付，认为其承担的责任比实际受益人刘某某高十分不公。二审法院在受理

该案件之后，对相关事实进行查证，对徐某某与金某某之间法律关系重新作出认定，认为金某某与徐某某之间也属于承揽关系，详细我们可看下面法庭裁判，为何二审法院对金某某与徐某某之间法律关系作出了新的认定。

（三）人民法庭裁判

一审人民法院认为，行为人因过错侵害他人民事权益造成损害的，应当承担侵权责任。被告徐某某以自己的设备、技术、劳力完成被告刘某某自建房屋卫生间水电安装工作，被告徐某某与被告金某某之间形成承揽关系。因水电安装前须钻孔，金某某受被告徐某某邀请前往被告刘某某家钻孔，受其管理，金某某与被告徐某某之间形成劳务关系。金某某作为完全民事行为能力人，在相对封闭、安全的作业空间内，未注意自身安全，操作不当，对事故的发生具有较大过失。被告徐某某在金某某实际施工时，未尽安全监管义务，具有一定的过失。根据《村庄和集镇规划建设管理条例》第二十一条第一款规定，在村庄内二层（含二层）以上的住宅建筑施工，必须由取得相应的设计资质证书的单位进行设计，或者选用通用设计、标准设计；该条例第二十三条规定，承担村庄、集镇规划区内建筑工程施工任务的单位，必须具有相应的施工资质等级证书或者资质审查证书，并按照规定的经营范围承担施工任务，案涉房屋系二层以上民房建筑，被告刘某某作为案涉房屋的实际房主，选任无相应资质的被告徐某某对卫生间进行水电安装，并认可被告徐某某选任金某某对房屋卫生间钻孔，具有选任不当的过失。综合本案实际案情，本院酌定金某某承担本次事故60%的责任，被告徐某某承担本次事故30%的责任，被告刘某某承担本次事故10%的责任。

原告张某某以其患有精神疾病为由，向两位被告主张被抚养人生活费，但原告张某某并未提供丧失劳动能力相关证明，法庭多次向原告方释明，原告方均未能提供，也未提供无其他生活来源的书面证明，且经本院到原告张某某家中调查核实，原告张某某具备生活自理能力，对原告张某某要求两位被告支付被抚养人生活费的诉讼请求，本院不予支持。被告刘某某辩称案涉房屋系其父亲刘某清所有，但被告刘某某并未提供证据证明案涉房屋所有人为其父亲刘某清，刘某清生育两个儿子，并排建造两幢自建房，正分别以两个儿子名义申报房产证，某某县某某镇社会治安综合治理办公室出具的《关于金某某死亡的调查经过》已确认案涉房屋系“刘某某家”，案涉房屋的实际房主应为被告刘某某，对被告刘某某非本案适格被告的辩称意见，本院不予支持。

原告方因本次事故总损失，结合其诉请及相应证据核定如下：（1）医疗费17 175.93元；（2）丧葬费38 065.5元（76 131元÷2）；（3）死亡赔偿金771 120元（38 556元×20年）；（4）被抚养人生活费［22 134×3+22 134×1×（1÷4+1÷2）+22 134×1÷4］×100%=88 536元；（5）精神损害赔偿金50 000元。故此，原告方因本次事故总损失金额为964 897.43元。被告徐某某应赔偿原告方289 469.2元（964 897.43元×30%），被告刘某某应赔偿原告方96 489.7元（964 897.43元×10%），因被告刘某某已垫付原告方32 400元，故被告刘某某仍应赔偿原告方64 089.7元。

综上，依照《中华人民共和国民法典》第一千一百六十五条、第一千一百七十三条、第一千一百七十九条、第一千一百九十二条第一款、第一千一百九十三条，《最高人民法院关于适用〈中华人民共和国民事诉讼法〉的解释》第九十条之规定，判决如下：

（1）被告徐某某赔偿原告严某、张某英、金某某各项损失人民币289 469.2元；

（2）被告刘某某赔偿原告严某、张某英、金某某各项损失人民币64 089.7元；

（3）驳回原告严某、张某英、金某某其他诉讼请求。

本案经过上诉阶段，二审法院对于被告徐某某与被告刘某某之间责任划分比例进行了改判，二审法院认定的其他事实与一审法院认定的一致：二审法院认为，根据上诉意见及答辩意见，本案二审的争议焦点为当事人之间形成何种法律关系、本案的赔偿责任比例如何划分。二审法院作如下评析：

首先，刘某某与徐某某口头约定由徐某某承包其自建住宅卫生间水电安装工程，一审法院认定刘某某与徐某某之间形成承揽关系并无不当，本院予以维持。水电安装过程中需要钻孔，徐某某便邀请金某某实施钻孔工作，金某某按照徐某某的指示完成钻孔任务、交付劳动成果，其具有一定的技术性，故本院认定徐某某与金某某之间也是形成了承揽关系，对一审法院作出徐某某与金某某之间形成劳务关系的认定应予纠正。关于徐某某称是受房东的委托才叫来金某某实施钻孔，且费用也是房东支付的，不认为金某某与其存在任何法律关系的上诉意见，因金某某是由徐某某联系实施钻孔的事实客观存在，刘某某及其父亲刘某清否认委托过徐某某联系金某某，徐某某也未提交其他证据佐证委托事实的存在，钻孔费用最终由谁支付的事实也没有充分的证据证实，仅凭徐某某个人陈述难以认定徐某某主张的事实的真实性，故对徐某某的该上诉意见不予采纳。

其次，金某某在实施钻孔工作过程中，未采取适当的安全措施，也未充分履行安全注意义务，是本案事故发生的主要原因，一审法院认定其承担本次事故60%的责任并无不妥，本院予以维持；徐某某作为金某某的定作人，其对选任金某某作为承揽人，事先缺乏安全施工的提示和教育，也未为金某某提供安全的梯子、安全帽等，事中也未进行有效的现场监管，应承担过错责任；刘某某作为业主方，也是徐某某的定作人，未对金某某是否具有安全施工的能力和条件的事实进行考察，也未为徐某某、金某某提供安全施工设施设备，且未对现场进行监管，致使金某某使用具有安全隐患的“人字梯”施工导致摔落死亡的后果，刘某某主观上存有过错，其过错与金某某的死亡存在法律上的因果关系，应承担赔偿责任。据此，本院酌定将徐某某和刘某某的赔偿责任比例调整为各承担20%即各自赔偿192 979.49元（964 897.43元×20%），因刘某某已经垫付了32 400元，故刘某某仍应赔偿160 579.49元。

综上，上诉人徐某某的上诉理由部分成立，本院予以部分支持。依照《中华人民共和国民法典》第一千一百九十三条、一千一百六十五条，《中华人民共和国民事诉讼法》第一百七十条第一款第（二）项的规定，判决如下：

（1）撤销某某省某某县人民法院（2021）赣1128民初1 384号民事判决；

（2）上诉人徐某某在本判决生效之日起三十日内赔偿被上诉人严某、张某英、金某1、金某2共计人民币192 979.49元；

（3）被上诉人刘某某在本判决生效之日起三十日内赔偿被上诉人严某、张某英、金某1、金某2共计人民币160 579.49元；

（4）驳回被上诉人严某、张某英、金某1、金某2一审提出的其他诉讼请求；

（5）驳回上诉人徐某某的其他上诉请求。

（四）代理思路与案件痛点

被告徐某某在本案中具体扮演什么角色，据徐某某陈述，徐某某与金某某皆为提供劳务一方，同为给刘某某房屋施工的人员。被告徐某某受被告刘某某父亲委托找钻洞施工师傅，徐某某出于好意告知金某某有活干，其本人对金某某发生意外事故没有预见及进行防范的能力，且金某某提供劳务的受益者为被告刘某某，即金某某的劳动报酬由被告刘某某支付，徐某某与金某某劳动报酬分开结算，笔者仅鉴于徐某某陈述事实判断，徐某某作为工友，对金某某人身安全不负有任何安全监管义务且更未从金某某处获益，根据《民法典》侵权构成要件，徐某某与金某某的损害结果之间不具有因果关系，徐某某也无过错，不承担相应的法律义务。但该部分事实与原告方及被告方刘某某陈述事实存在巨大的差异，且徐某某无任何证据证明其所述事实。故证明徐某某与金某某同为被雇佣人员证据，在本案起着关键指向作用。笔者在经过多方阅卷及法庭调查，知晓本案徐某某在之前独自承揽了刘某某房屋装修所有水电工程的大前提下，金某某施工范畴属于其施工部分，又结合被告刘某某提供相应证据及金某某家属陈述“喊金某某做活的是徐某某”的证词，本案徐某某的角色突然转变为该工程的“雇主”或“定作人”，并非其自身所述的“雇员”身份。再结合该事故发生的原因是人字楼梯横档断掉，房东或雇主及劳务接受者应当提供安全施工设施及安全施工环境，鉴于本案为承揽关系，涉及选任施工资质是否合格，是责任认定的重要事实。根据《民法典》第一千一百九十二条之规定，接受劳务的一方获得利益，提供劳务的一方在劳务过程中因此受到损害，为体现公平，原则上应当由接受劳务一方承担侵权责任。与此同时，根据《最高人民法院关于审理人身损害赔偿案件适用法律若干问题解释》第十一条，雇员从事雇佣活动中遭受人身损害，雇主应当承担赔偿责任。雇佣关系即一方于一定或不定期限内为他方提供劳务，他方给付报酬的社会关系。本案中，金某某到底是受谁雇佣，徐某某与刘某某各执一词，都认为自己无责，且本案受害者金某某在明知该“人字梯”存在重大的安全隐患，还是用其来进行高处施工行为，自身也存在过错。最终，法庭结合三方工作性质、工作成果交付方式，劳动报酬支付等，依法认定该案主要法律事实，三方构成承揽关系。

（五）案件评析

案例2与案例1存在诸多相似之处，关于法理分析此处不再详述，我们结合情理来看，为什么同为“中间人”，二者一个负责，一个无须负责，结合本案“中间人”在事实中所起作用，当然法理上本案“中间人徐某某”确实需承担责任。首先，法院梳理的关键在于“劳务关系”与“承揽关系”确认划责大前提；其次，发生地点都是农村自建房施工处，适用建筑资质法律法规一致，用于确认定作人是否需要承担选任过失责任；最后，都存在一个“中间人”角色，但两个“中间人”承担的法律责任却不同。相比较而言，本案“中间人”徐某某举证较案例1难，但其确实是该房屋总水电工程的承揽者，其口头举证其为好意介绍施工，与受害者家属所述完全背离。案例1中，“中间人”转介绍行为虽同样未被“房主”认可，但其被受害人家属陈述证实，确为好意介绍活干，从而免责。而本案中，徐某某作为受益者之一，其对受害者人身安全具有相应的法律之义务。同时无论是案例1还是案例2，对于法庭虽查明案件事实，明晰责任，但对于受害者赔偿数额、被扶养人生活费、精神抚慰金部分，却存在较大区别，但这些区别并没有体现出我国《民法典》保护弱势群体相对公平原则。相反，现实案例中不乏出现实际生存困难人，没有得到支持，生存较良好，反而得到支持。这无疑增加了社会怨气，怨则不平，不平则难和，不和，何谈稳，民心不稳，国何安哉。

（六）结语

在我国法治治理司法实践中“法理与情理相结合原则”，在很大程度上，缓解了社会激烈的矛盾，甚至在某些案例中，各方情理相通后，更能为社会大众接受。社会公平正义离不开有温度的感受，故笔者作为法律工作者，在梳理案件法律关系时，始终对背后人的因素保有“信赖”，但法律作为秩序的卫兵，理性是它的本能。案例1与案例2，悲剧都是令人心痛的，但为何悲剧不止，最终源于各方对于从事高危工作认知的狭隘及盲目相信劳务经验。案例中，受害者家属始终对受害者自身承担较大责任，心有疑惑不解，从而引起对“法”的误解。笔者在阅读相关案例与文章时发现“提供劳务过程中提供劳务者因劳务遭受损害的情况更多，致人损害的反而较少”。这更说明，我国各行各业对人身安全管理培训不到位，基层普法宣传还有很长的道路要走。民不知法，何谈守法，明知屋子破了不修，何谈建设幸福大厦。这两个案子背后都有着五味杂陈的故事，作为一名青年律师，笔者内心是波澜的，知晓了人生的困难竟如此剧烈惨痛，文人笔下还有温情，可现实灾厄悲痛之余只有生活不得不继续的艰难。为什么每年农村建房装修方有那么多的师傅在建房工作过程中死亡，很大一部分是自身安全意识不够强。这类案件屡见不鲜，例如，水电师傅徒手接电完全不戴任何防电手套被电亡、粉刷师傅一人不系任何安全绳索高空木梯粉刷坠落死亡等。好的经验是值得我们借鉴的，坏的需要舍弃，不能止步不前，应当随着时代发展而发展，加强施工安全培训学习，携带齐全防护设备出工，不可自大总抱着侥幸心理，无视安全隐患问题。

古有法谚：“法无不改，势无不识；事例无不变迁，风气无不移易。”法律应随着时代变化，事情和风气也一样的。我国2021年1月1日正式施行《民法典》，便是我国法治国家建设与时俱进的重要体现。民商事风险自担意识是老百姓保护自己的第一道防线，爱护自己也是开创长久美好生活的重要品质。

回顾这2个案件，悲剧虽是底色，但同时也凸显了许多社会正能量。例如，在案例1中，原告被告双方都无力应对这突如其来的灾厄时，村民自发捐款救助黄某，让其偿还彭某某家属的赔偿金和支付黄某妻子急救医药费。同时，彭某某妻儿在了解法理后，自愿放弃追加彭某为被告的诉权，觉得彭某是好意介绍，根据常情不追究彭某的责任，自行承担，给这个社会好人增添一份温暖；再如，黄某的儿子们在自己家风雨飘零的时候，始终对自己的父母不离不弃，把生活的重担自行扛在肩上，用自己的双手在外打拼支撑自己的家庭。英国的法理学家边沁曾说："一切法律的总目标一般是或应该是全面增进社会幸福。"我想每一个人，都需要也值得拥有幸福，而个人的幸福与社会的幸福均离不开法理与情理交融的和谐社会。

三、案例3　原告潘某某诉被告1秦某某、被告2湖北某某公司，被告3海南某某公司、被告4儋州某某公司、被告5梁某某提供劳务者受害责任纠纷案

（一）案情介绍

【损害地点】工程建设施工场地

【案情提要】

本案原告潘某某为木工，在被告3养猪场项目施工场地拆除模板，因脚手架上铺设的木板断裂从2米高处摔下，右足跟粉碎性骨折。基于同乡情谊，潘某某信任被告1秦某某，听从其建议仅在医院拍片后敷中药保守治疗。一直未对其右足进行手术，致使现在留下终身残疾，且一年期间无法做活，没有任何经济来源。潘某某生活困难，要求被告1秦某某赔偿其13万元，秦某某不同意，认为其照顾原告6个月已经尽了最大能力，愿意支付1万元给潘

某某，至此双方决裂。后潘某某在其工友的帮助下，找到笔者希望通过法律帮助自己。笔者在原告方提供的委托书、工资截图、录音、医院CT单等证据材料中发现，本案涉及的主体偏多，涉及的法律关系（“劳务关系”或“承揽关系”），还涉及工程转包、劳务分包、工伤等交叉法律关系。对于原告潘某某的损害，到底哪些主体负有赔偿责任呢？

（二）法律聚焦

本案法院在调查过程中查明，被告1秦某某为该项目分包者，被告2为该项目承包者，被告3为项目发包公司，被告4为被告1找到的劳务公司，将民工挂靠被告4名下，被告5为被告1找到该25名民工班组班头，由被告5负责与被告1仅对接该项目工程涉及拆除模板的木工活。案中被告5梁某某为被告1向法院追加的被告，各方主体身份明晰，法庭归纳以下3个争议焦点：（1）各被告之间法律关系如何认定；（2）原告是否存在过错；（3）各被告是否承担赔偿责任。

（三）庭审情形阐述

本案原告潘某某因文化水平较低且口齿不清无法正常表达其诉求，故在其工友的帮助下找到笔者，希望可以帮其维权。在整个庭审中，原告均由笔者代为发言，行使其辩护权。本案庭审，被告4劳务公司及被告3项目发包公司并未到庭，被告1秦某某、被告2承包该项目工程公司的律师、被告5班组班头梁某某均到场。笔者认为，本案最为关键的被告3与被告4未到场，其中，被告4作为劳务合同接受方，对其雇佣的劳动者具有一定安全管理义务，被告3作为工程发包者，在其施工场所未提供安全施工环境，对劳动者受伤负有一定责任，且作为实际用工者未给农民工人购买工伤保险，应在工伤保险赔偿范畴内对受损害工人进行赔偿。但基于在现实生活中工程施工合同中发包方与施工方、劳务分包关于对工人工伤保险的约定各不相同，且未看到该项目各方之间合同。笔者认为，这十分不利于法庭查明案件事实及明晰各方责任。在庭审过程中，被告1一并代替被告4抗辩，表明本案原告受伤与其二者无关，其以45元/米的价格将工程发包给被告5。被告2承包公司代理人，向法庭出示一份新证据，即被告4与被告2之间的建设工程劳务分包合同，该份合同明确约定，该项目施工现场安全设施全部由被告4负责，故被告2代理人抗辩，本案原告损害与被告2无关，应由其他各方按各自过错自行承担；但被告5抗辩说，案涉项目是被告2从被告3处承包，后由被告1直接与被告2对接，原告的木工活只是涉案项目的一部分。被告2将工程款汇给被告1时发现，被告1作为个人无承包资质，被告1便找到被告4进行挂靠，将被告5及原告其他民工一并挂在被告4名下，作为被告3施工项目现场的劳务人员（具体证据是民工工资均由被告4发放，被告4的工程款汇入方为被告2）。被告1与被告2口头约定，假若出现任何工人伤亡情况，均由被告1自行承担，同时被告1并未向其挂靠，也未向负责现场安全管理的被告4劳务公司或是被告3提出给民工购买工伤保险。期间法庭为了查明相关事实，向被告1询问与被告4的关系，被告1陈述其与被告4为挂靠关系，被告1给被告4中介费以使用被告4的资质。至于现场工地项目具体事项，仍由被告1负责。经过整个庭审，本案各方法律关系、法律责任基本明晰。笔者认为，结合整个庭审基本事实，根据《中华人民共和国建设工程安全生产管理条例》第三十八条规定：施工单位应当为施工现场从事危险作业的人员办理意外伤害保险。实行总承包的，由总承包单位来支付分包单位的意外伤害保险。被告2作为总承包单位，应当给施工现场的作业人员购买工伤意外伤害保险，其代理人提供其与被告4之间的劳务合同，并未约定该保险由被告4承担，故被告2应当依法为工人购买保险，现原告在工作期间因施工现场提供安全设施不合格，断裂致使其从高处坠落，被告2应当承担未依法购买工伤保险范畴赔偿责任。本案五个被告中，被告2与被告1、被告4应当承担主要责任，被告3、被告5承担相应补偿责任。首先，本案被告1、被告2、被告3与被告4，对现场安全管理义务都负有责任，本案原告致害的主要原因，是现场施工安全设备不符合我国《建筑施工安全技术统一规范》高空作业的标准。同时根据《建筑法》第四十五条之规定，施工现场安全由建筑施工企业负责。实行施工总承包的，由总承包单位负责。分包单位向总承包单位负责，服从总承包单位对施工现场的安全生产管理。故此，笔者认为被告2与被告1或被告4承担主要责任。当然在庭审过程中，被告2代理人与被告1均提出抗辩，认为原告本人应承担相应责任，但就本案原告及其工友陈述，其自身携带安全帽，施工现场并未提供安全缆绳，才导致原告受伤，并非原告现场施工不规范。因此，被告2与被告1抗辩原告自身存在较大责任，于法于情都站不住脚。同时二者提出原告是否有从事木工的资质，法庭也询问了被告5与原告，本案原告多年从事劳力拆除木板工作，该项工作多为体力活，并不属于我国法律规定“技术资质人员”范畴，故本案不涉及选任不合格资质的过错。本案被告1确实存在很大的过失责任，对于高空认定，仅凭其主观认为6米以上才为高空作业，但根据我国《建筑施工安全技术统一规范》认定“高处作业，凡在坠落高度基准面2米以上（含2米）有可能坠落的高处进行的作业”。被告1、被告2均作为长期施工建设人员，出于节约成本之目的，任由施工现场安全环境不合格，笔者认为二者存在较大过错，虽然本案中，被告2提交新证据《劳务分包合同》约定，现场施工设施均由被告4负责，但实际负责人为被告1，根据合同相对性及合同法定效力，被告4与被告1理应承担连带责任。

结合整个庭审，案件整个事实在各方抗辩中越来越清晰，本案导致原告脚部残疾致损的缘由已经明确。法庭在判决前，询问各方是否有调解意愿，原告基于与被告1同乡之谊，愿意调解。但各被告均不愿自身承担相应责任，各方无法达成调解意愿，只有等待法庭宣判。而本案宣判，因涉及伤残鉴定程序的启动，原告方在如此艰难生活环境下只能等待。本案庭审中，被告3与被告4及被告2，作为企业、作为工人劳动福利实际受益方，推诿态度让人心寒。企业为节约施工成本，在工人意外保险与现场施工安全设备上偷工减料，似乎是常态。笔者内心发出疑问，到底是什么让他们如此忽视工人的安全。本案被告1作为分包包工头，为了接到工程项目口头许诺自行负责农民工人身安全，可真出了事故，无力承担便开始不闻不问，逃避责任。故此，笔者认为要防止此类案件悲剧重演和农民工维权难，建工行业应当进行自检监督，政府相关部门也应当严厉打击对施工安全不负责责任的企业。当然我国法院和政府，建立专门民工通道，帮助其维权，或是组织有效调解，让受害民工迅速拿到赔偿，这也体现在我国《民法典》第一百二十八条对弱势群体的特别保护，只是让笔者感到唏嘘的是，一般来维权的民工都是带着还未被认定的后天因公的残疾，在伤残鉴定等级未出之前，他们不算是法律意义上的“残疾人”。此类案件，因现实的复杂性，证据收集难度大等，大部分进入诉讼阶段，诉讼周期过长，大部分漂泊于城市的农民工根本无力承担长时间无法工作又要治病等高生活经济成本，只能回乡勉强支撑自己最低保障生活，这是城市对其建设者留下终身残疾的伤痕。在我国日益老龄化的趋势及出生率偏低的情况下，一批一批建设城市农民工数量只会减少，所以笔者认为，我们各方都应该重视农民工权益的保护，保护他们才会有城市的未来。只有文字的王国，始终是存于脑海里飞翔的梦，将王国落地的是一双双健全手脚的搭建者。

（四）人民法院裁判

本案虽已开庭审理，但因涉及伤残赔偿金及三期鉴定，以及司法鉴定意见书未出，法庭仍未宣判。

（五）代理思路与案件痛点

结合案件基本事实，笔者认为，根据我国《民法典》第一千一百九十二条及《人身损害司法解释》之规定的劳务关系，原告在工作时受伤，被告1与被告3应依法承担侵权损害赔偿责任，原告无责任，追加被告梁某某无责。本案被告1秦某某因私人关系从被告2处承包到被告3海南某某公司项目工程，联系到本案同为木工的梁某某，问其是否能找到人员一起过来工作。至此，笔者认为，原告潘某某与秦某某之间存在雇佣关系，秦某某与被告3海南某某公司存在建设施工合同关系。但令人疑惑的是，原告方出示的《委托书》上明确“含原告在内25名民工为被告3雇佣的劳务人员”。鉴于此，笔者认为被告3与原告之间也为劳务关系。因原告几乎无任何文化水平，据原告自述本案追加被告5仅为帮助原告代领劳务费。劳务费支出流水十分奇怪，被告2作为总承包，将被告3发包方支付工程款，打给被告4劳务公司，被告2与被告4在本案是否负有责任。笔者认为，被告2与被告4负有施工安全管理义务，且负有开展安全培训法定义务。本案中，原告自戴安全帽并从事多年拆除模板劳力工作，导致其受伤的主要原因是施工现场存在不符合施工质量的承重，导致木板断裂。对此，原告方认为其自身不存在过错。但该案件存在多个痛点：自然人身份不明；赔偿数额无法确定；在梳理各方关系时，多个被告推诿，看不见合同；原告方无任何证据原件等。案件能指向各被告，仅就证人证言与电话录音，中途证人梁某某角色突然转换为被告等，所有痕迹几乎被时间洗去，所有都是口头承诺。对此，笔者深深认为，普法进工地十分迫切且紧要。

（六）案件评析

经过法庭调查，本案事实出现与证据背离的情况，本案被告2当庭向法院提供一份《建筑施工劳务合同》，该份合同明确约定，本案涉案项目，以包工不包料形式包给了被告4劳务公司，且施工现场脚手架安全由被告4负责。该份证据，看似完全剥离了被告2责任。但根据我国相关法律法规及司法解释，雇主应该为雇员提供符合我国施工安全标准的工具（如安全绳、安全梯等）及相关安全设施，并非让雇员自行提供，因此被告1与被告2，在本次事故中存在过错，应当承担相应的侵权赔偿责任。即使被告2具有施工资质，但发包人同样对施工现场负有安全管理的义务，作为管理方，未尽到安全保障义务，应承担相应的侵权责任。同时本案不应仅局限侵权责任划分“劳务关系”或“承揽关系”，应当结合行业法律规范，来认定各被告之间的责任。如被告3违反我国《建筑法》第四十八条之规定，未依法给劳动者购买工伤保险，根据我国《工伤保险条例》相关之规定，用人单位未依法缴纳工伤保险，应当由用人单位在工伤赔偿范围内进行赔偿。被告3作为用工人员，原告领取其劳务工资，在其工作地点工作时摔伤，被告3应负有未依法缴纳工伤社保赔偿责任。

笔者认为，本案不仅涉及“劳务关系”“承揽关系”还有各方“建设施工合同关系”。对于工地上用工，农民工人身损害相关的约定，本案责任划分认定，应结合我国《民法典》《建筑法》及《建筑施工安全技术统一规范》。首先，如被告2某某工程有限公司作为涉案工程总承包方，根据我国《建筑法》第二十六条、第四十五条、第四十六之规定，禁止以任何形式允许个人以本企业的名义承揽工程，且作为总承包单位对整个施工现场安全负责，结合本案施工现场原告所进行施工场所的现实环境，被告2不仅没有按照《施工场所的安全标准》提供必备安全工具，而且施工现场高空作业的脚手架及木板提供，完全不符合我国《建筑施工安全技术统一规范》的高处作业、悬空作业、脚手架、模板等安全规范标准，故被告2未依法尽到安全保障义务，应当承担侵权责任。其次，被告3海南某某有限公司为该工程发包方，也是该工程施工完毕的最终受益人，其应当根据施工建设的严格标准相关规定，选择有资质和资格企业，对人员进行培训后再开展工程建设，其在日常监工过程中，明知道本案中被告1秦某某无资质，又未依法提供相应安全防护措施，放任潘某某带着安全隐患施工，故从施工现场安全管理上看，被告3同样存在过错，依法应承担过错侵权赔偿责任。根据《建筑法》第四十五条之规定，施工现场安全，由承包方、分包方负责施工现场安全生产管理，本案中被告1及被告2、被告3，被告4均未对原告进行上岗培训和提供任何安全防护措施，明知现场不符合安全生产条件，其放任的行为存在过错。与此同时，根据我《最高人民法院关于审理人身损害赔偿案件适用法律若干问题解释》第十一条“在从事安全生产施工过程中遭受人身损害，发包人、分包人知道或应当知道发包或分包业务的雇主没有资质或安全生产条件，应当与雇主承担连带责任”之规定，各被告应对原告损害赔偿依法承担连带赔偿责任。且根据我国《劳动法》相关之规定，被告4作为劳务分包公司，应当为劳动者提供安全的工作环境和相应的安全培训。

结合本案我们发现，一个提供劳务者损害责任纠纷，从情理上看，有不同的故事与背后善良风俗观，从法理上看，它涉及很广，因为各行各业法律分支不同，对于本案，法院具体会如何划分各方责任，笔者不作预判。但结合相关司法实践，笔者发现关于施工方涉及劳务损害，法院侧重于“选任过失”，即是否具有建筑资质，忽视了我国《最高人民法院关于审理人身损害赔偿案件适用法律若干问题解释》第十一条“在从事安全生产施工过程中遭受人身损害，发包人、分包人知道或应当知道发包或分包业务的雇主没有资质或安全生产条件，应当与雇主承担连带责任”规定的“安全生产条件”，因此导致许多施工企业，始终对安全管理采取“放羊模式”，对施工现场安全设备偷工减料。可这些安全成本积累，是多少民工用残缺身体甚至是死亡作为代价换来的。

本案关于赔偿数额的认定依赖于司法鉴定中心的鉴定意见，因此至今未宣判。而本案笔者代理原告潘某某所求不过法律最低的公平，实事求是主张自己误工费、后续医疗费、鉴定费、伤残赔偿金、精神抚慰金，其并非庭审结束后，被告1所述的没有同乡情谊，对于被告1照顾其6个月，潘某某不否认，且放弃主张另外两期的费用。本案原告潘某某权益实现虽终有期可盼，但其眼前的生存困境只能靠其勤劳的双手自救，笔者认为司法的救济不应是迟来的救济，故在人身损害案件救济程序，希望更多法律工作者能一起集思广益，优化建构出“最短路线”去帮助那些始终相信法律的农民工。

（七）建议

目前我国各地法院对伤残鉴定申请和安排鉴定机构进行鉴定的时间不一致。绝大多数法院是由伤者摇号决定鉴定机构，庭审之后，移送至相关鉴定部门，待司法鉴定意见书出具，经双方质证无异议后，法庭才进行宣判。由此导致在社会实践中，受害者要等待漫长时间才能拿到赔偿。在行业中，许多同仁对人身损害案件周期过长都深有同感，面对那些受到损害的当事人，也表示对该程序无奈，因为在实际案例中许多律师都会在立案之时一并提出“伤残鉴定申请书”，希望法院能一并受理，在之前大家没有对鉴定机构资质异议考量时，一般会让受害者自行先去伤残鉴定中心做鉴定，明确等级，再根据实际情况起诉。但现在为保证鉴定机构作出对双方绝对公平的鉴定结果，且鉴定意见书作为证据之一，各方均有将其作为质证的权利，故此，受害者自行去做不仅不能节省时间，反而增加了受害者的时间与经济成本。笔者认为，既然我国法院从程序正义上，发现了事前鉴定存在不公的隐患，那我国法院是否也应从实体正义上，考量如何结合法理与情理，减少受害者的损失。笔者建议，法院既然在立案受理时，已了解了案件相关事实，且案件当事人或代理人立案时一并提出《伤残鉴定申请》，法院此时可以充分发挥其机构内鉴定中心职能，将案件诉讼立案与鉴定摇号程序同时进行，将二者一并送达给被告方，这不仅有效缩减了受害者损失的扩大，确保合法权益早日实现，也缩减了法院送达中心的工作。司法系统内部各项职能部分的统一优化，比社会自动调节更能促进人民对司法公平正义信任。与司法系统并存作为社会矛盾调和剂的律师，深知我国现有司法资源人员与我国当今不断出现新的纠纷新的矛盾增长存在落差，许多法官确实有太多案件要处理，故此笔者更加认为，从司法系统内部优化诉讼程序，结合法律工作者的努力，多措并举地实现司法节流（省事省力省时），让人民群众在每个司法案件审判中收获不仅是公平还有信赖与欣慰，从而以法治促进我国人民在社会生活里总体的幸福感。人民幸福了，社会和谐之歌就会传遍神州大地，法官工作量从根本上减少了，律师工作的价值也将得到社会更正能量的认可。笔者认为，法理的深入人心，绝不仅依靠书本化文书化程序来推进。居中为裁判者，居中为正，程序可以被利用，事实可以被篡改，但居中者与居堂下两方都是具有情感的人，面对苦难我们可以平静解决苦难之后遗留的问题，但不可麻木地将每个不同独立的个体作为流水线的产品，应不忘初心，寻求更好的办法，让我们的社会更好。我想或许这也是习近平总书记着重强调“法理与情理相结合原则”的初衷，这是对生命本身的一种法治救济关怀。

（八）结语

回顾本案，笔者最深的感悟是，在复杂法律关系渐渐被专业术语分割明晰后，我们是否能打破司法惯性的壁垒，根据社会复杂多变的具体事实来作出相对公平的判定，不可将选任过失仅局限于“建筑资质之上”。现实案例之中，许多建筑企业从之前随意选择施工人员，到严格选择具有“资质”的施工方，我们不能不说这是司法监督与惩罚机制促进了该行业的进步，但同时我们也应认识到施工企业对施工现场安全环境监管与安全生产条件仍然不以为意。就如本案中潘某某为什么会从高处摔下致残，其罪魁祸首是那块“木板”，那这块本来不应断的木板，谁是它的提供者，谁又是它的监管者，或者是谁将它替换了本应该存在施工安全现场的“钢板”，是谁应当负责的“安全生产条件”，依法提供安全生产条件是谁的法定义务。未落实的法定义务造成了他人的损害，简单地以不是侵权损害法律关系不属于同一法律关系来抗辩，假若认定其同样应属于“承揽关系”，那“未依法提供安全生产条件”属于明显过失，负有提供“安全生产条件”的各方都应承担相应侵权损害赔偿。笔者希望司法机构与相应工程安全监管机构能促进建工企业对“安全生产”的高度重视，将悲剧扼杀在摇篮之中，让企业不再是“高空安全杀手”的那一只无形的推手。

四、总结

笔者分享的3个案例，并未详尽展开论述专业概念，如提供劳务者受害责任纠纷中劳动者的定义，劳务关系的定义特征等。在现实生活中，提供劳务者受害不同的情形很多，所面对惨烈程度与数量更令人十分痛心，因此一旦发生劳务受害现象，相关利害关系人都会相互推诿，甚至直接失踪、下落不明，因此准确认定责任人是这类案件的焦点问题。

法律既要保护受害者的权利，又要保护其他合法权利者的权利，让侵权者承担法律责任，让合法者不受法律的责难，体现法律的公平正义。面对各方所求公平，对各方来说都是一项艰巨的维护诉权之旅。在法理与情理交织着社会大熔炉里，我们可以看到接受劳务者很多时候也是风险防范能力较弱的个人，自身经济能力也有限，且该类案件也多发生在熟人之间，一般不签订书面合同，伤害发生后各执一词。在实践案例中，证据更是十分薄弱，在有限证据指向下与复杂事实面前，各被告之间具体是什么法律关系只有让法院去核实认定去解决，认定案件中各方的法律关系的性质、谁是雇主、由谁承担责任、怎么承担责任，这对法院与法律工作者来说都是该类人身损害案件的难点。

在这一支法治汪洋之海的小小细流里，我们所面对的考验如此巨大，所幸我们看到是苦难面前生命不息的力量，所从事的法治事业是过境的千帆而非飘零的浪花，山虽高，路虽远，我们似水充满柔情的生命不惧，因为水可滴石，亦可移山。不可说的心境，对法律热忱的爱是这样的奇妙，笔者静静在纸上写下麦克莱先生的“善良的心是最好的法律”。用这一句法谚，作为此篇3个案例分享的结局。

参考文献

张文虎，《提供劳务者受害责任纠纷疑难问题探析》[J].知网硕士电子期刊，2021（3）.

监委调查案件中自动投案的认定规则

——以周某某受贿、徇私舞弊不征、少征税款案为例

□ 蒋为杰[①]

【摘　要】自首可以说是我国刑法中规定的一个最常见，也是最重要的量刑情节。本文对成立自首的两大要件之一的“自动投案”认定规则进行了探讨，认同自动投案的本质属性是主动性和自愿性。监委调查案件中被调查人是否属于自动投案，亦应根据已有规定体现出的自动投案的本质属性即主动性和自愿性的标准，结合监委调查案件的实践和特点进行认定。同时符合如实供述自己的罪行要件的，应认定为自首。即使不符合自首条件，自动投案亦有其独立的量刑价值。

【关键词】监委调查案件；自动投案；自愿性；独立量刑价值

《中华人民共和国刑法》（以下简称《刑法》）第六十七条第一款规定：“犯罪以后自动投案，如实供述自己的罪行的，是自首。对于自首的犯罪分子，可以从轻或者减轻处罚。其中，犯罪较轻的，可以免除处罚。”那么，何谓“自动投案”？1998年4月17日最高人民法院颁布的《关于处理自首和立功具体应用法律若干问题的解释》（法释〔1998〕8号，自1998年5月9日起施行，以下简称《自首立功解释》）就该问题解释如下：“自动投案，是指犯罪事实或者犯罪嫌疑人未被司法机关发觉，或者虽被发觉，但犯罪嫌疑

① 蒋为杰，京师（全国）刑辩研修院副院长。曾任北京市某区法院刑庭副庭长。北京师范大学刑科院等院校硕士生导师；中央民族大学、中国人民大学研究员。

人尚未受到讯问、未被采取强制措施时，主动、直接向公安机关、人民检察院或者人民法院投案。”《自首立功解释》并对自动投案的若干具体情形进行了界定。但是，正所谓“法有限而情无穷”，随着司法实践的发展，渐渐出现了其他符合立法本意、应当视为自动投案的情形，2010年12月22日最高人民法院又发布了《关于处理自首和立功若干具体问题的意见》(法发〔2010〕60号，以下简称《自首立功意见》)，对自首若干具体问题提出了处理意见，规范了司法实践中对自首制度的运用，更好地贯彻落实了宽严相济的刑事政策。此后，2016年11月，中共中央办公厅印发《关于在北京市、山西省、浙江省开展国家监察体制改革试点方案》，部署在三省市设立各级监察委员会，从体制机制、制度建设上先行先试、探索实践，为在全国推开积累经验。2017年11月4日，全国人大常委会通过在全国各地推开国家监察体制改革试点工作的决定。2018年3月20日，全国人大通过《中华人民共和国监察法》(以下简称《监察法》)，深化了国家监察体制改革，构建了集中统一、权威高效的中国特色国家监察体制，加强了对所有行使公权力的公职人员的监督，实现了国家监察全面覆盖，反腐败工作更加深入推进。《监察法》赋予了监察机关调查权，在各级监察委员会调查的案件中自动投案的认定。基于调查工作的特点和实践情况，又出现了新的情形和一些争议，亟待厘清。笔者曾在法院从事刑事审判多年，并参与审理了监察体制改革后监委调查完毕进入法院审判的国家监察第一案。以下笔者结合监察体制改革后自己在法院工作期间审理的一起受贿、滥用职权不征、少征税款案，探讨监委调查案件中自动投案的认定规则，并就因不符合如实供述罪行要件而不构成自首的情况下自动投案的独立量刑价值。

一、基本案情

（一）控辩双方意见

公诉机关北京市某区人民检察院指控：2012年至2013年，被告人周某某在某区地方税务局第一税务所驻房地产交易中心工作期间，利用其负责初审个人住房转让纳税材料的职务便利，明知房屋交易中介人员朱某某、崔某某、张某某提供的材料存在作假伪造情况而审核通过，先后多次收受朱某某给予的人民币40余万元，收受崔某某给予的人民币40余万元，收受张某某给予的人民币20万元，造成国家税款损失数额共计人民币700余万元。2018年6月22日，北京市某区地税局接电话通知后，将被告人周某某带至某区监察委员会接受审查，被告人周某某到案后对上述事实供认不讳。

针对上述指控，公诉机关提供了相应的证据材料，认为被告人周某某作为税务机关工作人员，在从事税款征收材料审核的工作中，利用职务便利，非法收受他人钱款，为他人谋利益，数额巨大，并徇私舞弊，不征或者少征税款，致使国家税收遭受特别重大损失，应当以受贿罪，徇私舞弊不征、少征税款罪追究刑事责任，提请法院依照《刑法》第三百八十五条第一款、第四百零四条等规定，对被告人周某某予以惩处。并提出：被告人周某某系被动到案而非主动投案，不符合自首情节中自动投案的条件，不构成自首；但其到案后如实供述罪行，可认定为坦白，依法予以从轻处罚。

被告人周某某对公诉机关指控的事实及罪名均无异议，表示认罪悔罪，请求法院从宽处罚。周某某提出：其系出于自愿从地税局到监察机关接受调查，没有受到强制，属于主动投案。辩护人提出：被告人周某某具有自首情节，已退缴全部赃款100万元，认罪悔罪，系初犯，建议对其从轻、减轻处罚。

（二）法院裁判情况

北京市某区人民法院经审理查明的犯罪事实与起诉书指控基本一致。关于被告人周某某的到案经过，法院表述为：2018年6月22日，北京市某区地税局工作人员接电话通知后，陪同被告人周某某至监察机关，被告人周某某到案后如实供述了其基本犯罪事实。

根据以上审理查明的事实及相关法律规定，法院判决认为，被告人周某某作为税务机关工作人员，在从事税款征收材料审核的工作中，利用职务便利，非法收受他人钱款，为他人谋取利益，数额巨大，其行为构成受贿罪；被告人周某某还徇私舞弊，不征或者少征税款，致使国家税收遭受特别重大损失，其行为另行构成徇私舞弊不征、少征税款罪；上述罪行依法均应予惩处，且应数罪并罚。公诉机关指控被告人周某某犯受贿罪，徇私舞弊不征、少征税款罪的事实清楚，证据确实、充分，指控的罪名成立。关于被告人周某某及其辩护人所提辩解、辩护意见，法院认为，被告人周某某在单位人员的陪同下前往监察机关接受调查，并未在法律上被采取任何强制措施、亦未受到办案机关的实际控制，应当视为自动投案；其到案后如实供述自己的罪行，符合自首的成立要件，依法构成自首，可以对其所犯受贿罪从轻处罚，对其所犯徇私舞弊不征、少征税款罪减轻处罚。其并具有退赃、当庭认罪悔罪等情节，依法可酌予从轻处罚。被告人周某某及其辩护人所提的相应辩解、辩护意见，予以采纳。

综上，根据被告人周某某犯罪的事实，犯罪的性质、情节和对社会的危害程度等，依照《刑法》第三百八十五条第一款、第三百八十六条、第三百八十三条、第四百零四条、第六十七条第一款、第六十一条、第五十二条、第五十三条、第六十九条、第六十四条和《监察法》第四十四条第三款和《最高人民法院、最高人民检察院关于办理贪污贿赂刑事案件适用法律若干问题的解释》第二条、第十九条之规定，北京市某区人民法院于2019年12月25日作出（2019）京0112刑初155号刑事判决：（1）被告人周某某犯受贿罪，判处有期徒刑三年，罚金人民币六十万元；犯徇私舞弊不征、少征税款罪，判处有期徒刑四年；决定执行有期徒刑六年，罚金人民币六十万元（刑期从判决执行之日起计算。判决执行以前先行羁押、留置的，羁押、留置一日折抵刑期一日，即自2018年6月22日起至2024年6月21日止；罚金于判决生效后七日内缴纳）。（2）已交至监察机关人民币一百万元，予以没收。

宣判后，被告人周某某未提出上诉，公诉机关北京市某区人民检察院亦未提起抗诉，该判决已发生法律效力。

二、自动投案的认定

（一）自动投案的历史演变

我国的自首制度源远流长。人类在文化进步的历史进程中从事法律活动创造的精神财富和智慧结晶形成了法律文化，它是由一定社会的物质生活条件所决定的法律上层建筑的总和。作为一项最常见、最重要的量刑制度，自首的形成与发展当然也受到了传统文化的影响与制约。唐代形成了中华法系的代表《唐律》，自首制度也发展得较为健全和完善。唐代统治者主张“德礼为政教之本，刑罚为政教之用”，形成了“德主刑辅，礼法并用”的法律指导思想，为当时自首制度的发展提供了坚实的理论支撑。在总结前朝定罪量刑原则和吸收前代立法技术的基础上，唐代继承了自首减免刑罚的原则，不仅对自首的条件和量刑做了详细规定，还设置了“犯罪未发自首”“犯罪共亡捕首”“公事失错自觉举”等条目，从而使《唐律》中自首制度的规定相当全面、细致，成为后世自首制度的立法典范。《唐律·名例篇》中规定：“过而不改，斯成过矣。今能改过，来首其罪，皆合得原。”[①]自首表明犯罪人主观上的弃恶从善态度，减免处罚更有利于教化，所谓“过而能改，善莫大焉”。《唐律·名例篇》中还规定：“诸犯罪未发而自首者，原其罪。”[②]犯罪未发而自动投案说明了犯罪人的悔改诚意和思想上的“向善”，也说明和体现了犯罪人悔改的及时性和主动性，因此可以不对其发动刑罚，或者从宽处理。唐朝的自动投案主要是指犯罪人在犯罪未被发觉前自愿主动地投案。另外，除犯罪人本人自首即“身自首”外，《唐律疏议》中还详细规定了等同于犯罪人本人自首并免刑的情况。如遣人“代首”、大功以上来“为首”等。遣人“代首”即犯罪人于犯罪之后，出于本意，遣人代替自己向官府自首。犯罪人犯罪后遣人“代首”，行为虽非犯罪人本人所为，但因行为系出于犯罪人本意，表明犯罪人具有悔改之意，故应认定为自首并从宽处

①② 岳纯之点校：《唐律疏议》，上海古籍出版社，2013，第79页。

罚。而“为首”即依法得相容隐之人在罪人不知，甚至是违背犯罪人意志的情况下，为犯罪人向官府自首，意图使犯罪人得以减轻或免除处罚。“为首”虽非犯罪人本人意愿所为，但因“亲亲得相容隐”的儒家观念影响，将一定亲等之内的人告发犯罪人的行为视为犯罪人有悔改意愿，并承认其行为的可宽容性，从而对“为首”也予以减轻或者免除处罚。《唐律》还规定：“盗、诈取人财物而于财主首露者，与经官司自首同。”[①] 即行为人在盗窃、诈骗他人财物后自动向被害人投案、承认罪行的，也视为自动投案，与向官府自首具有同等效力。此处重点考察的是犯罪人是否有悔过之意，只要悔过，不论是向官府还是对被害人，都是可以得到宽宥的。到了宋代，进一步放宽了自首的条件，出现了“按问欲举自首”制度。据《宋史・刑法志》记载：“应犯罪之人，因疑被执，赃证未明，或徒党就擒，未被指说，但诘问便承，皆从律按问欲举首减之科。”由此看来，“按问自首”类似于现在司法解释中规定的形迹可疑被盘问后交代的自首情形。[②]

我国现代自首制度的发展也经历了一系列的变迁，立法上删除了“犯罪人悔改”的自首要件，且对自动投案行为的认定呈逐渐放宽之势，越来越多的犯罪人寻求与国家司法机关妥协与合作被纳入“视为自动投案”的情形，自首认定的范围逐步扩大，可以说是我国刑法中规定的一个最常见，也是最重要的量刑情节。根据《刑法》第六十七条第一款的规定，犯罪分子在犯罪以后自动投案，如实供述自己的罪行的，是自首。由于具有自首情节的被告人可以从轻或者减轻处罚，其中犯罪较轻的还可以免除处罚，因此是否成立自首，对被告人的量刑具有重大影响，关系到被告人的切身利益，所以被告人和辩护人往往会极力争取认定自首。但由于法律规定比较原则，司法实践中的情形又千差万别，光是一个到案经过就会呈现出不同的情形，作为自首成立首要条件的“自动投案”如何认定就争议极多。为了解决司法实践中遇到的问题，统一法律适用，最高人民法院先后单独或者会同最高人民检察院

---

① 岳纯之点校：《唐律疏议》，上海古籍出版社，2013，第86页。

② 邓晓霞：《自首制度的理论与实践反思》，中国政法大学出版社，2016，第22页。

颁布了多个司法解释等规范性文件，以规范“自动投案”等问题的认定。对照以上历史演变中的自首制度，可以看到相关规定大多体现在了现代的条文中。《自首立功解释》第一条对“自动投案”规定如下：“自动投案，是指犯罪事实或者犯罪嫌疑人未被司法机关发觉，或者虽被发觉，但犯罪嫌疑人尚未受到讯问、未被采取强制措施时，主动、直接向公安机关、人民检察院或者人民法院投案”。该条并具体列示了应当视为自动投案的七种具体情形：（1）犯罪嫌疑人向其所在单位、城乡基层组织或者其他有关负责人员投案的；（2）犯罪嫌疑人因病、伤或者为了减轻犯罪后果，委托他人先代为投案，或者先以信电投案的；（3）罪行尚未被司法机关发觉，仅因形迹可疑，被有关组织或者司法机关盘问、教育后，主动交代自己的罪行的；（4）犯罪后逃跑，在被通缉、追捕过程中，主动投案的；（5）经查实确已准备去投案，或者正在投案途中，被公安机关捕获的；（6）并非出于犯罪嫌疑人主动，而是经亲友规劝、陪同投案的；（7）公安机关通知犯罪嫌疑人的亲友，或者亲友主动报案后，将犯罪嫌疑人送去投案的。上述情形均应当视为自动投案。《自首立功意见》又根据《刑法》《刑事诉讼法》和《自首立功解释》等规定，对自首的若干具体问题提出了处理意见。关于“自动投案”的具体认定，《自首立功意见》指出，《自首立功解释》第一条第一项规定的七种应当视为自动投案的情形，体现了犯罪嫌疑人投案的主动性和自愿性。根据《自首立功解释》第一条第一项的规定，犯罪嫌疑人具有以下情形之一的，也应当视为自动投案：（1）犯罪后主动报案，虽未表明自己是作案人，但没有逃离现场，在司法机关询问时交代自己罪行的；（2）明知他人报案而在现场等待，抓捕时无拒捕行为，供认犯罪事实的；（3）在司法机关未确定犯罪嫌疑人，尚在一般性排查询问时主动交代自己罪行的；（4）因特定违法行为被采取劳动教养、行政拘留、司法拘留、强制隔离戒毒等行政、司法强制措施期间，主动向执行机关交代尚未被掌握的犯罪行为的。此外，该《自首立功意见》中，为了防止挂一漏万，还作出了兜底性的“其他型”的“自动投案”规定，即“其他符合立法本意，应当视为自动投案的情形”。《自首立功意见》还对是否可以认定为“自动投案”的几种具体情形作出了更为细致的规定：（1）罪行未被有关部门、司法机关发觉，仅因形迹可疑被盘问、教育后，主动交代了犯罪事实的，应当视为自动投案，但有关部门、司法机关在其身上、随身携带的物品、驾乘的交通工具等处发现与犯罪有关的物品的，不能认定为自动投案。（2）交通肇事后保护现场、抢救伤者，并向公安机关报告的，应认定为自动投案，构成自首的，因上述行为同时系犯罪嫌疑人的法定义务，对其是否从宽、从宽幅度要适当从严掌握。交通肇事逃逸后自动投案，如实供述自己罪行的，应认定为自首，但应依法以较重法定刑为基准，视情决定对其是否从宽处罚以及从宽处罚的幅度。（3）犯罪嫌疑人被亲友采用捆绑等手段送到司法机关，或者在亲友带领侦查人员前来抓捕时无拒捕行为，并如实供认犯罪事实的，虽然不能认定为自动投案，但可以参照法律对自首的有关规定酌情从轻处罚。

值得注意的是，2009年3月12日，最高人民法院、最高人民检察院联合发布了《关于办理职务犯罪案件认定自首、立功等量刑情节若干问题的意见》（以下简称《职务犯罪自首立功意见》），专门就办理职务犯罪案件有关自首、立功等量刑情节的认定和处理提出了意见。该《职务犯罪自首立功意见》就自首的认定和处理认为，根据《刑法》第六十七条第一款的规定，成立自首需同时具备自动投案和如实供述自己的罪行两个要件。犯罪事实或者犯罪分子未被办案机关掌握，或者虽被掌握，但犯罪分子尚未受到调查谈话、讯问，或者未被宣布采取调查措施或者强制措施时，向办案机关投案的，是自动投案。在此期间如实交代自己的主要犯罪事实的，应当认定为自首。该《职务犯罪自首立功意见》强调：“犯罪分子向所在单位等办案机关以外的单位、组织或者有关负责人员投案的，应当视为自动投案。”“没有自动投案，但具有以下情形之一的，以自首论：（1）犯罪分子如实交代办案机关未掌握的罪行，与办案机关已掌握的罪行属不同种罪行的；（2）办案机关所掌握线索针对的犯罪事实不成立，在此范围外犯罪分子交代同种罪行的。”《职务犯罪自首立功意见》还专门就单位犯罪案件的自首问题进行了明确，并指出："单位犯罪案件中，单位集体决定或者单位负责人决定而自动投案，如实交代单位犯罪事实的，或者单位直接负责的主管人员自动投案，如实交代单位犯罪事实的，应当认定为单位自首。单位自首的，直接负责的主管人员和直接责任人员未自动投案，但如实交代自己知道的犯罪事实的，可以视为自首；拒不交代自己知道的犯罪事实或者逃避法律追究的，不应当认定为自首。单位没有自首，直接责任人员自动投案并如实交代自己知道的犯罪事实的，对该直接责任人员应当认定为自首。"该《职务犯罪自首立功意见》可以说是具有较强的针对性，意在重点规范职务犯罪案件中自动投案等问题的认定。值得关注的是，《职务犯罪自首立功意见》针对职务犯罪这类特殊犯罪，相对收紧了认定自首成立的范围，明确规定："没有自动投案，在办案机关调查谈话、讯问、采取调查措施或者强制措施期间，犯罪分子如实交代办案机关掌握的线索所针对的事实的，不能认定为自首。"

国家监察体制改革后，中央纪委办公厅于2019年7月印发《纪检监察机关处理主动投案问题的规定（试行）》（以下简称《主动投案规定》）。《主动投案规定》虽不属于司法解释，但作为规范性文件，在监察机关处理自首、自动投案问题中发挥着重要的指导作用，具有极强的针对性。《主动投案规定》系为规范纪检监察机关在监督检查、审查调查中对主动投案的认定和处理，根据《中国共产党纪律处分条例》《中国共产党纪律检查机关监督执纪工作规则》等党内法规和《监察法》等法律法规，结合工作实际制定，所称的主动投案，既包括涉嫌违纪或者职务违法人员向纪检监察机关投案的情形，也包括《监察法》第三十一条规定的涉嫌职务犯罪人员向监察机关自动投案的情形。根据《主动投案规定》，主动投案是指：（1）党员、监察对象的涉嫌违纪或者职务违法、职务犯罪问题，未被纪检监察机关掌握，或者虽被掌握，但尚未受到纪检监察机关的审查调查谈话、讯问或者尚未被采取留置措施时，主动向纪检监察机关投案；（2）涉案人员的涉嫌行贿犯罪或者共同职务违法、职务犯罪问题，未被纪检监察机关掌握，或者虽被掌握，但尚未受到纪检监察机关的询问、审查调查谈话、讯问或者尚未被采取留置措施时，主动向纪检监察机关投案。有关人员主动向其所在党组织、单位或者有关负责人员投案，向有关巡视巡察机构投案，以及向公安机关、人民检察院、人民法院投案，视为主动投案。有关人员具有以下情形之一的，应当视为主动投案：（1）在初步核实阶段，尚未受到纪检监察机关谈话时主动投案的；（2）在纪检监察机关谈话函询过程中，主动交代纪检监察机关未掌握的涉嫌违纪或者职务违法、职务犯罪问题的；（3）因伤病等客观原因无法前往投案，先委托他人代为表达主动投案意愿，或者以书信、网络、电话、传真等方式表达主动投案意愿，后本人到纪检监察机关接受处理的；（4）涉嫌严重职务违法或者职务犯罪潜逃后又主动投案，包括在被通缉、抓捕过程中主动投案的；（5）经查实确已准备去投案，或者正在投案途中，被有关机关抓获的；（6）虽非完全出于本人主动，但经他人规劝、陪同投案的；（7）其他应当视为主动投案的情形。《主动投案规定》对单位的主动投案也做了规定，涉嫌职务违法、职务犯罪的单位集体研究决定或者单位负责人决定而主动投案，或者单位直接负责的主管人员主动投案的，应当认定该单位主动投案。单位主动投案的案件，需要追究相关人员责任的，参与集体研究并同意投案的人员、决定投案的单位负责人以及投案的单位直接负责的主管人员均应当认定为主动投案。单位没有主动投案，直接责任人员主动投案的，该直接责任人员应当认定为个人主动投案。该规定还对不构成主动投案的具体情形做了提示性规定，纪检监察机关对有关人员进行初核谈话、审查调查谈话、讯问期间，或者采取留置措施后，有关人员主动交代纪检监察机关未掌握的本人涉嫌违纪或者职务违法、职务犯罪问题的，不认定为主动投案，但可以依规依纪依法从轻或者减轻处理。主动投案后又有潜逃等逃避审查调查行为的，不认定为主动投案。该规定还对处理主动投案的管辖等程序性问题做了规定，适用于各级纪检监察机关和纪检监察机构。值得注意的是，《刑法》第六十七条第一款所表述的“自动投案”，在司法实践中和日常生活中亦常常被称作“主动投案”，《主动投案规定》使用的是“主动投案”而不是“自动投案”，是有意区别对待还是认为二者意义等同，不得而知。

（二）自动投案的本质探讨

所谓本质，就是指决定事物存在、发展及其具有各种表现形式的内在根据。通过对自首制度历史演变的浏览和对现代自首制度规定的对比，笔者认为，自动投案的表现形式多种多样，且随着实践的发展不断出现新的形式，但万变不离其宗，判断的标准还是应当基于其本质属性，只有认识自首及该制度的本质，才能从根本上理解和把握自首制度的相关法律问题。

一般认为，我国刑法总则规定自首制度，旨在通过鼓励犯罪人自动投案，一方面促使犯罪人悔过自新，不再继续作案；另一方面使案件及时侦破与审判。两个方面均是设立自首制度的目的和根据。[①]因此，在讨论自首的成立条件时，应以上述自首的立法理由为依据。中国台湾亦有学者指出，自首之制为中国古律之特色，远在汉唐既已行之，其用意在奖励犯人之悔过自新，但近代文明进步，社会关系日趋复杂，发现犯罪之方法，容有未周，自首减刑，并足使侦查机关易明犯罪之真相，不致连累无辜，且免追究之烦，固不仅奖励改悔而已。[②]也就是说，自首不仅奖励行为人的悔改悔过，而且有利于犯罪的侦查与证据的收集，并可节省刑事追诉的人力与物力。[③]我国有学者进一步指出，自首的本质是犯罪人与国家的妥协与合作。[④]冲突发生后的解决方式一般有以下两种：一种是暴力的或以暴力为后盾的强制方式，另一种是和平的方式。就犯罪后冲突的解决方式而言，也主要表现为这两种情形，即"我胜你负"。要么犯罪人"胜"，犯罪人负隅顽抗，逃脱或者逃避法律的制裁，国家"负"，无法抓获犯罪人对其追究刑事责任；要么国家"胜"，动用司法资源或社会资源抓获犯罪人并将其绳之以法，犯罪人"负"，被抓获并绳之以法。然而若以这种方式来解决犯罪冲突，双方在这场斗争中都要付出极高的代价，国家要动用一切可能的资源来抓获犯罪人并收集相关

---

① 张明楷：《刑法学》（第六版），法律出版社，2021，第734页。

② 韩忠谟：《刑法原理》，北京大学出版社，2009，第392-393页。

③ 林山田：《刑法通论》（增订十版，下册），北京大学出版社，2012，第340页。

④ 邓晓霞：《自首制度的理论与实践反思》，中国政法大学出版社，2016，第94-96页。

证据证明其犯罪事实，这无疑要耗费大量的司法成本和社会成本。而犯罪人不仅要尽其所能逃离司法机关和公众的视线，还要承受逃跑过程中的各种身心痛苦以及随时被抓捕归案追究刑责的风险。因此，暴力方式通常是一种代价过于昂贵的冲突解决方式，而妥协是使犯罪人和国家双方都能得到一定程度满意的解决方式。在妥协的过程中，犯罪人从原来的对立或对抗立场退却，转变为向国家寻求合作或和解的立场。对犯罪人而言，虽然要受刑事追究，但不用再历经逃跑的身心煎熬，同时也可能获得刑罚的减免。对国家而言，虽然在对犯罪人适用刑罚时可能要做一些让步，但犯罪人的自首无疑可为国家节约大量的司法资源和社会成本，且有助于实现刑事追诉的目的和刑法的目的。犯罪人的自首和国家对自首的从宽其实是犯罪人与国家之间和平解决犯罪冲突的一种方式，是犯罪人与国家双方各自放弃一部分要求以保证各自最基本要求得以实现的折中、退让、和解的过程与行为。

而最高人民法院刑一庭法官在对《自首立功意见》的制定过程、基本原则和主要内容所作的介绍中明确指出，所谓“自动投案”，一般是指犯罪嫌疑人在犯罪后、归案前，出于本人意志而向公安机关、人民检察院、人民法院及其他有关单位和人员承认自己实施了犯罪，并自愿置于上述单位和人员的控制之下，等待法律制裁的行为。因此，自动投案的本质属性是投案的主动性和自愿性。[①]中国台湾学者亦指出，自首的本旨是自动接受裁判，认为自动接受裁判除有自愿接受追诉或审判的意思表示外，尚需有足以显示其接受裁判的相当行为表现；否则，虽有自愿接受裁判的意思表示，但其后拒不到案，或逃逸无踪者，则与自首的本旨不符，故不能成立自首。[②]或者说，犯人成立自首以自动受裁判为必要，所谓自动受裁判，固不必即时亲身投案，如告知自己所在之处所，自居于可得受裁判之状态下，即无妨于自

① 周峰、薛淑兰、孟伟：《〈最高人民法院关于处理自首和立功若干具体问题的意见〉的理解与适用》，载最高人民法院刑事审判第一庭编著《最高人民法院自首、立功司法解释：案例指导与理解适用》，法律出版社，2012，第258–259页。

② 林山田：《刑法通论》（下册），北京大学出版社，2012，第343页。

首之成立。[①]

笔者认为，自动投案是自首的前提和基础，是犯罪人愿意与国家妥协、合作态度的重要体现，将主动性、自愿性认为是自动投案的本质属性是妥当的。那么，何谓主动、自愿？笔者认为，主动是与被动相对的；自愿是与被迫相对的。主动与自愿在词义、语感上虽有所差别，但实际上在刑法中针对自动投案判断的情况下，基本上可以视为同义语，可以理解为是从不同侧面进行的同义语的重复和强调。这种主动、自愿，应当理解为与犯罪嫌疑人的人身尚未受到强制、控制相对的自由、自主状态，在这种状态下到案即应视为主动、自愿；这种主动、自愿与日常生活中的主动、自愿并不完全相同，比如很多犯罪嫌疑人自动投案都是经过分析客观形势、充分权衡利弊之后作出的无奈、被迫的选择，因为如果自动投案，相较被抓获归案，可以得到一个相对较轻的处罚结果。但只要犯罪嫌疑人在其人身未受到强制和实际控制的状态下自行到案并将自己置于办案机关的控制之下，就应当评价为自动投案，而不问其投案的动机是出于真诚的悔过，还是仅出于求得从宽处罚的心理，或者兼而有之；从实际情形来看，笔者认为请求从宽情形属于大多数，但这并不妨碍自动投案乃至自首的认定。学者亦指出，“自动投案”不要求出于特定动机和目的，出于真心悔悟、为争取宽大的处理、因亲友劝说、由于潜逃后生活所迫等，都可能成为自动投案的动机与目的，而不会影响自首的成立。自动投案意味着犯罪人自己主动投案，但任何投案都必然基于一定的原因；不要将引起犯罪人投案的原因，作为否定自动性的根据；不要因为出于争取宽大处理或生活所迫的动机，而否认投案的自动性。[②]

遵循以上“主动性、自愿性”的标准，我们就可以判断实践中已出现、文件中也已规定的各种到案情形是否属于“自动投案”；对实践中已出现、文件中尚未具体规定，以及将来实践中可能新出现的各种具体情形，我们也都可以依据“主动性、自愿性”这个本质属性来判断是否属于“自动投

① 韩忠谟：《刑法原理》，北京大学出版社，2009，第394页。
② 张明楷：《刑法学》（第六版），法律出版社，2021，第735页。

案”，从而不至于因文件尚未具体规定，导致在办案过程中对是否认定被告人属于“自动投案”犹豫踌躇，并在符合自首的另一要件“如实供述自己的罪行”的情况下畏首畏尾而无所适从。实务中对自首的认定也是遵循了上述“主动性、自愿性”的标准来判断是否属于“自动投案”。如在王某故意杀人案中，法院认为，行为人报警后虽离开案发现场，但具有投案主动性的，应认定为自首；[①]在高某冬故意杀人案中，法院认为，行为人在公共场所作案后虽滞留现场但没有主动投案的，不宜认定为自首；[②]在崔某娇故意杀人案中，法院认为，行为人报案后离开案发现场并非逃跑的，应认定为自动投案；[③]在赵某故意杀人案中，法院认为，犯罪嫌疑人作案后已被当场控制，不具有投案的主动性和自愿性，不能视为主动投案；[④]在白某贵故意杀人案中，法院认为，非基于犯罪嫌疑人的意思表示而由他人实施的投案行为，不应认定为自动投案；[⑤]在王某伟故意杀人案中，法院认为，行为人犯罪后报警准备投案但又继续实施犯罪行为以及企图自杀的，均不认定为自首；[⑥]在王某以危险方法危害公共安全案中，法院认为，行为人系因为其他事由经公安机关通知到案的，不构成自动投案；[⑦]在刘某丰抢劫案中，法院认为，行为人基于错误认识到案的，不能认定为自首；[⑧]在张某恺聚众斗殴案中，法院认为，行为人电话投案后又被抓获到案的，可以认定为自首；[⑨]在段某绑架、敲诈勒索案中，法院认为，行为人虽主动前往公安机关但不具备接受审查和裁判的主观意愿的，不应认定为自动投案；[⑩]在姚某波故意伤害案中，法院认为，行为人作案

① 蓝向东：《自首认定与裁量规范适用指引》，法律出版社，2022，第9页。
② 蓝向东：《自首认定与裁量规范适用指引》，法律出版社，2022，第13页。
③ 蓝向东：《自首认定与裁量规范适用指引》，法律出版社，2022，第19页。
④ 蓝向东：《自首认定与裁量规范适用指引》，法律出版社，2022，第22页。
⑤ 蓝向东：《自首认定与裁量规范适用指引》，法律出版社，2022，第26页。
⑥ 蓝向东：《自首认定与裁量规范适用指引》，法律出版社，2022，第3页。
⑦ 蓝向东：《自首认定与裁量规范适用指引》，法律出版社，2022，第51页。
⑧ 蓝向东：《自首认定与裁量规范适用指引》，法律出版社，2022，第33页。
⑨ 蓝向东：《自首认定与裁量规范适用指引》，法律出版社，2022，第44页。
⑩ 蓝向东：《自首认定与裁量规范适用指引》，法律出版社，2022，第29页。

后逃离现场，后拦截警车投案的，应视为自动投案；[①]在路某涛非法吸收公众存款案中，法院认为，非法集资案件中，行为人随集资参与人报案但没有讲明自己是犯罪人，后被抓获到案的，不应认定为自首；[②]在史某华故意伤害案中，法院认为，行为人作案后逃离现场，亲属协助抓捕的，不能认定为自动投案；[③]在王某诈骗案中，法院认为，被害人及犯罪嫌疑人亲友共同将犯罪嫌疑人送至派出所的，不构成主动投案。[④]上述大量案件中，法院判断行为人是否属于自动投案进而构成自首的依据是"主动性、自愿性"标准。

三、监委调查案件中的自动投案

新的情况总是会不断出现；争议也总是随之而来。国家进行监察体制改革后，职务犯罪案件均由各级监察机关负责调查办理。一个新的体制、机制的运行，总是需要一段磨合期，并伴随着一些新的问题。被调查人具体是如何到案接受调查的，能否认定为"自动投案"进而成立自首，就是一个较为突出的问题。

本案中被告人周某某的到案经过，在目前监察机关的调查案件实践中，具有一定的典型性。早在2017年，北京市某区监察委刚刚成立时，即收到原负有职务犯罪侦查职责的北京市某区检察院转交的周某某等人涉嫌受贿及徇私舞弊不征、少征税款罪的相关线索，并进行了初核，收集了相关证据。2018年6月21日，经北京市某区监察委会议研究，决定对周某某涉嫌职务犯罪问题立案审查调查并采取留置措施。次日，北京市某区监察委工作人员通知某区地税局纪检监察部门将周某某送至某区监察委接受谈话，后周某某在某区地税局纪检监察人员陪同下来到某区监察委。基于上述到案经过，

① 蓝向东：《自首认定与裁量规范适用指引》，法律出版社，2022，第48页。
② 蓝向东：《自首认定与裁量规范适用指引》，法律出版社，2022，第16页。
③ 蓝向东：《自首认定与裁量规范适用指引》，法律出版社，2022，第71页。
④ 蓝向东：《自首认定与裁量规范适用指引》，法律出版社，2022，第80页。

控辩双方对被告人周某某是否属于自动投案给出了截然相反的答案。公诉机关认为，某区地税局纪检监察人员按某区监察委的要求将周某某送至某区监察委，因此被告人周某某属于被动到案，而不是自动投案。而被告人周某某及其辩护人则辩称，周某某系出于自愿从某区地税局到监察机关接受调查，没有受到强制，属于主动投案，应当认定为自首。控辩双方对被告人周某某符合"如实供述自己的罪行"这一要件则不存在争议。

那么，被告人周某某能否被认定为"自动投案"，进而成立自首呢？还是要遵循以上"主动性、自愿性"的标准。在给出回答之前，对已发布的规范性文件中针对具体到案情形是否符合"主动性、自愿性"标准的判断思路进行研究、参照，从而做到个案判断符合规范判断、个人判断符合群体判断、下级判断符合上级判断，保证类似情形类似处理，是明智的。我们来看已有规定的两种情形的具体理解。首先是《自首立功意见》规定的视为"自动投案"的第二种情形："明知他人报案而在现场等待，抓捕时无拒捕行为，供认犯罪事实的。"根据最高人民法院法官的介绍，这种情形下，犯罪嫌疑人作案后虽然没有亲自报警，但在明知他人报案的情况下有机会逃走而未逃走，留在现场等待抓捕，即"能逃而不逃"，体现了其主动、自愿将自己交付法律制裁的意图。但是，如果犯罪嫌疑人系因受伤、醉酒、被群众包围等客观因素而未能逃跑，或者滞留现场是寻找作案机会、继续作案而非等待抓捕，则不能认定为自动投案。①

其次《自首立功意见》有反面规定："犯罪嫌疑人被亲友采用捆绑等手段送到司法机关，或者在亲友带领侦查人员前来抓捕时无拒捕行为，并如实供认犯罪事实的"，不能认定为"自动投案"。这种情形下，犯罪嫌疑人被亲友采用捆绑等手段送到司法机关，或者在不明知的情况下被亲友带领侦查人员前来抓获的，嫌疑人并无投案的"主动性"和"自愿性"，完全是"被动

① 周峰、薛淑兰、孟伟：《〈最高人民法院关于处理自首和立功若干具体问题的意见〉的理解与适用》，载最高人民法院刑事审判第一庭编著《最高人民法院自首、立功司法解释：案例指导与理解适用》，法律出版社，2012，第259页。

归案”，不宜认定为自动投案。[①]

下面，我们根据上述“主动性”“自愿性”的判断标准对本案中被告人周某某的行为是否符合自动投案进行判断。据笔者了解，在案发当时，类似某区地税局等各委办局单位以及各乡镇大多设有纪检部门，负责单位内部违纪行为的监督、处理。但这些单位内设纪检部门是本单位的一个部门，与某区纪委监委之间并不存在隶属、领导关系，只是职能、业务有些重合、交叉而已。也就是说，这些单位内设纪检部门，并不受某区纪委监委的领导、指挥；只是因为是业务对口部门，实践中常常会配合某区纪委监委做一些工作。这些单位内设纪委部门，甚至某区纪委，在办理违纪案件时，并无人身强制权；某区监委成立后，根据《监察法》的有关规定，可以决定对被调查人留置，也就是采取强制措施；但现实情况是，因为力量不足，除非事先判断案件比较重大或者被调查人有潜逃、毁灭证据、串供等可能或者人身危险性较高，一般都是电话通知被调查人到监委配合调查，或者委托各委办局或乡镇的纪检部门代为通知，或者代为将被调查人带到监委。当然，通知时通常不会明确告知被调查人具体事项，是调查别人的事情还是其本人的事情，是调查其本人的哪件、哪些事情。根据以上具体实践情况，笔者认为，如果是被调查人接某区监委或其本单位纪检部门工作人员电话后自行到单位或监委配合调查，自然符合主动性、自愿性的要求；即使是由本单位纪检部门工作人员通知后陪同到监委，如上所述，因为单位纪检部门工作人员在法律上并无人身强制权，事实上也不会采取强制手段，而且社会上一般人在观念上也是如此认为。本案被告人周某某也认识到，“单位纪检人员不可能强制我，也没有权力强制我”。因此，在某区地税局纪检部门工作人员客观上没有强制、被告人周某某主观上也认为自己没有受到强制的情况下，应当认为被告人周某某在接地税局纪检部门工作人员通知并在陪同下到某区监委符合主动

① 周峰、薛淑兰、孟伟：《〈最高人民法院关于处理自首和立功若干具体问题的意见〉的理解与适用》，载最高人民法院刑事审判第一庭编著《最高人民法院自首、立功司法解释：案例指导与理解适用》，法律出版社，2012，第261–262页。

性、自愿性。本案中，法院结合被告人周某某到案后如实供述基本犯罪事实的情况，认定其具有自首情节，是符合刑法关于自首制度的规定以及自首制度的立法宗旨的。

然而，笔者也注意到，对监委调查案件中的自动投案乃至自首是否成立，争议比普通案件（本节中指非监委调查案件）更大，有主张监委调查案件要比普通案件从严把握的观点。例如，在王某生诈骗、受贿案中，法院就认为，监委已经掌握犯罪事实后“电话传唤到案”的，认定行为人“自动到案”时应从严把握。[①]该案案情简介如下：

2009年，在某项目拆迁征地过程中，王某生担任北京市某区某村委会主任，借协助乡政府从事宅基地确认等工作的职务便利，为其子王某甲、其弟王某乙违规出具宅基地确认单，骗取拆迁腾退补偿款共计人民币2 104 200元。

2009年，在项目拆迁征地过程中，王某生又借其工作的职务便利，接受李某甲的请托，将李某甲的亲友李某乙、李某丙等5人户口迁入该村，并为5人违规出具宅基地确认单，使上述5人非法获取了拆迁腾退补偿款共计人民币8 553 072.8元。2010年3月22日，李某甲通过为王某生支付购房款的方式给予王某生好处费共计人民币2 524 953元。2017年年底，王某生得知自己正在被调查，将其中人民币1 677 068元退还给了李某甲。

2018年4月12日，被告人王某生被监察机关查获归案。

被告人王某生的具体到案经过如何？某区监委联系某区某乡纪委书记通知王某生本人到乡政府纪委书记办公室之后，王某生当日同监委办案人员到纪委监委办公室接受组织谈话。谈话过程中，王某生本人如实供述自己涉嫌违纪违法的相关问题。另外，根据监委经前期调查，已经掌握了本案王某生相关的违法犯罪事实的线索。该文作者认为，对于监委电话通知到案能否构成“自动投案”，实践中存在两种观点。否定观点认为，监委已经掌握了

---

① 蓝向东：《自首认定与裁量规范适用指引》，法律出版社，2022，第142页。

对犯罪嫌疑人涉及的违法犯罪事实一定的线索，在监委或者通过对应的纪委、纪检组电话通知到案的情况下，犯罪嫌疑人已经丧失了自动投案的主动性，无论犯罪嫌疑人当时是否知道被调查的事情，都不属于自动投案。肯定观点认为，从有利于犯罪嫌疑人、被告人的角度，监委调查案件中一般都是纪检部门电话通知犯罪嫌疑人接受调查，“电话通知到案”尚未接受调查谈话、讯问，也尚未被采取强制措施，具有一定的主动性。这类似于普通犯罪案件中，公安机关电话通知到案，被告人主动到案的，一般视为“自动投案”。理由在于，接公安机关电话通知到案的，在公安机关实施抓捕之前，犯罪嫌疑人已经具有认罪并接受公安机关依法处置的心理准备，故不失“认罪的主动性”，与“自动投案”的心理特质相符合。监委调查案件中，纪检部门电话通知接受谈话，犯罪嫌疑人一般都会主动去接受谈话，其主动性并非同公安机关电话通知到案一样强，但是仍不失一定的主动性。因此，从有利于犯罪嫌疑人、被告人的角度来讲，应认定犯罪嫌疑人构成“自动投案”。但本案中法院未认定被告人王某生构成自首，其依据是《职务犯罪自首立功意见》中“犯罪事实或者犯罪分子未被办案机关掌握，或者虽被掌握，但犯罪分子尚未受到调查谈话、讯问，或者未被宣布采取调查措施或者强制措施时，向办案机关投案的，是自动投案。在此期间如实交代自己的主要犯罪事实的，应当认定为自首。犯罪分子向所在单位等办案机关以外的单位、组织或者有关负责人员投案的，应当视为自动投案。没有自动投案，在办案机关调查谈话、讯问、采取调查措施或者强制措施期间，犯罪分子如实交代办案机关掌握的犯罪线索针对的事实的，不能认定为自首”。

笔者对上述王某生案中不认定“自动投案”，进而不认定“自首”的结论不能苟同。基本上，笔者同意该文作者介绍的肯定观点，理由如下：首先，从法治统一、平等适用的观点来看，同样一部刑法，对第六十七条自首制度的规定和对“自动到案”的理解，不能因为是监委调查案件还是公安侦查案件而有所差异。如果同样的情形，行为人都没有受到强制，公安侦查案件就认定为自动投案，监委调查案件就否认是自动投案，是没有正当理由的，也是不可思议的。其次，也许有人会说，监委调查案件大部分都是职务犯罪案件，为了体现国家从严治吏、铁腕反腐的政策，应当对监委调查案件中的“自动投案”从严把握。正因为如此，才有了《职务犯罪自首立功意见》。笔者完全拥护铁腕反腐、从严治吏，但是，从严也要遵循法治思维。《刑法》第六十七条对自首成立后的效果规定为：对于自首的犯罪分子，可以从轻或者减轻处罚。其中，犯罪较轻的，可以免除处罚。因此，如果追求从严的效果，正确的路径应当是认定自首的前提下，相较于普通犯罪，可以不从轻、不减轻、不免除，这是《刑法》的明确授权，也是《刑法》明确允许的；而不是把《刑法》执行成两样，同样的情形，有的认定自动投案，有的不认定自动投案，这恐怕超出了刑法的授权范围，有违背刑法而自行立法之嫌。最后，实际上，《职务犯罪自首立功意见》也没有明确监委调查案件中电话通知到案的就不能认定为“自动投案”，而是表述为“犯罪事实或者犯罪分子未被办案机关掌握，或者虽被掌握，但犯罪分子尚未受到调查谈话、讯问，或者未被宣布采取调查措施或者强制措施时，向办案机关投案的，是自动投案”。笔者认为，电话通知到某地点，和在某地点进行调查谈话，不是一个概念，怎么会理解成一个概念呢？调查谈话是在电话中进行的吗？允许通过电话进行调查谈话吗？电话通知到某地点进行调查谈话，就意味着调查谈话已经开始了吗？如果作出肯定回答，那么，法院电话通知当事人到法院现场开庭，是否一经电话通知就意味着庭审开始了呢？总得到了法庭，审判人员宣布开庭，交代有关权利，庭审才算开始吧？监委调查谈话，也得到了法定场所，告知有关权利，履行相关程序要求，才能开始谈话，才算开始谈话吧？那种认为一经电话通知到某处接受调查谈话，就开始了调查谈话的观点，是不符合生活常识，也不符合《刑法》等法律规定的。另外，《职务犯罪自首立功意见》的表述为“没有自动投案，在办案机关调查谈话、讯问、采取调查措施或者强制措施期间，犯罪分子如实交代办案机关掌握的犯罪线索针对的事实的，不能认定为自首”。笔者认为，正确的理解应当是，经电话通知等形式通知不到案的，不能认定为自动投案；没有自动投案的，被动（被强制）到案后，接受调查谈话期间如实交代办案机关掌握的犯罪线索针对的事实的，不能认定为自首。这才是符合生活常识（文理解释）和法律规定的（体系解释）解释。

最后还需要澄清的一个问题是，监委或者受监委委托的其他单位、部门电话通知行为人，行为人接到通知后到案接受调查的，构成“自动投案”，是否需要行为人主观上明知自己涉嫌违法犯罪，监委将要对自己进行调查为前提？笔者认为答案是肯定的。在万某某受贿案中，法院认为，行为人接驻单位纪检监察组电话通知到指定地点，办案机关已掌握其犯罪事实并在此等候的，不应认定为自动投案。[①]该案正是涉及以上问题，需要特别澄清。该案中，案书证等证据证明，有关监委在接到线索进行初核后已经掌握了万某某受贿的部分事实并研究了抓捕方案，后决定对其实施抓捕。办案人员前往万某某单位拟将其带至指定地点接受调查，由于万某某外出参加活动未在办公室，出于降低社会影响和人员安全的考虑，经与其单位纪检监察组进行沟通，以纪检组向万某某核实问题为由，电话通知万某某到纪检组办公室。纪检组给万某某的电话和短信中均未说明要他赶回单位的具体原因。该文作者认为，结合万某某的前后行为，他当时亦不知道监委已经掌握自己犯罪的线索并在单位等候，其赶回单位更大可能性是去澄清情况、逃避法律的追究，因而缺乏投案的主动性和自愿性。故而，该文作者认为，本案只是具备“电话通知到案”的表象，“电话通知”是办案机关实施抓捕的一种手段，万某某的行为不能认定为自动投案。笔者对该文作者观点表示赞同。如前文所述，主动性、自愿性是自动投案的本质属性，所有的到案情形，是否认定为自动投案，就是要依据这个标准。万某某案件中，万某某只是以为单位找自己核实问题，并没有意识到监委在单位等待对其抓捕，不具有投案的意愿，不符合判断自动投案的主动性、自愿性标准，故不能认定为自动投案。但是，如果是监委人员电话通知、通知内容为要求行为人到监委接受调

---

① 蓝向东：《自首认定与裁量规范适用指引》，法律出版社，2022，第135页。

查谈话，这种情况下，行为人当然能够意识到监委要对自己涉嫌违法犯罪事实进行调查，而仍然选择前去监委接受调查谈话，投案的主动性、自愿性已经很明显了，应当不存争议。笔者办理的周某某受贿，徇私舞弊不征、少征税款案中，周某某是由单位人员通知，告知其到监委接受调查谈话，周某某在此前因关联人员陆续被查处，且明确被告知到监委接受调查，主观上当然明知这意味着什么，但仍然选择了前往监委接受调查，体现了到案的主动性、自愿性，依法应当认定为自动投案。在到案经过有些类似的张某良、陈某海贪污案中，法院就明确指出，办案机关联系下级机关，由下级机关电话通知并陪同到案的，可认定为主动投案。[①]该文作者在裁判要旨及裁判思路中正确指出，电话通知的形式不同于传唤，并不具备司法强制力，通知机关的级别也无法影响犯罪嫌疑人投案的主动性、自愿性。下级机关陪同的前提是犯罪嫌疑人配合电话通知，陪同行为也并非强制措施，因而下级机关电话通知犯罪嫌疑人后陪同到办案机关投案应认定为主动投案。实践中，办案机关未掌握犯罪事实电话通知犯罪嫌疑人到案属于自动投案，掌握犯罪事实告知具体情况后到案亦属于自动投案，但未告知以其他缘由叫来的不认定自动投案。笔者对此完全赞同。最高司法机关也持该种观点。在《丹东欣泰电气股份有限公司及温某乙、刘某胜欺诈发行股票、违规批露重要信息案——上市公司在申请上市前后连续财务造假的行为如何认定》(《刑事审判参考》指导案例〔第1435号〕)一文中，刘某胜的具体到案经过为：2016年8月26日，刘某胜在丹东市振兴区一茶馆接到侦查人员的电话，侦查人员到达茶馆向其下达询问通知书，刘某胜随同侦查人员到办案地点接受询问。[②]该文认为，无论犯罪线索是否被司法机关发觉，行为人尚有人身自由或者具有选择余地的时候，基于自愿主动将自己置于办案机关的合法控制之下，均可以视为自动投案。从刘某胜到案过程来看，其是在公安机关电话告知欲了解欣泰公司

---

① 蓝向东：《自首认定与裁量规范适用指引》，法律出版社，2022，第128页。

② 最高人民法院刑事审判第一、第二、第三、第四、第五庭：《刑事审判参考》(总第129辑)，人民法院出版社，2022，第11页。

上市的相关情况后，在茶馆等候侦查人员，在此期间可以选择等候也可能选择逃脱，故其选择在茶馆等候体现了一定的主动性，可认定自首。[①]

四、自动投案的独立量刑价值

为进一步规范刑罚裁量权，落实宽严相济刑事政策，增强量刑的公开性，实现量刑公正，最高人民法院根据刑法和刑事司法解释等有关规定，结合司法实际，制定了《关于常见犯罪的量刑指导意见》并于2013年12月23日发布《最高人民法院关于实施量刑规范化工作的通知》（法发〔2013〕14号），要求全国法院于2014年1月1日起正式实施量刑规范化工作。经过多年探索，中间伴随着认罪认罚从宽制度的推开，最高人民法院、最高人民检察院于2021年6月又联合发布了《关于常见犯罪的量刑指导意见（试行）》（法发〔2021〕21号，自2021年7月1日起施行，以下简称《量刑指导意见》），以进一步规范量刑活动，落实宽严相济刑事政策和认罪认罚从宽制度。《量刑指导意见》规定了量刑的指导原则，指出，量刑应当贯彻宽严相济的刑事政策，做到该宽则宽，当严则严，宽严相济，罚当其罪，确保裁判政治效果、法律效果和社会效果的统一。并指出，量刑时要充分考虑各种法定和酌定量刑情节，根据案件的全部犯罪事实以及量刑情节的不同情形，依法确定量刑情节的适用及其调节比例。具体确定各个量刑情节的调节比例时，应当综合平衡调节幅度与实际增减刑罚量的关系，确保罪责刑相适应。

那么，自动投案，作为一个与自首、坦白、认罪认罚、当庭自愿认罪这些法定、酌定从宽情节有联系又有区别的情节，在具体的量刑过程中应如何考量，以确保该宽则宽，宽严相济，确保裁判政治效果、法律效果和社会效果的统一？

《量刑指导意见》并未对自动投案这个情节的从宽幅度作出具体规定，

① 最高人民法院刑事审判第一、第二、第三、第四、第五庭：《刑事审判参考》（总第129辑），人民法院出版社，2022，第13–14页。

但对与之密切关联的自首、坦白、当庭自愿认罪、认罪认罚等情节的从宽幅度做了规定。(1)对于自首情节，综合考虑自首的动机、时间、方式、罪行轻重、如实供述罪行的程度以及悔罪表现等情况，可以减少基准刑的40%以下；犯罪较轻的，可以减少基准刑的40%以上或者依法免除处罚。(2)对于坦白情节，综合考虑如实供述罪行的阶段、程度、罪行轻重以及悔罪表现等情况，确定从宽的幅度，一般来说，如实供述自己罪行的，可以减少基准刑的20%以下；如实供述司法机关尚未掌握的同种较重罪行的，可以减少基准刑的10%—30%；因如实供述自己罪行，避免特别严重后果发生的，可以减少基准刑的30%—50%。(3)对于当庭自愿认罪的，根据犯罪的性质、罪行的轻重、认罪程度以及悔罪表现等情况，可以减少基准刑的10%以下，当然，依法认定自首、坦白的除外。(4)对于被告人认罪认罚的，综合考虑犯罪的性质，罪行的轻重，认罪认罚的阶段、程度、价值、悔罪表现等情况，可以减少基准刑的30%以下；具有自首、重大坦白等情节的，可以减少基准刑的60%以下，犯罪较轻的，可以减少基准刑的60%以上或者依法免除处罚。认罪认罚与自首、坦白、当庭自愿认罪等量刑情节不作重复评价。另外，最高人民法院、最高人民检察院、公安部、国家安全部、司法部于2019年10月24日联合发布《关于适用认罪认罚从宽制度的指导意见》指出，认罪认罚的从宽幅度一般应当大于仅有坦白，或者虽认罪但不认罚的从宽幅度。对犯罪嫌疑人、被告人具有自首、坦白情节，同时认罪认罚的，应当在法定刑罚幅度内给予相对更大的从宽幅度。

笔者认为，鉴于自首可以分解为自动投案和如实供述罪行两个前后相接的要件，因此，自动投案的从宽幅度，就是自首能够从宽的幅度，减去如实供述罪行能够从宽的幅度。当然，一般意义上的如实供述罪行，依据被告人作出如实供述的时间先后、所处的阶段，有时可以评价为坦白，有时仅能评价为当庭自愿认罪，但成立自首所要求的如实供述，要求及时作出，贯穿投案后的侦查、审查起诉及审判阶段，虽然，到案后也可以有短暂的犹豫，中间也允许有一定的反复。而认罪认罚，除了如实供述罪行外，还要求对建议的刑罚量也予以认可，因为增加了更多的要求，所以，给予被告人的量刑减让也更多。那么，厘清了上述概念之间的区别与联系，我们就可以根据《量刑指导意见》规定的各情节的从宽幅度，推算出自动投案这个酌定量刑情节的大致从宽幅度。鉴于一般的自首可以减少基准刑的40%以下，而一般来说如实供述自己罪行的可以减少基准刑的20%以下，那么，仅具有自动投案情节的，可以减少的幅度应当限定在20%以下。至于在20%这个范围内如何确定，鉴于自首从宽的两个理由和根据之一就是鼓励犯罪分子投案、使案件及时侦破的刑事政策需要，故自首成立要件之一的自动投案能否从宽处罚以及从宽处罚的幅度，要考虑投案的动机、时间、方式等多方面的因素。被告人投案的动机体现了被告人对犯罪行为的主观认识，投案时是出于真诚悔罪还是慑于法律的威严，是为了争取宽大处理还是潜逃在外生活无着，是因亲友规劝而醒悟还是被亲友送至公安机关，在确定从宽比例时要有所区别。①被告人不同的投案时间或者时机，体现出被告人的投案行为对司法机关侦破案件所起的不同作用，也体现出被告人的不同人身危险性，故在确定从宽比例时也应予以体现，②如被告人是作案后立即投案还是长时间潜逃后投案，是犯罪事实未被发觉时投案还是犯罪事实已被发觉、被告人尚未被发觉时投案，或者是犯罪事实和犯罪人均已被发觉后投案等。③关于投案的方式，被告人是本人主动到司法机关投案，还是因形迹可疑被盘问时如实供述的投案，或者是被采取强制措施时供述其他不同种罪行等，这也是确定从宽比例的重要考量因素。④一般来说，投案时间越早、投案方式越主动、体现被告人的悔罪态度越深刻的，从宽比例要大一些；反之，从宽比例要小一些。⑤具体来

① 熊选国：《〈人民法院量刑指导意见〉与两高三部〈关于规范量刑程序若干问题的意见〉理解与适用》，法律出版社，2010，第137页。

② 南英：《量刑规范化实务手册》，法律出版社，2014，第65页。

③ 熊选国：《〈人民法院量刑指导意见〉与两高三部〈关于规范量刑程序若干问题的意见〉理解与适用》，法律出版社，2010，第137页。

④ 南英：《量刑规范化实务手册》，法律出版社，2014，第65页。

⑤ 熊选国：《〈人民法院量刑指导意见〉与两高三部〈关于规范量刑程序若干问题的意见〉理解与适用》，法律出版社，2010，第138页。

说，参照地方高院对自首从宽幅度的细化规定，笔者认为对单独的自动投案情节的从宽幅度可作如下限定：犯罪事实或犯罪嫌疑人未被办案机关发觉，主动直接投案的，可以减少基准刑的20%以下，一般不超过两年；犯罪事实和犯罪嫌疑人已被办案机关发觉，但尚未受到调查谈话、讯问，或者未被宣布采取调查措施或者强制措施，直接主动投案的，可以减少基准刑的15%以下，一般不超过一年六个月；并非出于被告人主动，而是经亲友规劝、陪同投案，或亲友送去投案的，可以减少基准刑的15%以下，一般不超过一年六个月。

以上笔者讨论的是单独的自动投案情节作为一个酌定的量刑情节对量刑的影响，也就是说，在自动投案后没有如实供述、不符合自首条件而不能作为自首从宽处罚的前提下，自动投案单独作为一个酌定情节可以从宽的具体幅度。但是，如果自动投案后没有及时如实供述罪行，在侦查阶段、审查起诉阶段均未能如实供述，不能成立自首、坦白，在法院审判阶段，还有当庭自愿认罪、认罪认罚等从宽情节，配合使用，仍然可以将从宽幅度突破笔者上文所述的一般不超过20%的上限。以当庭自愿认罪为例，《量刑指导意见》规定成立该情节的，可以减少基准刑的10%以下。该情节的成立仅要求当庭自愿认罪即可，庭审前的阶段，包括侦查阶段、审查起诉阶段，甚至法院审判的送达起诉书、庭前会议阶段，都可以不认罪，只要在庭审时认罪，就不妨碍当庭自愿认罪情节的成立。当庭自愿认罪情节主要来源于程序法，由于在法庭调查阶段，被告人在明确起诉书指控的犯罪事实和罪名后，能够自愿认罪并承担法律后果，使法庭可以用普通程序简化的方式或者简易程序审理案件，提高了诉讼效率，节约了司法资源，因此可以对被告人从轻处罚。[①]另外，当庭自愿认罪，认罪的程度只要求被告人承认被指控的基本犯罪事实，由于客观条件所限或者醉酒、记忆不清等原因无法供述清楚公诉机关指控的全部犯罪事实和情节，或者对鉴定结论、价值认定书等证据提出

① 熊选国：《〈人民法院量刑指导意见〉与两高三部〈关于规范量刑程序若干问题的意见〉理解与适用》，法律出版社，2010，第152页。

异议都无碍于该情节的成立，只要能够对指控的犯罪后果、犯罪手段、犯罪对象、犯罪动机等基本犯罪事实没有异议，不影响追究其刑事责任的，都应当认为是认罪行为。[①]关于认罪的内容，只要求被告人承认指控的犯罪事实，并不要求承认指控的罪名，被告人对指控的犯罪事实没有异议，但不清楚自己的行为构成什么罪名，或者错误地认为自己的行为构成其他罪名，但只要其没有故意掩盖罪行或者编造事实意图脱罪，都不影响认定其当庭自愿认罪这一量刑情节；被告人因对自己行为的性质有误解，即使作无罪辩解，只要承认其具体行为，也不能因此不认定其构成当庭自愿认罪。[②]

综上，笔者认为，自动投案作为自首的两大要件之一，是一个重要的酌定量刑情节，具有重要的独立量刑价值，在不构成自首的情况下单独使用，应可减少基准刑的20%以下；配合当庭自愿认罪情节，应可减少基准刑的30%以下；如果当庭不但自愿认罪而且自愿认罚，根据《关于适用认罪认罚从宽制度的指导意见》的规定精神，认罪认罚的从宽幅度一般应当大于虽认罪但不认罚的从宽幅度，至少可以再减少约5%，即可以减少基准刑的35%以下。特别说明的是，以上从宽幅度的推演是在仅有自动投案情节且在公安侦查（监委调查）、检察院审查起诉阶段均不认罪的前提下推演的，如果虽然自动投案但是因为没有及时如实供述导致不能认定自首，但符合认罪认罚的条件，则每往前提前一个阶段认罪认罚，应当可以在上述从宽幅度的基础上再减少基准刑的10%以下。即虽不构成自首，但具有自动投案情节、在审查起诉阶段方认罪认罚的，可以减少基准刑的45%以下；虽不构成自首，但具有自动投案情节，在侦查、调查阶段即认罪认罚的，可以减少基准刑的55%以下。这样限定也能与《量刑指导意见》对认罪认罚从宽幅度的规定相呼应，因为单独认罪认罚一个情节，可以减少基准刑的30%以下；同时具有

① 熊选国：《〈人民法院量刑指导意见〉与两高三部〈关于规范量刑程序若干问题的意见〉理解与适用》，法律出版社，2010，第152页。

② 熊选国：《〈人民法院量刑指导意见〉与两高三部〈关于规范量刑程序若干问题的意见〉理解与适用》，法律出版社，2010，第153页。

自首等情节的，可以减少基准刑的60%以下。那么，如果犯罪嫌疑人、被告人具有自动投案情节，且在侦查、调查阶段即认罪认罚，之所以不构成自首，仅是因为其如实供述自己罪行不是那么及时而已，但至少在侦查、调查阶段终结前已经幡然悔悟、认罪认罚，对于这种情形，与自首并认罪认罚之间给予基准刑5%的刑罚量差别，既能体现区别对待，又能鼓励其自动投案后尽早认罪认罚，是符合宽严相济的刑事政策和认罪认罚从宽制度的实质精神的。

五、结语

监委调查案件中“自动投案”的认定正经历着否定之否定的发展过程，但是目前还是不甚统一，持“从严把握”观点的司法人员仍然大有人在，而且不远的未来也不会一帆风顺。不过，令笔者感到欣慰的是，王某生案一文的作者在文章最后也提到，司法实践中对“电话通知到案”的把握有从宽的趋势，即将监委电话通知到案认定为“自动投案”。另外，笔者还想提醒大家，即使不构成自首，自动投案作为自首的两大要件之一，也是一个不可忽视的酌定量刑情节，有其重要的独立量刑价值。如能辅以当庭自愿认罪、认罪认罚等情节，虽不是自首，亦可以收到类似、接近自首的量刑效果。

《民法典》框架下解除合同诉讼实务的疑难问题

□ 吴俊学[①]

【摘　要】合同解除之诉是指合同一方行使法定的或约定的解除权而对方有异议时向人民法院提起的请求确认解除合同效力的诉讼。《民法典》（合同编）在《合同法》中关于合同解除规定的基础上进行了一定的修改和发展，对于司法实务会产生众多积极影响，但是同时也出现了一些值得讨论的疑难问题，也有待未来司法实践予以明确。本文拟针对《民法典》框架下的合同解除之诉中的一些疑难问题做分析和探讨，并请教于同仁。

【关键词】合同解除之诉；形成诉权

一、合同解除之诉的概念和类型

（一）合同解除之诉的概念

合同解除是指在合同有效成立后，因一方或双方当事人之意思表示，使合同关系终了，未履行部分不再履行，已履行部分依具体情况进行清算的制度。[②]

合同解除之诉是指合同一方行使法定的或约定的解除权而对方有异议时向人民法院提起的请求确认解除合同效力的诉讼。

---

① 吴俊学，执业十年以上，海南律协惩戒委及公司法企业合规委委员，致公党党员，业务方向为合同纠纷诉讼、刑事辩护。

② 韩世远：《合同法总论》，法律出版社，2018，第644页。

通说认为合同解除之诉中所解除的合同本身是依法成立、合法有效的合同。如王利明先生称："合同解除是指合同有效成立以后，当具备合同解除条件时，因当事人一方或双方的意思表示而使合同关系自始消灭或向将来消灭的一种行为。"①

（二）合同解除的类型

合同解除的类型有五种：一是协商解除（《民法典》第五百六十二条第一款）；二是约定解除（《民法典》第五百六十二条第二款）；三是法定解除（《民法典》第五百六十三条）；四是情势变更解除（《民法典》第五百三十三条）；五是合同僵局解除（《民法典》第五百八十条）。

二、《民法典》（合同编）对我国《合同法》（已废止）中关于合同解除规定之创新和发展

（一）增加不定期合同随时解除制度

不定期合同随时解除制度在《合同法》中已存在，分布于典型合同的规则之中，如承揽合同、客运合同、货运合同、保管合同、租赁合同等，典型如《合同法》第二百三十二条规定的"当事人可以随时解除不定期租赁合同"。《民法典》将该制度升至合同编通则的一般性规定。目的在于使不定期合同的当事人无须违背意愿继续履行合同，得以从长期持续性的合同关系的"束缚"中解脱。行使解除权的主体表述为"当事人"，意味着不定期合同的任意一方均可行使该法定解除权。

（二）明确解除权的法定除斥期间

《合同法》没有对合同解除权行使期限作出统一规定，导致实践中绝大

① 王利明：《违约责任论》，中国政法大学出版社，1996，第520页。

部分合同缺乏统一的解除权除斥期间适用规则。《民法典》弥补了这一立法缺陷，参考了《关于审理商品房买卖合同纠纷案件适用法律若干问题的解释》第十五条的规定“解除权应当在解除权发生之日起一年内行使”，明确规定合同解除权的法定除斥期间为一年。

（三）明确解除权的行使方式以及合同解除时点

明确合同解除权的行使方式。合同解除权既可以通过发送解除通知的方式行使（私力救济），也可以通过直接诉请法院或者仲裁机构解除的方式行使（公力救济）。

（四）明确合同解除的法律效果

《民法典》第五百六十六条关于合同解除效果的规定，系在《合同法》第九十七条的基础上，结合既有裁判规则进行的新发展，对于司法实务会产生众多积极影响。

（五）增加合同僵局下的违约方“合同解除权”

违约方的“合同解除权”仅为违约方诉请法院终止合同关系的一种诉权，目的在于打破合同僵局，与一般的合同解除权的性质及构成要件不同。合同僵局下的违约方“合同解除权”是一种司法解除制度，也是一种具有诉权性质的形成权，只能通过向法院或者仲裁机构提起诉讼或者申请仲裁的方式行使。

三、合同解除之诉中的一些疑难问题

（一）《民法典》第五百六十五条是合同解除权行使的一般规则，该条不适用于情势变更和合同僵局下的申请司法解除

《民法典》（合同编）规定了协商解除、约定解除和法定解除三种解除方

式。除协商解除外，约定解除和法定解除都是以赋予合同当事人一方或双方解除权的方式来消灭合同。《民法典》第五百六十五条规定："当事人一方依法主张解除合同的，应当通知对方。合同自通知到达对方时解除；通知载明债务人在一定期限内不履行债务则合同自动解除，债务人在该期限内未履行债务的，合同自通知载明的期限届满时解除。对方对解除合同有异议的，任何一方当事人均可以请求人民法院或者仲裁机构确认解除行为的效力。当事人一方未通知对方，直接以提起诉讼或者申请仲裁的方式依法主张解除合同，人民法院或者仲裁机构确认该主张的，合同自起诉状副本或者仲裁申请书副本送达对方时解除。"

《民法典》第五百六十五条为解除权行使规范，旨在规定合同解除权行使的一般规则。解除权人只有按照法定方式和程序行使解除权，才能使合同解除获得法律规范效力上的确定性和终局性。《民法典》第五百六十五条既吸收了《合同法》第九十六条的原有规定，又与时俱进地增加了催告解除和司法解除之内容，完善了解除异议之规则，以更好地规范合同解除权之行使，实现合同双方利益之平衡。值得注意的是，本条不适用于情势变更和合同僵局下的申请司法解除。《民法典》除第五百六十五条外，合同编还规定了在情势变更（第五百三十三条）和合同僵局（第五百八十条）这两种特殊情形下，合同当事人可以向人民法院或者仲裁机构申请解除合同关系，由法院和仲裁机构进行实体审查后作出形成判决，与第五百六十五条所规定的作为普通形成权的解除权不同，上述两种特殊情形下申请司法解除实为行使形成诉权，所提起之诉讼为典型形成之诉。

（二）异议期限制度已经废止

最高人民法院《关于适用〈中华人民共和国合同法〉若干问题的解释（二）》（以下简称《司法解释二》）第二十四条之规定发展出了异议期限制度，以督促解约当事人及时行使异议权。第二十四条规定："当事人对合同法第九十六条、第九十九条规定的合同解除或者债务抵销虽有异议，但在约定的异议期限届满后才提出异议并向人民法院起诉的，人民法院不予支持；当事人没有约定异议期间，在解除合同或者债务抵销通知到达之日起三个月以后才向人民法院起诉的，人民法院不予支持。”（注意该《司法解释二》已经被废止）。该条规定是以效率为导向，却导致合同解除出现严重的价值失衡。原因在于《司法解释二》第二十四条表面上奉行“期限经过则权利失效”的简单形式逻辑，却忽略了合同解除须以解除权发生为实体条件。只要异议期间经过，无须对解除权是否发生进行实体性审查，就认为合同自动解除，这样会诱发大量的恶意违约行为，严重损害了守约方的合法利益。

（三）合同当事人要以通知方式解除合同是否必须以其享有解除权为前提在司法实务中是有争议的

这里的解除权前提是指《民法典》第五百六十二条第二款的约定解除权或第五百六十三条的法定解除权，而且在司法实务中举证责任的分配上，是由解除权人举证其享有《民法典》第五百六十二条第二款的约定解除权或第五百六十三条的法定解除权，符合解除权行使的条件。也就是说，主张合同关系解除的一方当事人对引起合同关系变动的事实承担举证责任，解除权人要特别注意保留向对方作出解除合同意思表示的证据。

在2019年之前最高人民法院的判决及司法实践中一般都认为：“发出解除通知的当事人是否具有实质上的约定解除权或法定解除权并非通知解除的必要前提，在合同相对方未在异议期内提出确认之诉，法院就无须再对解除权人是否享有解除权进行实质审查，而应该认定合同已经解除了。”

2019年最高人民法院的《全国法院民商事审判工作会议纪要》规定：“只有享有法定或者约定解除权的当事人才能以通知方式解除合同。不享有解除权的一方向另一方发出解除通知，另一方即便未在异议期限内提起诉讼，也不发生合同解除的效果。人民法院在审理案件时，应当审查发出解除通知的一方是否享有约定或者法定的解除权来决定合同应否解除，不能仅以受通知一方在约定或者法定的异议期限届满内未起诉这一事实就认定合同已经解除。”笔者认为，随着《民法典》的颁布施行，“合同当事人要以通知方式解除合同必须以其享有解除权为前提”将成为司法实务的共识。

（四）可否对处于尚未生效状态的合同行使解除权是一个值得讨论的问题

合同解除以合同已经成立且生效为前提，此乃学术界通说。已经成立但尚未生效的合同有以下几种情形：属于附生效条件（停止条件）的合同，当事人在合同中约定了合同的生效条件，该条件尚未成就；依照法律规定属于须经批准才能生效的合同，尚未得到审批机关的批准；效力待定的合同，在被权利人追认之前或第三人撤销之前的效力状态；附始期的合同，约定的生效期限尚未届至。而这些合同将来可能是确定地发生效力，也可能是确定地不发生效力，或确定地将要发生效力（附始期的合同），在其效力未确定的这段时期之内，如果发生了一方当事人的违约行为，使对方处于十分不利的境地，若待将来合同果真生效，则于其明显不公平，此种情形下，若不赋予当事人解除合同的权利，只能等待生效期限届至或者生效条件成就或者审批机关批准，这对守约方非常不利，也有损公平合理。无论是附生效条件的合同、附始期的合同，还是效力待定的合同，都已经使当事人进入了债的“法锁”，受债法的约束，只是约束力的强度与广度不及已经生效的合同而已。

就这问题，笔者同意崔建远教授所言，“既然已经发生效力的合同尚且可以解除，不再受合同严守原则的约束，那么，举重明轻，尚未生效的合同，约束力弱甚至没有，就更应当允许解除了”。[①]当然，这个问题有待理论界和司法实践来进一步明确。

（五）当事人依诉讼之方式解除合同，合同解除的时点的认定

在先前司法实践中存在争议：一种观点认为，合同解除时间应为法院判

① 崔建远：《合同解除的疑问与解答》，《法学》2005年第9期，第70页。

决生效之日；另一种观点认为，自起诉状副本或者仲裁申请书副本送达对方时解除。前已一再强调，合同解除权作为普通形成权而全赖于当事人以意思表示之方式行使，故依《民法典》第五百六十五条提起之诉讼为确认之诉，法院等公权力机关的职责仅在于审查确认解除权行使是否有效，基于私权自治之法理，解除权人意思表示的到达时间应为合同解除时间，而依诉讼方式解除合同的，解除权人意思表示的到达时间为起诉状副本或者仲裁申请书副本送达之时。《民法典》第五百六十五条第二款亦是如此规定，这是对解除权普通形成权性质的重申，也是对过往理论和实践中将所有形成权诉讼均归为形成之诉这样一种简单做法的纠偏。

另外，根据《民法典》第五百六十五条第二款解释，若解除权人先发出解除通知，而后又向法院诉请解除合同，因通知作为解除之意思表示在先，合同解除时间仍为解除通知到达生效之时。同理，解除条件成就后，解除权人多次发出解除通知，应认定合同自第一次通知到达对方时解除。

下面结合某司法实务案例就该问题进行分析。

东山公司因自身业务发展需要，承租了银石公司位于郊区的一套水库房屋。双方在《租赁合同》中明确约定：租赁期限自2009年6月1日至2029年5月31日，租金前五年为每年60万元，每五年增加10万元，最后五年为90万元。此外，双方还约定了违约责任，即承租方逾期60天仍未缴纳当年租赁费及违约金的，出租方有权追究承租方违约造成的各项经济损失。

合同签订后，银石公司依约交付了水库房屋，东山公司按照约定支付房租。然而自2013年开始，东山公司因为自身业务经营等原因开始拖欠租金，直到2017年6月才补交了部分租金。根据银行流水，东山公司欠付租金达到280万元。

银石公司将东山公司诉至法院，主张东山公司长期拖欠租金，已经违反《租赁合同》的约定，银石公司有权解除合同，并要求东山公司支付租金、违约金和占有使用费，同时将涉诉场地房屋腾退返还给银石公司。

东山公司则辩称，根据《租赁合同》约定，若东山公司逾期60天仍未缴纳当年租赁费及违约金，本合同立即终止。东山公司逾期未交付租金达60天，按照合同相关约定，本租赁合同已经终止，因此双方权利义务关系已经消灭。另外，东山公司此前已缴纳了100万元保证金，应当折抵相关费用。

裁判内容如下：一审法院认为，东山公司欠付租金已构成违约，银石公司有权解除《租赁合同》，东山公司亦应当向银石公司支付欠付租金。一审法院判决解除银石公司和东山公司签订的《租赁合同》，东山公司向银石公司支付租金280万元，并另行支付占有使用费。东山公司向银石公司支付违约金4万元。

东山公司不服一审判决，向北京某中院提出上诉。北京某中院二审审理后认为，当事人一方依法主张解除合同的，应当通知对方。根据《民法典》的规定，当事人一方未通知对方，直接以提起诉讼的方式依法主张解除合同，人民法院确认该主张的，合同自起诉状副本送达对方时解除。东山公司违反《租赁合同》的约定，长期拖欠租金，银石公司在未通知东山公司解除合同的情况下，直接起诉要求解除其与东山公司之间的《租赁合同》，东山公司于2020年7月15日收到起诉状副本，《租赁合同》应于2020年7月15日解除。一审法院未明确合同解除的时间有误，北京某中院予以纠正。此外，关于东山公司所述的100万元保证金已实际用于折抵前期欠付的租金，其应当支付尚未支付的租金。同时，因北京市新冠疫情的发生对经营活动造成了影响，对北京市采取一级、二级疫情防控措施期间的租金予以酌情降低，故二审法院最终改判东山公司向银石公司支付租金276万元，对支付占有使用费和违约金的判项予以维持。

（六）金钱债务的履行一方是否可以适用违约方合同解除权即《民法典》第五百八十条的规定

我国《民法典》第五百八十条规定："当事人一方不履行非金钱债务或者履行非金钱债务不符合约定的，对方可以请求履行，但是有下列情形之一的除外：（1）法律上或者事实上不能履行；（2）债务的标的不适于强制履行或者履行费用过高；（3）债权人在合理期限内未请求履行。有前款规定的除外情形之一，致使不能实现合同目的的，人民法院或者仲裁机构可以根据当事人的请求终止合同权利义务关系，但是不影响违约责任的承担。”

从以上规定可以看出，该条款仅规定了不能履行非金钱债务的情形，排除了不能履行金钱债务的情况。但是在一些长期性并以金钱债务作为标的的合同，如房屋租赁合同中，双方当事人信赖关系破裂，拥有法定解除权的出租方不行使法定解除权，此时的违约方又面临着履行费用大于违约费用的窘境，对双方当事人而言无疑是陷入了合同僵局。

笔者认为金钱债务同样可以适用违约方合同解除权。首先，《九民纪要》的第四十八条规定了违约方合同解除权，其适用的前提恰好为房屋租赁合同等长期性合同，当满足违约方不存在恶意违约、守约方拒绝解除合同违反诚实信用原则，且违约方继续履行合同显失公平这三个条件的情况下，违约方便可以行使违约方合同解除权，这便为金钱债务适用违约方合同解除权提供了依据。其次，可以对《民法典》第五百八十条中的“非金钱债务”作扩大解释，即《民法典》第五百八十条第一款规定的三项四种除外情形仅适用于第一款规定的非金钱债务，而第二款违约方合同解除权规则不但能被非金钱债务适用，也能被金钱债务适用。在此解释视角下，第一款并非第二款的前提要件，仅第一款规定的三项四种除外情形才是第二款的适用前提，如此一来，违约方合同解除权便不受非金钱债务规定的约束，可以同样适用金钱债务。在当事人一方不同意的情况下，一律排除违约方解除合同的权利，以绝对的强制对抗当事人的意思自由，必然会耗费较大的社会成本，因此对条文中的“非金钱债务”作扩大解释，可以更好地解决实务中的困境。

（七）分期付款合同的解除问题

最高人民法院于2016年9月19日发布第67号指导性案例“汤长龙诉周士海股权转让纠纷案”（以下简称“指导案例67号”）。指导案例67号根据四个理由拒绝参照适用《合同法》第一百六十七条以支持股权出让人解除分期付款股权转让合同：股权买卖与一般买卖不同、合同目的能够实现、出让人基于诚实信用应当先要求受让人支付全部价款、解除合同对交易安全有不利影响。指导案例67号发布后，分期付款股权转让合同的解除问题引发了学术界的激烈讨论。

《合同法》第一百六十七条规定："分期付款的买受人未支付到期价款的金额达到全部价款的五分之一的，出卖人可以要求买受人支付全部价款或者解除合同。出卖人解除合同的，可以向买受人要求支付该标的物的使用费。"

对于《合同法》第一百六十七条，从保护买受人的立法目的出发，该条的价值取向应为保护处于弱势的当事人，体现了平等原则。但由于立法技术的欠缺，《合同法》第一百六十七条在实际适用的过程中偏离了保护买受人的初衷，在事实上有利于出卖人。《合同法》第一百六十七条应起到防止出卖人在合同中约定过于容易达到的解除条件的作用，然而其文本中却并未说明"约定"这一前提，仅通过司法解释从反面规定违反该条规定的合同约定无效，导致该条所设置的解除权实际上成为法定解除权的一种，而与《合同法》总则规定的法定解除条件相比，第一百六十七条所设置的解除条件又较为宽松。根据《合同法》第九十四条的规定，当事人一方迟延履行主要债务时必须满足"经催告后在合理期限内仍未履行"，迟延履行债务或者有其他违约行为时必须满足"致使不能实现合同目的"的要件，另一方当事人才能够解除合同。《合同法》第一百六十七条并未规定催告要件，一方迟延支付"全部价款的五分之一"客观上也无法达到致使合同目的不能实现的程度，导致买受人通过《合同法》第一百六十七条受到的保护甚微，而出卖人却凭空获得了可以轻易解除合同的权利，导致权利义务失衡。

"民商合一"立法体例下的合同法律规范对于买卖合同这一同时为民事活动与商事交易频繁使用的合同类型，应当设置兼顾民法与商法价值取向的法律规则，就商事合同的解除作出相应符合商事规则的限制。

《民法典》第六百三十四条在《合同法》第一百六十七条的基础上增加了催告要件，回归限制出卖人解除权的初衷，对该条的不当规定所导致的分期付款合同出卖人与买受人之间的利益失衡进行了纠正，这不仅是对域外立法经验合理借鉴的结果，更是立法、司法、学术界三方良性互动的产物。通过增加商法规范的供给、正视民商事规范相区分的立法价值，《民法典》得以纠正现行立法中的错误，真正对“民商合一”立法体例的良好运行和不断完善有所助益。未来合同立法应当坚持重视民事合同与商事合同的差异，区分民事主体与商事主体的不同属性，关注商事合同自身的目的和特质，更好地调整商事交易中出现的法律问题、规制商事主体的行为。

（八）违约金请求权与损害赔偿请求权并存的问题

以结合某司法实务案例就违约金请求权与损害赔偿请求权并存的问题进行分析。

基本案情：2018年3月20日，原告与被告签订航次租船合同，约定原告接受被告委托运输海砂，承运船舶为被告所有的“健盛”轮，运费为32元/吨，起运港诏安，到达港连云港，装船期限2天，运费为32元/吨、滞期费率为2元/吨/天，“健盛”轮船舶载重吨位12 313吨，合同特约事项和违约责任条款约定：（1）货方确保货物达到船舶证书载重吨量，若货方货物不足造成装船数量少于船舶证书载重吨量的，则按证书吨位结算运费；如超出则按实际吨位结算运费。（2）若船方原因少装，则按实际装载数量结算运费。船或货物落空违约方应赔偿对方本航次总运费30%。（3）装卸时间从船到装卸港锚地开始起算，直至装卸完毕，时间以航海日志为准，两港合并计算，天气原因影响装卸时间与封航封港时间双方各承担一半。（4）船抵港48小时后未计划装货，货方将按一天一付滞期费为保证金。（5）争议处理条款约定，诉讼期间产生一切费用（包括诉讼费、律师费、材料费、人工费）均由违约方承担。

2018年3月21日5时35分，“健盛”轮抵达东山县陈城镇宫前村以西附近海域锚泊。11时左右“海盛589”轮开始向“健盛”轮过驳海砂，12时左右东山海渔局所属中国海监东山县大队因“海盛589”轮、“健盛”轮涉嫌无证盗采海砂，查扣海砂并移送东山县公安局。2018年4月16日，东山县公安局扣押“健盛”轮及海砂1 837.94立方米，5月19日该局发还“健盛”轮，随后该轮在东山县旗滨码头卸下沙子，原告为此支付卸货费73 572元。5月21日，东山海渔局将查获海砂回填入海，“健盛”轮离开东山锚地。

另查明，“健盛”轮正常执行诏安—连云港航次，船讯网预计航程842海里，航行时间76.55小时，航次用时7.5天（预估航行时间加装卸时间），合同约定运费收入394 016元。原告具有水路运输经营人资质。2019年1月24日，原告申请对被告财产进行保全，并为此支付财产保全申请费5 000元、财产保全责任险费用5 950元。

原告诉称，由于被告托运的货物违反法律规定被执法机构查扣，造成了货物落空和船舶滞期，被告应承担违约赔偿责任。

被告辩称涉案合同属于以合法形式掩盖非法目的无效合同，原告不能据以主张违约损失赔偿。

违约金是在债务人不履行义务或者不依债的本旨履行义务时，应向债权人给付一定数额的金钱，原《合同法》第一百一十四条第一款规定，“当事人可以约定一方违约时应当根据违约情况向对方支付一定数额的违约金，也可以约定因违约产生的损失赔偿额的计算方法”，涉案租船合同约定的滞期费是以约定损失赔偿额的计算方法约定违约金。

我国法律并未对违约金类型作明确的区分，学理上历来重视惩罚性违约金和赔偿性违约金的区分。其中，主流学说主张以违约金是否排斥强制履行或损害赔偿等法定责任为区分基础，并行于法定责任的属于惩罚性违约金，反之则是赔偿性违约金。司法实践则更倾向于以违约金数额和违约造成的损失之间的大小关系，来判断惩罚性和赔偿性。理论上，违约金一般具有督促履约和损害填补两项典型功能，从两项功能权重分配角度看，惩罚性违约金更注重督促履约，而赔偿性违约金则更凸显损害填补功能。违约金本质上是为担保主债务的履行而设定的从债务。本案中原告诉请的滞期费是租船合同常见的条款，是合同当事人针对装卸作业延误而约定的违约金，从约定内容看其在本质上是对债务履行（及时装卸）的加强，当债务人违反了违约金担保的主义务（装卸时间超过合同约定）的情况下，应承担支付违约金的次履行义务。换言之，滞期费的发生不要求损害实际发生，而是依赖于滞期费条款约定的支付条件。本案船舶是因装运非法货物被查扣，不是因为装卸作业导致延误，故合同约定的滞期费支付条件并未成就，此时，出租人可以主张的是违约损害赔偿。

本案原告诉求包含船舶落空费及船舶滞留港口的损害赔偿，根据我国《合同法》第一百零七条以及第一百一十四条，被告违约行为同时导致了货物落空（违约金请求权）及船舶延滞（损害赔偿请求权），此时，债权人同时主张二者，还是择一行使，甚或先后行使，法律上并无明确规定。有观点认为，违约金请求权与损害赔偿请求权各自独立，其中一个发生效力时，并不排斥另一个请求权的效力。笔者认为，违约金与损害赔偿请求能否并存的关键是判断两者是否指向同一利益，因为依照民法损害赔偿原理，损害赔偿的目的在于填补损害，法律上不能允许当事人基于一个损害获得两次赔偿。如果违约金请求权与损害赔偿请求权指向利益是同一的，债权人不能一并主张，如果利益并非同一，则可以一并主张。本案船舶落空费担保的是履行利益，托运人行为导致给付不能，债务人应赔偿债权人履行利益。船舶因装运非法开采的海砂被查扣，造成船舶所有权人未能将船舶继续投入其他航程的生产经营中，船东的所有权遭受损害，此时托运人构成加害给付，损害赔偿指向的利益是行为人的保护义务，可以与请求权同时发生效力，故债权人可以同时主张违约金请求权与损害赔偿请求权。

笔者认为，理论上，违约金一般具有督促履约和损害填补两项典型功能，从两项功能权重分配角度看，惩罚性违约金更注重督促履约，而赔偿性违约金则更凸显损害填补功能。违约金本质上是为担保主债务的履行而设定的从债务。违约金一般分为惩罚性违约金和赔偿性违约金。所谓惩罚性违约金是一种额外的给付，主要体现在发生违约行为时、违约方支付违约金后，另外的其他责任如继续履行责任不受影响。所谓赔偿性违约金，是损害赔偿额的预定，赔偿性违约金一旦给付，守约方不能再次要求损害赔偿和继续履行，因为违约金数额已经包含并且替代了上述两项内容。①

当事人明确约定违约金为“惩罚性违约金”或者“罚款”的，应允许当事人一并主张损害赔偿请求权和违约金请求权。如果当事人约定不明确，原则上推定为赔偿性违约金，守约方不得同时主张损害赔偿请求权和违约金请求权。因此，如果合同明确约定为惩罚性违约金，守约方有权一并主张违约金请求权与损害赔偿请求权。

损害赔偿请求权和违约金请求权所指向的损害不是同一损害时，比如一个指向给付本身的损害，另一个则是迟延损害或者固有利益的损害，因此，不构成重复赔偿的情况下，二者可以并用。应当注意的是，此时违约金仍应作为赔偿性违约金，而不是惩罚性赔偿金。违约金与损害赔偿请求能否并存的关键是判断两者是否指向同一利益，因为依照民法损害赔偿原理，损害赔偿的目的在于填补损害，法律上不能允许当事人基于一个损害获得两次赔偿。如果违约金请求权与损害赔偿请求权指向利益是同一的，债权人不能一并主张，如果利益并非同一，则可以一并主张。

四、结语

《民法典》是一部坚持“民商合一”的法典，在合同解除制度上较之于之前的《合同法》（已废止）已有多处改进，填补了不少规则漏洞，也回应了一些学理争议，但是同时也出现了一些新的值得讨论的疑难问题，希望本文能为法律职业群体带来提示和启示，也有待未来司法实践对相关疑难问题予以明确。

① 韩世远：《合同法总论》（第4版），法律出版社，2018，第824–825页。

参考文献

［1］韩世远.合同法总论［M］.北京：法律出版社，2018.

［2］王利明.违约责任论［M］.北京：中国政法大学出版社，1996.

［3］崔建远.合同解除的疑问与释答［J］.《法学》2005（9）：70.

申请撤销仲裁裁决的代理方案设定和律师视角

□江　雯[①]　律师团队

【摘　要】申请撤销仲裁裁决案件的低撤裁率既体现了法院对仲裁程序和仲裁裁决的支持态度，同时也反映出裁决生效后当事人申请撤销裁决的法律难度。

通过大规模的检索和分析，我们发现在已有的被裁驳的案件中，大部分申请撤裁的当事人都存在着用传统的上诉方的诉讼思维处理撤销仲裁裁决案件，将仲裁裁决中仲裁机关未经审查的或不被认可的、复杂的实体争议问题作为撤销仲裁的事由，或者将实体争议问题力求贴合到撤裁的法定情形中，并极力强调仲裁裁决对于事实认定不清和法律适用错误，但除非有非常直接、明确的证据能够获取法院采信，否则此种诉讼思维很难得到法院支持。另外，根据我们对撤裁类案件的整体分析，也能够看出各地法院均严格依照撤裁的法定事由进行司法审查，对于超出法定事由的部分，根本不予以审查。

【关键词】撤销仲裁；伪造证据；仲裁协议

① 江雯，北京京师（海口）律师事务所副主任、房地产法律服务部和业务指导委员会主任，海南律协专业委员会委员，致力房地产法律服务、公司法律事务专业化发展，带领团队担任多家国有、民办企业及事业单位法律顾问。

引言

我国《仲裁法》第九条规定，仲裁采用一裁终局的制度。即仲裁裁决自作出之日起发生法律效力，没有上诉和再审程序。国内各仲裁机构的仲裁规则虽然不尽相同，但普通程序案件一般是自组庭之日起4个月内作出裁决，简易程序案件一般在组庭后3个月内作出裁决。一裁终局的仲裁制度有助于当事人快速高效地解决彼此间的纠纷，但正因如此，商事仲裁留给当事人的救济渠道相比诉讼程序少很多。在仲裁裁决生效后只有两个救济途径：申请撤销仲裁裁决和申请不予执行仲裁裁决。《仲裁法》第五十八条规定，当事人提出证据证明裁决有下列情形之一的，可以向仲裁委员会所在地的中级人民法院申请撤销裁决：（1）没有仲裁协议的；（2）裁决的事项不属于仲裁协议的范围或者仲裁委员会无权仲裁的；（3）仲裁庭的组成或者仲裁的程序违反法定程序的；（4）裁决所根据的证据是伪造的；（5）对方当事人隐瞒了足以影响公正裁决的证据的；（6）仲裁员在仲裁该案时有索贿受贿、徇私舞弊、枉法裁决行为的。人民法院经组成合议庭审查核实裁决有前款规定情形之一的，应当裁定撤销。人民法院认定该裁决违背社会公共利益的，应当裁定撤销。

从以上规定可知，人民法院在审理仲裁裁决案件时，几乎只作程序审查，不作实体审查，无论商事仲裁认定的事实是否清楚，适用法律是否正确，均不作为撤销仲裁裁决的事实和理由。

一、代理方案设定

2021年年初，代理人团队通过电话接待一名已移民国外的委托人，称自己作为被执行人在国内的微信账户、银行账户被冻结和划扣且被限制高消费，导致其无法购买机票被困在国外不能回国，而其本人对于被执行一事概不知情，因此咨询律师寻求救济。面对此情况，我们首先要了解被执行所依据的何种生效裁判文书，源自哪个法院或仲裁机构？经过律师主动与执行法官联系，查询到该执行程序启动的依据是中国国际经济贸易仲裁委员会（以下简称“中国贸仲”）于2020年做出的《仲裁裁决书》，该《裁决书》裁定委托人要承担其投资入股的公司所有股东履行回购义务及连带责任高达2 000余万元，但委托人本人从未接到仲裁通知及其他所有仲裁文件，从未参加或委托他人参加仲裁审理，与仲裁申请人某基金公司（主张回购债权人）从未谋面，更没有任何商业洽谈和业务往来，因此一时无法向律师提供任何证据材料和有效信息。面临委托人已被进入强制程序中但基本事实还没有浮出水面的情况，作为专业律师对于案件如何展开救济途径的应对方案设定以及对案件程序及实体上的研究分析就尤为重要。

鉴于上述情形，团队律师立即召开案件讨论会，围绕目前的紧急状况以及与委托人的前期沟通所了解的线索制订代理方案：第一步，立即向执行法院北京二中院申请中止执行，等待撤裁案件立案以确保中止执行到位；第二步，立即委派律师前往北京仲裁机构调取中国贸仲就本案的全套卷宗；第三步，着手准备撤裁申请。

因中国贸仲的仲裁案卷储存在专门地点，需要预约才能调取材料，几经周折后律师终于调取到了撤销仲裁裁决案件的全套档案，通过对案件档案的审查，了解案件基本情况如下：A公司（委托人投资入股公司）与在京某基金公司签署《增资扩股协议》及《回购协议》，并采用对赌协议的模式，在《回购协议》中约定，如无法达到营收要求，则A公司及A公司的所有股东将对某基金公司连带承担回购义务及赔偿责任，该《回购协议》同时约定了仲裁条款和约定送达地址，中国贸仲使用公证送达的方式进行了送达。委托人的身份仅是A公司的小股东且常年生活居住国外，并未实际参与公司经营。据委托人陈述，自己根本不知道投资的A公司进行增资扩股引入其他投资人，对于自己的股份被稀释一事也不知情，也从未在《增资扩股协议》和《回购协议》上签字或委托他人签字确认，相关协议上由她本人的签字应当属于他人假冒。据此，如何申请撤销仲裁裁决以及以何种理由申请仲裁裁决自然成为了解决本案的核心问题。

二、依据法律规定和事实精准切入，确保立案及胜诉值

申请撤销仲裁裁决，是指对于有符合法律规定情况的仲裁裁决，经由当事人提出申请，人民法院组成合议庭审查核实，裁定撤销仲裁裁决的行为，它有以下四个方面的法律特征：

（1）撤销仲裁裁决是法院的行为；

（2）法院一般不能主动撤销仲裁裁决；

（3）撤销仲裁裁决有法律规定的情形；

（4）法院必须对当事人提出的申请进行审查核实，才能作出撤销仲裁裁决的行为。①

基于上述法律规定，我们对案件展开详细分析：首先，仲裁当事人与仲裁裁决的结果有直接利害关系，仲裁裁决事关当事人的权益是否能够得到保护。因此，法律规定提出申请撤销仲裁裁决的主体是当事人，即仲裁申请人、被申请人，但司法实践中确实存在仲裁裁决侵害案外人利益的情况，因此申请裁撤的主体规定也存在例外。例如，《陕西省高级人民法院关于审理涉及国内民商事仲裁案件若干问题的规定（试行）》第二十三条规定，案外人对仲裁裁决书、调解书确定的执行标的物主张权利，可以在知道或者应当知道仲裁裁决作出之日起3个月内，向仲裁机构所在地的中级人民法院申请撤销。当然，该项规定并非全国范围内通用之规定；另最高人民法院于2018年2月23日颁布的《最高人民法院关于人民法院办理仲裁裁决执行案件若干问题的规定》第十一条规定，人民法院对不予执行仲裁裁决案件应当组成合议庭，围绕被执行人申请的事由、案外人的申请进行审查，尽管该法条并未直接规定案外人有权申请撤销仲裁裁决，但仍为权益受到侵害的仲裁案外人

---

① 常英：《仲裁法学》，中国政法大学出版社，1999，第151页。

提供了救济之道。[①]

其次，当事人申请撤销仲裁裁决，只能向仲裁委员会所在地的中级人民法院提出，向其他人民法院或仲裁机构提出的，人民法院或仲裁机构不予受理。

再次，申请人必须在法定的期限内提出撤销仲裁裁决的申请。

我国《仲裁法》规定，当事人申请撤销仲裁裁决的，应当自收到裁决书之日起6个月内提出。如果当事人在规定的期限内没有提出撤销仲裁裁决的申请，则表明其放弃此项权利，当事人应自觉履行裁决书确定的各项义务，否则，权利方当事人有权申请强制执行。律师认为，若申请人有证据证明没有收到仲裁裁决书或存在不可抗拒的事由无法在6个月内提起的，为了保证申请人的诉讼权益也应当受理，可以参考《民事诉讼法》第八十六条之规定：当事人因不可抗拒的事由或者其他正当理由耽误期限的，在障碍消除后的十日内，可以申请顺延期限，是否准许，由人民法院决定。

最后，须有证据证明仲裁裁决有法律规定的应予撤销之情形。仲裁当事人提出申请撤销仲裁裁决时，必须有证据对该仲裁裁决具有法律规定的应予撤销之情形加以证明。没有证据的，人民法院不予受理；当事人所提供的证据能否证明，则由人民法院审查认定。

申请撤销仲裁裁决的法律依据是《仲裁法》第五十八条第一款、第三款，该条第一款规定："当事人提出证据证明裁决有下列情形之一的，可以向仲裁委员会所在地的中级人民法院申请撤销裁决：

（1）没有仲裁协议的；

（2）裁决的事项不属于仲裁协议的范围或者仲裁委员会无权仲裁的；

（3）仲裁庭的组成或者仲裁的程序违反法定程序的；

（4）裁决所依据的证据是伪造的；

（5）对方当事人隐瞒了足以影响公正裁决的证据的；

---

① 贾为中：《法院裁定撤销仲裁裁决分析——以若干案例为现象》，载微信公众号"泽大所民商疑难案件"工作室，2018。

（6）仲裁员在仲裁该案时有索贿受贿，徇私舞弊，枉法裁决行为的。

《中华人民共和国仲裁法》若干问题的解释第十九条规定“当事人以仲裁裁决事项超出仲裁协议范围为由申请撤销仲裁裁决，经审查属实的，人民法院应当撤销仲裁裁决中的超裁部分。但超裁部分与其他裁决事项不可分的，人民法院应当撤销仲裁裁决。”

据此，只要满足以上条件之一，即满足申请撤销仲裁的条件。律师认为，既然作出仲裁裁决的关键证据是《回购协议》，而《回购协议》中委托人的签字是他人冒签，那么已经满足“裁决所依据的证据是伪造的”这一条件，因此，在代理律师向北京市第四中级人民法院提交《撤销仲裁申请书》时，列明的主要理由为《裁决书》所依据的重要证据《回购协议》签署页处“委托人”的签字系他人伪造并冒签，《回购协议》不是申请人的真实意思表示，符合《仲裁法》第五十八条第四项规定的“裁决所根据的证据是伪造的”的撤裁事由的条件。

三、申请撤销仲裁裁决的难度考量

案件成功立案后，代理律师立即依据北京市四中院出具的《立案通知书》，向执行法院提交该通知并再次申请中止执行，保证委托人的财产不进一步受损，并保证委托人可以正常回国并配合案件工作，中止申请得到了法院的实际支持。

此后，诉讼团队的阶段目标达成，转入为了“获得支持撤销仲裁裁决的判决”的攻坚阶段，此时，就需要深度考量实践中受理法院撤销仲裁裁决的已有判例和数据，寻求法院支持和律师观点的契合点，研究主办法官的判案思维。

2020年12月底，最高人民法院通过新闻发布会，首次发布了《最高人民法院商事仲裁司法审查年度报告（2019年）》（以下简称《报告》），《报告》根据2019年度最高人民法院民四庭办理的仲裁司法审查报核案件，结合全国高级法院选报的典型案例，对审查思路与裁判标准进行了归纳总结，也体现了法院对仲裁司法审查案件的几大特点。而关于撤裁类案件审查，2019年我国法院审结撤裁类案件11 029件，其中637件被撤销或部分撤销，撤裁率仅为5.8%，而2018年撤裁的案件数量为714件，同比降低了10.8%。

那么近年来撤销仲裁案件情况如何呢？律师通过“威科先行”搜索软件，输入关键字“撤销仲裁裁决”，并选择民事范围，得到的统计结果为，自2001年起至2023年止，法院支持撤销仲裁的比例仅为4.26%。

以上数据再次印证了低撤裁率既体现法院对仲裁程序和仲裁裁决的支持态度，同时反映出裁决后申请撤销裁决的法律难度。

通过大规模的检索和分析，我们发现在已有的被裁驳的案件中，大部分申请撤裁的当事人都存在着用传统的上诉方的诉讼思维处理撤销仲裁裁决案件，将仲裁裁决中仲裁机关未经审查的或不被认可的、复杂的实体争议问题作为撤销仲裁的事由，或者将实体争议问题力求贴合到撤裁的法定情形中，并极力强调仲裁裁决对于事实认定不清和法律适用错误，但除非有非常直接、明确的证据能够获取法院采信，否则此种诉讼思维很难得到法院支持。另外，根据我们对撤裁类案件的整体分析，也能够看出各地法院均严格依照撤裁的法定事由进行司法审查，对于超出法定事由的部分，根本不予以审查。而在得到法院最终支持的案件中，法院也多以仲裁违反法定程序、没有仲裁协议、超裁等情形作为撤销仲裁裁决的认定理由，但对于隐瞒证据、伪造证据、枉法裁决、违反社会公共利益等为事由申请撤裁的主张则极少获得法院支持。

四、寻找案件新的撤裁事由作为案件突破点

为增加本案的胜诉率，对于其他可能涉及的撤销事由，我们也进行了探索思考，并寻找相应的案例作为依据。

（一）属于"没有仲裁协议的"情形

《最高人民法院关于适用〈中华人民共和国仲裁法〉若干问题的解释》第十八条规定："仲裁法第五十八条第一款第一项规定的'没有仲裁协议'是指当事人没有达成仲裁协议。仲裁协议被认定无效或者被撤销的，视为没有仲裁协议。"仲裁的基本原则即为自愿原则，如不能证明双方达成了仲裁协议，则仲裁机构根本不具有管辖权。本案中，仲裁协议仅存在于《回购协议》中，而此协议中，委托人的签字是伪造的，我们进而考虑到是否可以以没有仲裁协议作为撤销事由。既然《回购协议》不是委托人真实的意思表示，那么《回购协议》上的仲裁条款当然不能视为委托人与被申请人某基金公司达成仲裁协议。

以下为两个"没有仲裁协议的"情形的参考案例。

（1）裁判原文为："首先，经过司法鉴定，已确认杨某本人并未以担保人身份在《担保书》上签字，因此《担保书》并不能反映杨某真实意愿。根据法律规定，仲裁委受理仲裁案件必须有当事人之间达成的仲裁协议，而由于《担保书》并非杨某签订，故《担保书》上的仲裁条款不能视为杨某与西门子公司、四川天诚公司协议达成。根据《中华人民共和国仲裁法》第五十八条第一款第（一）项的规定，中国贸仲对于杨某须承担担保责任的裁决属于"没有仲裁协议"情况下的超裁。"

（2）裁判原文为："经鉴定《最高额保证合同》并非梁某本人所签，梁某与兴业银行科技支行之间不存在仲裁协议，仲裁庭对梁某的相关裁决所依据的《最高额保证合同》系伪造的，故仲裁裁决中与梁某有关的裁决部分应予撤销。"

（二）属于"仲裁庭的组成或者仲裁的程序违反法定程序的"情形

根据《仲裁法》（2017年）第五十八条第一款的规定，当事人认为仲裁庭的组成或者仲裁的程序违反法定程序的，可以申请撤销仲裁裁决。但是从司法裁判实务来看，当事人以此申请撤销仲裁裁决的多是因仲裁文书的送达问题导致无法参加庭审，被剥夺了辩论权利，或者经过了撤销时效等情形，且《最高人民法院关于人民法院办理仲裁裁决执行案件若干问题的规定》（法释〔2018〕5号）第十四条“当事人主张未按照仲裁法或仲裁规则规定的方式送达法律文书导致其未能参与仲裁，可能影响公正裁决，经审查属实的，人民法院应当支持”也做了明确规定。但是目前各地的仲裁委在实务中，普遍根据自己制定的仲裁规则采取邮寄送达的方式，以致当事人在邮寄退回或者无法联系时存在无法知悉从而丧失参加仲裁程序的问题。本案中委托人之所以从未收到中国贸仲邮寄或其他方式送达的任何文书，是因为《回购协议》中约定了委托人的送达地址为A公司，前文已述，委托人常年在国外，不参加公司的实际运营，中国贸仲向该地址送达显然委托人无法签收，中国贸仲于是改为公证送达方式向原地址送达。我们认为，这种送达方式是违法的。

一方面，仲裁申请人某基金公司没有尽到合理查询申请人委托人送达地址的义务，中国贸仲向其要求提供可送达的地址，中国贸仲启动公证送达方式进行送达，程序违法。根据《贸仲规则》第八条，仲裁委适用公证送达的前提是“经某基金公司合理查询不能找到委托人的营业地、注册地、住所地、惯常居住地或通信地址”。而本次送达，仲裁申请人某基金公司根本没有尽到合理查询的义务，其在明知委托人丈夫的联系方式的前提下，拒不提供有效送达地址，反而向仲裁委提供《回购协议》中约定的根本不可能送达的委托人地址，其未履行合理查询义务，鉴于此，仲裁委启动公证送达的前提条件并不具备。

另一方面，根据《贸仲规则》第八条，即便要适用公证送达，中国贸仲也应当送达至“申请人最后一个为人所知的地址”，而《回购协议》中约定的地址显然不能成为委托人最后一个为人所知的地址，理由如下：

首先，委托人从未签署过《回购协议》，其签字系伪造，从未与其他合同主体对于送达地址进行约定，仲裁裁决书将其该地址认定为是当事人的“约定地址”是错误的。在律师审查全部送达条款后，认为该《回购协议》

的约定地址仅仅是《回购协议》履行中文件的接收地址，而并非仲裁协议项下仲裁文件的接收地址。合同约定的送达地址可以适用于司法送达当前已经是普遍趋势，但是本案中，委托人与其他自然人股东约定的送达地址均为A公司，中国贸仲仅仅以该地址进行数次无效送达，显然不能保护作为被申请人的委托人知晓并合法参与审理的权利。

其次，中国贸仲已经通过第一次邮寄送达证明《回购协议》上显示的地址根本不能送达至申请人，而仲裁委仍然径自以该地址作为公证送达地址，此举明显不合理。

最后，中国贸仲如果选择公证送达的方式送达文书，至少也应当向委托人的户籍地址或者委托人的住所地公证送达，而不应当向《回购协议》约定履行中文件的接收地址的约定地址及A公司的注册地进行送达。

（三）中国贸仲没有将仲裁申请书副本、仲裁规则和仲裁员名册送达给被申请人，送达程序违法

《仲裁法》第二十五条规定："仲裁委员会受理仲裁申请后，应当在仲裁规则规定的期限内将仲裁规则和仲裁员名册送达申请人，并将仲裁申请书副本和仲裁规则、仲裁员名册送达被申请人。"本案中，中国贸仲即便可以使用公证送达的方式，但是否按照规定将全部仲裁文书都送达给被申请人了呢？我们发现，很多律师在办案时，常常会将注意力集中在送达方式上，忽视了送达内容。律师团队经过6次一一核对公证送达的内容后发现，中国贸仲可能因文书太多、公正环节麻烦，在公证的文书中仅注明将仲裁申请书副本、仲裁规则和仲裁院名册写明作为仲裁通知书附件，但并无实际附件内容证明已经实际送达，即中国贸仲在本案中采用了公证送达的方式向被申请人送达文书，但公证书中的内容中仅有仲裁通知，并没有仲裁申请书副本、仲裁规则和仲裁员名册。律师认为，即便公证送达方式合法，中国贸仲在有关文书的送达手续和程序上未能充分保障当事人的程序权利，此直接可以作为撤销仲裁裁决的理由。

以下有两个参考案例。

（1）中伦律师事务所与鼎隆房地产公司因履行委托代理协议发生纠纷。中伦律师事务所提起仲裁，委托代理协议中载明了鼎隆房地产公司的通信地址，北京仲裁委员会以邮寄方式向该地址送达进行仲裁的相关材料，但邮件被退回。后中伦律师事务所向北京仲裁委员会提交鼎隆房地产公司变更后的工商注册登记地址，向新地址送达，邮件再次被退回。此后，中伦律师事务所申请按公证方式送达，北京仲裁委员会工作人员随同公证员至委托代理协议中载明的地址送达，该处收发室一名男性保安接收文件，此后北京仲裁委员会先后向该地址送达了组庭、开庭、证据材料及裁决书等仲裁文件。由于被申请人一直未到庭，仲裁庭作出的是缺席裁决。裁判书原文为："仲裁委员会采取公证方式送达的仲裁文书所留置的地址不是受送达人最后一个为人所知的营业地点、经常居住地或者其他通信地址，违反了法定程序，根据《仲裁法》第五十八条第一款第（三）项的规定，仲裁庭的组成或者仲裁的程序违反法定程序的，当事人可以向仲裁委员会所在地的中级人民法院申请撤销裁决。"

（2）裁判书原文为："关于仲裁裁决违反法庭程序的撤销理由，申请人主张没有收到仲裁规则、仲裁员名册和组庭通知，从而丧失了程序权利。经审查，仲裁庭审笔录显示，虽然仲裁庭在开庭时询问申请人的委托诉讼代理人是否收到了仲裁规则、选定仲裁员组成方式、选任仲裁员首席仲裁员函、仲裁员名册及组庭、出庭通知书等材料，申请人的委托诉讼代理人回答：'收到。'但是，送达回证上仅有组庭通知书和出庭通知书，并没有其他材料，说明仲裁庭在有关文书的送达手续和程序上未能充分保障当事人的程序权利。因此，申请人关于仲裁违反法定程序的撤销理由成立，本院予以支持。"

（四）经笔迹鉴定，裁决所依据的《回购协议》中委托人的签字属伪造证据，故仲裁裁决中与委托人有关的裁决部分应予撤销

经笔迹鉴定，确认仲裁庭对委托人的相关裁决所依据的《回购协议》中委托人的签字不是本人所签，且该案并没有证据证明是委托人委托他人签署，申请人也并非善意第三人，做出仲裁裁决所依据的《回购协议》中委托人的签字属伪造证据，故仲裁裁决中与委托人有关的裁决部分应予撤销。

（1）根据最高法院《关于人民法院办理仲裁裁决执行案件若干问题的规定》第十五条的规定，伪造证据是指同时具备“（1）该证据已被仲裁裁决采信；（2）该证据属于认定案件基本事实的主要证据；（3）该证据经查明确属通过捏造、变造、提供虚假证明等非法方式形成或者获取，违反证据的客观性、关联性、合法性要求”的情形。首先，伪造证据作为撤销仲裁裁决事由的前提是该证据为“裁决所依据的证据”。在本案中，涉案证据的确已满足此限定条件，即为仲裁庭据以作出判决的证据。其次，证据不一致与证据伪造的举证责任的确存在显著差异。民事诉讼法中并未对证据伪造作出明确定义，从字面意思看，伪造包含一定的主观故意，与因偶然疏忽等情况所致的证据不一致相区别。三个参考案例如下所示。

①裁判书原文为：“《担保书》上杨某的签字系他人伪造的事实已经可以确定，而中国贸仲裁决杨某承担担保责任的证据就是这份《担保书》，所以根据《中华人民共和国仲裁法》第五十八条第一款第（四）项“裁决所根据的证据是伪造的”的规定，该裁决中涉及杨某的裁决内容应当被撤销。”

②裁判书原文如下：“本案原审中，王某向本院提出本案主要证据《授权委托书》上“王某”的签名系伪造后，本院未向当事人释明作笔迹鉴定，而是判定因王某未提供证据证明委托书上其签名是伪造形成，因此须承担举证不能的后果。根据《最高人民法院关于民事诉讼证据的若干规定》第三十条的规定，人民法院在审理案件过程中认为待证事实需要通过鉴定意见证明的，应当向当事人释明，并指定提出鉴定申请的期间。因此，本院原审在撤裁审查中未按照法律规定行使释明权，告知王某申请笔迹鉴定，导致原审认定事实、适用法律错误。”

③裁判原文为：“经鉴定《最高额保证合同》并非梁某本人所签，梁某与兴业银行科技支行之间不存在仲裁协议，仲裁庭对梁某的相关裁决所依据

的《最高额保证合同》系伪造的，故仲裁裁决中与梁某有关的裁决部分应予撤销。”

（2）本案审理中，被申请人某基金公司针对我们的裁撤申请，提出了即便我方委托人的签字属冒签，但因基金公司属于善意第三人，《回购协议》应当对委托人产生约束力的抗辩意见。对此我们从法律规定的“善意第三人”制度作出如下辩论意见：

首先，基金公司在庭审中已承认，其在签署系列《回购协议》《增资扩股协议》前，从未见过委托人，从未与其就协议内容进行磋商，签署相关协议的方式并非现场签订，而全部都由A公司的实际控制人将“签好”的协议直接交给由基金公司盖章。

其次，某基金公司从未要求A公司出具委托人授权他人签署文件或者授权他人进行磋商的材料。

最后，某基金也没有证据证明委托人曾事后追认系列协议，而委托人已用申请撤裁的方式明确做出了否定案涉协议的案涉的意思表示。

委托人作为A公司的小股东，A公司引入第三方公司作为投资方，其股权必然遭到稀释，更何况委托人作为A公司仅占股5%的小股东，却要承担逾2 000万元的高额债务，权利义务极不对等。基金公司作为商事主体，在签署巨额商事合同时没有尽到合理审查的义务，没有谨慎地确认签名股东是否是其真实意思的表示，也没有对相关协议的签署情况进行确认核实，基金公司不属于法律意义的善意第三人，该意见得到了法院认可。

（五）本案属于“对方当事人隐瞒了足以影响公正裁决的证据的”情形

2018年3月1日施行的《最高人民法院关于人民法院办理仲裁裁决执行案件若干问题的规定》第十六条第一款规定：“符合下列条件的，人民法院应当认定为民事诉讼法第二百三十七条第二款第五项规定的“对方当事人向仲裁机构隐瞒了足以影响公正裁决的证据的”情形：（1）该证据属于认定案件基本事实的主要证据；（2）该证据仅为对方当事人掌握，但未向仲裁庭提交;(3)仲裁过程中知悉存在该证据，且要求对方当事人出示或者请求仲裁庭责令其提交，但对方当事人无正当理由未予出示或者提交。”具体而言，“隐瞒了足以影响公正裁决的证据”的认定，包括三层内容：其一，隐瞒的证据所引起的后果。即隐瞒的证据必须“足以影响公正裁决”；如果当事人虽然隐瞒了证据，但缺少该证据并不会影响仲裁庭对案件基本事实进行认定从而进行裁决的，法院也不能撤销或不予执行仲裁裁决。其二，该证据客观存在，仅为对方掌握，己方无法提供。其三，如果一方没有要求对方提供或者出示证据，对方没有义务出示对己方不利的证据。在此情况下，即便因该证据未被仲裁庭了解而导致裁决不公正，也不符合“隐瞒证据”的要件。

我们认为，隐瞒足以影响公证裁决的证据，并不仅包括实体上的证据，也包括被申请人的送达地址、联系方式。因为如果申请人隐瞒了被申请人真实的联系地址，会直接导致被申请人无法参加仲裁，无法提出抗辩和自己的主张，无法举证、质证，将直接影响公证裁决。本案中，仲裁申请人某基金公司明知委托人有效的联系方式而故意隐瞒，拒向仲裁委提供，甚至故意向仲裁院提交与委托人毫无关联的地址，导致委托人无法参加庭审、无法选择仲裁员、无法提出抗辩，彻底丧失了辩论权，足以影响仲裁委作出公正裁决。参考案例如下：

(2009)二中民特字第18073号裁定：“在仲裁委员会就仲裁申请书、仲裁规则等文件向路桥云南公司工商注册登记地址送达未果的情况下，中交集团公司仍不提供路桥云南公司的有效通信地址或联系方式，导致路桥云南公司未能收到相关仲裁文件，未能出庭陈述意见，致使本案仲裁缺席审理和裁决，构成了‘隐瞒了足以影响公正裁决的证据的’情形。故路桥云南公司的此项撤销理由成立，本院予以支持。”

五、程序和举证

为了进一步证实本案的核心事实，即委托人在《回购协议》及系列协议的签字上的签字为他人冒签，且委托人从未授权任何人代为签署相关文书，我们向法院提交《调取证据申请书》和《鉴定申请书》，申请法院要求A公司提供《回购协议》及系列协议的原件并进行笔迹鉴定。为使法院同意申请，并防止其直接以“撤裁证据不足”为由驳回申请，律师团队不得不寻找更多证据证实我方主张。首先就《回购协议》及系列协议上委托人被冒签的签字和其本人真实的签字进行肉眼比对，结果发现签署字体基本相同。在不盲从相信委托人主观说法的前提下，经与委托人深度沟通，委托人回忆案涉相关协议签订时，自己很可能在国外，不具备签署条件，律师根据这一线索对其护照进行审查核对，发现案涉相关协议签订时，护照上有多国的出入境记录。其次，委托人亲自持护照前往海南省出入境管理中心调取了自己的出入境记录，律师将护照和出入境记录作为重要证据提交给受案法院，虽然案涉协议确实存在补签、倒签或者后填日期的可能，该证据不能直接一步到位证明我们的举证目的，但力求引起合议庭重视从而同意鉴定申请，最终鉴定申请得以批准，鉴定结果也如我们所愿。

六、撤销仲裁裁决中的重新仲裁

鉴定报告出具后，团队律师和委托人都陷入了焦急的等待中，后经法院与代理人沟通，告知因本案涉及其他院仲裁被申请人，不宜直接裁定撤销仲裁，法院决定作出重新仲裁的决定程序，虽然这个结果没有实现我们一步到位的诉讼目的，意味着还需要再次经过仲裁程序作出实体裁定，但对于委托人及代理律师来讲，此已经按照设定的代理方案取得了重大的阶段性胜利。

《仲裁法》第六十一条规定：“人民法院受理撤销裁决的申请后，认为可以由仲裁庭重新仲裁的，通知仲裁庭在一定期限内重新仲裁，并裁定中止撤销程序。仲裁庭拒绝重新仲裁的，人民法院应当裁定恢复撤销程序。”《仲裁法司法解释》第二十一条规定：“当事人申请撤销国内仲裁裁决的案件属于下列情形之一的，人民法院可以依照仲裁法第六十一条的规定通知仲裁庭在一定期限内重新仲裁：（1）仲裁裁决所根据的证据是伪造的；（2）对方当事人隐瞒了足以影响公正裁决的证据的。人民法院应当在通知中说明要求重新仲裁的具体理由。”

重新仲裁是指当事人对仲裁裁决提出异议，经审查认定该仲裁裁决存在瑕疵，且该瑕疵可以通过仲裁庭重新裁决进行弥补修正时，发回仲裁庭进行重新仲裁的制度，重新仲裁是针对原仲裁案件的仲裁程序的继续，是仲裁裁决撤销程序中法院在尊重裁决终局性基础上的司法支持和司法监督。人民法院在受理撤销国内仲裁裁决的申请后，经审查认为符合重新仲裁的情形，应在听取仲裁庭的意见后，通知其重新仲裁，并裁定中止撤销程序；人民法院在受理撤销涉外仲裁裁决的申请后，经审查认为符合重新仲裁的情形，应在受理申请后三十日内，通知重新仲裁之前，报请所属高级法院进行审查，如果该高级法院同意通知仲裁庭重新仲裁的，应将其审查意见在十五日内报最高法院，待最高法院答复同意之后，方可通知仲裁庭重新仲裁。如果仲裁庭拒绝重新仲裁的，人民法院应当裁定恢复撤销程序。最终本案经过中国贸仲的同意，北京四中院作出《重新仲裁裁决书》，案件重新进入仲裁程序。此次仲裁，委托人作为当事人亲自参与审理，并重新在撤销仲裁案件的基础上进行答辩，中国贸仲经审理后撤销了原裁决，免除了委托人的全部责任，案件获得了终局胜利。

七、结语

基于种种原因，法院对于申请人撤销仲裁裁决的请求大多数予以驳回，但也并不意味着仲裁庭及仲裁机构就案件的程序及案件的实体审理没有瑕疵。实际上，很多仲裁机构在仲裁程序和仲裁的实体审理中，有诸多违背仲裁规则、忽视保护被申请人的合法权益之处。申请撤销仲裁裁决案件虽然支持率极低，但目前仍是行之有效的纠正错误裁决、维护当事人合法权益的必经救济制度，此类案件更能体现代理律师的专业度和对案件整体方案设定的考量。申请撤销仲裁裁决，需要紧紧把握《仲裁法》第五十八条规定的撤裁事由，根据案情进行详尽地解构分析，避免出现“笼统提及撤裁理由，而不作针对性说明”的情形发生，同时，也需要和当事人深度沟通，引导当事人寻找有利证据，即便是间接证据也要尽可能向法院提交并和其他证据形成证据链条，产生应有证明效力，最终得到法院的认同和支持。

参考文献

[1]《仲裁法学》，中国政法大学出版社1999年版。
[2]《法院裁定撤销仲裁裁决分析》，贾为中。
[3]（2016）京02民特247号裁定。
[4]（2017）鲁05民特5号裁定。
[5]（2009）二中民特字第05485号裁定。
[6]（2020）鄂08民再25号裁定。
[7]（2016）粤03民特287号号裁定。
[8]（2009）二中民特字第18073号裁定。
[9]《最高人民法院关于人民法院办理仲裁裁决执行案件若干问题的规定》（法释〔2018〕5号）。

电商行为中消费者维权诉讼问题研究

□ 李世慧[①]

【摘　要】随着经济、网络技术快速发展，手机等数码产品普及率升高，加上全球各地暴发的疫情，使得电商平台嗅到了前所未有的商机，各大电商平台纷纷将自己的直播带货模式推向市场。直播带货是一种快速发展的新型营销模式。但在现实生活中，网上电商平台"频频爆雷"，有人在直播间卖假货，有人因为产品售后服务不到位怕被差评而花钱雇人好评，有人不顾产品属性乱打广告……这些现象屡见不鲜，置消费者权益于不顾，加之电商平台自身的特殊性，使得消费者的维权之路难上加难。

为了更好地解决电子商务产业所面临的一系列法律问题，促进其健康、规范地发展，就必须对其进行法律规制，从而真正地让人们享受到其所带来的便捷。本文对电子商务交易的特征、平台的特征等进行深入解读后，立足于电子商务交易的种种弊端造成的消费者维权难的问题，再结合我国的实际情况分析如何具体健全我国的消费者权益保障体系。

【关键词】消费者权益；电商行为；网络购物；公益诉讼

① 李世慧，海南大学法律硕士在读研究生、民革党预备党员、京师海口所专职律师、北京京师（海口）律师事务所青工委理事、北京市京师律师事务所(全国)"青年律师百人计划"第二期优秀学员。

一、绪论

当前互联网产业发展迅猛，基于互联平台产生的“网购”逐渐成为人们生活的一部分，但其引发的网络欺诈、虚假广告、侵犯消费者个人隐私等违法行为也受到了社会各界的持续关注。在当前电子商务交易量呈现出几何级数增长的趋势下，我国关于电子商务的立法仍较为滞后，例如，在规范电子商务平台的合法经营，消费者利益受损的救济方式等；在消费过程中，消费者的权益会在无形之中受到侵害，如鉴别权、公平交易权等在现行的法律规定中无法得到保障。基于现行的法律法规制度无法有效地解决电子商务中出现的纠纷，所以制定一套专门保护消费者权益的法律制度是十分必要的。[①]

消费者公益诉讼在我国还处于初级阶段，发展不成熟且存在诸多困难，就其发展现状而言难以适应目前的市场需要。本章节通过检索我国相关法律、法规，对我国消费者进行公益诉讼的立法过程进行了归纳，同时总结了这一制度在司法实践中存在的一些问题，具体包括：第一，适格原告主体范围过窄。依据我国《民事诉讼法》第五十五条，消费者公益诉讼的主体包括以下两个：一个是省级及以上的消费者组织；另一个是人民检察院。第二，对于损害赔偿机制界定模糊。消费者民事公益诉讼中的损害赔偿主要分为两种[②]：一种是赔偿性赔偿，另一种是惩罚性赔偿。在1991年颁布的《民事诉讼法》第二百三十二条中，对具有处罚性质的双重赔偿作出了明确规定；1994年《消费者权益保护法》第四十九条规定，消费者受骗可以得到“双倍赔偿”，同时《食品安全法》的第一百二十二条，对食品生产经营者规定了处罚方式。

（一）探究意义

当前电子商务行业属于朝阳产业，发展势头强劲，但不可忽视的是，由

① 姚敏：《消费民事公益诉讼请求的类型化分析》，《国家检察官学院学报》2019年第3期。

② 肖峰、陈科林：《我国食品安全惩罚性赔偿立法的反思与完善——以经济法义务民事化归责的制度困境为视角》，《法律科学》2018年第2期。

于电子商务交易行为造成的侵权案例呈现出明显的上升趋势。笔者对我国相关法律进行研究发现，我国也在积极探索如何在司法实践方面找到法律适用，如《民诉法司法解释》第二十五条对合同管辖地进行了规定；同时也尝试使用电商平台帮助解决案件送达的问题；并探索制定出交易平台的具体责任划分及相应的认定标准；在司法实践中尝试多措并举解决赔偿额度低的问题，并出台了处理相同类型案件审理的相关规定。[①]但就电子商务交易纠纷高发的态势下，相关的法律规定仍体现出一定的滞后性。此外，在广大消费者的正当权益受到不法侵害时，往往由于距离遥远、彼此不熟悉等原因，很难联合提起诉讼，而个体消费者自身的力量也较弱，与人数众多、群体广泛的商家相比，长期处于劣势地位。为此，需要构建相关的法律保障机制，以解决目前我国消费者权益保护的困境，并应具体规定相应的救济措施。

（二）域外动态

美国的消费者诉讼制度最早建立在衡平法的基础上，认为任何人都不能因其不法行为而获得利益。这一制度的宗旨是维护广大消费者的正当权利，制止经营者违法行为，维护消费市场的正常秩序。消费者诉讼是一种以明确原告、被告，以具体诉讼请求为载体，以保护消费者权益为目的，由司法管辖的法院受理的一项诉讼。

德国是率先设立消费者诉讼制度的国家。消费者诉讼制度历经数年的发展，为消费者提供了极大的保障。德国的相关诉讼制度，是一种以消费者权益为保障的诉讼制度，它赋予社会团体以其会员的名义提起诉讼或应诉的权利。

随着社会生活节奏的加快，消费者和经营者之间的连接日趋紧密，弱势群体的利益受到损害的情况也时有发生。而我国《民事诉讼法》仅对污染环境、侵害众多消费者的合法权益等违法犯罪行为，规定了行政机关和相关机

① 张卫平：《中国民事诉讼法立法四十年》，《法学》2018年第7期。

构可以依法提起诉讼，但尚无专门的消费者公益诉讼立法，因此，亟待构建消费者公益诉讼制度。

构建消费者公益诉讼制度已是大势所趋，我国已具备了构建消费者公益诉讼制度的基础，未来我们应在此基础上实现进一步的完善与发展，以求达到消费购物的和谐。

二、现代社会中的电商行为

（一）电商平台具有的优势

1. 货物资讯的对称性

在传统的电商模式中，由于商品信息的限制，消费者无法直观地了解到商品与自己需求的匹配程度，且传统的电商营销只以文字和图像的形式呈现，再加上技术的进步，图像美化技术的进步，使得图片的真伪程度大幅下降，一些产品的文字信息也出现了虚假。所以，网上流行的“买家秀”与“卖家秀”完全不同，与传统的“卖家秀”不同。但随着时代的发展和科技的更新，电商平台上掀起了由电商主播开展直播带货的浪潮，此举不仅可以让消费者更直观地感受到该商品是否满足自己的需求，同时能更省时、准确地判断出是否是自己想要的产品。通过电商平台的直播，可以充分保障商品的对称性，让消费者真正地了解自己的需求，并作出合理的消费决策[①]。

2. 增加消费者的经验

传统的电子商务提供给消费者的信息比较单一，消费者在作出决定之前往往要先对产品有一个比较完整的认识，再决定是否购买。而电商平台可以进行网络直播并能够实时发布商品信息，帮助消费者多维度全方面地了解产品和服务并实时解答客户提出的疑问，从而大大增加了消费者的体验感。电

① 李友根：《论消费者协会公益诉讼的损害赔偿请求权——对最高人民法院司法解释立场的商榷》，《政治与法律》2017年第9期。

商平台上进行直播的主播要认真回答消费者的问题，不能随便开价，也不能做虚假的广告。因为直播间的观众太多了，所以直播间的观众都很清楚，如果一个不小心，可能会“翻车”，不仅会影响销量，还会让粉丝流失。

在这个快速发展的时代，大部分的消费者都喜欢享受，很多时候消费者不仅看重的是产品本身，更看重的是服务态度。购买商品时服务态度差，由于类似的产品并不是只有一家商店出售，哪怕这家产品质量上乘，消费者往往也会选择放弃购买而转战另一家。综上所述，电商平台进行网络直播不仅能提供与线下商城导购员一样的服务，还能满足消费者对商品的直观感受，既加强了网购的真实性、趣味性和互动性，更能及时得到双向反馈，并缩短产品交易的时间。此举既满足了消费者的购物需求，又实现了产品的迅速变现，达成了购销双方的共赢，在一定程度上推动了经济的发展。

3. 提高品牌知名度

品牌的影响力是巨大的，传统的电子商务要想赢得消费者的信任，要想赢得消费者的信任，就必须要有一个好的口碑。知名电商平台主播李某某因为在直播间试色各种品牌的口红而出名，他通过自己的亲身经历，让消费者对他产生了信任，不仅为他的产品打了广告，达到了迅速提高品牌知名度的作用，还让他的品牌形象得到了提升。

（二）电商行为对消费行为的影响

电商平台的兴起在对实体经济造成一定冲击的同时，也在发挥着便利人民群众生活的作用，电商行为也在潜移默化地对消费者的消费行为产生了一定影响，主要包括以下三方面。

1. 改变了消费者知悉信息的途径

为了达到自己的预期，消费者在最终作出选择之前，会通过多渠道对信息进行筛选。在传统消费模式下，消费者获取商品信息的方式多是通过实体商场发放的消费单页、导购员或者朋友进行介绍推荐，或通过电视、手机等媒体端知悉，这一过程耗时长且收效甚微。而在如今的电商盛行的模式下，消费者在网络上进行关键词检索，这一过程甚至会被“精准推送”，此类电商行为拓展了消费者知悉信息的途径，同时也节约了消费者的时间，但客观上也存在消费者个人信息被“追踪”的风险。

2. 改变了消费者的购物方式

消费者在传统的消费模式中常常会“货比三家”，亲自去实体店考察产品并询价，这一过程耗时且性价比不高。而在电商时代，消费者可以直接在各大电商平台上进行产品的选购，可以在线看到产品的信息、产品日期、具体使用方法等，甚至可以同时在各大电商平台上进行比价。电商行为直接改变了消费者的购物方式，让消费者可以更快地选到满足心意的商品，提高选购效率，让消费者的消费趋于理性。

3. 满足了消费者个性化的消费

在传统的消费模式中，消费者享受到的定制类个性化服务难度较大，市场上的产品多为具有公共功能性、可满足一般大众需求的产品，少部分提供个性化消费的商家其价格还较为昂贵。而在电商平台中，电商平台为拓宽市场渠道多会采用个性化、定制类服务，实现与客户需求的精准匹配，这种电商行为在满足消费者个性化的同时也减少了线下定制不确定因素对消费者消费行为的影响。

三、消费者权利在电子商务中的应用状况与发展动向

（一）消费者权利保护在电子商务中的基础

当前，以美国、德国、日本为代表的一些国家已经对消费者权益的保护确立了比较完善的立法模式，形成了较为完备的立法经验。结合我国的实际情况，笔者认为我国建立健全相应的法律体系的目的，应主要是进一步明晰消费者在进行网络购物时与商品生产者、销售者在网络上售卖商品时各自应享有的具体的权利与义务。这一部分应当包括以下几个方面：其一，商品

生产者、销售者需要根据相关要求如实提供相关的个人信息，并真实、完整、客观地保留并在必要时主动提供相关信息；其二，经销商、平台运营商要保证为用户创造一个更加安全、诚实的网上交易环境；其三，要保证用户的个人资料的安全，不能以任何方式泄露、使用；其四，要对出现在平台上的信息进行筛选、甄别，尤其在产品进行广告宣传中时避免虚假宣传、误导受众；其五，要进一步对电子商务合同的形式、具体效力以及后续的违约及相应赔偿机制进行明确。

（二）消费者权利在电子商务中的法律和实践

1. 消费者权利在我国法律中的规定较为分散

除了《民法典》的相关规定，我们还能从修改后的《中华人民共和国消费者权益保护法》《中华人民共和国产品质量法》《中华人民共和国合同法》《中华人民共和国电信条例》《计算机信息网络国际联网安全保护管理办法》《计算机信息网络国际联网管理暂行规定》等法律法规中，找到一些可以适用于保护消费者利益的条款，然而我国目前还尚未建立起一套完善的法律法规。

2. 实践中电商行为致消费者权利受损

虽然电商平台有很大的发展空间，但毕竟是一种新兴的产物。由于其自身的特殊性，相关法律、法规的滞后性，导致实践中因缺乏有效的法律保障而使消费者无法维权的事例屡见不鲜。[①]电商平台引领的新商业模式在实践中导致消费者的合法权益受到严重侵犯，主要包括以下几方面：第一，产品品质良莠不齐。由于直播产品的便捷和可操作性，吸引了越来越多的主播加入直播平台中，但因没有相应的资质审核制度，直播电商中的非法卖家很多。他们卖的是高仿制品，劣质、“三无”等宣传远多于实际。根据江苏省消费者权益保护协会于2023年发布的相关调研可知，有三分之一的消费者进

---

① 孙邦清：《为何原告就被告——关于地域管辖规则为谁而设之辨》，《法学家》2011第五期第151页。

行网购时，其所购买的产品均为“三无产品”。[①]第二，商家服务质量差。目前国内的直播电商还处于初级阶段，缺乏相关的法律法规，大部分的商家都会把重心放在销售上，一般都是请一些明星或者网红来做直播，通过粉丝们对明星或者网红的追捧来拓展自己的市场。但是，售后服务并没有引起商家的注意，有些商家为了赚更多的钱删号逃走，或者对消费者的问题置之不理，没有正规的联系方式和渠道，也就没有了合理的售后服务，消费者的权益就很难得到保障，购物的体验会下降，投诉也会增多，不仅会使电商平台的商品销量下降，而且会使消费者对整个网络直播带货产生信任危机。就像网络上说的那样，“想要维权，只需要一把钥匙，就很难了。”第三，虚假广告层出不穷。众所周知，在商家与消费者的关系中，消费者长期居于弱势地位。消费者对于商品相关信息的了解，除了从经营者的广告中获得，几乎没有其他渠道，因此易于侵犯消费者的知情权。2023年的《网上直播电商购物消费者满意度调查报告》显示，直播电商的虚假广告问题最大，直播平台上的主播经常用“最低价”“送赠品”之类的噱头来吸引消费者。[②]但由于虚假广告导致的消费者基于错误认识而购买商品，之后陷到维权难的境地。

（三）建立电子商务中的消费者权利保障制度

由于当前我国电子商务产业的发展势头强劲，我国政府有关部门也开始关注消费者权利保护不力的问题。根据笔者的粗略计算，目前国内关于电子商务的行业法规已经超过一百部，相信在未来，在《消费者权益保护法》大力实施的基础上，会有更多更完善的法律、法规和司法解释逐步出台。为了全面保护消费者的合法权益不受侵犯，笔者认为建立健全相应的法律法规可以从以下几方面展开。[③]

① 闫旭、王洋：《检察院提起消费民事公益诉讼可行性探析》，《公共治理》2016年第12期。

② 让·文森、塞尔日·金沙尔：《法国民事诉讼法要义》，罗结珍译，中国法制出版社，2001，第275页。

③ 郭鹏：《信息网络传播权涉外侵权的中国法院管辖权分析》，《法学评论》2011年第5期第131页。

首先，要进一步明确运营商的安全交易环境。在电子商务中，交易平台通常是由运营商或运营商与第三方进行合作，因此，在传统的商业交易中，经营者必须保证消费者在自己店铺内的人身安全，而网络交易平台的提供者必须从技术层面上构建一个相对安全的技术平台，并对交易过程中的风险进行清晰地提醒和阐释，从而实现交易各方之间的权力与地位的对等。

其次，要更加全面地保护消费者的信息权利。在这一条款中，应当明确指出，作为商品的生产者、销售者必须如实提供自己的详细信息，具体应当包括厂商地址、商家字号、公司的注册信息以及相关责任人员的联系方式等，并提供所销售的产品和服务的信息，以此来便于消费者对于产品进行选择以及后期的维权行为，从而进一步保障消费者的知情权和选择权。

最后，要明确商家在消费者权利被侵犯时或者因侵犯受损后应该采取何种措施来补救错误行为造成的损害。在网络购物交易过程中，如果出现欺诈、质量问题、虚假宣传、人身损害等情况，应该建立健全与网络购物等电子商务相关的具体赔偿责任的划分、证据标准的适用条件以及相应的消费者获取赔偿的渠道，从而为消费者提供更为方便、高效的救济手段。

（四）消费者权利在电子商务中的应用研究

不可否认的是，互联网的优势是巨大的，我们可以即时了解到新闻、话题，甚至是商品，这些都是“可视化”的，这让我们的生活变得更容易、更便捷，也让我们的精神和文化程度得到了极大的提高。而电子商务的兴起也极大地便利了人们的生活，也是社会发展的必然趋势。

在大力发展电子商务的背景下，我国为规避其对于消费者合法权益的侵犯，也在不断修改立法以适应发展进程。如我国的《消费者权益保护法》中明确规定了消费者应当享有自主选择权、知情权等权利。然而，消费者在享有这些权利的同时，也要明辨是非，理性看待，毕竟现在的社会，网络侵害消费者权益的行为越来越多，我们要提高自己的法律意识，在进行交易的时候，要充分认识到自己的风险，避免被“无纸化”的网上商城所利用，侵犯消费者的合法权利。[①]对于虚假广告，消费者们更基于理性，有选择性地购买，保持自己的思考方式，不能盲目跟风；而对于互联网中个人隐私被泄露的现象，消费者更应在发现后第一时间及时举报，坚决抵制侵犯消费者个人隐私的违法行为；在售后服务上，消费者首先要了解售后服务协议对自己不利的部分；并且在交易安全上，要做好密码的双重防护，尽量设置稍复杂、难破解的数字密码。

因此，如何有效地解决当前的消费者权益问题已成为当务之急。在网络购物的便利下，消费者的权利也受到了极大的损害，传统的消费者权益保障制度及现有的法律制度已不能满足消费者的需要。因此，在新的环境和新的形势下，消费者权益面临着新的问题，有必要对其进行适当的修改，增加一些具有可行性的条款，从而全面保障消费者的合法利益。

四、消费者在电子商务中的权利保护困境及其成因

消费者作为在电子商务交易中的“弱势群体”，消费者的知情权和选择权时常被侵犯；同时，由于互联网上的特殊性，消费者的隐私权得不到保护，电子商务交易中不如人意的售后服务更是阻碍了消费者的维权路径；最终交易制度的非保障以及电子合同中的问题，都会导致消费者的财产权利受到损害。以下笔者将就消费者具体权益难以得到保障的问题进行具体剖析。

（一）侵犯消费者知情权

由于互联网是一个高度虚拟的平台，信息的真实性低，而且消费者也很难分辨出信息的真假，这就导致了消费者的信息受到了极大的损害。比如某些商家，为了获得更大的利益，往往会在网站上大肆宣扬、描绘自己的产品，或者通过某些技术手段将产品的图像进行加工，从而进一步加强消费者

① 沈德咏：《最高人民法院民事诉讼法司法解释理解与适用》，人民法院出版社，2015，第170-173页。

因良好的视觉效果带来的愉悦体验，来激发买家的购买欲望。甚至商家还会通过“刷单”、低价回购等手段来提高店铺的销售额，通过“好评返现”来获得更高的口碑，让顾客误以为自己的产品物有所值，从而产生购买欲望，这不仅会让消费者买到无用而且有瑕疵的商品，还直接损害了消费者的知情权，从而丧失“网购”的信心。

（二）侵犯消费者选择权

在日常生活中，一些用户经常会在网上选择安装软件，但实际安装起来并不容易。通常网站标题的下载链接都十分隐秘，而不相关的其他链接则会被标记在网页的显著位置，一不小心就会被下载到垃圾软件或者游戏中。

也就是说，消费者很难获得自己的软件，即使找到了下载的链接，也会在安装的时候，自动添加不相关的软件，造成大量的垃圾软件导致系统的卡顿。更有甚者，有些网路从业者会利用消费者在消费时所遗留的部分资料，进行群发通知或电子邮件，以诱导消费者二次消费。作为一个消费者，我们必须时刻警惕，不点陌生人的链接，无视垃圾邮件，有效地保护自己的选择权。[①]

（三）侵犯消费者隐私权

在传统的网络交易中，人们是通过面对面的交流来进行交易的，而在电子商务中，消费者在网上购物时，不仅要进行实名登记，而且要保证所绑定的身份和银行卡的信息都是真实的，这样才能进行消费。在这段时间里，网络运营商可以清楚地看到用户的个人资料。因为资讯是有用的，因此很多网络从业者都会根据趋势，运用先进的技术，如追踪信息源，或是利用“网络电信”等追踪程式，来追踪使用者的行为，他们搜集特定的可辨识资讯，借此来间接地吸引消费者。由于个人信息被不断商品化，一些“别有用心”的

① 姚志伟、周立勤：《卖家注意：以微信等信息网络方式沟通订立买卖合同的管辖风险》，https：//mp. weixin. qq.com/s/irbojUcOd-DtgBos2DeKMw。

网络运营商为了获取更加高额的利润而选择故意将消费者的个人信息进行出售或“共享”，从而使其成为一种商业活动。[①]因此消费者要更加谨慎，避免泄露不自身信息的可能性，而买家一旦发现个人信息被商家出售和被盗用，就必须使用合法的手段来保护自己。

（四）消费者权益保护面临的两难境地

近几年来，消费者的“维权难”问题一直是困扰着我国电子商务环境的一个重要问题，消费者往往会因调查、取证困难、无法确认侵权人的身份、投诉成本与收益差距过大等原因，从而放弃维权。网上交易双方的资料都存放在运营商和第三方交易平台手中，这就造成了在实际取证过程中，需要通过第三方进行收集，然而现实中，许多第三方配合度低，有的甚至故意置诉讼于不理，或者采用各种手段来拖延诉讼进度，此举不仅会让消费者的合法权益始终处于侵害之中，还会影响司法进程。而当消费者向有关监管部门进行投诉时，第三方却会以物品受损、涉及商业秘密为由，直接拒绝接受监管部门的调查取证。[②]

同时，运营平台的商家还会利用高技术对数据进行重组、修改、加密，甚至是破坏，此举会对案件的推进造成极大的障碍。商家的步步为营让消费者束手无策。消费者因为证据不足而不被立案受理，甚至有的被立案受理但被判决败诉的案例比比皆是，最终导致的结果是：消费者的维权成本远远大于其所购买的产品价值，并且消费者的合法权利还会受到诸多间接的侵害。由于互联网上对于身份信息审核不严，常会发生“即便是没有经过正式注册的人，也可以成为一个商人”的现象，这也就导致了许多信息都是错误的，或者是在追责时这些信息没有任何用处。在这样的情况下，各大网站都无法一一核实各个商家的信息。这一局面必将浪费消费者的时间和金钱，有

① 姚志伟：《涉电商平台知识产权案件审理指南》（系列解读一）https：//mp.weixin.qq.com/s/ 7z35rTKcLDqXQYui4K-IGw。

② 李扬：《著作权法基本原理》，知识产权出版社，2019，第196–197页。

时消费者还会被大量假消息蒙蔽而无法了解网络运营商的真实身份。此外，由于网络上的竞争也很激烈，不定期就会有一些商家在“战争”中被淘汰，比如前一秒还在购物，下一秒就销声匿迹，甚至连老板都找不到，所以消费者在收集证据的时候，常常会遇到“谁是运营商”这个问题，由此就直接增加了消费者的维权难度。

五、国外网络购物消费者权益保护经验借鉴

国外立法者们认为，只有拥有一个健康、安全、规范、可预见的网络商品交易市场时，才能得到消费者的信任和支持，才能使消费者真正积极地参与到电子商务中来。因此，国外立法者坚持从电子商务特点、消费者与服务商的关系特点出发，努力将立法的着眼点放在建立消费者对电子商务的信心上，在此基础上全面构建电子商务消费者权益法律保护制度。欧盟、美国和日本等国在网络购物消费者权益保护方面的先进经验和做法，值得我国进一步借鉴学习。

（一）国外网上交易消费者权益保护立法现状

1. 欧盟组织的相关立法

欧盟信息社会消费者保护总体水平不低于传统商务中消费者所享有的权益保护水准，其法律制度是比较完备的。欧盟原有的、传统商务中消费者保护的法律法规基本可以适用于电子商务活动中的消费者保护。同时近年来又新补充制定了专门针对电子商务环境的消费者保护的一些法律法规，能够基本覆盖信息社会所产生的新问题。

欧盟电子商务消费者保护制度将建立有效的消费者权益保护争议解决机制和建立消费者可以信赖的网上安全交易环境这两项目标作为制度的基本点，确定了一种三位一体的制度体系。欧盟试图通过构建一系列的法律措施和机制，对侵害消费者权益的行为加以限制、预防或进行有效的解决。与美

国等国致力于消费者权益争端的法律保护的做法有别的是，欧盟更追求立足于防范和庭外解决争议的战略，以体现其在电子商务消费者权益保护制度方面的特点。欧盟“三位一体的战略”电子商务消费者保护制度包括以下三个层面的制度内容：第一个层面，是侵权的预防机制，其中包括法律性的和非法律性的两类机制。法律性的侵权预防机制主要是指欧盟《电子签名指令》所规定的电子签名及认证制度。在非法律性的侵权预防机制方面，欧盟主要推行和倡导自律及认证制度和信用卡发售商先行赔付制度。第二个层面，该法律制度的主体是环境规范机制。它包括信息社会消费者保护已有的和新制定的实体、程序立法，从而形成了对消费者电子商务环境中系统的、法律规范的一整套保护。欧盟信息社会的消费者权益保护法，主要内容有对消费者知悉权和受教育权的保护、对消费者经济利益的保护、对产品及服务的质量和安全保障规定和对消费者享有的司法救济手段的规定。第三个层面，争议解决机制，包括两类：替代性争议解决机制和司法保护机制。其中替代性争议解决机制是消费者与网络提供商通过在线方式解决的非法律性的争议解决机制，以期达到方便快捷地解决电子商务合同争议的目的，其特点是要求自律和认证机制与其共同来发挥作用。

司法保护机制涉及司法管辖权确立和准据法确立等一系列法律问题，适用于合同争议且通过司法途径进行解决的情况。欧盟在2000年颁布的《布鲁塞尔条例》中确认的消费者居住地成员国法院管辖这一核心原则，被认为是欧盟电子商务消费者保护制度的核心内容之一。

2. 美国相关立法

网上交易，美国无疑走在世界前列，同时美国形成了全球瞩目的在线消费者权益保护机制。早在1999年，美国政府的《论数字电子质量》的报告中指出，大力支持电子商务的发展是不可能的，除非消费者能有信心地进行在线购物。在通过强化自律机制和执行现行法律来增加消费者的信心这一方针的指导下，美国始终将消费者保护作为在线交易发展政策的重要组成部分，积极倡导行业自治自律，并形成了判例法和制定法充分发展，不同管理机构、消费者保护机构和行业自律机构共同协作的消费者保护的有效机制，适应了在线交易的新发展。

1997年7月1日，美国克林顿政府公布了《全球电子商务纲要》，其中确立了五大基本原则和九大议题。五大基本原则是：政府在电子商务中所扮演的角色是维护一个统一的、所能预料到的限制尽量少的、简单的、具有法律效益的商业环境；应尽量减少对电子商务的非必需的管制；政府部门应明确私企在电子商务中占有主导位置；应该承认基于网络的电子商务有着其特殊的、独立的性质；发展电子商务不是一部分人就可以办到的，需要全世界人民的共同努力。九大议题为：网络上的隐私、安全、税收、付款、知识产权、制定统一的商业法典、电信建制、内容与广告科技标准等。

对于交易过程中的相关信息，美国在《B2C网络交易指导原则》中要求其必须得到充分披露规定：要通过适当的语言表达所有相关讯息，包括对交易条件和交易流程的介绍，并要求对消费者在什么状况下可以取消交易做到告知义务；交易过程中的信息要保存完整，方便消费者的查阅；货物的售价、货物的运费及所使用货币的种类都要有明确说明，要是有其他附加税也应在明显的地方注明，不可含糊其词或在不显眼的地方一带而过；货物的运输形式及需要的时间等方面也应标明；关于退、换货物方面要有具体流程及相关的处理方法和规定。

美国在保护消费者隐私权方面采用的是“安全港”方式，由美国联邦贸易委员审查某些特定的网络商家公布的电子商务中隐私保护，合格后就成为安全港。商家若是严格按照规定执行即可免责，也就是自律与立法相结合。美国健康、教育和福利部特别顾问委员会在1973年的政府报告中提出了如何正当使用网络信息的原则：要做到未经授权不得对信息进行漏失、改变和泄露；只有目的合法且必须的情形下，才允许收集个人信息；出于收集信息的目的而使用信息时只允许使用相关的、准确的、即时的和完整的数据。美国国会于1986年通过的《电子通信隐私法》中，明确规定了侵犯隐私赔偿金额考虑因素和赔偿金额的确定方法。

对于未成年人的隐私权美国也制定了专门的法律来对其进行保护。体现在2000年4月21日实施的《儿童网络隐私保护法》中，为保护13岁以下上网儿童的隐私，提出必须得到其家长的同意，网站才能被允许向13岁以下儿童询问个人信息。联邦贸易委员会能够对不遵守该法律的网站处以非常严重的罚款。该部法律成为美国出台的第一部保护网民隐私的联邦法律。

3. 日本相关立法

有关消费者的权益保护，日本政策、制度和配套设施都比较完善，物流配送体系也很发达，并已成立许多行政保护机构，形成了一套成熟而行之有效的法律保护体系。在日本，针对电子商务消费者权益保护问题，除《消费者保护基本法》外，还有《电子签名及认证法》《特别商交易法》《电子商务合同法》《国民生活中心法》等，也就是说，无论是货物安全、平等交易等，都有了比较完整的法规。随着电子商务发展，大约两百部与电子商务相关的法律组成了一整套体系，包括行政法、知识产权法、民法、刑法、经济法、商法等，以此解决了消费者法律方面的和限制电子商务发展的主要问题。日本电子商务消费者法律保护体系具体法律简述如下：早在21世纪初，日本就通过并且实施了《电子签名及认证业务法》，这部法律包括了认证机关的职能及其认定条件，电子签名的种类、目的、原则、法律效力，规定了政府相关部门的调查标准，对于犯罪的量刑，以及承认外国认证机关颁发的电子证明书的法律效力等。目的在于维护与发展本国的电子商务，给予法律支持与规范，保证网络上信息的真实与可靠，并且制造跨国电子商务发展的大环境，维护本国及他国所有的消费者安全。1968年日本颁布了《消费者保护基本法》，这部法律的目的是保证消费者的权益，推动消费者权益保护的提高，从而保证日本消费者的购物安全。其在抑制通货膨胀、防止哄抬物价以及消费者自身的保护意识等方面都有了比较翔实的描述。基本法中规定了政府部门、卖方、买方几个方面的权利和义务。政府部门应该以经济发展为指引，规定、监督实施关于消费者权益保护的政策；卖方应该给出合格的货物和相应的服务，有责任防止不良现象的出现，并且还应该配合政府部门工作，认真解决消费者的不满情绪并找到原因，防止矛盾升级。而消费者应该主动，而不是被动了解消费中相关知识、维护自身的权益。

《分期付款销售法》实施于20世纪60年代，并于21世纪初修正。它是关于调解分期付款中买卖双方的利益的一部法律。维护了消费者在消费期间的权益，保证了交易的公平与公正。规定了提供业务引诱销售交易的书面交付和废除合同等一些义务和制度。《特别商交易法》于1976年制定，2002年修改，其作为日本消费者保护的基本大法之一，该法规定借助网络进行直接销售的从业者和个人，必须向网站提供经营者的姓名以及电子邮件地址等信息，用以解决购买人对于网络交易中电子广告的合法权益保护的问题。具体详细地规定了经营者的信息披露义务：在交易前，经营者应当向消费者提供其姓名或登记名称、商品及服务的种类；当消费者进行购买商品或接受服务时，经营者必须提供消费者相关书面文件，包括商品或服务的名称、种类、价格、数量、交付形式或到货时间，以及制造商和服务提供者的姓名或名称、住所，最后应披露关于合同撤销权行使的程序、条件、瑕疵担保等。经营者一旦违反该信息披露义务，相关部门有权采取措施给予停业、罚款等必要的处罚。《电子消费者合同法》是一部制定于2000年，用来确认不公平合同无效制度的法律。该法律规定：由于消费者与经营者之间在消费信息的质与量和交涉能力方面存在着明显差距，如果因为经营者一方的原因，而导致误解的产生，或者发生困惑的时候，允许消费者可以取消合同的要约或者承诺的意思表示，以及认定免除经营者的损害赔偿责任的条款及其他构成对消费者利益的不当侵害的条款的全部或者一部分为无效，来寻求对消费者利益的保护，并且通过这些规定来达到促进国民生活的稳步提高和国民经济的健康发展之目的。1994年颁布的《产品责任法》是一部关于有缺陷的商品采取准无过失责任的法律；《特定电信服务提供商损害责任限制及要求公开发送者身份信息法》制定于2002年，里面规定了电信服务提供商所必须承担的责任，服务提供商应当采取适当、迅速的措施，处理发生在互联网网站和BBS上信息发布时的侵权行为。包括《关于电子消费者合同以及电子承诺通知的民法特例的法律》《商业登记法》《关于通过电信线路提供登记信息的法律》《证券交易法以及金融期货交易法》《关于特定公共电信系统开发关联技术研究开发推进的相关法律》《通信监视法》《关于特定电子邮件发送合理化等的法律》等，涉及行政法、经济法、商法、程序法等多个法律部门，由此形成并确立了日本电子商务消费者法律保护体系。

（二）国外在线纠纷解决方式（ODR）

“纠纷的在线解决”，是指利用快速、便捷、廉价、无时空限制的互联网以解决纠纷的方式，其目的是拓宽现有的纠纷解决的方式和途径，提高司法效率，满足现代社会下对纠纷解决的需求。“纠纷在线解决机制”，是指运用在线的方式解决纠纷的诉讼与非诉讼方式的总称。从社会整体的纠纷解决这一角度来看，无论是发生在网络上的纠纷抑或是发生在现实社会中的纠纷，均应根据其纠纷的类型而选择最佳的解决方式，即什么样的纠纷应该如何被解决。既可通过诉讼方式来解决，也可以根据当事人同意选择非诉讼方式解决；既可以现实社会来解决，也可利用网络的巨大优势通过网络本身来解决。

针对网络环境的特殊性，以网络上的纠纷尽量在网络上处理为原则，出现了利用互联网进行各种争议解决的方式，国外已经逐渐发展出一套适用于电子商务的在线替代性的争端解决机制Online ADR或简称ODR。这种专门解决电子商务争议的新机制ODR，综合OECD、欧盟、美国联邦贸易委员会以及全球电子商务论坛所统一的定义，为“包含所有网络上由非法庭但是公正的第三方，处理企业与消费者之间因电子商务契约所发生争执的所有方式”。其主要模式是把ADR的方法和经验运用到全球电子商务环境中，以解决大量出现的在线纠纷的一种机制。ODR将网络资源充分引入争议解决方法中，这就使ODR可以在任何国家、聘用任何国籍的仲裁员或者调解员、通过任何语言来解决争议。

ODR有以下几种形式：第一，在线谈判。ODR中最灵活的方式当属在线谈判，其特点是具有较高的效率，但这种较高的效率仅来源于一个简单的量上的平衡，不包括纠纷所涉及的其他因素如法律的评估及当事人索赔的可能性等，因此不适宜解决较为复杂的纠纷。在线谈判包括协助性谈判和自动性谈判两种形式。协助性谈判是当事人在中立第三方的引导下逐步达成和解，谈判过程中由当事人来掌握决定权。自动性谈判中由计算机程序虚拟中立第三方角色。这两种方式的特点是，双方在不知道对方所提出的报价数额基础上，由计算机产生出一个中间值当作谈判结果。前提是当事人能够同意计算机产生的结果对其具有约束力，才能进行谈判。第二，在线调解。ODR中使用最多的一种方式是在线调解，在线调解的当事人和调解员不用进行直接接触，其整个调解系统及相关文件均存储在服务器上，经过授权的当事人就能进行访问，其调解程序是，来自不同国家的当事人只需通过已经安全加密的电子邮件、安全聊天室或是视频会议，即可进入在线调解。调解时，双方当事人可以不同时在线，也不需要在第一时间对对方意见作出决定，对其案件的进展情况只要求在调解规则的期限内随时跟踪，并允许其经过一段时间的慎重考虑后再作出抉择。调解员则通过密码身份验证来与不同聊天室的双方当事人进行沟通，为其进行在线调解解决纠纷。第三，在线仲裁是最正式的ODR方式，其裁决具有约束力并是终局的，当事人事先约定好不具有约束力或是只对一方具有约束力的除外。目前，用于主要解决域名争议的加拿大的e-Resolution在线仲裁最为著名，其规则是，先通过电子邮件或是填写安全网页上申请表的方式对其解决域名争议的请求提出申请，在听取双方的陈述后，然后由仲裁委员会依据ICANN的规则和e-Resolution的补充规则对其进行审理，最终作出有约束力的裁决。第四，在线申诉。诸多非营利性机构像政府机关、消费者保护团体组织往往多采用这种在线申诉的方式。在遵守和同意采用非营利性机构制定的电子商务公平交易准则或者是消费者隐私保护政策的基础上，在线交易经营者为赢取消费者信任，可以将认可遵守公平交易的标志放置在其交易网页内。ODR运用到实践中从西方的发展中虽然只是短短的几年时间，但作为电子商务和网络经济发展中必不可少的法律辅助措施，得到了社会各界越来越多的广泛关注，国际组织和世界各国都在大力倡导和引用这种在线纠纷解决模式。ODR在兴起不到10年的时间里，在网络争议的解决领域中，正逐步体现出独特的优势和广阔的发展前景，解决了数以百万计的在线纠纷。

六、我国消费者公益诉讼制度的完善建议

我国的消费者公益诉讼是一项全新的民事诉讼制度，其在运作过程中仍然存在着一定不足，尚需进一步完善和规范。虽然我国的这一制度中对原告的相关权利进行了规定，但显然随着社会进程的快速发展，上述规定仍体现出一定的滞后性。因此，我们必须对消费者公益诉讼中的原告主体进行合理的补充和完善，以确保其能够得到更好的执行。[①]

（一）赋予社会团体以起诉的权利

根据我国《消费者权益保护法》对于适格主体的相关规定，赋予了其他依法成立的机关、组织与消费者协会以同等法律地位。也就是说，其他的机关和组织也可以依法开展消费者维权，但是其他机关和组织目前仅具有形式上的地位，并没有被赋予实际开展诉讼的权利[②]。我国做出这一设置的原因在于期望通过限制其他机关和组织的起诉资格，从而来进一步规制滥诉。随着法治进程深入推进的同时，笔者以为可适当扩大提起诉讼的主体范围，从而保证其他消费者组织具有诉讼主体资格，能够参与到诉讼中，赋予专业组织以一定诉讼范围也可以防止滥诉和恶意诉讼的发生。其实在我国的其他相关法律中也有类似规定，例如，我国《环保法》中关于环境民事公益诉讼适格原告主体资格的规定，即不是单独地将原告主体资格赋予给某一主体，而是

① 丛楠、夏换、张懿源：《浅析我国直播带货问题与对策》，《南方农机》2021年第9期，第38–41页。

② 王朋、刘秀新：《网红直播带货的问题与对策》，《中国电信业》2020年第9期，第23–25页。

在满足相应条件的前提下，任何主体都享有可以提起环境公益诉讼的主体资格。故笔者以为，我国的《消费者权益保护法》也能够参考这一立法模式，让消费者民事公益诉讼的主体更多元化。①

（二）健全符合条件的“公民个人”原告资格

从我国的《消费者权益保护法》颁布实施时来看，可以发现公民个人提起的维权案件占比远高于消费者公益诉讼案件，这一情况表明消费者才是真正的市场活跃主体。但在司法实践中，法院多以消费者个人诉讼主体不适格为由，对这一情况直接会裁定不予受理或驳回起诉②。从诉讼的既得利益角度考虑，公民个人的利益是与社会公共利益息息相关的，侵犯社会公共利益的行为将会在一定程度上侵犯到公民的个人利益。因此，公民作为社会大家庭中的一员，有义务也有责任为维护社会公共利益做出应有的努力。

单独的消费者个人作为消费者公益诉讼的提出主体更符合时代要求，在经济的迅猛发展下，消费领域不断呈现多元化态势，网购、代购、直销、分销、传统购物等形式深入人心，成为现在生活必不可少的一部分，所以在此时代背景下，消费者合法权益受侵害的情况必然会层出不穷，而就当前司法实际而言，如果侵犯消费者合法权益的案件仅仅依靠省级以上消费者协会或者检察机关来提起诉讼，一旦发生消费者协会或检察机关怠于进行诉讼或者因为疏忽而未及时发现相关侵权行为，那将会对消费者造成更大的损害。另外，由于消费者协会和检察机关并非直接利益损失人，在个别案例中可能会存在内生动力不足的问题，且这两个法定的机关和组织都各有其优势和劣势所在。从根本上来看，上述两个机关均会存在监管漏洞的问题，在损害行为发生过程中，直接受害者会首当其冲，消费者这种由内而外形成的爆发力和

① 江苏省消费者权益保护委员会：《2020年上半年江苏全省消保委系统消费维权诉求分析》，https://www.cqn.com.cn/ms/content/2020-07/06/content_8614986.htm。

② 中国消费者协会：《直播电商购物消费者满意度调查报告（摘编）》，《上海质量》2021年第5期，第41–46页。

原动力会远超检察机关和消费者协会，这是一种自我保护的原生力量，是任何机关无可比拟的。[①]

此外，公民个人作为能够提起消费者公益诉讼的诉讼主体，可以起到“蝴蝶效应”的效果，引起社会大众对消费者公益诉讼案件的重视，督促消费者协会和人民检察院对该类案件的快速办理，倒逼市场经营者依法依规进行经营，从而形成全社会的良好风气。

（三）适当降低消费者协会提起诉讼的门槛

现在我国消费者公益诉讼案件仍然处于初级阶段，对诸多细节问题的处理不足以表明我们尚处于探索阶段，所以对于消费者公益诉讼原告资格的扩大问题应持有审慎的态度。县级的消费者协会，由于技术、专业性人才，以及经济水平等的制约，可能对于消费者公益诉讼的案件审理上有待提高，所以在扩大消费者公益诉讼原告资格的这一层面上可以酌情考虑是否将县级的消费者协会纳入原告范围。如果将县级的消费者协会纳入享有原告资格的范围内，那么县级以上的消费者协会对于任何的消费者公益诉讼案件是否都有管辖权？这一点笔者认为需要审慎思考，同时司法实践中还需要在侵权数额上进行限定[②]。而对于地市级的消费者协会将其纳入消费者公益诉讼的起诉主体则相对较为合理，因为地市级级别与水平相对较高，在诉讼方面经验也相对较为丰富。

（四）引入损害赔偿机制

从立法精神和消费者公益诉讼产生的初衷来看，应积极并充分肯定消费者公益诉讼中应用损害性赔偿机制的正当性和合理性。笔者以为，部分学者

---

① 徐敏智、张少峰、严娣：《从法治的角度对规范“网红带货”行业的思考》，《田河南理工大学学报（社会科学版）》2022年。

② 黄雪莉：《我国网络直播带货发展中遇到的问题及解决对策》，《中国传媒科技》2020年第12期，第86–88页。

否定在消费者公益诉讼中应用损害赔偿机制的观点有待商榷，其与立法初衷相悖。接下来，笔者将对消费者公益诉讼中引入损害赔偿机制这一制度进行深入探讨。

在市场的销售环节中，由消费者权益受损导致的社会公共利益受损绝不是单个利益受损消费者的简单叠加，而是针对的不特定的众多消费者的“可期待利益”受损。就食品安全而言，侵害社会公共利益的情形主要表现为生产、销售不符合食品安全标准的产品，从而对不特定的消费者造成了一定的侵害与危险。但是在我国的《消费者权益保护法》中，对于消费者个人产生的实际损失，消费者并不能通过消费者民事公益诉讼的方式取得相应救济。我国的立法根源在于，由于受侵害的消费者数量难以确定，并且无法得到一个确定的受损数额；而在受损消费者人数确定的情况下，消费者就可采取集团诉讼或者代表人诉讼的方式进行救济。故笔者认为，消费民事公益诉讼所保护的社会公共利益主要是针对不特定的消费者所造成的侵害危险。

在这一层面上，消费民事公益诉讼所发挥的作用其实是预防作用，也就是通过提起民事公益诉讼来有效预防针对众多不特定的消费者合法权益造成实际损害的风险。落脚到具体的诉讼请求上来看，一般情况下，消费民事公益诉讼具体能够提出的诉讼请求主要包含以下三种：不作为之诉、不法收益收缴之诉与损害赔偿之诉。不作为之诉主要是指请求被告停止侵害、排除妨碍、消除危险等为或者不为一定行为，从功能目的上来看，主要表现为制止违法人员的不法行为，防止对社会公共利益造成损害。而不法收益收缴之诉的目的则是将违法者的非法获利予以收缴，此举可以起到及时制止或预防违法犯罪行为发生的作用。对于消费民事公益诉讼在实践中是否能提出损害赔偿的诉讼请求，学术界和实践中存在不一样的见解。具体而言，损害赔偿主要包括填补性损害赔偿与惩罚性损害赔偿，消费民事公益诉讼能够提出的损害赔偿诉讼请求具体指的是惩罚性损害赔偿，设置这一赔偿的目的在于增加违法者的行为成本，给其在进行不法行为时有一定的心理威慑和财产震慑，并落实到具体行动上，倒逼其作出合法行为，同时也能对其他潜在的不法人员进行警示。

（五）建立健全与消费者公益诉讼相配套的司法程序

在我国，对于民事公益诉讼中的惩罚性赔偿，一般是由法院先行征收，等待法定期限届满后，才能进入国家财政。在进入法庭前，惩罚性的补偿将会被存入国家的财政或者福利账户中。而对于法庭诉讼程序和审理时限应当作出清晰的规定，从来才能保障资金能够正常地运行、使用。然而在消费者利益诉讼中，如何具体运用和实施惩罚性赔偿，应该在何时才能行使这一赔偿制度，目前尚无具体规定。在消费者公益诉讼中，笔者以为惩罚性损害赔偿的处理需要遵循下列两项原则：其一，是正当性原则。在消费者公益诉讼中，惩罚性赔偿的具体实施方式要有清晰的运行机制。同时，对补偿进行监管的运作方式，也应有明确的法律条文。其二，要坚持公共利益与私人利益相结合。由于消费者在公益诉讼中受到的伤害通常不是同一人，因此会出现公共利益与个人利益的混合。惩罚性赔偿金是对已造成的社会公共利益损害的赔偿，是对公益诉讼的救济，但在一定程度上应考虑到特定受害消费者的损害。①

（六）当借鉴消费者公益诉讼的先进成熟经验

我国的消费者公益诉讼制度刚刚起步，在实践中还处在摸索阶段，存在着许多缺陷和亟须解决的问题。由于国外的消费者公益诉讼制度起步较早，因此在很多方面规定较为完善、设置较为合理。而我国对消费者公益诉讼制度的研究起步较晚，因此可以吸收国外先进的做法和经验，并不断结合自身实际，探索出一条适合我国发展的路径。

---

① 张黎龙：《直播带货中的法律责任问题研究》，兰州大学，2021.

七、网络消费者权益保护具体设想

（一）确立纠纷解决管辖权

在进行网络购物维权之前需要解决的一个重要问题就是确定纠纷解决的管辖权问题，这其中包括诉讼管辖权和行政监督管辖权。对于行政监督管辖权，按照便于及时查处、及时有效保护权益的原则，工商总局《办法》中作出相关规定："网络商品交易及有关服务违法行为由发生违法行为的网站经营者住所所在地县级以上工商行政管理部门管辖。网站的经营者住所所在地工商行政管理部门管辖异地违法行为人有困难的，可以将违法行为人的违法情况移交违法行为人所在地工商行政管理部门处理。"倘若网络购物中的消费者选择了此种方式进行维权，就可以根据这一规定向有管辖权的工商部门进行申诉。

针对向人民法院提起诉讼方式，多数情况下，网络购物纠纷适用民事诉讼法的规定，由被告住所地或合同履行地法院管辖这一原则是不利于电子商务发展的。依据原有诉讼原则容易出现维护权益成本较高，消费者与经营者之间难以处在平等的法律地位上，大多数消费者是赢了理输了钱。因此，建议借鉴美国、中国台湾等地的立法经验，从对利于消费者进行诉讼、减少诉讼成本的基本点出发，实行消费者所在地专属管辖原则。当然，如果双方在合同的管辖上有协议的，应遵守协议。

（二）网络购物设立"冷静期"

网购在市民中日益普及，消费者在交易完成前不能看商品，也不能确认商品的品质，但下单买东西后后悔了，想撤销订单甚至退货，却颇费周折甚至扯皮不断。因此，在交易完成后，笔者建议应赋予网络消费者一定的"反悔权"，允许消费者在冷静期无理由取消订单。

欧盟为了弥补在线消费者收货前无法验货的缺点，《远程合同指令》给予了消费者特殊的合同解除权，此种合同解除权不需要理由，只要消费者在冷却期内行使此权利即可解除合同，因此也称其为“无因解除权”。除非有例外情形，消费者有权在7个工作日（即冷却期）内取消任何远程合同，且无须给付违约金也无须说明理由，消费者只需要承担退回货物的直接费用即可。如果经营者未履行提供必须信息义务的，消费者的解除权期限将延至3个月；直到经营者提供了该信息，那么新的冷却期恢复为7日。合同解除后，要求经营者收到通知的30天内退回消费者已支付的货款。我国可以借鉴欧盟的犹豫期制度，赋予消费者合同解除权，但应有一定的限制，为了平衡在线消费者与经营者之间的利益，冷却期也有除外规定，可以归纳为消费者自身原因或者商品自身特性不适合解除合同的情况。目前，像淘宝网这样比较大型的第三方交易平台，也已经有相当数量的卖家支持7天无理由退换货服务。

（三）引入在线纠纷解决方式（ODR）

面对电子商务纠纷解决的现实需求，ODR在中国将有很大的发展空间。目前我国的ODR发展仍处于起步阶段，其中成立较早的ODR机构有中国国际经济贸易仲裁委员会域名争议解决中心（网址为www.odr.org.cn）和中国在线争议解决中心（网址为www.odr.com.cn）。

针对我国网上争议解决的研究探讨还远远落后的问题，可成立研究小组，增设ODR服务网站。国内的电子商务网站虽已有了投诉服务，但是，这种单向的不完全的在线方式，很难对用户的权益起到真正的保障作用。应尽快建立能够提供简便快捷的ODR服务的网站，或在现有网站中增加该项服务。建议我国的法学科研和教学机构，加强对网上争议解决机制的研究。还可以借鉴美国一些大学的做法，创办试验性的网上仲裁和网上调解项目，先以条件较为成熟的网站为依托，进行ODR的实验，收集数据，测算出在线纠纷的发生率、投诉率，被投诉方对争端解决程序的参加率，以及争端解决的成功率。经过一系列的实证分析之后，才确定所要建立的ODR机制的规模以及在线调解员的人数和收费标准等，以免造成供需矛盾或资源浪费。

通过引入ODR的模式，以逐步建立我国权威、全面的电子商务网上法律协调和服务机构，大力推进电子商务在我国的发展。

八、结语

随着消费者的购买渠道日益增多，某些渠道也会对消费者的正当权利造成伤害。虽然越来越多的消费者提起了法律武器，要求合法地维护他们的权益。然而，作为买卖双方处于弱势地位的消费者，与经营者之间的关系并非总是处于平等地位。消费者在消费者公益诉讼中难以与强势的经营者抗衡，难以有效地保护自身的正当权利。因而，我国目前对消费者公益诉讼中的适格原告资格的界定，已不能满足经济、社会发展的需要，难以保障社会公众利益，也不利于社会经济制度的建设。

虽然本文已经对消费者公益诉讼的一些问题进行了初步的归纳和总结，并给出了相应的解决办法，但这些途径在解决目前和今后的消费者公益诉讼所面临的问题上还存在一定的局限性。消费者公益诉讼是一项复杂多样的诉讼制度，它与普通的民事诉讼还有一定区别。在原告资格之外，还有很多具有代表性的原则和学说。但囿于该体系的内容比较复杂，所以在很多方面本文都无法进行深入的探究。例如，随着我国经济发展，是否应该加大对消费者公益诉讼的处罚力度，是否应该扩大消费者公益诉讼的适用范围等相关问题的探究。希望在今后的法律工作中，能够更加细化地关注消费者公益诉讼制度领域的相关研究，进一步为维护我国消费者的公共利益做出自己的贡献。

参考文献

［1］姚敏.消费民事公益诉讼请求的类型化分析.国家检察官学院学报［J］.2019（3）.

[2] 肖峰，陈科林.我国食品安全惩罚性赔偿立法的反思与完善——以经济法义务民事化归责的制度困境为视角[J].法律科学，2018(2).
[3] 张卫平.中国民事诉讼法立法四十年[J].法学，2018(7).
[4] 袁定波.首例消费民事公益诉讼的标杆意义[J].中国审判,2015(14).
[5] 李友根.论消费者协会公益诉讼的损害赔偿请求权——对最高人民法院司法解释立场的商榷[J].政治与法律，2017(9).
[6] 闫旭，王洋.检察院提起消费民事公益诉讼可行性探析[J].公共治理，2016(12).
[7] 孙邦清.为何原告就被告——关于地域管辖规则为谁而设之辨[J].法学家，2011(5)：151.
[8] 郭鹏.信息网络传播权涉外侵权的中国法院管辖权分析[J].法学评论，2011(5)：131–137.
[9] 丛楠，夏换，张懿源.浅析我国直播带货问题与对策[J].南方农机，2021(9)：38–41.
[10] 王朋，刘秀新.网红直播带货的问题与对策[J].中国电信业，2020(9)：23–25.
[11] 中国消费者协会.直播电商购物消费者满意度调查报告(摘编)[J].上海质量，2021(5)：41–46.
[12] 徐敏智，张少峰，严娣.从法治的角度对规范“网红带货”行业的思考[J].河南理工大学学报(社会科学版)，2022，23(1)：24–30.
[13] 黄雪莉.我国网络直播带货发展中遇到的问题及解决对策[J].中国传媒科技，2020(12).86–88.
[14] 张黎龙.直播带货中的法律责任问题研究[D].兰州：兰州大学，2021.
[15] [法]让·文森，塞尔日·金沙尔.法国民事诉讼法要义[M].罗结珍，译.北京：中国法制出版，2001.
[16] 沈德咏.最高人民法院民事诉讼法司法解释理解与适用[M].北京：

人民法院出版社，2015.

[17] 李扬.著作权法基本原理[M].北京：知识产权出版社，2019.

[18] 姚志伟，周立勤.卖家注意：以微信等信息网络方式沟通订立买卖合同的管辖风险，https：//mp.weixin.qq.com/s/irbojUcOd–Dtg Bos2DeKMw，2020–03–24.

[19] 姚志伟.浙高院民三庭《涉电商平台知识产权案件审理指南》系列解读一，https：//mp.weixin.qq.com/s/7z35rTKcLDqXQYui4K–IGw，2020–01–08.

[20] 江苏省消费者权益保护委员会.2020年上半年江苏全省消保委系统消费维权诉求分析，https：//www.cqn.com.cn/ms/content/ 2020–07/06/content_8614986.htm，2020–07–06.

[21] Liu Lichun，Luo Wenbin，Lin Jiancheng，Huang Yuchin. Online Cross–Border E–commerce Consumer Behavior：A Case Study of Sino–US Trade Conflicts [J]. Journal of Economics，Business and Management，2019，7（4）.

以《人在囧途》案析影视界不正当竞争维权

□崔　莉　崔灵珺[①]

【摘　要】近年来，影视娱乐行业不正当竞争侵权案层出不穷，比如《神探狄仁杰》诉《神断狄仁杰》不正当竞争案、《欢乐颂》诉某保险有限公司不正当竞争案、知名游戏《轩辕剑》发行方诉电影《轩辕剑传奇》商标侵权及不正当竞争案等，特别是被誉为中国影视行业不正当竞争侵权第一案的《人在囧途》与《人再囧途之泰囧》侵权纠纷案，引发了包括央视在内的各界媒体、影视界、法律界的强烈关注。本案最重大的社会意义在于电影名称《人在囧途》作为知名商品的特有名称得到两级法院的保护，被告搭便车的行为构成不正当竞争侵权，最终获得两级法院的胜诉判决。笔者结合办理此案的实践，综合汇总分析两级法院的审理思路，阐述并分析影视行业不正当竞争维权的应对方案，以飨读者。

【关键词】不正当竞争；人在囧途；侵权

---

① 崔莉，京师律师事务所（全球总部）高级合伙人，京师海口分所联合创始人。中国科幻大会高端论坛演讲专家，获奖律政剧《麻辣律师团》编剧、制片人。
崔灵珺，计算机学士、法学硕士跨专业背景。北京广播电视台科教频道《民法典通解通读》节目邀请专家。

一、案情综述

电影《人在囧途》主要内容为：春运期间，玩具集团老板李成功回长沙过年，在情人的逼迫下，准备过年后跟妻子离婚。李成功在回家的飞机上偶遇王宝强饰演的前往长沙讨债的挤奶工牛耿，路途中囧事不断，李成功狼狈不堪，牛耿却依旧乐观积极，两人从对立转为朋友。牛耿的憨厚真诚改变了李成功冷漠的性格，最终李成功实现了真情的回归，改变了人生价值观，珍惜自己的妻子。

电影《人再囧途之泰囧》主要内容为：成功商人徐朗，为与同事竞争博得公司最大股东的授权书，踏上了去泰国的旅途。在去泰国的飞机上，徐朗偶遇王宝强饰演的前往泰国旅行的以卖葱油饼为业的个体户王宝。两人在结伴寻找公司最大股东的路途中囧事不断，最后王宝的憨厚真诚改变了徐朗不择手段的求胜心态，最终徐朗实现了真情的回归，改变了人生价值观，珍惜自己的妻儿。

两部电影出品方产生的纠纷属于不正当竞争纠纷，案件的原告为武汉某公司（以下简称“原告”），被告分别为北京某股份有限公司（被告1）、北京某影业有限公司（被告2）、北京某文化传媒有限公司（被告3）、北京某文化传播有限公司（被告4）、徐某（以下统称“被告”）。本案一审法院为北京市高级人民法院（以下称“一审法院”），二审法院为最高人民法院（以下称“二审法院”）。

原告称其享有《人在囧途》电影、剧本和音乐的著作权，拥有《人在囧途》的一切知识产权。《人在囧途》2010年上映后获得了业界的认可和观众的喜爱，成为知名品牌。此后原告便开始筹备拍摄《人在囧途2》，并为此与田某签订了剧本委托创作合同，依约对所创作的剧本享有全部知识产权。2010年11月，原告向国家新闻出版广电总局（原国家广播电影电视总局）申报电影《人在囧途2》时，发现北京某影视文化传播有限公司申报了《人在囧城》，编剧署名为徐某、杨某。原告对此提出异议，国家新闻出版广电总局（原国家广播电影电视总局）随后向湖北省广播电影电视局发函，决定对两个项目暂不公示。后北京某影视文化传播有限公司作出了撤销立项的声明。2011年5月，原告申报的《人在囧途2》电影经审核通过，获得了摄制电影许可证。2012年12月，在原告不知情的情况下，被告1投资的《人再囧途之泰囧》公映，该片由四家出品方出品。原告认为被告的行为构成不正当竞争，理由有三点。

1.“人在囧途”为知名商品的特有名称，被告将其电影名称从“泰囧”“人再囧途”变更为“人再囧途之泰囧”，属于使用与“人在囧途”特有名称相同或相近似名称的行为，容易导致相关公众混淆、误认，属于《中华人民共和国反不正当竞争法》（以下简称《反不正当竞争法》）第五条第二项规定的行为。

2.被告在《人再囧途之泰囧》电影的宣传中暗示甚至明示《人再囧途之泰囧》是《人在囧途》的“升级版”，贬损了原告的商誉以及电影《人在囧途》的声誉，损害了原告的利益，属于反不正当竞争法第十四条规定的商业诋毁行为。

3.原告的电影《人在囧途》获得商业上的成功不仅得益于立意新颖、片名独特，还得益于内容策划和故事情节安排上的独特性。在知晓原告筹拍电影《人在囧途2》的情况下，被告却使用与原告电影名称相同或相近的名称，选取基本相同的演员和电影元素拍摄《人再囧途之泰囧》，直接将《人在囧途》获得的成果为己所用，不公平地占有了原告的市场优势和商业机会，违反了《反不正当竞争法》第二条第一款规定的公平原则、诚实信用原则和公认的商业道德，属于搭便车的不正当竞争行为。

综上所述，原告认为被告构成共同侵权，请求法院判令被告停止侵权、在相关的媒体消除影响并赔礼道歉、连带赔偿原告经济损失及诉讼合理开支1亿元并承担案件诉讼费。

本案围绕着一审法院确定的焦点问题展开法庭调查和辩论，主要焦点问题是：（1）被告1和徐某是否为本案适格被告；（2）被告的涉案行为是否构成不正当竞争以及应否承担相应的民事责任。

本文结合反法意义上的经营者、知名商品的特有名称、市场混淆、搭便车等的认定进行阐述和分析。

二、反法意义上的经营者、适格被告的认定

纵观国内多起不正当竞争案件，被告的主要抗辩观点之一就是被告主体不适格，其既不是经营者，也与原告之间没有竞争关系。本案也涉及部分被告主体是否适格的认定。

《反不正当竞争法》第二条规定："经营者在市场交易中，应当遵循自愿、平等、公平、诚实信用的原则，遵守公认的商业道德。本法所称的不正当竞争，是指经营者违反本法规定，损害其他经营者的合法权益，扰乱社会经济秩序的行为。本法所称的经营者，是指从事商品经营或者营利性服务（以下所称商品包括服务）的法人、其他经济组织和个人。"可见，反法意义上的经营者的法律规定是非常明确的，即指从事商品经营或者营利性服务的主体。司法实践中对是否属于经营者的认定并不困难。

本案中，徐某和被告1在一审和二审均分别以下列理由抗辩其并非《人再囧途之泰囧》的经营者，不是本案适格被告。

徐某作为演员与导演，仅为《人再囧途之泰囧》影片的演员及导演等主创人员，其对影片进行的宣传为依照合同约定履行宣传义务或作为导演及主演接受媒体的采访的个人行为，并不是影片的投资方、出品方，其与原告不具有《反不正当竞争法》所规制的市场"竞争对手"的竞争关系，不属于本案适格被告；即使属于适格被告，也不应认定其实施共同侵权行为并承担连带侵权责任。被告1并未参与《人再囧途之泰囧》影片的投资，其针对该影片不具有经营者地位，就该影片与原告不具有市场竞争对手的竞争关系，仅以被告1为被告2的关联公司为由，认定被告1"为影片的投资以及宣传、发行做出实质性贡献"，从而认定其为本案适格被告，缺乏事实基础，属于认

定事实及适用法律错误。

徐某和被告1的抗辩并未得到法院的支持，一审法院认为，综合在案证据，可以认定，虽然被告1并非电影《人再囧途之泰囧》的出品方，但是其作为被告2的关联公司，利用其所掌握的资源对电影的投资、宣传、发行等作出了实质性的贡献，属于《反不正当竞争法》的"经营者"，是本案的适格被告。尽管徐某并非电影《人再囧途之泰囧》的出品方，仅为该片的导演、主演，但是其在电影上映前后接受了诸多媒体的采访，内容涉及先导预告片的宣传、电影的创作理念等，客观上实施了对电影的宣传行为，属于反不正当竞争法的"经营者"，是本案的适格被告。因此，被告主张被告1和徐某不是电影《人再囧途之泰囧》的出品方、经营者，并非本案适格被告，依据不足，一审法院不予支持。

二审法院也未支持被告的主张，认为，根据《反不正当竞争法》第二条第三款的规定，在市场交易中作为主体从事商品经营或者营利性服务，参与市场经济活动和竞争活动，享受行为利益和承担行为所产生义务的法人、其他经济组织和个人，均应属于经营者的范围。

根据一审法院查明的事实，徐某作为《人再囧途之泰囧》影片的导演及演员等主创人员，虽不是影片的投资方、出品方，但其参与影片题材和类型的选择，宣传两部电影之间的关联等行为，已表明其参与《人再囧途之泰囧》制作、宣传等市场活动和竞争活动。一审法院认定其在电影上映前后接受了诸多媒体的采访，内容涉及先导预告片的宣传、电影的创作理念等，客观上实施了对电影的宣传行为，属于《反不正当竞争法》的"经营者"，是本案的适格被告并无不当。徐某上诉称仅依照合同约定履行宣传义务或作为导演及主演接受媒体的采访的个人行为，不是本案一审适格被告的上诉理由，依据不足，法院不予支持。

根据已经查明的事实，虽然被告1并非电影《人再囧途之泰囧》的出品方，但是其作为出品方被告2的关联公司，利用其所掌握的资源对电影的宣传、发行等作出了实质性的贡献。虽然一审法院认为单独审视"升级版"等被控言论不构成虚假宣传，也由于缺乏证据证明原告或者《人在囧途》的信誉和声誉受到损害，未认定构成商业诋毁，但被告的相关宣传行为客观存在。如一审法院查明的被告1的法定代表人，同时也是被告2的法定代表人王某在接受采访中多次针对被告1与徐某的合作以及被告1在电影的营销方面的问题发表观点。《新京报》《新快报》《深圳商报》等一审相关证据也表明被告1 2012年以及2013年的股价、盈利情况与《人再囧途之泰囧》票房成绩有关。综合在案证据，一审法院认定被告1属于《反不正当竞争法》的“经营者”，是本案的适格被告正确，二审法院予以支持。

同时，二审法院还根据《反不正当竞争法》第二条第二款的规定认为，不正当竞争行为既可以损害特定竞争者，也可以损害消费者或者社会公众的合法权益，扰乱社会经济秩序，并不以损害特定竞争者且其相互之间具有竞争关系为必要。徐某和被告1关于与原告不具有反不正当竞争法所规定的市场“竞争对手”的竞争关系，并不属于本案的适格被告的上诉请求，没有法律依据，二审法院不予支持。

终审判决在新修改的《反不正当竞争法》颁布实施的前一天作出，可见意义非凡。意义之一就是对经营者的认定，意义之二是对不正当竞争行为的认定，在司法实践中具有重要的参考价值。

对经营者的认定其重要的认定依据是对参与具体的经营活动的事实认定。对不正当竞争行为的认定，二审法院在判决书中确定并不以损害特定竞争者且其相互之间具有竞争关系为必要。也就是说，侵权行为既可以损害特定竞争者，也可以损害消费者或者社会公众的合法权益，扰乱社会经济秩序。本案例中的最高人民法院的观点与新修改的《反不正当竞争法》增加的不正当竞争行为的规定完全相同，也说明此案的典型性。

三、对电影名称为知名商品的特有名称的认定

本案第二个焦点问题是电影《人在囧途》是否为知名商品，其电影名称

《人在囧途》是否为知名商品的特有名称。

为了阐述清楚此观点，原告从三个维度进行了充分的论述。第一，电影是商品；第二，电影《人在囧途》是知名商品；第三，电影名称《人在囧途》为知名商品的特有名称。

（一）电影是商品

在马克思主义政治经济学中，商品的定义是“用于交换的劳动产品”。恩格斯对此进行了科学的总结：“商品，首先是私人产品。但是，只有这些私人产品不是为自己消费，而是为他人的消费，即为社会的消费而生产时，它们才成为商品；它们通过交换进入社会的消费。”因此，所谓商品，是指满足人们某种需要的，用来交换的劳动产品，具有价值和使用价值两大基本属性。

电影作为用来交换的、满足人们精神享受需求的劳动产品，同样具有价值和使用价值两大商标的基本属性，当然可以被视为商品。

电影作为精神文化和物质文化的复合体包括创作、摄制、发行、放映的市场化过程，具有两重属性：商品属性和非商品属性（意识形态属性）。一方面，电影和其他商品一样具备了商品的全部特征：（1）电影是生产者以交换为目的生产的；（2）电影是人类劳动创造的成果；（3）电影具有使用价值和交换价值，它与一般商品一样，都要进入市场，进入流通领域，需要通过商品交换以实现自身的价值和使用价值。另一方面，电影又与一般商品不同，具有浓厚的社会属性、非商品属性（意识形态属性）。电影作为一种精神产品，除了具有娱乐功能，还同时兼具认识功能、审美功能和教育功能。当一部影片与观众见面，总是会产生一定的影响和效果，这种影响和效果无论是正面的还是负面，都是一种客观存在，不以人的意志为转移，而这就是电影的非商品属性。

那么，电影《人在囧途》作为综合艺术，既是精神产品，又是物质产品，其创作目的就是投入到文化消费市场中实现其价值和使用价值，因此它既具备文化规律和社会效益，也具备经济规律与经济利益，具备商品属性，属于商品。

（二）电影《人在囧途》是知名商品

根据《反不正当竞争法》第五条第二项规定和《最高人民法院关于审理不正当竞争民事案件应用法律若干问题的解释》第一条规定，人民法院认定知名商品，应当考虑该商品的销售时间、销售区域、销售额和销售对象，进行任何宣传的持续时间、程度和地域范围，作为知名商品受保护的情况等因素，进行综合判断。电影名称是否属于知名商品的特有名称，需要根据电影商品和市场交易环境及情况的具体情形予以认定。

本案中，原告提供的大量证据符合最高院司法解释规定，充分证明了电影《人在囧途》为知名商品。以下为法院认定的电影《人在囧途》为知名商品的事实。

1. 2010年5月18日原告授权中映联合公司发行《人在囧途》。原告提交了中外文化交流中心支付中映联合公司4万元的相关票据，主张电影《人在囧途》供外交部对外宣传使用。2010年，电影《人在囧途》在国内公映后参展日本东京国际电影节。2011年，电影《人在囧途》相继获得如下荣誉："电影华表奖"优秀故事片提名、第18届北京大学生电影节"喜剧片创作奖""中国电影发展论坛"证书、"西部星光2010—2011年中国电影推动力人物及影片评选"等。在北京电视台、上海电视台、东方卫视等相关节目中，均提及电影《人在囧途》所获得的票房成绩。

2. 为证明电影《人在囧途》的知名度，原告向法院提交了国家图书馆相关的文献资料，主要为2010年国内各大报纸刊登的文章，内容涉及电影《人在囧途》的上映、评论、获奖情况等。例如，《钱江晚报》《广西日报》《潇湘晨报》《成都日报》《汕头日报》《京华时报》《重庆晨报》《青岛早报》《法制晚报》《东南早报》《文汇报》《北京青年报》《北京日报》《南方都市报》均报道了电影《人在囧途》的上映票房超过3 000万元。《北京娱乐信报》报道，该片在奇艺网上已有228万次的播放量。《广西日报》《人民日报海外版》等对电影《人在囧途》发表了评论性文章，对于影片以小成本获取大收益进行了分析。《新民晚报》《新疆都市报》《银川晚报》的相关报道均提及《人在囧途》入选“十大佳片”。《常州日报》《无锡日报》《吉林日报》报道了《人在囧途》参展第十届中国长春电影节以及入围奖项的情况。《兰州晚报》《北京日报》等报道了《人在囧途》获“中国电影发展创意推动力影片”奖、“年度优秀电影剧本”奖、“中国影协杯优秀电影剧本”奖的相关情况。

3.根据北京市长安公证处出具的（2013）京长安内经证字第1992号、第1460号、第4869号公证书记载，截至2013年2月4日，《人在囧途》在百度电影风云榜、百度页面电影排行榜点击量超过3万次；搜狐视频播放次数超过4 000万次；土豆网播放次数超过60万次。《人在囧途》在爱奇艺、迅雷看看、风行网等网站受到网民的热评。

诉讼中，原告还向法院提交了节目视频、人物专访等相关证据，用于证明《人在囧途》电影的知名度得到了《人再囧途之泰囧》电影投资方、主创人员的认可。

根据上述事实，原告提交了多份证据，包括获奖证书或奖杯，宣传手册，报纸报道，（2013）京长安内经证字第1992号、第1460号、第4869号公证书，进账单，发票，《人再囧途之泰囧独家专访导演徐某》（时光网），《每日文娱播报——徐某：邀上王某亮相新片泰囧再走囧途》，东方卫视《娱乐星天地》节目，《二十一世纪商业评论》专访文章，《现代企业文化》专访文章，《大众电影》徐某专访，当事人的陈述等证据在案佐证。据此，法院认定电影《人在囧途》是知名商品。

电影作为商品，包括创作、摄制、发行、放映的市场化过程，对于相关公众而言，电影名称识别的是电影本身，并非仅针对出品方，而是可能涉及电影的导演、编剧、主演、出品方，以及电影的题材、类型、叙事模式等综合性因素。电影名称与电影的出品方是否具有对应关系，并不影响电影名称显著特征的判断。

虽然不同的电影是单独的个体，每一部电影均需要单独创作摄制完成，电影名称一般仅与特定的某个电影相关。一般情况下，根据《著作权法》的要求，基于独创性的判断标准和电影作为作品的属性，其名称与其他作品名称一样，较难获得《著作权法》的保护，一般不宜禁止他人创作和使用相同或者近似电影名称表达相同或者近似的电影题材和类型。但电影在商品化过程中，如知名电影的特有名称对相关公众在电影院线及其他市场交易渠道挑选和购买发挥识别来源作用，知名电影的特有名称就应受到《反不正当竞争法》的保护。尤其是当一个知名电影的特有名称可能反映了电影商品的题材延续性、内容类型化、叙事模式相对固定等特点，其他经营者使用相同或者近似的电影名称，以同类型的题材和内容，采用近似的叙事模式从事电影活动，容易使相关公众对商品的来源产生误认，或者认为经营者之间具有特定联系。因此，法院认为，鉴于知名电影的特有名称是否受到《反不正当竞争法》保护，需要依据个案审理中诸多因素进行综合判断，因此被告关于有相近似甚至相同电影名称存在并不为行业规范和实践所禁止，以及电影名称无识别商品来源作用的主张，并不能成为本案的电影名称不属于知名电影特有名称的正当理由。

（三）《人在囧途》是知名商品的特有名称

某一商品具有“特有性”的实质认定标准是其显著性或区别性，使用在先通常是认定具有自然属性的名称之“特有性”的外在标准。本案中，影片《人在囧途》剧情中，“囧”是成为贯穿全片从头到尾的唯一主题，所有事件的发生都围绕这一主题，既突出了整个剧中的人物窘态，又产生了大量的喜剧效果，同时深刻寓意了当今社会大众人群的普遍心态，发人深省，在观众心中留下深刻印象。提起“人在囧途”，绝大多数业界人士、观影观众会联想到影片《人在囧途》及其剧情。影片《人在囧途》公映后，百度百科将“囧途”列为特有词汇。另外，短短四个字的片名具备电影故事情节的五要素——时间、地点、人物、事件、原因，能直接突出该影片的主题、故事结构和人物特色，能够直接与其他影片相区分。

“人在囧途”作为电影商品的名称，并未仅直接表示电影的固有属性，而反映电影内容是电影名称作为电影商品的一般要求，并不能据此认定该名称仅直接表示了电影的特点。“囧”字的尴尬之义，“人在囧途”概括反映出的电影商品《人在囧途》题材内容、喜剧特点及公路片类型，使该名称具有识别电影来源的能力。相关证据也表明，“人在囧途”经过大量使用、宣传，能够实际上发挥识别商品来源的作用。且在该电影制作上映时期，并没有证据表明其他电影采用相同或者类似的名称来反映相同或者类似的主题和类型。“囧”字的网络流行，《人在旅途》《囧男孩》《囧老师》等电影名称的使用，均不影响“人在囧途”成为电影名称识别电影商品的来源作用。

参照国家市场监督管理局《关于禁止仿冒知名商品特有名称、包装、装潢规定》第四条第二款的规定：“特有的商品名称、包装、装潢应当依照使用在先的原则予以认定。”据此，从使用在先的关系来看，影片《人在囧途》的片名具有自然属性，且该影片先于《人再囧途之泰囧》近两年上映，片名“人在囧途”具有特有性，故法院认定其片名是知名商品的特有名称。

四、特有名称相同或近似使用的行为认定

原告的主要观点为，被告对《人在囧途》进行了高度近似使用或相同使用。对此进行了充分的论述。

《最高人民法院关于审理不正当竞争民事案件应用法律若干问题的解释》第四条第三款规定：“认定与知名商品特有名称、包装、装潢相同或者近似，可以参照商标相同或者近似的判断原则和方法。”第七条规定：“在中国境内进行商业使用，包括将知名商品特有的名称、包装、装潢或者企业名称、姓名用于商品、商品包装以及商品交易文书上，或者用于广告宣传、展览以及其他商业活动中，应当认定为反不正当竞争法第五条第（二）项、第（三）项规定的‘使用’。”

据此可知，在分析被告对“人在囧途”这一知名商品特有的名称是否存在近似使用行为时，应当按照上述规定并参照商标近似的判断原则和方法进行判明。

《商标法实施条例》第三条关于“商标法和本条例所称商标的使用，包括将商标用于商品、商品包装或者容器以及商品交易文书上，或者将商标用于广告宣传、展览以及其他商业活动中”。“使用”包括相同使用和近似使用，其中，近似使用是指抄袭他人知名商品名称、包装、装潢的主要部分，在此基础上进行不妨碍总体形象的增删或变动，使购买者在购买产品或者服务时尽到合理注意也不免发生混同或误认的情形。

《最高人民法院关于审理商标民事纠纷案件适用法律若干问题的解释》第九条规定，商标法第五十七条第（一）、第（二）项规定的商标相同，是指被控侵权的商标与原告的注册商标相比较，二者在视觉上基本无差别。商标法第五十七条第（二）项规定的商标近似，是指被控侵权的商标与原告的注册商标相比较，其文字的字形、读音、含义或者图形的构图及颜色，或者其各要素组合后的整体结构相似，或者其立体形状、颜色组合近似，易使相关公众对商品的来源产生误认或者认为其来源与原告注册商标的商品有特定的联系。第十条规定：人民法院依据商标法第五十七条第（一）、第（二）项的规定，认定商标相同或者近似按照以下原则进行：（一）以相关公众的一般注意力为标准；（二）既要进行对商标的整体比对，又要进行对商标主要部分的比对，比对应当在比对对象隔离的状态下分别进行；（三）判断商标是否近似，应当考虑请求保护注册商标的显著性和知名度。

参照上述规定并结合本案事实可知，被告《人再囧途之泰囧》的电影名称与原告《人在囧途》电影的特有名称高度近似，足以使电影观众、影评人及其他影视界从业人员误认为前者是后者的改进版、提高版或者续集，误认为这两部电影的出品人都是被告或者其间具有许可使用、关联企业关系等特定联系，已经构成《反不正当竞争法》所明令禁止的不正当竞争行为。对此，原告有以下七条主张。

1. 从“相关公众的一般注意力”标准来看，被告的使用行为构成近似使用

“相关公众的一般注意力”标准是指一定地域范围内相关领域商品的一般购买者所具备的普遍认识能力。在被告电影《人再囧途之泰囧》仅七个字的片名中，就有“人再囧途”四个字与原告电影《人在囧途》的四字片名高度近似，且前者使用“在”的谐音字“再”，本身又具有再一次、又一次的意思，足以使一般观众误认为该片是《人在囧途》电影的翻拍、改进版、升级版或者续集，误认为两部电影是同一公司和原班人马的出品，或者误认为两部电影的出品人之间具有许可使用、关联企业关系等特定联系。这种联系反过来会强化观众认为后者与前者的相似性观念。

实际上，从原告搜集并提交给法庭的大量关于《人再囧途之泰囧》的电视节目、媒体评论、网络用户意见、被告的宣传物料等信息来看，不仅一般观众产生了这样的误解，就连被告自身在宣传中也多次自觉或不自觉地认为《人再囧途之泰囧》是《人在囧途》的改进版、升级版或者续集。在很多媒体评论、视频采访中，就连那些专业的影评人乃至影视制作人也会发生这种误认现象，尤其是误认为《人在囧途》是被告拍摄的，误认为《人再囧途之泰囧》的大获成功是建立在被告之前拍摄的《人在囧途》之上的。除此之外，有的影院甚至在放映预告中，将《人再囧途之泰囧》直接写成《人在囧途 泰囧》《人在囧途之泰囧》，可见，无论是从一般的电影观众还是从影视界从业人员的一般注意力标准看，被告使用的电影名称“人再囧途之泰囧”都构成对原告电影名称“人在囧途”的近似使用，构成了混淆。

2. 从“整体观察和比较主要部分”原则来看，被告的使用行为构成近似使用

就电影名称而言，所谓主要部分，即其中最显著、最醒目、最易引起观众注意的部分，亦即观众在识别影片时最为看重的地方。“人再囧途之泰囧”这七字短语的主要部分显然是具有特定含义的“人再囧途”四个字，“泰囧”二字不过是对“人再囧途”四字的说明与补充而已。故“人再囧途”四个字

与“人在囧途”近似属于主要部分的近似，被告对“人再囧途之泰囧”的使用行为构成对“人在囧途”近似使用。

如果被告不使用有特定含义的“人再囧途”四个字，而是仅仅用“泰囧”二字作为其电影名称，不仅很难揭示该片的主题和内容，还会让电影观众不清楚这部电影要讲什么故事，因为单纯的“泰囧”二字并不具有任何可被观众所理解的有用信息。由于被告使用的“人再囧途”四个字与原告的电影名称“人在囧途”四字明显构成主要部分近似，故被告使用的电影名称“人再囧途之泰囧”构成对原告电影名称“人在囧途”的高度近似使用。

还要看到，《人再囧途之泰囧》与《人在囧途》在电影名称上的高度近似，与以《少林寺》为名或者围绕少林寺主题的诸多电影、以黄飞鸿命名及以黄飞鸿为主角的诸多影片（如《黄飞鸿之壮志凌云》《黄飞鸿之男儿当自强》《黄飞鸿之鬼脚七》等）在名称上的近似存在着明显区别。原因在于，“少林寺”也好，“黄飞鸿”也罢，都是通用词汇或者大众熟知的人物，其名称本身不具有任何独创性，首次拍摄电影《少林寺》《黄飞鸿》的公司并不享有对这些通用词汇的独占使用权，观众也不会误认为与其同名或类似片名的电影是前者的改进版、续集或者翻拍版。而《人在囧途》电影的名称则是原告独创的，具有特定性、特指性，简明扼要地揭示了该电影的主题、人物、性质、地点等要素。在这种情况下，被告使用与“人在囧途”高度近似的《人再囧途之泰囧》作为其电影片名，很容易使电影观众及影视界从业人员混淆和误认。因此，从“整体观察和比较主要部分”原则看，被告的使用行为构成近似使用。

3. 通过“隔离观察原则”检验来看，被告的使用行为构成近似使用

所谓隔离观察原则，也称消费者记忆检测原则，是指在认定是否近似时，在异时异地分别并在总体印象上进行观察。影片《人再囧途之泰囧》的上映时间后于影片《人在囧途》近两年半，广大电影观众观看或听说了前者之后仍能联想到两年多前上映的《人在囧途》，不少观众甚至在看了《人再囧途之泰囧》后又忍不住回头重看《人在囧途》电影，媒体及影评人也将其与《人在囧途》相对照，比较二者的优劣，被告也常常自觉或不自觉地将其电影与原告的《人在囧途》电影联系起来。这些事实符合隔离观察原则，被告使用的电影名称“人再囧途之泰囧”也构成对原告电影名称“人在囧途”的高度近似使用。

4. 从《人在囧途》电影名称的显著性和知名度来看，被告的使用行为构成相同或近似使用

通常，商品特有名称的知名度与其显著性、识别性成正比关系，知名度越高，显著性、识别性就越强，构成近似的可能性相应就越大。电影《人在囧途》2010年上映后，上映周期长，票房成绩优秀，多次荣获业内大奖，网络传播影响巨大，“人在囧途”一词已成为日常生活和媒体、网络、舆论中的流行词汇。可见，《人在囧途》电影的名称“人在囧途”四字具有相当高的知名度，显著性、识别性非常明显。从这个方面来看，被告使用的电影名称“人再囧途之泰囧”也构成对原告电影名称“人在囧途”的近似使用。

5. 从两部电影的英文片名来看，被告的使用行为也构成近似使用

原告的《人在囧途》在影片中使用的英文片名是“Lost On Journey”，被告的《人再囧途之泰囧》在影片中使用的英文片名是“Lost In Thailand”。原告的英文片名“Lost On Journey”在宣传海报中是以大写“LOST ON”和“JOURNEY”分列上下两行的方式出现的，被告的英文片名在宣传海报中也是以大写“LOST IN”和“THAILAND”分列上下两行的方式出现的。显然，被告使用的英文片名与原告的英文片名不仅在关键单词（Lost）上高度一致，而且在表达方式、句子结构、字体格式上也高度近似。这说明，被告的电影《人再囧途之泰囧》无论是其中文片名还是英文片名，都构成对原告《人在囧途》的中英文片名的高度近似使用。

6. 在被告的实际宣传中，有些宣传直接实施了相同使用，而非近似使用

被告先导预告片等直接使用“人在囧途”作为宣传核心，故被告的使用行为明显构成相同或近似使用。

7. 最初被告的电影名字是《泰囧》，不久便将原告《人在囧途》中的“在”字改为谐音字“再”，更名为《人再囧途》；第三次又更名为《人再囧途之泰囧》。可见，被告的出发点就是为了电影名称与《人在囧途》名称相近并实施近似或相同使用

根据最高人民法院《关于审理不正当竞争民事案件应用法律若干问题的解释》第四条规定：认定与知名商品特有名称、包装、装潢相同或者近似，可以参照商标相同或者近似的判断原则和方法。法院认定被告存在对《人在囧途》特有名称相同或近似使用的行为。

本案中，被告的电影三易其名，其用意明显。最初被告的电影名字是《泰囧》，不久便将原告《人在囧途》中的“在”字改为谐音字“再”，更名为《人再囧途》；第三次又更名为《人再囧途之泰囧》。可见被告的出发点就是为了电影名称与《人在囧途》名称相近。

在《人再囧途之泰囧》仅七个字的片名中，就有“人再囧途”四个字与“人在囧途”极其近似，且谐音字“再”本身具有再一次、又一次的意思，虽然不一定绝对会使观众误认为它就是影片《人在囧途》，但足以使一般观众误认为两部影片之间具有某种联系。这种联系反过来会强化观众认为后者对前者的相似性。

《人在囧途》与《人再囧途》的外形几乎相同，含义相同属于一个递进关系，读音完全一致，所以应当认定《人在囧途》与《人再囧途之泰囧》两个商品名称构成相同或者近似。

从影片的知名度看，被告的使用行为构成近似使用。通常，商品特有名称的知名度与其显著性、识别性呈正比关系，知名度越高，显著性、识别性就越强，构成近似的可能性就越大。电影《人在囧途》在2010年上映后，上映周期长、票房成绩优秀，多次荣获业内大奖，网络传播影响巨大，具有相当的知名度，故其影片名称“人在囧途”显著性、识别性非常明显，加之，被告先导预告片等直接使用“人在囧途”作为宣传核心，故被告的使用行为明显构成相同或近似使用。

五、对知名商品的特有名称的相同或近似使用行为导致了市场混淆和误认的认定

混淆和误认是判定被告的侵权是否成立的关键因素。对此，原告对其混淆和误认做了充分的举证和论述。

（一）原告的观点

依照最高院的司法解释，混淆误认包括把A认为是B，也包括将A认为是跟B有联系。而本案明显属于第二种情况。

大量的网民、媒体都认为《人再囧途之泰囧》和《人在囧途》是1和2的关系。这一切都是被告故意宣传、贴靠所致。一方面是名字相似，一方面是宣传使然。

认真推敲《人再囧途之泰囧》的“再”的含义，发现其除了再一次并无他意。其实,《人再囧途之泰囧》的电影名是存在语法错误的，这种错误是很明显的，因为再是一个副词，就是为了强调再一次。为了与《人在囧途》产生关联，被告冒着语法不通的错误也要和《人在囧途》联系在一起。这样的出发点在王某的老友记，被告1的宣传视频资料中可见一斑。据此，原告认为，被告的《人再囧途之泰囧》电影的名称是对原告的《人在囧途》电影的特有名称的高度近似使用或相同使用并导致市场的混淆误认：

1.《反不正当竞争法》第六条规定：“经营者不得实施下列混淆行为，引人误认为是他人商品或者与他人存在特定联系：（一）擅自使用与他人有一定影响的商品名称、包装、装潢等相同或者近似的标识；……（四）其他足以引人误认为是他人商品或者与他人存在特定联系的混淆行为。”

从第五条第二项的措辞来看，知名商品特有名称的近似与混淆和误认具有因果关系，近似是因，造成混淆与误认是果，近似程度越高，混淆、误认的可能性越大。

《最高人民法院关于审理不正当竞争民事案件应用法律若干问题的解释》

第四条第一款进一步规定："足以使相关公众对商品的来源产生误认，包括误认为与知名商品的经营者具有许可使用、关联企业关系等特定联系的，应当认定为反不正当竞争法第五条第（二）项规定的'造成和他人的知名商品相混淆，使购买者误认为是该知名商品'。"

最高人民法院《审理不正当竞争案件应用法律解释》对上述《反不正当竞争法》第五条第（二）项的规定做了扩大解释，即这种导致消费者的混淆既包括直接的（狭义上的）混淆，也包括间接的、广义上的混淆。从理论上说，混淆包括直接混淆和间接混淆，直接混淆是将甲当成乙，间接混淆是产生联想。上述司法解释实际上确认了间接混淆的存在，这有利于充分保护权利人的合法权益，防止和制止搭便车的不正当竞争行为。

本案中，原告提供的诸多证据证明，由于被告仿冒原告电影《人在囧途》的片名并实施引人误解的宣传，导致全国的观众将《人再囧途之泰囧》想当然地视为《人在囧途》的续集、改进版或者升级版，其仿冒行为足以使相关公众对电影《人再囧途之泰囧》商品的来源产生误认，误认为与知名商品《人在囧途》的经营者具有许可使用、关联企业关系等特定联系。不仅如此，就连那些专业的影评人、媒体从业人员和电影界从业人员也产生了这种误认。

根据前述司法解释的规定，即使观众不会将两者误认为同一部电影，但由于两者在名称上近似，也会产生不适当的联想，认为后者系前者的续集或者被告与原告之间存在某种联系，如投资、许可、联营等。事实上，原告提供的众多证据也证实，很多人包括普通观众、媒体、影视圈业内人士等在看了被告的《人再囧途之泰囧》之后，当然地将其视为《人在囧途》的续集或者系列剧，这样就在客观上造成了电影市场消费者的混淆和误认，从而使被告不正当地占有了原告的商誉和《人在囧途》产品的声誉。

另外，原告向法庭出具的大量证据证实，有不计其数的影评人、观影人、媒体人等产生了联想，认为《人再囧途之泰囧》是《人在囧途》的第二部。

可见，被告的上述仿冒行为显然造成了电影市场消费者及电影业从业人员的混淆和误认，使被告不正当地占有了原告的《人在囧途》电影此前确立的良好社会声誉和拍摄续集的市场空间，严重损害了原告的合法权益。

2. 与其他有形商品的促销手段不同，电影作品具有其特殊性

电影作品的特殊性在于，购买者在电影院挑选购买哪一部电影的观影票时，对电影的剧情和内容通常一无所知，观众的选择往往只能依据有限的几个因素，如片名、剧情类别、是否为某部电影的续集、导演、主演、广告宣传等。尤其在一部电影是另一部知名电影续集的情况下，如电影《非诚勿扰2》《无间道2》《画皮2》等，知名电影的良好口碑往往会为其续集电影带来巨大的市场空间，节省可观的宣传费用，对于观众选择观看续集影片具有举足轻重的作用。

同时，影片名称对购买者选择影片有着举足轻重的作用。在本案中，被告的片名用的是《人再囧途之泰囧》，虽然将原告的《人在囧途》电影中的“在”字改成了“再”，但因采用了谐音用法，故其核心含义还是“人在囧途”，并暗示该片还有另一层含义，是在原来的《人在囧途》的基础上“再一次”“又一次”的“人在囧途”，暗含了在原来的《人在囧途》的基础上的继续。

另外，《人再囧途之泰囧》的片名在影片中出现的方式会令观众产生混淆和误认。影片开始，首先出现引人注目的四个字“人再囧途”，其次出现一个连接词“之”字，最后才出现“泰囧”二字。这种处理方法显然意在向观众揭示该片和《人在囧途》电影的关系，旨在让观众误认为该片与《人在囧途》属于系列电影或者是后者的改进版、升级版，显然是在利用“人在囧途”为己所用。

结合上述《人再囧途之泰囧》与《人在囧途》两部影片名称高度近似的分析，并综合考虑“人在囧途”这一电影名称本身的识别力、两部影片的销售渠道、被告选择《人再囧途之泰囧》电影名称的主观意图及过程等因素，设想自己处于一般消费者地位施以普通注意力来看两部电影的名称等，显然会使一般电影观众对这两部电影的关系及其来源发生严重的混淆和误认。

3. 根据前述事实及法律可知，被告电影《人再囧途之泰囧》的名称，与原告电影《人在囧途》这一知名商品特有的名称高度近似，已在电影市场中导致观众产生严重的混淆与误认，使观众误认为前者是后者的续集、改进版或升级版，误认为这两部电影的出品人都是被告或者其间具有许可使用、关联企业关系等特定联系

特别是被告在其电影中使用了与原告电影中相同的两位主演、设计了高度近似的人物角色、采用了近乎相同的故事情节，更是加重了电影观众对两部电影的内在关系的混淆和误认。

从《反不正当竞争法》第五条第（二）项对混淆的规定的措辞来看，知名商品特有名称的近似与混淆和误认具有因果关系，近似是因，造成混淆与误认是果，近似程度越高，混淆、误认的可能性越大。

需要特别提示的是，最高人民法院《审理不正当竞争案件应用法律解释》对上述《反不正当竞争法》第五条第（二）项的规定作了扩大解释，即这种导致消费者的混淆既包括直接的（狭义上的）混淆，也包括间接的、广义上的混淆。其第四条明确规定："足以使相关公众对商品的来源产生误认，包括误认为与知名商品的经营者具有许可使用、关联企业关系等特定联系的，应当认定为反不正当竞争法第五条第（二）项规定的造成和他人的知名商品相混淆，使购买者误认为是该知名商品的行为。从理论上说，混淆包括直接混淆和间接混淆，直接混淆是将甲当成乙，间接混淆是产生联想。上述司法解释实际上确认了间接混淆的存在，这有利于充分保护权利人的合法权益，防止和制止搭便车的不正当竞争行为。

与其他商品的促销手段不同，电影作品的特殊性在于，购买者，即观影人，在电影院挑选购买哪一部电影的观影票时，对电影的剧情和内容一无所知，他们的选择只能凭借有限的几个因素，如制作者、片名、剧情类别、导演、主演等。质言之，影片名称对购买者选择影片有着举足轻重的作用。根据前述司法解释的规定，即使观众不会将两者误认为同一部电影，但由于两者在名称上近似，也会产生不适当的联想，认为后者系前者的续集或者被告与原告之间存在某种联系，如投资、许可、联营关系等。

事实上，众多证据也证实，很多人包括普通观众，也包括媒体、影视圈业内人士等在看了被告的《人再囧途之泰囧》之后，当然地将其视为《人在囧途》的续集或者系列剧，这样就在客观上造成了电影市场消费者的混淆和误认，从而使被告不正当地占有了原告的商誉和《人在囧途》电影产品的声誉。

（二）被告的抗辩

被告的抗辩也是主流观点的汇集，很有说服力，值得关注。

被告向一审法院提交了200余部相同、相近似电影的名称，例如，《东成西就》《东成西就2011》;《大内密探零零发》《大内密探零零狗》;《疯狂的赛车》《疯狂的石头》;《无间道》《爱情无间道》等，用以证明电影名称的相同、相近似并不为行业规范及实践所禁止，所以电影名称不构成特有名称。

被告提交了hao123、搜狗、腾讯、优酷等网站电影频道在介绍电影时显示主演、导演等情况的证据，用于证明一般消费者不会单靠名称来区分文化产品的来源。

被告提交了两部电影的海报，主张《人再囧途之泰囧》宣传海报中关于电影名称部分，“泰囧”二字突出，“人再囧途”在“泰囧”上方，且字体较小，“再”字以印章的形式出现，与“人”“囧途”相比更突出等。

被告主张“囧”字含义为尴尬、郁闷、迷茫、焦虑，代表一种时代情绪，是2008年十大流行语之一，广泛使用在各领域，如囧人、囧事等，2008年9月电影《囧男孩》使用“囧”字，2009年10月电影《囧老师》获准备案。2010年3月《囧男孩日记》上映，用以证明“人在囧途”不属于特有名称。

（三）法院的观点

法院认为，被告片名用《人再囧途之泰囧》，虽然将原告之《人在囧途》中的“在”改成了“再”，但仍然是谐音，也还是“人在囧途”，是暗示。而且，这有另一层含义，因为“再”有再一次的意思，“人再囧途”暗含了在原来的《人在囧途》的基础上的继续。《人再囧途之泰囧》电影片名的出现是先以“人在囧途”作为让人注目的点，后面才是泰囧，好像是暗示和《人在囧途》差不多，显然是在利用“人在囧途”为己所用。结合上述《人再囧途之泰囧》与《人在囧途》两部影片名称近似性的分析，并综合考虑“人在囧途”本身的识别力、两部影片的销售渠道、被告选择《人再囧途之泰囧》电影名称的主观意图等因素，设想自己处于一般消费者地位施以普通注意力来看两部电影的名称，均会发生混淆与误认。

《反不正当竞争法》第五条第二款对仿冒知名商品特有的名称、包装和装潢的行为的表述是：“擅自使用知名商品特有的名称、包装、装潢，或者使用与知名商品近似的名称、包装、装潢，造成和他人的知名商品相混淆，使购买者误认为是该知名商品。”

被告电影《人再囧途之泰囧》名称，与原告电影《人在囧途》这一知名商品特有名称相近似，并且在市场中会导致消费者（观众）产生混淆与误认，如将后者视为前者的续集，或者两者之间具有某种联系。特别是被告使用相同的主演、采用近乎相同的故事情节，更加重了这种混淆、误认的可能性。根据我国《反不正当竞争法》第五条第（二）项和最高人民法院《审理不正当竞争案件应用法律解释》第一条、第二条、第四条和第七条等的规定，据此，两级法院都认定被告行为属于“擅自使用知名商品特有的名称、包装、装潢，或者使用与知名商品近似的名称、包装、装潢，造成和他人的知名商品相混淆，使购买者误认为是该知名商品”的不正当竞争行为，应依法承担不正当竞争的法律责任。

根据我国《反不正当竞争法》第五条第（二）项和最高人民法院《审

理不正当竞争案件应用法律解释》第一条、第二条、第四条和第七条等的规定，被告行为明显属于“擅自使用知名商品特有的名称、包装、装潢，或者使用与知名商品近似的名称、包装、装潢，造成和他人的知名商品相混淆，使购买者误认为是该知名商品”的不正当竞争行为，应依法承担不正当竞争的法律责任。

六、反不正当竞争法第一条的原则性条款应否单独适用

《反不正当竞争法》第二条在近年来的涉知识产权及网络不正当竞争纠纷中越来越有被滥用的趋势。对《反不正当竞争法》第二条的适用条件，司法实践中一直颇有争议，能否单独适用第二条作出判决，一直是司法实践中的难题。该案给了一个很好的诠释。

2022年3月17日，《最高人民法院关于适用〈中华人民共和国反不正当竞争法〉若干问题的解释》(以下称《解释》)发布，自2022年3月20日起施行。该《解释》重点对《反不正当竞争法》第二条仿冒混淆、虚假宣传、网络不正当竞争行为等问题作出了细化规定。从既往的司法案例看，多个法院在知识产权领域适用《反不正当竞争法》第二条均须满足以下三个条件：一是法律对该种竞争行为未作出特别规定；二是其他经营者的合法权益确因该竞争行为而受到了实际损害；三是该种竞争行为因确属违反诚实信用原则和公认的商业道德而具有不正当性。

本案的两级法院的共识是单独适用了《反不正当竞争法》第一条的原则条款，对本案作出了判决，值得借鉴。

（一）一审法院判决

考虑到被告电影《人再囧途之泰囧》与原告电影《人在囧途》属于同类型电影，影片的主要演员基本相同，被告在使用相近似的电影名称基础上，多次公开发表“升级版”等言论，违反了市场经营活动中应该遵循的公

平原则、诚实信用原则，违反了《反不正当竞争法》第二条第一款的规定，构成不正当竞争，应当承担相应的民事责任。鉴于被告的行为违反了《反不正当竞争法》第二条第一款、第五条第二项的规定，构成不正当竞争，应当共同承担停止涉案不正当竞争行为、消除影响、赔偿原告经济损失的民事责任。鉴于原告主张被告应当在与本案相关的媒体上消除影响，综合案件情况，一审法院指定被告在《法制日报》上就本案共同刊登声明，消除因涉案不正当竞争行为给原告造成的不良影响。

（二）二审法院判决

《反不正当竞争法》第二条第一款规定，经营者在市场交易中，应当遵循自愿、平等、公平、诚实信用的原则，遵守公认的商业道德。该条多被认为是《反不正当竞争法》的一般条款，亦曾在司法实践中适用来维护市场公平竞争秩序。虽然对于适用该一般性条款，应严格把握条件，以避免不适当干预而阻碍市场自由竞争，但该条的原则规定与具体条款的适用并无冲突。一审法院在认定被告的行为构成《反不正当竞争法》第五条第二项规定的情况下，考虑《人在囧途》《人再囧途之泰囧》相同类型、基本相同的主要演员及“升级版”等言论，以一般性条款的精神，从规范市场竞争秩序的角度对具体条款下的不正当竞争行为予以阐释，亦并无明显不当。

七、案件评析

（一）维权的艰难和意义

代理此案，收获多多，感触满满。笔者认为，我国电影市场起步较晚，但发展飞速。由于过去相关法律法规的滞后和缺失，不规范操作随之而来。建立起规范化、法治化的电影市场监管机制成了呼吁的重点。目前影视行业法律意识逐渐增强，但多数企业和人员依然缺少相应的法律防范措施，由于违法成本过低，打击力度不够，致使很多人存有侥幸心理。

根据《著作权法》的要求，在目前的国情下，基于独创性的判断标准和电影作为作品的属性，其名称与其他作品名称一样，较难获得《著作权法》的保护，一般不宜禁止他人创作和使用相同或者近似电影名称表达相同或者近似的电影题材和类型。但电影在商品化过程中，如知名电影的特有名称对相关公众在电影院线及其他市场交易渠道挑选和购买发挥识别来源作用，知名电影的特有名称就应受到《反不正当竞争法》的保护。尤其是当一个知名电影的特有名称可能反映了电影商品的题材延续性、内容类型化、叙事模式相对固定等特点，其他经营者使用相同或者近似的电影名称，以同类型的题材和内容，采用近似的叙事模式从事电影活动，容易使相关公众对电影商品的来源产生误认，或者认为经营者之间具有特定联系。

与《著作权法》《商标法》等知识产权专门法的保护相比，《反不正当竞争法》的保护是以遏制不正当竞争行为，规范市场竞争秩序，维护其他经营者和消费者的合法权益为目的。《反不正当竞争法》的保护是对知识产权专门法保护之外提供的有益补充。电影作品如成为文化市场上的商品，关于其名称是否构成知名商品特有名称而受《反不正当竞争法》的保护，需要按照《反不正当竞争法》和最高人民法院司法解释的相关规定进行判断。

本案的判决对影视作品名称是否属于知名商品的特有名称这一争论问题的解决具有标杆性意义，该判决伴随着新《反不正当竞争法》的修改而做出，这无疑在中国影视行业的《反不正当竞争法》修订之路上留下了浓墨重彩的一笔，也意味着影视娱乐行业的法律保护在中国已经走向积极奋进之路。

（二）本案的遗憾之处

赔偿低是本案的遗憾，也是中国知识产权保护领域的痛。两级法院酌情作出的赔偿金额较低的判决，令人唏嘘不已。

原告就被告因侵权的获利，提供了大量的证据，较多证据为被告自认的其借助《人在囧途》获得的利益，却没有得到两级法院的支持。

根据官方报道，《人再囧途之泰囧》获得12.5亿元人民币的高票房，刷新了华语票房纪录。原告提交的证据中，仅票房一项已经说明被告影片票房有巨大的获利。被告在总结《人再囧途之泰囧》成功的因素中，自认有一半的因素来源于“人在囧途”创造的口碑、品牌和对《人在囧途》的借力。

除票房收入外，被告1还获得了利润和资本的溢价。对于其获利情况，原告在一审时已经申请法院调取被告1的财务账册和获利情况。原告认为法院应按照被告的获利作出赔偿的判决。

2014年9月10日，原国务院总理李克强出席世界经济论坛新领军者年会——2014年夏季达沃斯第八届年会的开幕式并致辞。李克强表示，对严重侵犯知识产权的行为，更要依法惩处，包括实行巨额赔偿惩罚，使违法者付出难以承受的代价。

原告认为：何为巨额赔偿，其标准就是使违法者付出难以承受的代价。难以承受就是违法者无法存续、羞愧难当、悔恨交加，甚至倾家荡产，至少要与违法者因侵权的实际获利相等。

但是，令人遗憾的是，一审法院根据“被告涉案不正当竞争行为的性质、持续时间、影响范围、主观过错程度等”酌情判决被告赔偿数额500万元，这种酌情词语的使用并不符合法律的规定。在原告的损失或被告的获利难以确定的情况下，才使用法院的酌定判决。鉴于被告1为上市公司，其获利的情况有证据显示并有公开渠道获取，但最终法院并未采信原告提供的被告获利证据。

低赔偿数额的判决公开后，便有网民对一审判决的损害赔偿结果展开了激烈的讨论，有网友表示“和12.6亿票房相比九牛一毛”。

希望法院在今后的知识产权侵权等案件的审理和判决中，真的能够像总理要求的那样，对严重侵犯知识产权的行为，依法惩处，实行巨额赔偿惩罚，使违法者付出难以承受的代价。只有严惩违法者，才能使像原告这样的中小民营影视公司有生存的空间，中国影视文化领域的竞争环境才能真正得以净化，法律意义上的公平正义才会得到实现。

八、结语

如今的中国正值电影繁荣发展的时代，因此，知识产权保护最重要。没有法律保障，就不可能有中国电影的大发展。本案在影视行业的影响力巨大，被业内称为是中国电影史上具有里程碑意义的诉讼案件，同时也向读者传达了知识产权保护及维权的解决方案：

（1）树立知识产权保护意识，增加培训学习的力度；

（2）制定切实有效的知识产权保护制度，并组建良好的团队，将知识产权保护措施落到实处；

（3）树立证据意识和收集整理证据的良好习惯，这一点笔者在代理本案过程中体会颇深。原告只是对侵权的现象不满，但对提起诉讼所需要的大量证据却无法提供。所以，代理此案的前期准备阶段，代理律师更多的是从事着收集整理各方面证据的工作，便于形成证据链取得好的判决结果。

（4）除证据充分外，展示证据的方法也很重要。表格法就是笔者代理成功的一次很好的尝试。将证据以表格的方式向两级法院的法庭展现，是这次成功代理案件并取得两级人民法院胜诉判决的有效方法。两级人民法院都将笔者对原告提交的全部证据的汇总表格，作为判决书的附件，与判决书一起装订成册并编排页码，这是对律师代理工作的高度肯定。

衷心期盼中国的知识产权保护环境纯净而阳光，人们善良而虔诚地尊敬知识和知识产权，敬畏法律犹如敬畏生命。

票据抗辩与切断之解构实证分析

□ 王国印[①]

【摘　要】在我国社会主义市场经济不断发展的背景下，商事主体之间的交易愈加频繁，支付结算的方式也不断更新，票据的高信任度与其极强的流通性，使得票据成为商品经济中的重要工具。为了保护票据当事人的交易安全和促进票据的流通使用，票据抗辩制度的建设就显得尤为重要。本文将对票据抗辩的概念进行辨析，将深入解构票据抗辩的类型、限制及例外情形，并通过不同的裁判案例进行观点分析，从而反窥现今的票据抗辩制度。

【关键词】票据抗辩；抗辩事由；抗辩限制

一、票据抗辩之概念辨析

根据《中华人民共和国票据法》第十三条第三款之规定："本法所称抗辩，是指票据债务人根据本法规定对票据债权人拒绝履行义务的行为。"可得知，票据抗辩是票据关系中的债务人基于合法的理由对抗债权人以免于履行票据义务的行为。因此，债务人行使抗辩权一定是为了保护自身的合法利益而阻止债权人行权的，该权利的行使有利于债权债务双方当事人的地位归于平衡。例如，B公司向A公司出售价值五十万元的设备，A公司为支付货款而向B公司签发了一张五十万元的汇票，汇票到期B公司提示A公司付款时，

---

① 王国印，男，河南人，硕士研究生学历，从事过教师、法官、公司法务职业；现为北京京师（海口）律师事务所党支部副书记、联合创始人、副主任。

A公司可以以B公司未交货为由拒绝付款。此时的A并没有获得相应的利益，如果没有票据抗辩这一防御手段，还要另外背负对B的票据债务，是不符合诚实信用和公平原则的。所以，抗辩权作为债务人保护自身权益的手段，法律赋予的范围越大，债务人受到的保护也越多。

票据法律行为作为民事法律行为的一种特殊表现形式，票据抗辩之于民法上的抗辩就必然有所不同。虽然两者都是债权人与债务人之间的请求抗辩关系，但在债权变动时两者的区别就趋于明显。根据《中华人民共和国民法典》第五百四十八条规定："债务人接到债权转让通知后，债务人对让与人的抗辩，可以向受让人主张。"简而言之，就是债务人对原债权人的抗辩可以向新债权人主张。民法上这种抗辩权的延续就会导致每经过一次债权转让，债务人就可以在前序抗辩的基础上再次增加抗辩，得以对抗所有的前序让与人和新的受让人，扩大了自身的保护范围，而债权人的持续轮换只能增加债权实现的风险。

与一般民事活动不同的是，票据交易活动具有极强的流通性，是商事主体之间效率较高的支付结算方式。如果采取前述民法上的抗辩模式，就会大大降低商事交易活动的效率，从而影响票据本身的流通。例如，A签发汇票给B，经银行承兑，B又将汇票转让给C，C又转让给D。此时银行作为承兑人则是主债务人，若银行对A的抗辩权经过多次转手后仍可以延续至D，又考虑到票据的无因性，D的债权实现的风险将大幅增加，从而导致商事主体不再使用票据进行交易，这显然不符合市场的要求。因此，票据抗辩本身需要增加一定的限制，这就是票据抗辩本身与民法上的抗辩的明显区别，关于票据抗辩的限制会在下文中展开分析。

二、票据抗辩之事由解构

票据抗辩根据所依据的事由不同，可分为对人的抗辩和对物的抗辩两类。

（一）对人的抗辩

人的抗辩又称主观抗辩或相对抗辩，是指基于票据义务人与特定票据权利人之间的一定关系发生的抗辩，抗辩只能对特定票据权利人主张。人的抗辩又能分为以下两类。

1. 任何票据义务人（承兑人）可以对特定票据权利人（持票人）行使的抗辩

当持票权利人失去实质上的受领能力时，持票人就不可以向任何的票据义务人主张付款，即持票人被依法宣告破产或其票据权利已经被法院扣押禁止付款时，债务人就可以依据该理由拒绝向无受领能力的债权人付款。同时，若持票人不是该票据上真实的权利人时，债务人也可以依此理由提出抗辩。

2. 特定的票据义务人（承兑人）可以对特定的票据权利人（持票人）行使的抗辩

（1）直接原因关系的抗辩。

虽然票据是无因证券，但在原因关系无效、不存在或者消灭的情况下，票据债务人可以对有直接原因关系的票据权利人提出抗辩。这也是票据无因性的唯一例外。例如，A公司向B公司签发一百万元以购买建筑材料，后汇票到期B公司提示A公司付款，A公司因检测到建筑材料质量出现严重瑕疵，拒绝向B公司付款。这就是A公司根据原因关系欠缺进行的抗辩。当然，如果B公司将汇票转让给了C企业，在不是恶意的情况下，A公司仍需向C企业付款。

（2）互负权利义务的直接当事人之间的抗辩。

票据债权人和票据债务人，存在另一直接法律关系，在该法律关系中，票据债务人已经履行了自身的义务，而票据债权人并未履行约定义务，票据债务人此时可以基于此关系提出抗辩。例如，A公司向B公司出具票面金额五十万元的汇票，经过银行的承兑，B公司又将票据转让给C企业，

C企业在汇票到期时提示银行付款。此前，C企业曾经向银行贷款一百万元，银行放贷后C企业并未预期偿还，这时银行就可以基于此关系对C企业抗辩。

（二）对物的抗辩

物的抗辩又称绝对抗辩或客观抗辩，是指基于票据这个物本身所做的，与票据当事人之间的关系并无关联，是票据义务人可以对任何票据权利人所作的抗辩。

1. 票据因记载内容欠缺或不符合而无效的抗辩

票据欠缺法定必要记载事项，或者有法定禁止记载事项的，金额大小写不一致，收款人名称、金额日期被变更等记载事项的问题因而导致票据无效时，票据债务人可以提出抗辩。要知道，票据本身就是需要严格界定的要式证券，只要欠缺了必须记载的事项或者记载了不得记载的事项都应认定为无效。自始无效的法律行为当然可以直接抗辩，无须特定的理由。

2. 票据权利已经灭失的抗辩

主张权利就必须有基础权利的存在，而经过提存或法院已经做出了除权判决的原票据权利就已灭失，失去了主张的事由。例如，在票据丢失后，法院经过公示催告程序作出除权判决，票据与权利发生分离，权利转移至除权判决书中，持有判决书的权利人才能向债务人请求付款，而意外获取到被除去权利票据的持票人请求付款时，债务人可以提出抗辩。

3. 以无民事行为能力人或者限制民事行为能力人欠缺票据行为能力所为签章无效的抗辩

因为前述行为人的行为能力不足，所作出的意思表示自然就不明确，在所谓的签章部分就应当认定为无效。此时无民事行为能力人或限制行为能力人的监护人可以因此向持票人提出抗辩。值得注意的是，前述行为人的签章所导致的票据无效只涉及自身所为的部分，并不及于整个票据，其他权利人向债务人主张付款时，债务人不能以此理由向债权人抗辩。

三、票据抗辩限制及其例外

前文提到票据抗辩和民法上抗辩区别的明显标志在于票据抗辩中具有一定的限制，也称为“票据抗辩的切断”。之所以要在票据抗辩中加以限制，就是为了阻断抗辩权的延续，以保护持票权利人利益、促进票据的市场流通，即抗辩理由不能随着票据的流转而流转。值得注意的是，票据抗辩的限制并不涵盖所有的抗辩事由，仅仅是指具有相对性即对人的抗辩的限制，不包括对物的抗辩。因为物的抗辩是基于票据本身的存在而发生的，是绝对的，可以对抗任何票据权利人，即无论转让到哪个持票人手中，都可以基于此事由抗辩。所以，票据抗辩的限制主要是指票据债务人不得以自己与出票人或持票人的任何前手之间的抗辩事由对抗持票人。

一是票据债务人不得以自己与出票人之间存在的抗辩事由对抗持票人。简而言之，就是无论票据债务人与出票人之间有何抗辩事由，都不能以此对抗持票人，除非是持票人与票据债务人之间存在直接的权利义务关系。例如，A公司为支付B公司的货款，其作为出票人签发了一张B公司为收款人的汇票，因为A公司在C银行的信用状况良好，C银行为A公司予以了承兑。汇票到达付款期限后，B公司向C银行请求付款，但遭到拒绝。理由为A公司在银行的账户上没有足额的款项。之后，B公司将C银行作为被告向人民法院依法提起诉讼。法院审理认为，C银行对该汇票予以承兑之后，理所当然地成为该汇票的主债务人，此时即使A公司与C银行没有资金关系，也应当先承担到期付款的责任。因此，B公司请求C银行付款时，银行理应支付应付金额，不得以A公司在其账户上存款不足为由拒绝付款。因为C银行对A公司之间是基于基础关系发生的抗辩，不能作为对抗B公司行使付款请求权的理由。C银行向B公司付款后可以向A公司追偿。

二是票据债务人不得以自己与持票人的任何前手之间存在的抗辩事由对抗持票人。简而言之，就是无论抗辩事由是欺诈还是通过其他违法途径取得票据的，只要持票人取得票据时不存在故意或重大过失，债务人对于持票人的前手的抗辩都不影响持票人行使权利。例如，A公司为支付B公司的货款，向B公司签发汇票，该汇票经过F银行的承兑，而后B公司将汇票转让给C厂商，C厂商又将汇票转让给D企业，又已知，C厂商在转让汇票前拖欠F银行的贷款未还。若此时的持票人为C厂商，F银行可以基于原因关系拒绝付款，但持票人D企业提示F银行付款时，F银行不得因C厂商拖欠贷款未还来抗辩D企业的权利请求。

票据抗辩的切断也存在相应的例外情形，即持票人如果是通过赠与、继承等未给付相应真实对价而取得的票据权利，不能优于前手；也就是说，义务人对于前手的抗辩理由，是可以抗辩持票人的。票据的流转一般都是通过商事交易活动进行的，其得以流转的关键就在于对方能给予与票据权利相当的对价。在公平交易的状态下，持票人所取得的票据权利是完全的、独立的，也就不会受到债务人的抗辩；而通过前述列举的行为是以无代价或不相当的代价取得的，持票人的票据权利也就承继前手的权利瑕疵，不能对抗债务人对前手的抗辩，这正是基于公平原则的考量而做出的规定。正如前段实例所举，假设C厂商将持有的汇票赠与D企业，D企业的票据权利也会因C厂商受到限制而被限制，此时F银行可以以C厂商拖欠贷款为由拒绝向D企业付款。

同样，恶意抗辩也是票据抗辩切断的例外情形。即持票人此时作为债权人是恶意的，明知存在抗辩事由还取得票据，损害债务人的利益，债务人就可提出称之为“债权人恶意的抗辩”，以保护其正当的权益。当然，债务人应承担对持票人恶意认定的举证责任。

四、票据追索中抗辩事由的实证判例与分析

（一）直接前手以基础合同/交易关系进行抗辩

案例1

（2022）甘0982民初1 330号追偿权纠纷案

2021年1月25日，某矿产公司作为出票人向某翔公司出具商业承兑汇票一张，汇票到期日为2022年1月25日，票据号码：×××，该汇票备注可再转让，承兑信息为：出票人承诺，本汇票请予以承兑，到期无条件付款。2021年1月28日，某翔公司将该汇票背书转让给某顺公司，某顺公司于2021年2月10日将该汇票背书转让给某艺公司，某艺公司又于2021年5月16日背书转让给某卫浴公司，某卫浴公司向某矿产公司提示付款时遭到拒付，某卫浴公司向某艺公司追索，某艺公司向某卫浴公司支付了100 000元追索款，某卫浴公司出具收据一份。某艺公司向某顺公司、某翔公司、某矿产公司追偿未果，故诉至法院。

法院认为，某艺公司向某顺公司追索时，某艺公司与某顺公司系直接前后手关系，某艺公司依据双方或者双方关联关系人之间的借贷关系取得票据，且庭审中双方均认可，某艺公司先后从某顺公司取得合计700 000元的汇票，是因双方之间存在370 000元借款以及相应利息，双方之间再无其他经济纠纷，且某艺公司并不清楚某顺公司2021年2月10日依借条给付其100 000元的汇票具体是哪一张，现某艺公司再无其他证据证实其已经向某顺公司完全支付票据金额即相应对价。因此某顺公司的抗辩，于法有据，应予采信，对某艺公司的诉讼请求，本院不予支持。

【评析】

根据《票据法》第十条之规定："票据的签发、取得和转让，应当遵循诚实信用的原则，具有真实的交易关系和债权债务关系；票据的取得，必须给付对价，即应当给付票据当事人认可的相对应的代价"，以及根据《票据

法》第十三条第二款之规定："票据债务人可以对不履行约定义务的与自己有直接债权债务关系的持票人，进行抗辩。"在持票人向直接前手追索时，如背书人与持票人之间存在基础合同关系，且在该关系中持票人存在履行瑕疵或不完全的情形，其可据此进行抗辩。

（二）票据债务人以背书不连续进行抗辩

案例2

（2022）鲁0402民初3643号票据付款请求权纠纷案

案涉票据为银行承兑汇票，出票人为枣庄某车辆有限公司，收款人为某汽贸易总公司。付款行为枣庄市农行某支行，汇票到期日为2010年1月8日，汇票"本汇票已经承兑，到期日由本行付款"处加盖农业银行汇票专用章。票据反面两处被背书人处分别是某汽车集团公司和某汽解放汽车有限公司，并加盖背书人签章。票据加附黏单，汇票和黏单的黏接处无签章，黏单第一个被背书人处空白，第二个被背书人处为华夏银行某分行，加盖的印章为四川省棉某集团有限公司财务专用章。原告四川棉某公司起诉农业银行返还其与未支付的票据金额相当的利益。

法院认为，本案汇票背书不连续，且存在黏单与汇票的黏接处无签章、黏单被背书人名字与签章不一致等不符合法律规定的情况。原告四川棉某公司主张其与四川省棉某集团绵阳纺织有限公司存在业务往来，并通过上述公司取得案涉汇票，但案涉汇票及黏单被背书人里亦无四川省棉某集团绵阳纺织有限公司，故原告四川棉某公司提供的证据无法证明其以其他合法方式取得案涉汇票，判决驳回了原告诉求。

【评析】

根据《票据法》第三十一条之规定："以背书转让的汇票，背书应当连续。持票人以背书的连续，证明其汇票权利；非经背书转让，而以其他合法方式取得汇票的，依法举证，证明其汇票权利。"所谓背书连续，是指在票据转让中转让汇票的背书人与受让汇票的被背书人在汇票上的签章依次前后衔接。持票人在追索时应核对、确保背书签章是否连续，而票据债务人遇持票人请求付款时，如背书不连续的，可直接拒绝付款，除非持票人另行提供凭证证明其为真实权利人，否则在诉讼中依旧可行使抗辩权。

（三）票据债务人以超出票据权利时效进行抗辩

案例3

（2022）辽0113民初10682号票据追索权纠纷案

被告毅某（沈阳）房地产开发有限公司于2021年2月1日向被告江苏南通某建集团股份有限公司出具电子商业承兑汇票一张，票据号码为230222102237520210201843621037，票据金额为200 000元，到期日为2021年8月1日，出票人及承兑人均为毅某（沈阳）房地产开发有限公司。被告江苏南通某建集团股份有限公司于2021年5月28日将案涉电子商业承兑汇票背书转让给原告。原告于2021年8月2日发起提示付款，于2021年8月6日被拒付，拒付原因为商业承兑汇票承兑人账户余额不足。

法院认为，案涉电子商业承兑汇票于2021年8月6日被拒付，原告于2022年11月3日提起本案诉讼，超过上述规定的六个月票据权利时效期间，故其对背书人江苏南通某建集团股份有限公司的追索权利因超过票据权利时效而消灭，对原告主张由被告江苏南通某建集团股份有限公司共同支付票据款的诉讼请求，不予支持。

【评析】

根据《票据法》第十七条之规定："（一）持票人对票据的出票人和承兑人的权利，自票据到期日起二年。见票即付的汇票、本票，自出票日起二年；（二）持票人对支票出票人的权利，自出票日起六个月；（三）持票人对前手的追索权，自被拒绝承兑或者被拒绝付款之日起六个月；（四）持票人对前手的再追索权，自清偿日或者被提起诉讼之日起三个月。"在主张票据权利过程中，法律规定的保护时效期限其实很短，远低于三年的普通债权诉讼时效，稍有不慎错过票据权利时效期间，则会产生“失权”的法律后果，无法直接向票据债务人主张票据权利。所以，企业在票据管理过程中，要建立票据付款提示跟踪制度，及时向出票人、背书人主张权利，避免错失主张票据权利的机会，而仅能请求利益偿还。

（四）持票人以票据贴现的方式取得票据

案例4

（2023）辽13民终81号票据追索权纠纷案

2020年11月25日，被告辽宁红山某科技有限公司自出票人深圳某材料设备有限公司处取得电子商业承兑汇票一枚，票据金额120万元，承兑人为深圳某材料设备有限公司，能否转让处注明：可再转让，承兑人在出票当日承兑：本汇票已经承兑，到期无条件付款。2020年12月4日，上述汇票由被告背书转让给原告广东某金属制品有限公司，同日原告支付被告1 021 333.33元。上述汇票最新票据状态显示：拒付追索待清偿。被告答辩称双方之间系民间贴现行为。

法院认为，根据已查明的事实可以认定双方之间系票据贴现行为，但票据贴现属于国家特许经营业务，合法持票人向不具有法定贴现资质的当事人进行贴现的行为无效，贴现款和票据应当互相返还，故被告应向原告返还贴现款1 021 333.33元，原告应向被告返还案涉汇票，如原告不能返还票据，则被告可以拒绝返还贴现款。

【评析】

根据《全国法院民商事审判工作会议纪要》第一百零一条之规定：“票据贴现属于国家特许经营业务，合法持票人向不具有法定贴现资质的当事人进行‘贴现’的，该行为应当认定无效，贴现款和票据应当相互返还。当事人不能返还票据的，原合法持票人可以拒绝返还贴现款。人民法院在民商事案件审理过程中，发现不具有法定资质的当事人以'贴现'为业的，因该行为涉嫌犯罪，应当将有关材料移送公安机关。”同时，根据《票据法》第十条第一款之规定：“票据的签发、取得和转让，应当遵循诚实信用的原则，具有真实的交易关系和债权债务关系。”因此，在检索所得的案件中，亦会以持票人通过贴现方式取得票据的理由进行抗辩，其核心也是在否定票据债务人与持票人之间存在真实合法基础合同关系，从而拒绝兑付相应的票据金额。

在我国，票据贴现属于国家特许经营业务，不具备资质的企业进行贴现，既无法有效主张票据权利，也存在涉嫌非法经营罪的风险。票据贴现是否构成非法经营罪实务中虽存在争议，但亦有法院认为从事承兑汇票的非法贴现行为，属于非法从事资金支付结算业务的行为，严重扰乱金融市场秩序，已构成非法经营罪。所以，在主张票据权利前应当慎重审核持票人持有票据的合法性，考察是否具备真实的交易基础以及是否存在贴现行为，避免出现上述法律风险。

五、票据抗辩切断及例外的实证判例与解析

（一）非出票人或直接前后手原因关系的不得抗辩

案例5

（2023）辽01民终2683号票据追索权纠纷案

2021年2月19日，某杰公司作为出票人签发电子商业承兑汇票2张，出票人开户银行均为招商银行股份有限公司某分行营业部，出票金额分别为50 000元和85 401.19元，收票人均为某通公司，票据可转让。2021年5月28日，某通公司将案涉2张汇票均背书转让给了沈阳某商贸有限公司，2021年6月1日，沈阳某商贸有限公司又将案涉2张汇票背书转让给了重庆某机械设备有限公司。2021年6月1日，重庆某机械设备有限公司又将案涉2张汇

票背书转让给了武汉市某阀门管件制造有限公司。2021年6月1日，武汉市某阀门管件制造有限公司又将案涉2张汇票背书转让给了原告。汇票到期后，原告提示付款被拒付，票据状态均为“提示付款已拒付（可拒付追索，可以追所有人）”。2022年8月11日，原告对华夏某通公司发起线上追索通知。

法院认为，票据债务人基于票据基础关系仅能够对与自己有直接债权债务人关系的持票人提出抗辩。本案华夏某通公司既非出票人，也不是持票人某元公司的直接前手，故此华夏某通公司以票据基础关系为由进行抗辩提出的上诉主张缺乏理据，不予支持。

【评析】

一般而言，票据具有无因性，即票据关系和基础关系之间是相互独立的，票据债务人只要将票据进行交付，持票人就可直接行使票据权利，无须证明票据取得的原因和效力，票据债务人不能以票据基础关系存在瑕疵或无效为由对抗持票人。但票据无因性也并非绝对，根据《票据法》第十三条第二款之规定：“票据债务人可以对不履行约定义务的与自己有直接债权债务关系的持票人，进行抗辩”，并结合《最高人民法院关于审理票据纠纷案件若干问题的规定（2020修正）》第十条之规定：“票据债务人依照票据法第十三条的规定，对与其有直接债权债务关系的持票人提出抗辩，人民法院合并审理票据关系和基础关系的，持票人应当提供相应的证据证明已经履行了约定义务。”

可知我国对除直接前后手关系的票据当事人抗辩进行了切断，即票据债务人不得以自己与出票人或持票人的任何前手之间的抗辩事由对抗持票人。作为票据债务人一方，在持票人请求付款时，要注意甄别自身在票据流通过程中的地位，如非直接的前后手基础关系，则无法就该缘由主张抗辩。而作为持票人一方，可在起诉时将出票人、背书人等多方或全体均列为被告，以更好地实现票据权利。

（二）持票人明知抗辩事由的恶意抗辩

案例6

（2022）新0104民初1602号票据追索权纠纷案

某信银行股份有限公司某分行与湖南某豹公司股份有限公司签订《电子银行承兑汇票承兑协议》承兑汇票数张，且某豹公司与某信公司签订《权利质押合同》质押包括涉案票据在内的汇票作为履行上述债务的担保。前述汇票的出票人为某驰公司。相关质押合同签订后，均在电子商业汇票系统中心进行了质押登记。上述合同签订后，某豹公司未按期交存票款，某信银行按该公司申请进行了垫付，并在付款后，向长沙市中级人民法院起诉要求某豹公司还款。双方在庭审中达成调解协议，法院出具了调解书，该调解书已生效。该案经强制执行未发现可供执行的财产，已裁定终结本次执行。执行终结后，某信公司提示某驰公司承兑被该公司拒付。

法院认为，某信银行在释放车辆合格证时即已知某驰公司已经付清全部货款，某豹公司应当在票据到期日前解付票据。此后某信银行仍与某豹公司签订质押合同取得质权，至票据到期申请兑付被拒付时，该行更明知某豹公司未实际履行解付义务。因此，某驰公司的抗辩成立。法院对某信银行的全部诉请不予支持。

【评析】

根据《票据法》第十三条第一款之规定："票据债务人不得以自己与出票人或者与持票人的前手之间的抗辩事由，对抗持票人。但是，持票人明知存在抗辩事由而取得票据的除外。"前述法律规定中票据抗辩切断的"明知抗辩事由"应理解为"恶意"，即持票人取得票据前清楚知晓票据债务人与其前手之间存在基础关系的抗辩事实。票据抗辩切断本意是为了更好地促进票据流通，从而限制票据债务人的利益抗辩，使善意持票人能够更快地取得票据价款。但是持票人仍应遵循诚实信用原则，不能在明知存在权利瑕疵的情形下仍向票据债务人请求付款。作为票据债务人，如能通过举证说明持票人存在恶意的可能，可一定程度上影响法官的裁判思路，从而取得票据抗辩切断的例外效果。

（三）无偿取得的票据权利不得优于其前手

案例7

（2014）沪一中民六（商）终字第207号票据追索权纠纷案

被告某厦公司于2012年6月6日签发并承兑一张商业承兑汇票，付款人为某厦公司，收款人为案外人上海某宁公司，金额为人民币1 000万元。后某宁公司将该汇票背书转让给了原告某州公司。某州公司于2012年12月14日提示付款，银行于当月18日以“账户已冻结，账户余额不足，证明有误”为由退回该汇票，遂涉讼。本案发生前，某宁公司法定代表人林某因涉嫌犯罪被判决，责令将涉案汇票退回某厦公司，但林某为归还其个人借款而向某州公司交付该汇票。

法院认为，某州公司因其无偿取得系争票据的行为，其票据权利不得优于前手，其前手某宁公司取得系争票据的行为已被认定为犯罪行为，且相关刑事判决亦以诈骗罪对林某处以刑事处罚，则某宁公司实际系基于欺诈取得系争票据，依照《票据法》第十二条第一款之规定，其不得享有相应票据权利。据此，应认定无偿取得系争票据的某州公司亦不得享有相应票据权利，故某州公司关于应实现其票据权利的主张，缺乏法律依据，不予支持。

【评析】

根据《票据法》第十条之规定：“票据的签发、取得和转让，应当遵循诚实信用的原则，具有真实的交易关系和债权债务关系。票据的取得，必须给付对价，即应当给付票据双方当事人认可的相对应的代价”，由此可知，在我国票据流通中票据的取得必须付出一定的对价，且与票面金额相当，才可继受完整的票据权利。而根据《票据法》第十一条第一款之规定：“因税收、继承、赠与可以依法无偿取得票据的，不受给付对价的限制。但是，所享有的票据权利不得优于其前手的权利。”即未支付相当对价或未出价而受让票据的持票人取得前手转让的权利存在瑕疵时，前手让与人原先的权利瑕疵仍然会覆压于持票人。票据债务人依旧可将对于前手的抗辩，延续对抗无偿取得票据的持票人，而不会随着票据权利的流转而切断，仍属于票据抗辩中切断的例外情形。在本案中，某宁公司作为某州公司的前手，是通过欺诈的方式取得的票据，其不享有票据权利，也就在票据流转的环节中被认定为无权处分人。而某宁公司法定代表人为偿还个人债务将无权处分的票据又无偿转付给了现持票人某州公司，某州公司继而也就没有优于前手的权利，仍会被票据债务人加以无权处分的抗辩，无法得到兑付票额的支持。

因此，企业在取得票据时尽量避免无偿受让，应与前手发生真实的基础交易，才可取得有效的票据权利。如取得票据时未支付相应对价的，应审慎核查前手取得票据时是否存在权利瑕疵，如存在欺诈、胁迫或其他恶意情形的，则存在无法优于前手而遭票据债务人抗辩拒付的风险。

六、结语

当今社会票据高度流通，票据交易愈加频繁，出现了各式各样的问题和风险。如随着大型房地产开发商融资与偿还债务的压力增大，交易中均存在房地产开发商商票逾期拒付或延期支付现象，商票承兑风险凸显，就是一个典型的缩影。企业在运营过程中是无法避免使用票据结算的。所以深入了解票据抗辩事由及切断的情形尤为重要，如发生真实的基础交易、背书应连续等，才可在票据追索过程中实现合法的票据权利。笔者通过检索不同观点的裁判案例汇总现今常见的票据问题，希冀能够为企业在票据管理和运营时予以警醒和建议。

疫情时代下船舶买卖合同纠纷中的法律问题

□ 祝向荣　周晓彬[①]　律师团队

【摘　要】诚实信用原则作为民法的基本原则，对合同的缔结、履行、解除等具有普遍的指导意义，合同解除权制度的构建亦应以诚实信用原则为基础，以维护交易的安全。合同解除权应受诚实信用原则约束，行使合同解除权时应尊重对方利益，保护正当的信赖原则，维护法律关系中各方当事人的利益平衡。行使解除权时亦应根据诚实信用原则，考虑违约的原因与程度而受到适当限制，以维护双方权利义务的平衡。此外，双方应当依约继续履行合同，在继续履行合同过程中，双方均应严格遵守诚实信用原则和公平原则，充分考虑在疫情形势下各方客观上均存在的利益损失，通过充分协商，合理合法地解决游艇价格及交付等问题，切忌漫天要价以及一切不符合实际的想法，公平合理、诚实信用地去解决双方的纠纷。

【关键词】船舶买卖；合同解除权；诚实信用原则；情势变更

一、案情介绍

2021年4月19日，甲、乙、丙与某船舶公司签订游艇《销售合同》，约

① 祝向荣，北京京师（海口）律师事务所名誉主任、民商事法律事务部主任。专注于民商事、房地产、仲裁等领域。
周晓彬，北京京师（海口）律师事务所律师，法学硕士。专注于民商事诉讼、公司法律服务等领域。

定由某船舶公司向甲、乙、丙销售三艘由其生产的双体游艇（每艘荷载12人，白色一艘、蓝色一艘、粉色一艘），总价款330万元（110万元/艘）。同日，甲、丁又与某船舶公司签订游艇《销售合同》，约定由某船舶公司向甲、丁销售两艘由其生产的游艇（每艘荷载12人，蓝色一艘、粉色一艘），总价款220万元（110万元/艘）。上述两份合同约定：合同签订同时买方向卖方支付合同货款30%的船款；模具完工，验收合格后，所造第一艘双体游艇完工后再付50%船款；余款在第五艘双体游艇运输发车前一次性付清，游艇交付时间为2021年10月19日前。双方对违约责任以及其他事项也进行了约定，合同第六条第一款明确约定：迟延交货超过90天的，买方有权解除合同，因迟延交货导致买方解除合同的，卖方应向买方返还买方已交付的全部船款，并向买方支付双倍船款总金额作为赔偿。上述两份合同签订后，甲通过其个人的银行账户分别于2021年4月18日、4月19日、10月27日向某船舶公司付款80万元、85万元、100万元，共计265万元。但某船舶公司并没有按照合同约定的进度生产游艇，甲、乙、丙、丁方多次联系某船舶公司催促其尽快完工，某船舶公司却以材料、人工费涨价为由提高价格。甲、乙、丙、丁与某船舶公司多次就游艇的生产及交付事宜进行沟通协商，均未果。甲、乙、丙、丁认为，甲、乙、丙、丁已按照合同约定支付了相应购船款，某船舶公司却未能在2021年10月19日交付游艇，违反了合同约定。某船舶公司延迟交付游艇的行为已构成违约，根据双方约定解除合同的条件已经成就，而且游艇的飞桥上原定为玻璃钢支撑现改为不锈钢，沙龙和飞桥上没有桌子和椅子，与双方原先约定严重不符。因此，在某船舶公司已构成违约的情况下，甲、乙、丙、丁有权依据约定解除合同。

某船舶公司辩称：合同约定的解除条件未成就，甲、乙、丙、丁不享有依照合同约定解除合同的权利。

首先，虽然合同约定的交货时间为2021年10月19日，但疫情导致某船舶公司未能依约交付游艇后，甲、乙、丙、丁于2021年10月27日又向某船舶公司支付了100万元款项。某船舶公司认为，此系甲、乙、丙、丁对继续履行合同的明确意思表示，是事实上的合同变更行为，即甲、乙、丙、丁均知晓因疫情导致某船舶公司迟延履行合同的实际情况，并对合同约定的交货日期予以变更。因变更后双方未对具体交货日期进行明确规定，也未对交货期限进行明确限制，故合同中就迟延交货约定的违约条款不能适用变更之后的情形，甲、乙、丙、丁更不能据此主张解除合同。此外，结合甲、乙、丙、丁提供的证据（微信聊天记录），也可以看出甲作为甲、乙、丙、丁与某船舶公司联络的代表或联络人，在与某船舶公司微信通信的过程中，其从未提及有解除合同的意思表示。直至2022年5月18日，在甲与某船舶公司的微信聊天记录中，其仍无解除合同的意思表示，而是询问游艇的建造进度，这更能证明甲、乙、丙、丁对案涉合同依旧持续履行的意愿。同时，微信聊天记录中还显示：某船舶公司已经告知甲，游艇已经建造完毕，并要求甲、乙、丙、丁配合验收工作。即在游艇建造完毕之前，甲、乙、丙、丁从未告知某船舶公司解除合同，而是在疫情原因消除且某船舶公司已经积极履行完毕合同项下全部义务后，要求解除合同并返还款项，明显违背了诚实信用原则。

其次，某船舶公司虽然未能在合同约定的履行期间内交付游艇，但并非由某船舶公司自身原因所导致。而是受案涉游艇发动机的生产厂家受当地疫情停工停产的影响，无法依照双方的约定按时完成发动机的交付，致使某船舶公司的游艇交付时间也无法依照合同约定完成。当生产厂家于2021年11月27日将发动机送至某船舶公司后，某船舶公司已经尽可能地加紧建造案涉游艇，并于2022年3月将所有游艇建造完毕。由于目前符合案涉游艇160匹马力发动机的制造厂家除该公司外，无法找到可替代厂家进行制造，而发动机又是案涉游艇的核心部件，亦是建造完整游艇首要安装部件。因此，某船舶公司只能等待该公司当地疫情过后，并将发动机运抵后，在合理的期间内加紧建造。由于新冠疫情属于不可抗力因素，某船舶公司认为其并未有主观上消极履行合同的行为，更没有对案涉合同无法履行的意思表示。

最后，甲、乙、丙、丁起诉解除合同时，某船舶公司已经履行完毕合同主要义务，案涉游艇已经建造完毕，此时甲、乙、丙、丁要求解除案涉合同明显不符合法律规定的解除情形。而某船舶公司认为，合同解除权应受诚实信用原则约束，行使合同解除权时应尊重对方利益，保护正当的信赖原则，维护法律关系中各方当事人的利益平衡。诚实信用原则作为民法的基本原则，对合同的缔结、履行、解除等具有普遍的指导意义，合同解除权制度的构建亦应以诚实信用原则为基础，以维护交易的安全。行使解除权时亦应根据诚实信用原则，考虑违约的原因与程度而受到适当限制，以维护双方权利义务的平衡。

二、一审法院查明

2021年4月19日，甲、乙、丙与某船舶公司签订游艇《销售合同》一份，约定由某船舶公司向甲、乙、丙销售三艘由其生产的双体游艇，每艘游艇的价款为110万元，总价款为330万元。同日，甲、丁又与某船舶公司签订游艇《销售合同》一份，约定由某船舶公司向甲、丁销售两艘由其生产的双体游艇，每艘游艇的价款为110万元，总价款为220万元。以上两份《销售合同》涉及的五艘游艇的总价共计550万元。两份合同除签订主体和购买游艇的数量不一样之外，合同的其他内容完全一致。上述两份合同还主要约定了以下内容：（1）合同签订同时，甲、乙、丙、丁向某船舶公司支付合同货款30%的船款；模具完工，验收合格后，所造第一艘双体游艇完工后再付50%船款；余款在第五艘双体游艇运输发车前一次性付清。（2）游艇交付时间为2021年10月19日前。（3）两份合同的第六条第一款对迟延交货的违约责任约定为：某船舶公司迟延交付标的物的，每迟延一天，应当向甲、乙、丙、丁支付迟延交付标的物合同价款8%的违约金；迟延超过90天的，甲、乙、丙、丁有权解除合同，因迟延交货导致甲、乙、丙、丁解除合同的，某船舶公司应向甲、乙、丙、丁返还其已交付的全部船款，并支付双倍船款总金额作为赔偿。（4）两份合同的第六条第三款对迟延付款的违约责任约定为：原告迟延交付货款的，每迟延一天，应当向某船舶公司支付迟延付款金额8%的违约金，不可抗拒（战争、疫情、海啸）的情况除外。（5）合同履行期间，遇到原材料涨价或者商品调价，某船舶公司提前半个月发函通知买方，最终价格调整须经双方协商，作出补充规定，补充规定与本合同具有同等效力。上述两份合同签订后，原告通过其个人的银行账户分别于2021年4月18日、4月19日、10月27日向某船舶公司付款80万元、85万元、100万元，共计265万元。

某船舶公司在建造案涉五艘游艇的过程中，于2021年4月21日与珠海某游艇设计有限公司（以下简称“珠海某游艇设计有限公司”）签订《12.58米 ×5.18米双体游艇设计合同》，约定某船舶公司委托珠海某游艇设计有限公司设计一艘双体游艇，设计费用为108 000元。该公司于2021年5月完成设计。某船舶公司为证明以上事实，向一审法院提交了《12.58米 ×5.18米双体游艇设计合同》以及珠海某游艇设计有限公司完成的设计图纸。

2021年6月19日，某船舶公司与生产厂家签订《工业品买卖合同》，约定某船舶公司向大连某公司购买10台WP3NY160-30E220艇用发动机，单价为5万元，于合同生效之日起60个工作日内交货。合同签订后，由于发动机的生产厂家受当地疫情影响，导致生产周期延长和物流发货延迟，无法按时交货，最终交货日期为2021年11月27日。某船舶公司为证明上述事实，向一审法院提交了《工业品买卖合同》、大连某公司出具的《WP3N艇用发动机延期交货说明》、扬州市新冠疫情防控工作指挥部于2021年7月31日、9月9日分别发布的疫情防控通告。

2021年6月30日，某船舶公司与某齿轮公司签订《产品销售合同》，约定某船舶公司向大连某公司购买10台HCQ100/2.54：1船用齿轮箱，单价为2.75万元，于2021年9月5日交货。合同签订后，因受疫情影响，制造周期延长，配件交付延后，于2021年11月起准备从杭州发货，但当地疫情导致物流延迟、停运，交货期最终为2021年12月9日。某船舶公司为证明以上事实，向一审法院提交了《产品销售合同》以及公司出具的书面说明。

2022年3月22日，案涉五艘游艇全部同时建造完毕。在履行案涉合同过程中，由于建造游艇的原材料涨价，双方当事人于2021年6月通过协商，同意五艘游艇共计增加20万元，以补充材料上涨的差价。2022年5月，某船舶公司又向原告方提出每艘游艇的价格在原合同的基础上再增加60万元，但双方未能达成一致意见。2022年8月11日，某船舶公司委托律师向原告方发出《律师函》，要求原告方于收到《律师函》5日内支付尚欠的合同价款285万元，以及因材料涨价应再支付每艘游艇742 044.6元，否则，某船舶公司将自行处置案涉游艇。双方对游艇的涨价问题最终未能达成一致意见，原某船舶公司至今未办理案涉游艇的交付手续。

三、法律焦点

本案系船舶买卖合同纠纷，案涉合同是当事人的真实意思表示，未违反法律、行政法规的效力性强制规定，两份合同合法有效。本案合同履行过程中，某船舶公司延期交货，已构成违约。根据双方的诉辩意见，双方争议的焦点问题为：案涉两份合同是否应当解除？某船舶公司应否承担违约责任？

原告认为，某船舶公司迟延交付游艇已超过90日，已构成违约，按照合同约定其可以行使约定解除权，并要求某船舶公司承担违约责任。某船舶公司则认为，原告在合同约定的交货期限届满后，仍然于2021年10月27日继续向某船舶公司支付100万元款项，是原告继续履行合同的明确意思表示，是事实上的合同变更行为，即对交货期限进行了变更。同时，疫情导致某船舶公司迟延交货，应适用不可抗力免责原则。故案涉合同不具备解除条件，某船舶公司不应承担违约责任，双方应当继续履行合同。

四、一审法院裁判

一审法院对双方争议的问题，分析如下：

首先，合同的解除分为约定解除和法定解除两种。但无论是按约定解除合同，还是依法定解除合同，其前提都应当要符合违约导致“合同的目的无法实现”这一要件，即“不能实现合同的目的”是合同解除的实质性条件。“不能实现合同的目的”的判断标准是违约结果的客观严重性，即是否实际剥夺了债权人履行利益，使得当事人订立合同所追求的履行利益不能实现。本案中，原告虽称“合同的目的无法实现”，但其并未举出实据予以证实。相反，本案合同涉及的五艘游艇现已全部建造完毕且已符合交付的条件，并不会导致原告“订立合同所追求的履行利益不能实现”。

其次，纵观本案的全部证据和事实，在合同约定的交货期限届满后，原告仍然向某船舶公司支付款项，某船舶公司也积极组织采购相关配件继续建造游艇，且在双方的微信聊天记录中并无解除合同的意思表示，原告也并未行使合同解除权。即在本案游艇建造完毕后直至原告起诉前，双方本意仍然是继续履行合同，双方以事实行为实际变更了合同原约定的交货期限，故对某船舶公司主张合同期限变更的观点，一审法院予以采纳。

再次，《全国法院民商事审判工作会议纪要》（法〔2019〕254号）第四十七条规定：“合同约定的解除条件成就时，守约方以此为由请求解除合同的，人民法院应当审查违约方的违约程度是否显著轻微，是否影响守约方合同目的实现，根据诚实信用原则，确定合同应否解除。违约方的违约程度显著轻微，不影响守约方合同目的的实现，守约方请求解除合同的，人民法院不予支持；反之，则依法予以支持。”该规定表明，即使当事人在合同中对解除事由约定明确具体且事由已经实际发生，对合同约定解除仍有必要加以限制，人民法院应对违约行为严重程度主动审查，必须审视违约行为是否导致合同目的的落空。因此，关于本案合同目的能否实现问题，前述已经论及，在此不再赘述。

最后，《最高人民法院关于依法妥善审理涉新冠疫情民事案件若干问题的指导意见（二）》（法发〔2020〕17号）第一条规定：“疫情或者疫情防控措施导致当事人不能按照约定的期限履行买卖合同或者履行成本增加，继续履行不影响合同目的实现的，当事人请求解除合同的，人民法院不予支持。”2019年至2022年，全国各地受新冠疫情影响，对社会生产造成了极大冲击，这是众所周知的事实。本案中，疫情原因是某船舶公司生产和交货迟延的主要原因，而疫情准用不可抗力免责原则已为最高人民法院的相关司法文件予以明确。依据该指导意见精神，原告主张合同解除，显然不应得到支持。

综上，本案的违约情形并未导致“不能实现合同的目的”，不符合解除合同的条件。同时，本案疫情原因准用不可抗力免责原则，某船舶公司不应承担违约责任。

此外，双方应当依约继续履行合同，在继续履行合同过程中，双方均应严格遵守诚实信用原则和公平原则，充分考虑在疫情形势下各方客观上均存在利益损失，应通过充分协商，合理合法地解决游艇价格及交付等问题，切忌漫天要价以及一切不符合实际的想法，公平合理、诚实信用地去解决双方的纠纷。因此，一审法院判决驳回了原告甲、乙、丙、丁的诉讼请求。

五、二审法院调解

甲、乙、丙不服一审法院作出的判决，依法提起上诉，经二审法院主持调解，当事人自愿达成如下协议：

（一）双体游艇价格

1.案涉5艘游艇合同单价为110万元，因游艇增项，最终某船舶公司、甲、乙、丙、丁协商确定案涉5 艘游艇单价为142. 5万元。某船舶公司不得再以任何理由提高案涉5艘游艇建造单价。

2.某船舶公司已收到案涉5艘游艇甲、乙、丙、丁已付进度款265万元，其中甲已付106万元、乙已付53万元、丙已付53万元、丁已付53万元。

3.截至补充和解协议签订之日，甲、乙、丙、丁尚有应付某船舶公司购游艇款447.5万元未付。甲、乙、丙、丁须在补充和解协议签署后7个工作日内（含签署之日），将尚欠付某船舶公司447.5万元游艇建造费用中的200万元支付至某船舶公司指定银行账户。其中甲应付80万元、乙应付40万元、丙应付40万元、丁应付40万元。

4.甲、乙、丙、丁应在某船舶公司办理完毕案涉5艘游艇适航检验，取得案涉5艘游艇适航证书后7个工作日内（含游艇适航证书取得之日），将游艇尾款247.5万元一次性支付至某船舶公司指定银行账户，其中甲应付99万元、乙应付49.5万元、丙应付49.5万元、丁应付49.5万元。

（二）补充和解协议的履行

1.因补充和解协议所涉及的案涉五艘双体游艇目前属于被甲、乙、丙、丁申请查封状态。甲、乙、丙、丁已知晓，如不能解除对案涉5艘游艇的查封，某船舶公司将无法对游艇进行适航测试继而取得适航证书。为保证游艇能够顺利适航取得适航证书，甲、乙、丙、丁需负责完成向某法院解除案涉5艘游艇的查封工作。

2.某船舶公司承诺，甲、乙、丙、丁将补充和解协议第一笔200万元购游艇款交付完毕且案涉5艘游艇因本案的诉讼保全查封解除后，30个工作日内为甲、乙、丙、丁办理5艘双体游艇的适航证书（解封裁定书送达某船舶公司后次日开始计算），办理证书的所有费用由某船舶公司承担。

3.甲、乙、丙、丁除需负责案涉5艘游艇在本案中已被诉讼保全的解封工作外，还应当积极履行某船舶公司为甲、乙、丙、丁取得适航证书过程中所需的必要配合工作，如参加适航检验，船舶适航证书的签字等应由甲、乙、丙、丁完成的必要程序。如甲、乙、丙、丁确有特殊原因无法配合，可委托某船舶公司予以代理，但必须由甲、乙、丙、丁办理的事项除外。

4.甲、乙、丙、丁已知晓5艘双体游艇需办理适航证书、船舶所有权登记证书以及船舶国籍证书方能正常使用，但甲、乙、丙、丁根据自身需要承诺仅需某船舶公司办理游艇的适航证书即可，船舶所有权登记证书以及船舶国籍证书由甲、乙、丙、丁自行办理，与某船舶公司无关。待某船舶公司完成5艘双体游艇适航证书的办理后，甲、乙、丙、丁应与某船舶公司共同签署游艇交接书。

5.经某船舶公司与甲、乙、丙、丁协商，由某船舶公司负责为案涉5艘游艇分别加装（未在设计图纸范围内的）不锈钢扶手一套、船尾跳板一副。

6.游艇的运输缘由甲、乙、丙、丁负责，某船舶公司应积极配合甲、乙、丙、丁对案涉5艘游艇的运输工作。现协商，某船舶公司厂房至旅顺口区港口的运输工作由某船舶公司负责，所涉及的费用某船舶公司、甲、乙、丙、丁约定为1.2万元/艘，该运输费不在补充和解协议约定的447.5万元内，甲、乙、丙、丁需要在自提游艇前支付给某船舶公司。某船舶公司确保收到全额运输费用后，负责将游艇运输至旅顺口区港口吊装所需位置（不负责向拖船上吊装的工作）并负责游艇因运输、吊装所需的底部固定辅助设备以及因运输至旅顺港需要对游艇飞桥的拆卸与安装工作。

7.某船舶公司承诺质保期以案涉5艘游艇的适航证书记载的发证日期为质保期起始时间，质保期为一年。

（三）游艇的登记

1.由于甲、乙、丙、丁均系某船舶公司履行游艇交付义务的权利人，因此经甲、乙、丙、丁协商一致将案涉5艘游艇的权利作出明确划分以便某船舶公司办理相关登记手续。

2.甲名下登记2艘、乙名下登记1艘、丙名下登记1艘、丁名下登记1艘。

3.甲、乙、丙、丁承诺，无论甲、乙、丙、丁将游艇所有权人登记记载于任何自然人或企业法人名下，甲、乙、丙、丁需积极配合某船舶公司办理游艇适航证书时所需要的材料（包括但不限于依照中国船级社的要求提供船舶所有人有效身份证明，船舶所有人到达现场配合适航工作）。如因甲、乙、丙、丁未能合理配合某船舶公司的工作，导致案涉5艘游艇的适航证书不能及时下发（超过双方约定的一个月时限），由甲、乙、丙、丁自行承担责任，某船舶公司不承担任何责任。

（四）违约责任

1.某船舶公司应依照协议履行取得案涉5艘游艇适航证书的适航工作，如因某船舶公司自身原因，未能在约定期限内办理完成并取得案涉5艘游艇的适航证书，某船舶公司承诺自违约次日起以甲、乙、丙、丁已付款项为基数每日按贷款市场报价利率的4倍向甲、乙、丙、丁支付损失，计至案涉5艘游艇实际取得适航证书之日，并赔偿甲、乙、丙、丁已付款项5%的违约金。

2.甲、乙、丙、丁知晓补充和解协议确定的游艇价格系某船舶公司作出足够让步继而得到双方确认。如甲、乙、丙、丁在协议约定的两次付款时间内存在欠付或未能全额支付款项的情况，则某船舶公司有权单方面与未能完全付款的甲、乙、丙、丁解除双方就相对游艇的销售合同，针对未完全履行付款义务的甲、乙、丙、丁适用定金罚则条款。

3.如甲、乙、丙、丁未能依照补充和解协议完全履行付款义务，某船舶公司有权依据双体游艇的实际建造价格，向未能完全履行付款义务的甲、乙、丙、丁主张自2022年4月1日起，以LPR的4倍向违约方主张已付款项和全额款项之差的付款违约责任及其他违约责任（包括但不限于总款项5%的违约金、游艇建造款、迟延付款违约金以及某船舶公司其他实际损失）。

（五）其他约定

1.某船舶公司、甲、乙、丙、丁均认可，补充和解协议所列款项依照协议履行完毕后，各方均不得再以协议项下的5艘双体游艇为由向对方主张任何权利。如一方违约，另一方有权依照第四条违约责任的约定主张权利。

2.补充和解协议未尽事宜，原则上根据原有合同约定履行，合同未约定的应当遵守交易习惯确定履行方式。

3.某船舶公司、甲、乙、丙、丁如对补充和解协议履行出现问题，应协商解决，协商不成的可依补充和解协议向有管辖权的人民法院申请强制执行。

4.补充和解协议系某船舶公司、甲、乙、丙、丁多主体共同确认，一经签署对补充和解协议所列各主体均产生法律效力。

六、律师视角

本案经过一审、二审阶段，最终得到双方和解的结局，也是在疫情时代下各方乐见其成的结果。在此案件中，律师有以下感悟。

（一）涉案的船舶买卖合同具备解除条件，应当予以解除

首先，原告与某船舶公司双方签订的涉案游艇《销售合同》系双方当事人的真实意思表示，未违反法律、法规的强制性规定，内容合法有效，具有法律效力，双方应依约履行。根据合同第二条第三款的约定：合同签订同时，买方向卖方支付合同货款30%的船款，模具完工，验收合格后，所造第一艘双体游艇完工后再付50%船款，余款在第五艘双体游艇运输发车前一次性付清。合同第四条约定游艇交付时间为2021年10月19日。本案中，原告已向某船舶公司支付了购船款265万元，已经按时足额地支付了合同约定应当支付的进度款，支付金额已经远远超出约定金额。而某船舶公司却未能在2021年10月19日交付游艇，截至目前延迟交付整整一年有余，违反了合同约定，某船舶公司延迟交付游艇的行为已构成违约。根据合同第六条第一款关于迟延交货的违约责任明确约定迟延交货超过90天的，买方有权解除合同，故解除合同的条件已经成就（约定解除权）。

其次，某船舶公司存在重大违约行为，且经原告多次催告仍拒不履行，符合法定解除的情形。原告多次联系某船舶公司催促其尽快完工，某船舶公司却以材料、人工费涨价为由提高价格，双方进行沟通协商均未果，某船舶公司作为专业的造船厂家应当对原材料及人工费的涨幅具有预见能力。在合同履行期间，原材料价格上涨属于正常的商业风险，这种价格变化并不属于合同的基础条件发生了合同订立时无法预见的重大变化，并非不可抗力或者

情势变更，更不能以此作为延迟交付的法定理由。

（二）某船舶公司存在迟延交付的违约行为，应向原告返还船款及赔偿款

某船舶公司延迟交付系违约行为，应向原告返还已支付的265万元船款及相应利息，并向原告支付已付船款总金额的双倍赔偿款530万元。按时交付游艇本是某船舶公司的义务，某船舶公司未按合同约定交付游艇违背了诚实信用原则，属于违约行为，而某船舶公司当庭的抗辩理由既不符合法律规定、合同约定，也不符合社会道德。根据合同第六条第一款关于迟延交货的违约责任约定，因迟延交付导致买方解除合同的，卖方应向买方返还买方已交付的全部船款，并向买方支付双倍船款总金额作为赔偿。根据《最高人民法院关于审理买卖合同纠纷案件适用法律问题的解释》第二十条的规定："买卖合同因违约而解除后，守约方主张继续适用违约金条款的，人民法院应予支持。"故原告诉请要求某船舶公司返还已付的265万元船款、利息及双倍赔偿款530万元具有事实和法律依据。

（三）原审判决对被上诉人存在根本性违约的事实只字不提，是对被上诉人违约行为的偏袒

被上诉人存在严重的违约行为，原审判决认定事实错误，造成"审非所诉"的局面，对上诉人极不公平。在原审的判决书中法院对事实认定部分，原审法院未对被上诉人的违约行为进行详尽说明及认定，对被上诉人的根本性违约行为只字不提，明显有意偏袒被上诉人，实属认定事实错误。一审判决驳回甲、乙、丙的诉讼请求明显不公正、不合理。双方签订的涉案游艇《销售合同》第四条明确约定游艇交付时间为2021年10月19日，第六条第一款明确约定：迟延交货超过90天的，买方有权解除合同，因迟延交付导致买方解除合同的，卖方应向买方返还买方已交付的全部船款，并向买方支付双倍船款总金额作为赔偿。涉案游艇《销售合同》经双方平等协商，是双方真实意思表示，并未违反相关法律法规规定，故合法有效，所列条款应得到双方的严格遵守。一旦签订合同，就必须遵守民事行为的准则即诚实信用原则。

在履行案涉合同过程中，被上诉人告知上诉人建造游艇所需的原材料已采购完毕存放于仓库中，由于建造游艇的原材料涨价，被上诉人提出需要上调价格，双方于2021年6月通过协商一致同意五艘游艇共计增加20万元，以此补充原材料上涨的差价。而让上诉人始料未及的是，2022年5月被上诉人又向上诉人提出每艘游艇的价格在原合同的基础上再增加60万元，因为如上所述双方已经就建造游艇的原材料涨价增加过一次费用，故上诉人对于被上诉人在不到一年的时间内再次提出每艘游艇60万元如此之高的涨价非常不能理解，双方对此协商因分歧过大并未能达成一致意见。

被上诉人在双方已就因原材料涨价提高游艇的价格达成过一致的前提下，再次狮子大开口，并在未能协商达成一致的情况下，没有依约交货且至今尚未交货的行为已经严重违背了合同的约定和双方2021年6月协商同意五艘游艇共计增加20万元时的承诺，毫无诚信可言，已构成根本违约。更加匪夷所思的是，2022年8月11日，被上诉人在双方未就二次涨价达成一致的前提下委托律师向上诉人发出《律师函》，载明要求上诉人在收到该《律师函》5日内支付285万元以及因材料涨价应再支付每艘游艇742 044.6元，否则被上诉人将自行处置案涉游艇。这封《律师函》恰恰证明了被上诉人漫天要价、无意履行合同且妄图毁约的真实意愿，其根本性违约的意图已暴露无遗，实属典型的恶人先告状。被上诉人的这一根本性违约，致使上诉人在长达一年多的时间里不能向客户提供服务，进而无法开展正常的游艇业务。

（四）本案不存在双方以事实行为变更合同原约定的交货期限的情形，原审判决对此认定错误，应当查清事实，依法改判

双方并未变更合同约定的交船日期（2021年10月19日）而是被上诉人在约定的交船日期逾期之后，其承诺可以马上履行交船义务，故上诉人才于

2021年10月27日（与约定交付游艇的时间仅仅相差一周）支付100万元船款给被上诉人。上诉人基于听信了被上诉人的口头承诺，相信其能在约定交付游艇的时间延后半个月交付游艇的前提下从而支付了该100万元的船款，在此期间双方对游艇的价格不存在争议，故上诉人支付100万元船款不构成继续履行合同的意思表示，更不存在以事实行为变更合同原约定的交货期限的情形。

根据《中华人民共和国民法典》第五百四十三条规定："当事人协商一致，可以变更合同。"由此可见，合同内容的变更，必须由当事人协商一致，任何一方未经过对方同意，擅自变更合同内容的，不但不具有法律约束力，而且会构成违约。而本案中双方并没有对约定的交船日期进行变更，原审判决仅凭主观判断进行认定有违一般生活及认知经验。原审法院完全忽略了双方约定的交货期限，在未查清事实的基础上径直作出错误认定，严重损害了上诉人的合法权益。

（五）涉案的五艘游艇并未全部建造完毕尚不符合交付的条件，原审判决对该事实的认定未以客观事实为依据，仅凭主观臆断

交通运输部《游艇安全管理规定》第四条规定，游艇应当经船舶检验机构按照交通运输部批准或者认可的游艇检验规定和规范进行检验，并取得相应的船舶检验证书后方可使用。因此，现实游艇买卖中卖家需办理中国船级社航证书才能把游艇交付给买方。本案中，在合同订立至今长达近两年的时间里，涉案的五艘游艇仍未建造完毕也未办理游艇适航证书，不具备履行合同的前提条件。《销售合同》的合同目的为通过签订合同转移游艇所有权及游艇所有权转移后能用于正常经营。而现实是涉案的五艘游艇未建造完成无法出海航行；未办理游艇适航证书，没有适航证书就无法办理国籍证书和所有权证书。证件不齐不具备交付的前提条件。无法实现游艇所有权交付，更不可能实现所有权转移后的正常经营，上诉人的合同目的无法实现，即上诉人订立合同时所追求的履行利益不能实现，故被上诉人的违约行为已构成根本性违约，涉案销售合同应当解除，被上诉人应当按照合同约定的违约责任条款来承担违约责任。

（六）涉案的船舶买卖合同具备解除条件，完全符合约定和法定解除的情形，应当依法予以解除

首先，截至目前被上诉人延迟交付游艇已经整整一年有余，违反了合同约定，被上诉人延迟交付游艇的行为已构成严重违约。根据《销售合同》第六条第一款关于迟延交货的违约责任明确约定，卖方迟延交货超过90天的，买方有权解除合同，故解除合同的条件已经成就（约定解除权）。

其次，被上诉人存在重大违约行为，且经上诉人多次催告仍拒不履行交付游艇义务，符合法定解除的情形。上诉人多次联系被上诉人催促其尽快完工，被上诉人却以材料、人工费涨价为由肆意提高价格，被上诉人单方面要求每艘游艇单价增加742 044.6元，即上诉人一审提供的律师函足以证实的行为已然违反《销售合同》的约定，被上诉人作为专业的造船厂家应当对原材料及人工费的涨幅具有预见能力。在合同履行期间，原材料价格上涨属于正常的商业风险，这种价格变化并不属于合同的基础条件发生了合同订立时无法预见的重大变化，并非不可抗力或者情势变更，更不能以此作为延迟交付的法定理由。被上诉人无故增加游艇的价格实际上剥夺了上诉人签订涉案合同期望得到的利益，从而导致了合同无法履行，被上诉人的违约行为造成违约结果的客观严重性，导致上诉人订立合同时所追求的履行利益不能实现，完全符合法定解除的情形。

最后，被上诉人在一审庭审中辩称因上诉人不配合其进行船检工作而导致延迟交付的结果与事实严重不符，违背诚实信用原则。被上诉人一审当庭陈述第一艘游艇于2022年3月才完工，完工时间本身已经足足晚于合同约定交付游艇的时间（即2021年10月19日）半年有余，进一步印证了被上诉人迟延生产、迟延交付游艇的违约行为。故被上诉人迟延交付游艇行为存在违约，经上诉人多次催告仍未交付，符合法定解除的情形。

（七）原审判决适用未考虑客观事实而机械适用法律，违背了适用法律应以事实为依据的根本原则，应予以纠正

被上诉人提供的第一、第二组证据（被上诉人与第三人公司签订的《设计合同》《工业品买卖合同》《前进齿轮销售合同》）无法证明所指的船舶配件就是用于建造案涉的船舶，无法确认是否与案涉船舶有关联，不能单独作为本案的定案依据。同时，被上诉人也未提供大连当地因疫情而静态管理或企业停工停产的相关通知，并不能直接证明被上诉人因疫情（不可抗力）而享有延迟交付游艇的法定事由。

2020年1月疫情暴发，而双方是于2021月19日签订涉案游艇《销售合同》，此时疫情已经暴发一年多，政府已经采取了严格的管控措施并取得了很好的效果，被上诉人作为专业的造船厂家有足够的预判能力可以基于当时的社会环境对交货时间、生产游艇的工期等作出合理的预判。此时双方签订的合同应视为被上诉人已充分考虑了疫情管控的影响。故本案中疫情原因并非被上诉人生产和交货迟延的主要原因，被上诉人违约行为背后的本质是想漫天要价从而赚取更多的利润。而原审法院适用《最高人民法院关于依法妥善审理涉新冠疫情民事案件若干问题的指导意见（二）》（法发〔2020〕17号）第一条和《全国法院民商事审判工作会议纪要》（法〔2019〕254号）第四十七条的相关规定作为本案的裁判依据，完全偏向被上诉人一方，十足的本位主义，应当予以纠正。

七、案件解析

（一）关于合同解除权的认定

合同解除权的性质属形成权。所谓形成权，是指权利人依自己的单方意思表示就可以使民事法律关系发生、变更或消灭的权利。根据形成权的法律特征，在通常情况下，形成权以单方意思表示方式行使；也就是说，实现形成权既不需要向法院提出请求，也不需要进行强制执行，所以行使形成权不需要法院的裁判。不过在例外情况下，形成权只能通过司法途径来行使，此类形成权又称为形成诉权，它主要出现在亲属法和公司法中，如婚姻关系的解除以及公司代表权限的剥夺、公司解散、开除股东等。而合同解除权为形成权，属于私力救济权，由债权人单方作出意思表示即可。一般而言，主张解除的当事人不必向法院或仲裁机构提起确认之诉，但主张解除的当事人必须将解除合同的通知送达对方当事人能够控制的地方。

关于合同解除权的行使主体，首先，应当是合同当事人，而非人民法院及其工作人员。对此，无论是从原《经济合同法》第二十七条、第二十八条所规定的，当出现了解除权行使的法定事由，当事人一方要求变更或解除经济合同时，应及时通知对方，并且通知应当采用书面形式；或者是《中华人民共和国农村土地承包法》第二十六条进一步明确规定："国家机关及其工作人员不得利用职权干涉农村土地承包或者变更、解除承包合同。"等一系列法律法规来看，中国法律对于合同解除权的规定在逐步完善的同时，始终坚持一个原则，即都将合同的解除权赋予了合同当事人，而未赋予人民法院或其他任何机构。

依合同解除权产生的条件不同，可将其分为约定解除权和法定解除权。约定是指通过当事人约定于一定事由发生时，一方或双方享有解除合同的权利。约定解除权的产生是基于双方当事人的约定，而不是单方所能决定。这种约定可以在订立合同时在合同中约定，也可以在订立合同后另行约定。根据《中华人民共和国民法典》第五百六十二条"当事人协商一致，可以解除合同。当事人可以约定一方解除合同的事由。解除合同的事由发生时，解除权人可以解除合同"的规定，当事人在约定解除权时，对此种权利的行使可以附加一定的条件，如解除权的发生情形、行使条件以及行使解除权的效力等。值得注意的是，当发生符合行使约定解除权的事由时，并不当然出现合同解除的后果，而是必须经由解除权人在解除期限内向对方发出解除合同的意思表示。通常情况下，解除合同既可在诉讼外提出，也可在诉讼中提出。而如有解除权行使方法特殊约定的，则应依其约定。法定即指由法律直接加以规定，当一定事由发生时，一方当事人享有解除合同的权利。现行《中华人民共和国民法典》在充分吸收了两大法系及国际公约的立法经验的基础上，对法定合同解除条件作了较为严格的限制。根据法律规定，单方当事人行使合同法定解除权的情形有下列五种：

（1）因不可抗力不能实现合同目的的。不可抗力是指不能预见、不能避免、不能克服的客观现象。不可抗力事件的发生，只有其致使合同目的完全不能实现时，则任何一方当事人均享有合同解除权。

（2）因拒绝履行主要债务不能实现合同目的的。这是指在履行期限届满之前，当事人一方明确表示或者以自己的行为表明不履行主要债务。对于这种情况，另一方可不进行履行催告，径直行使解除权。

（3）因迟延履行主要债务致使不能实现合同目的的。债务人无正当理由，若对于未约定履行期限，在债权人催告后仍未履行的，债权人便可享有合同解除权；若在合同履行期间届满，仍未履行合同主要债务，则债权人可不进行催告即享有解除权。

（4）因迟延履行或有其他违约情形不能实现合同目的的。致使合同目的无法实现的违约形态有多种，包括迟延履行、不完全履行，以及履行地点不符合合同约定等。在此情况下，债权人可不经催告而直接解除合同。

（5）法律规定的其他解除情形。这是一个概括性的规定，当以上情形都没有出现，而法律规定其他情形合同也应该解除时，合同就解除。这实际为将来法律的发展留足了空间，同时也防止法律出现漏洞。

（二）关于诚实信用原则

诚实信用原则，简称诚信原则。诚信原则要求一切市场参加者在不损害他人利益和社会公益的前提下，追求自己的利益。诚实信用原则并没有固定的意义，但作为民法最重要的原则，其含义不能从语义的角度来理解，它属于一般条款，外延和内涵都不确定。

诚实信用是市场经济活动中的道德准则。市场经济条件下，每一个有劳动能力的人，都应当通过市场交换获取利益和生活资料。

第一种方式是用已有金钱投资牟利；第二种方式，是用自己的技术、知识换取报酬；第三种方式，是用自己的体力劳动换取工资。靠这三种方式获取利益，即为诚实信用，是正当的、合法的，应受法律保护。

法律绝不允许靠损害他人利益和社会利益，以获得利益。诚实信用原则，要求一切市场参加者在不损害他人利益和社会公益的前提下，追求自己的利益，目的是在当事人之间的利益关系和当事人与社会之间的利益关系中实现平衡，并维持市场道德秩序。

诚实信用原则之特征在于，其内涵和外延的不确定性。它是概括的、抽象的、无色透明的。它所涵盖的范围极大，远远超过其他一般条款。它在性质上属于一般条款，其实质在于，当出现立法当时未预见的新情况、新问题时，法院可依诚实信用原则行使公平裁量权。

从实践来看，诚实信用原则在适用时存在两个发展趋势，一是适用范围的不断扩大，我国诚实信用原则作为民法的基本原则，适用范围及于整个民事领域。二是效力的不断增强。诚实信用原则的效力，由有补充当事人意思的任意性规范，转变为当事人不能以约定排除其适用甚至不待当事人援引法院就可以直接移植全部适用的强制性规范。究其实质，是立法者通过规定诚实信用原则，授予法官自由裁量权，使之能够应对各种新情况和新问题。法官通过对诚实信用原则进行扩张性解释，并依其处理一些特殊案件，以实现个案处理结果公平、正义之目标，从而对法律进行实质性发展的能动性司法活动。

这种适用的背后是现代民法价值理念的体现，现代民法的理念价值——实质正义是历史的产物。进入20世纪以来，随着科学技术的飞速发展，作为19世纪的近代民法基础的两个基本判断，即所谓的平等性和互换性已经丧失，出现了严重的两极分化和对立，造成当事人之间经济地位事实上的不平等，迫使立法者、司法者和学者必须面对现实，抛弃近代民法的形式主义。如何实现这一目标，是20世纪之初立法者、司法者和学者所共同面对的难题，诚实信用原则就是在此社会经济背景下应运而生的。其经过立法者、司法者和学者的不断挖掘，被予以重新解释并赋予其新的内涵，最终从近代民法中的契约原则上升为民法的基本原则，适应了历史的需要，可以说诚实信用原则是现代民法理念的实质之义，是逐渐取代近代民法概念形式主义过程中在民法立法模式上的重要体现之一。

现代民法实质正义理念的形成，促进诚实信用原则的确立，而诚实信用原则则全面贯穿了实质正义的精神。现代民法理念的形成与相应的立法的出现是相辅相成的，二者之间是一种互动关系，互相促进，互为条件。贯彻实质正义精神的诚实信用原则，在客观上体现为两种利益关系的平衡，包括当事人之间的利益平衡，以及当事人与社会利益之间的平衡，即社会妥当性。

法官适用诚实信用原则必须以这两点为价值目标，其本质体现为公平、正义。

学者们认为，由于诚实信用原则可能成为法官自由裁量的基础，这对于法的安定性和可预测性构成威胁。因此具体适用时应注意：

第一，回归最初补充功能。在法律适用时，如果存在具体的法定规则，则需首先适用该规则，只有在法律适用由于具体情况的特殊性而对合同当事人一方明显不公正的情况下，才以诚实信用原则予以平衡，在这个意义上，诚实信用原则具有次位性。

换言之，虽无具体规定，但如能够以类推适用等漏洞补充方法予以补充，亦不得适用诚信原则；只在依类推适用等漏洞补充方法仍不能解决时，才能适用诚信原则；虽无法律具体规定而有判例的情形，如诚信原则与适用判例可以得出同一结论，则应适用判例而不适用诚信原则；如适用诚信原则与适用判例得出相反的结论，则应适用诚信原则而不适用判例。

第二，限制权利的滥用。一般认为，禁止权利滥用已经变为同诚实信用一样的民法基本原则，应当与诚实信用原则进行区分，其实诚实信用与禁止权利滥用属于一体两面，如时效被视为权利滥用的限制。以诉讼时效为例，法律保护的实质是债务人对债权人长期不履行权利的一种信赖利益，这是对债权人不诚实信用的限制。

（三）关于情势变更

根据《中华人民共和国民法典》第五百三十三条的规定，情势变更是指合同成立后，合同的基础条件发生了当事人在订立合同时无法预见的、不属于商业风险的重大变化，继续履行合同对于当事人一方明显不公平的，受不利影响的当事人可以与对方重新协商；在合理期限内协商不成的，当事人可以请求人民法院或者仲裁机构变更或者解除合同。人民法院或者仲裁机构应当结合案件的实际情况，根据公平原则变更或者解除合同。

情势变更原则的意义，在于通过司法权力的介入，强行改变合同已经确定的条款或解除合同，在合同双方当事人订约意志之外，重新分配交易双方在交易中应当获得的利益和风险，其追求的价值目标，是公平和公正。

1. 须有情势变更之事实

这是适用情势变更的前提条件。所谓“情势”，系指作为合同法律行为基础或环境的一切客观事实。包括政治、经济、法律及商业上的种种客观状况，具体如国家政策、行政措施、现行法律规定、物价、币值，国内和国际市场运行状况等。所谓“变更”，乃指这种情势在客观上发生异常变动。这种变更可以是经济的如通货膨胀、币值贬值等；也可以是非经济因素的变动，如战争导致的封锁、禁运等。该事实是否构成情势变更，应以是否导致合同赖以成立的基础丧失，是否导致当事人目的不能实现，以及是否造成对价关系障碍为判断标准。

2. 情势变更须发生在合同成立以后、履行终止之前

这是适用情势变更原则的时间要件。只有情势的变更发生在合同成立之后、合同关系消灭之前，才能适用情势变更原则。在订约时，如发生情势的变更，当事人不得主张适用情势变更原则。这一点与英美法上的合同落空原则所要求的情势不同，落空原则所要求的情势，可发生订约之时。若情势

的变更发生在合同履行期间，又在履行过程中归于消灭，一般也不得适用情势变更原则，因为履行合同的基础已恢复至原状。若债务人迟延履行合同债务，在迟延期间发生了情势变更，则债务人不得主张适用情势变更原则，因为债务人如按合同规定履行不会发生情势变更。

3. 情势变更须具备当事人所不能预见的，且有不可预见之性质

这是适用情势变更原则主观要件的一个方面。情势变更是否属于不可预见，应根据当时的客观实际情况及商业习惯等作判断标准。当事人事实上虽然没有预见，但法律规定应当预见或者客观上应当预见，则不能适用情势变更。因为当事人对自己的主观过错应当承担责任；如仅有一方当事人不可预见，则仅该当事人可主张情势变更。如果当事人在订约时对于某种情势已有预见，则表明当事人考虑到这种因素并自愿承担该情势发生的风险，自不应适用情势变更原则。但对于发生概率很低的某种情况，如飞机失事等，尽管当事人在订约时会预见这些情况可能发生，但仍应依情势变更原则处理。情势变更须因不可归责于双方当事人之事由而发生。这是适用情势变更原则主观要件的另一方面。双方当事人在订立合同时对情势的变更无法预见和防止，因此双方当事人在主观上无过错。如情势的变更由可归责于一方当事人或第三人的事由而发生，则有过错的一方当事人或第三人应承担责任，不适用情势变更原则。

4. 因情势变更而使原合同的履行显失公平

这是适用情势变更原则的实质要件。情势变更发生以后，如继续按原合同规定履行义务，将会对一方当事人产生显失公平的结果。适用情势变更原则是为了平衡当事人之间的利益，消除合同因情势变更所产生的显失公平，赋予一方当事人变更或解除合同的权利。是否显失公平，以下几点可作为判断标准：一是否符合诚实信用原则、公平合理原则；二是显失公平的事实须存在于合同双方当事人或其中一方；三是显失公平的结果，使双方利益关系发生重大变动，危害交易安全；四是主张适用的一方因不适用而遭受的损失，一般要远大于适用时对方所遭受的损失。

情势变更原则的目的，在于排除因客观情况的变化而发生的不公平的结果，使合同在公平的基础上得以履行或解除合同。其法律效力通常表现在以下两个方面：一是重新协商，又称“再交涉义务”，即一方当事人可以要求对方就合同的内容重新协商。二是诉请人民法院或仲裁机构变更或解除合同，变更合同就是在原合同的基础上，仅就合同不公正之点予以变更，使其双方的权利义务趋于平衡。如增减给付、延期或分期履行、拒绝先为履行、变更标的物等；解除合同即令合同关系自始消灭。但通过何种步骤和方式实现这一价值，各国立法和判例一般基于这样的考虑：从契约严守的立场出发，法律首先倾向于最大限度地维持既有的法律关系。对于不公平的后果首先应着眼于在维持原有法律关系的基础上调整当事人双方的权利义务，使之趋于平衡。只有在通过变更合同仍不足以排除不公平的后果时，扩张采取终止或消灭原合同关系的措施。

客观上，必须有情势变更的事实。这是适用情势变更原则的前提条件。所谓“情势”，是指合同成立时所依赖的客观情况；所谓“变更”，是指“合同赖以成立的环境或基础发生异常变动”。这里的“客观事实”，是指一切可能导致合同基础动摇的客观情况，包括自然灾难、意外事故、战争爆发、国家经济政策及社会经济环境的巨变等。客观情势的变化时刻存在，但一般变化不会引起情势变更原则的适用，必须有重大的异常变动致使合同的法律基础丧失时才可适用。

主观上，情势变更是当事人在订立合同时所不可预见并不可避免的，双方当事人在心态上都不存在过错。不可预见，是指双方当事人没有预见且不可能预见，以合同成立之时具有该类合同所需要的专业知识及正常思维在当时情况下不可能预见为准；应当预见而没有预见的不适用。不可避免，是指事前无法预防，事后尽一切措施也无法消除其影响。

时间上，情势变更事由必须是发生在合同有效成立后至合同终止履行前。合同成立以前的情势，无论当事人在订立合同时是否知晓，其作为合同成立的基础都是确定的，不存在变更问题。合同履行完毕后，情势的变更不可能对合同产生任何影响。即使出现了情势变更情形，当事人也不能主张。

责任上，情势变更发生的事由须不可归责于双方当事人。双方或一方当事人对情势变更的发生有过错的，不适用情势变更原则。

结果上，因情势变更会导致合同的履行显失公平。这是情势变更原则的核心要件。情势变更原则只有在合同赖以成立的基础上发生巨大变化，致使继续履行将显失公平，导致一方明显有利，另一方明显受损，双方当事人的利益严重失衡时才适用；如果影响轻微，则不适用。

目的上，情势变更原则的适用，在于消除合同因情势变更而出现的不公平后果，维护双方当事人之间的平衡利益，从而维护市场交易的秩序。

救济上，必须是当事人无法获得其他救济。如果当事人能从其他途径获得应有的救济，从而减少或消除情势变更的影响，则不适用该原则。

问题解决上，情势变更发生后，应先由双方当事人协商解决，如果协商不成，则必须由当事人向人民法院或仲裁机构申请予以裁定是否变更或解除合同。未经人民法院或仲裁机构裁定，一方或双方当事人不得自行变更或解除合同。

情势变更原则的适用效力，是指适用该原则时出现的法律后果。它具有二次效力：第一次的效力是维持原合同关系，只变更某些内容，以排除情势变更导致的不公平结果。第二次效力是指当第一次的效力尚不足以排除不公平的结果时，则采取消灭原合同关系的方法以恢复公平。适用这一原则的效力及产生的法律效果主要体现在以下两个方面。

一是变更合同，即变更合同内容，消除显失公平的结果，使合同在公平基础上得到履行。适用情势变更原则变更合同的方式主要有以下几种：

（1）增减履行标的的数量。

实践中增减履行标的数量可同时进行，使双方当事人的履行都发生变更，从而平衡双方的利益。如在商品房买卖或货物销售合同中，如遇严重通货膨胀时，卖方可以要求买方增加应支付的金钱数额并减少自己应交付的标的物的数量，使双方履行标的均发生变动，以分担交易风险。

（2）变更履行期限，分期或延期履行。

从鼓励交易的目的出发，如果采取分期或延期履行能够消除情势变更所导致的显失公平结果的，即应采取此种方式平衡当事人之间的利益。

（3）变更标的物。

因情势变更致使当事人一方不能交付原合同标的物，如果是特定的种类物的，可以允许该当事人以同一种类物替代履行。

（4）拒绝先为履行。

这是指在双务合同中，依合同约定，一方当事人得先为履行，在履行期到来时，相对方因情势变更导致财产状况恶化或信用发生危机等情况，难以作出对待给付，则一方当事人在他方没有提供依合同作出对待履行的担保时，可拒绝先为履行。

二是解除合同，即解除（或终止）原合同关系，并免除当事人的法律责任。实践中，如果采取变更合同内容的方式仍不足以消除情势变更给一方当事人带来的显失公平结果的，该当事人可以依法请求法律救济，解除合同关系。这里需要指出的是，适用情势变更原则解除合同，在一般情况下没有溯及力。如在承包、租赁、供应等长期履行的合同中，因情势变更需解除合同关系时，通常应终止合同，并无溯及既往的效力。只有在终止合同仍不能使双方当事人获得公平结果时，才应使合同关系溯及既往的解除，使合同关系自始消灭，基于情势变更更易适用这一原则终止或解除合同，应免除当事人不履行合同的责任，且相对方不得对此请求损害赔偿。

从此种意义上说，情势变更原则比不可抗力制度更有利于促进合同双方当事人之间利益的平衡，更符合社会经济发展的实际需要。

由于情势变更制度的复杂性和不确定性，根据现有的经验，难以作出科学界定，执行时更难以操作。在适用情势变更原则处理因疫情影响而引起的民商事合同纠纷案件时，应注意通过变更合同内容，尽可能维持合同债权债务关系，实现合同当事人订约目的。在此过程中，应注意多做当事人双方的调解工作。有学者将适用情势变更处理合同纠纷时所发生的效力分为第一次效力和第二次效力。对于已成立的法律行为之效力，需排除其因情势变更所可能发生的不公平的结果，如增减给付、延期分期给付、同种给付变更或拒绝先为给付等，称为第一次效力。如第一次效力仍不足以排除不公平结果的，才允许其发生拒绝给付、终止合同、解除合同等第二次效力。

八、结语

在今后履行合同的过程中，各方均应严格遵守诚实信用原则和公平原则，充分考虑在各种形势下各方客观上均存在利益损失，应通过充分协商，合理合法地解决货物价格及交付等问题，切忌漫天要价以及一切不符合实际的想法，公平合理、诚实信用地去解决双方的纠纷。

浅议民事电子数据质证取证规则

□曾　雷[①]

【摘　要】在互联网大数据时代的背景下，电子数据成为民事诉讼中一种使用频繁的新型证据，但针对电子数据这一新型证据种类的质证规则尚不成熟，也在实践中产生诸多争议，所以本文通过对电子数据的真实性、关联性、合法性三方面在质证过程中存在的难点进行探讨，有针对性地提出分析建议。

【关键词】电子数据；质证规则；证据三性

一、问题的提出

随着互联网时代的到来，除了传统的证据种类之外，一种新型的证据种类——“电子数据”应运而生，广泛出现在各类民事案件中，但是，关于电子数据的质证规则，立法上并未作出详细规定，法官也没有统一明确的标准来认定电子数据的三性，就电子数据的三性如何判断与认定的问题，实践中也产生了诸多争议。因此，本文就民事电子数据的质证规则进行探讨，结合电子数据证据的“真实性”“关联性”“合法性”三方面展开论证，最终得出研究的结论，解开电子数据质证所面临的困境。

① 曾雷，北京京师（海口）律师事务所监事委员会主任，海口市龙华区第八届人大代表、海南国际仲裁院仲裁员，海口市中级人民法院特约律师调解员，被列入《海南省第二批拟评定专业律师名单》中建筑房地产专业律师。

二、民事电子数据的种类

民事领域上的“电子数据”，包括了哪些内容？《最高人民法院关于民事诉讼证据的若干规定》第十四条对此做了明确的规定：“电子数据包括下列信息、电子文件：（1）网页、博客、微博客等网络平台发布的信息；（2）手机短信、电子邮件、即时通信、通信群组等网络应用服务的通信信息；（3）用户注册信息、身份认证信息、电子交易记录、通信记录、登录日志等信息；（4）文档、图片、音频、视频、数字证书、计算机程序等电子文件；（5）其他以数字化形式存储、处理、传输的能够证明案件事实的信息。”就民事电子数据的种类，该条款做了细化规定，对实践中认定案涉证据是否为民事电子数据提供了法律参考，也是本文展开讨论的“民事电子数据”的范围所在，而下文将分别从三性，也就是电子数据的“真实性”“关联性”“合法性”三方面展开论证，探索电子数据在质证中存在的难点，分析原因，探索出路，最终得出研究的结论，解析电子数据的质证规则。

三、电子数据“真实性”审查认定中的难点与建议

（一）电子数据“真实性”审查认定中的难点

首先，真实性是证据的最本质特征，电子数据的真实性认定问题，是审查电子数据是否具备证据资格的前提要件与首要因素，由于相较于一般的证据而言，电子数据可以通过技术手段进行删除、修改，具有易伪造、易篡改的特征，因此电子数据的真实性更容易让人存疑，实践中，提供给法庭的电子数据，也往往形式多样，有打印聊天记录页面截图的形式、有录制视频音频的形式、有出具公证书的形式等，都是以脱离了原始载体的形式呈现，在制作证据的过程中，该份证据的完整性有无遭受破坏？有无伪造电子数据的可能性？证据的内容、数据有无删改变动过？这些问题都会让人对电

子数据的真实性质疑。实践中，针对电子数据的真实性的争议焦点主要是以下两点：（1）实际发出者是谁；（2）内容是否真实。因此，在对电子数据的真实性的审查上，需要着重注意审查电子数据来源的真实性、内容的真实完整性。

其次，就电子数据的真实性认定的举证责任分配的问题上也存在难点。对一般证据的真实性核实，一般由提供证据的一方当事人提供该份证据的原件进行真实性审查，而电子数据在形成与保存的过程中，其存储的原始载体的来源存在多样性，有的来源于手机电脑等电子设备，有的来源于公证机构，有的来源于第三方电子数据平台等，这就导致在审查证据真实性时，到底由哪一方承担举证责任，若依据传统证据的举证责任分配原则，会加重举证一方的举证责任，不利于司法公正，但是，目前现行法律对于电子数据真实性的举证责任规则这一方面的内容并没有明确规定，因此，就电子数据的真实性认定上存在如何合理分配举证责任的难点。

（二）电子数据“真实性”审查认定的建议

首先，就电子数据的真实性认定问题，有如下建议供参考。

1.对方当事人自认的电子数据的真实性可予以认定。在审查判断一方当事人提交的电子数据的真实性时，可通过提问的方式向对方当事人了解电子数据的内容是否属实，如果对方当事人当庭作出自认，则可认定该份电子数据的真实性。另外，还有一种自认——当事人的事前确认，实践中多发生在银行与借款人的借贷合同纠纷案件中，由于双方事先已在借贷合同中确认银行业务系统或相关设备所产生电子数据的有效性，故在此类案件中的电子数据的真实性往往没有异议，法院可以作为定案证据直接使用。

2.如有提供原始载体供法庭核对，除非有相反证据证明存在伪造的情形，一般应认定其真实性。如短信截图、QQ、微信聊天记录截屏打印件等电子数据，若当事人能够提供手机、电脑等该电子数据产生的原始载体进行当庭核对，内容与数据均无误的，则可认定该组证据的真实性。

3.提交电子数据一方当事人如已对该份证据有公证处公证或做过鉴定的，一般对其真实性予以认可。

4.如该电子数据证据采取了电子签名、数据固化、可信时间戳等形式，则可认定其真实性。如深圳市龙岗区人民法院的TSA（Time Stamp Authority，可信时间戳）电子数据固化系统，以数字时间戳技术、数字签名技术复合构建而成，由国家授时中心、时间戳中心、CA认证中心以及诉辩双方和技术法官小组多方共同监督完成认证，较好地解决了电子数据保全的完整性与不可否认性难题。

其次，从举证责任分配的角度分析电子数据的真实性认定问题，有如下建议供参考。

1.当事人通过手机或电脑端现场登录账户，展示聊天记录，当庭拨打号码，当庭在电脑上登录邮箱演示电子邮件等方式，能够证明实际发出者的身份，能够证明证据来源真实，原始载体与复印件的内容经核对后一致无误的，可以认定该证据的真实性。但是，若对方当事人抗辩称有相反证据能证明实际发出者非本人，或者证据的内容存在删除、改动、伪造等情况，此时进一步的举证责任将分配到抗辩一方，由提出异议的一方承担举证责任。

2.若一方当事人对该电子数据的真实性存疑，可由提出异议的一方申请鉴定的方式进行审查认定。若当事人对证据有异议，认为该证据的真实性存在瑕疵，但未就其提出的主张提供证据加以证明，也未申请鉴定的，对其提出的真实性异议不予采纳。

四、电子数据“关联性”审查认定中的难点与建议

（一）电子数据“关联性”审查认定中的难点

关于电子数据的关联性审查问题，应从两方面着手：（1）主体上的关联性；（2）内容上的关联性。主体上的关联性上，存在如下审查难点：如

QQ、微信等社交工具，如果是非实名注册的，将难以确认聊天双方的真实身份信息，若以虚拟身份进行聊天，则难以认定是当事人本人的聊天记录，甚至有的当事人辩称对聊天记录并不知情，为他人冒用，本人并没有与对方当事人聊天等。内容上的关联性上，当事人常常辩称该证据与待证的案件事实无关等。电子数据在主体关联性与内容关联性的审查上，相较于一般证据关联性的审查而言，要更加复杂困难，且目前针对电子数据证据关联性认定相关的法律规定是较为匮乏的，因此造成了实践中对电子数据证据关联性认定上存在难点待解决。

（二）电子数据“关联性”审查认定的建议

首先，就电子数据的主体关联性的认定问题，应由提供证据的一方先证明其主体身份，实名注册的，可本人当庭登录相关账号以确认为本人操作，同时，也可通过向通信运营商调查核实信息发出主体的真实身份，若另一方当事人抗辩称账号被他人冒用、被盗号或者账号不是由本人实际使用等情况，则应由提出抗辩的一方举证证明，进一步核实该电子数据证据的主体关联性。如果以虚拟身份进行聊天，该电子数据中的虚拟身份不能与现实中的案涉当事人进行对应的，当事人也无法提供证据证明的，该证据的关联性应被否认。

其次，就电子数据的内容关联性的认定问题，由于当事人往往辩称该电子数据与本案无关联，因此，要从案件本身考虑，明确本案的待证事实是什么，本案争议的核心焦点是什么，进而与当事人提供的电子数据进行综合对比考虑，确定当事人所提出的电子数据是否能够证明案件待证事实，从而确定该证据与案涉待证事实的关联性。另外，若仅凭借电子数据无法证明待证事实时，可结合本案的其他证据一起综合考量，若能够相互印证，形成完整的证据链条，也可以达到证明的效果。若该电子数据的内容对待证事实无实质影响的，则应予以排除。

五、电子数据“合法性”审查认定中的难点与建议

（一）电子数据“合法性”审查认定中的难点

电子数据的合法性审查，主要包括四个方面：证据形式的合法性、提供证据主体的合法性、证据内容的合法性、证据收集程序的合法性。可以说，电子数据的生成、存储、收集、呈现的每个阶段，都有涉及合法性的审查。实践中，对于短信、QQ、微信等聊天记录、通话记录、往来电子邮件、网页截图等电子数据的“合法性”，异议一方会以该证据系当事人自行制作、收集，未能提供该电子数据的原始载体作为抗辩意见，或者认为该电子数据未经公证或有关部门认定，不具有合法性，或者抗辩称该证据在取证过程侵犯隐私，不具有合法性，甚至认为该证据背景是在当事人不知情的情况下，双方当事人存在情绪激动，并非当事人真实意思表示，对该证据的合法性有异议等作为质证意见。而对于经过公证的电子数据“合法性”，当事人质证时会抗辩称该公证的取证方式不合法，认为提交的公证书没有记载对整个公证过程全程录像，不符合《电子签名法》关于数据电文取证的形式和保存要件，还认为对他人邮箱进行的公证，侵犯了他人的隐私权，故对该证据的合法性存在异议等。针对上述质证意见，可以看出实践中对电子数据“合法性”的质证，主要集中于电子数据的取证过程的合法性，取证内容的合法性两个方面。

（二）电子数据“合法性”审查认定的建议

1.若电子数据是当事人自行制作、收集，则需要审查收集过程是否存在瑕疵，若不存在，则可确认其合法性；若存在瑕疵，需要举证一方进行公证，确定取证过程的合法性。取证内容的合法性方面，质证一方提出取证过程侵害到其隐私权，属于非法证据，应予以排除的主张，此时，应结合个案中的具体案情，综合评判该证据是否应采信，在侵犯个人隐私权与查清具体

案情之间权衡取舍。

2.若公证行为是在公证处以外的场所进行，公证所用的电脑及移动硬盘在公证之前不为公证员控制，且公证书没有记载是否对该电脑及移动硬盘的清洁性进行检查的情况下，最高人民法院认为此类公证书虽能证明在公证员面前发生了公证书记载的行为，但还不足以证明该行为发生于互联网环境之中。针对上述情形下产生的公证书，还需要进一步核实，要求公证人员出庭作证或者以申请鉴定的方式来确认该电子数据公证书的合法性，根据《民事诉讼法》第七十九条“当事人可以就查明事实的专门性问题向人民法院申请鉴定”规定，如对电子数据存有异议，则可向法院申请鉴定。因此，对采取公证的电子数据，不能因为做了公证就盲目采信，公证员也可能存在公证过程瑕疵，对异议方提出的公证瑕疵也要进行必要的审查。

3.尽管经过公证的电子数据的证明效力更强，法院采信度更高，但是，诉讼费用越高，相应的公证费用越高。因此，若案涉标的较小，涉及合同、无因管理、不当得利纠纷，婚姻家庭、继承纠纷等案由项下的普通民事案件，使用截图打印件结合原始载体的展示，若内容能够相互印证、核对无误的，也可以采纳作为定案依据，避免过度依赖公证电子数据，增加当事人的诉讼成本。

电子数据作为一种新型证据，正逐渐成为民事证据中使用频率较高的一类证据，在民事诉讼领域中，如何对电子数据进行质证，是司法实践中存在的一个难题，本文从电子数据的三性——“真实性”“关联性”“合法性”出发，分别探讨了电子数据在民事案件的质证过程存在的难点与问题，并提出相应的解决路径，以期能够为电子数据的质证规则提供有用的参考思路。

与传统的指纹、笔迹、DNA等取证对象所不同的是，电子数据取证的对象是虚拟空间的电子数据。计算机硬盘、U盘、手机、数码相机等设备中存储的电子数据，往往会遇到存储介质被损坏、数据被删除等情况无法读取，必须通过电子数据取证技术进行恢复、提取和分析，从而客观、真实地反映存储介质中的电子数据记录。

电子数据如何取证？第一，需要通过一定的技术手段，将电子数据以法定的证据形态或是法庭可以采纳的证据形式固定。法定的证据形态一般是可见、可感知的物质形态，而电子证据原本只是一种磁或者电的脉冲，只有通过一定的技术手段转换为可感知的形态，才能以证据的形式在法庭上作为证据展示。有关输出文件必须在以下前提下才具有证据形式：

（1）输出该数据的计算机必须是该证据的原始存储处；

（2）该数据在输入和输出时计算机的运作状态良好。

对于某些非文档（如多媒体视听资料）的电子数据的原件，须借助一种更为可能的高容量载体，如电脑光盘。除了按照严格的取证过程，这种载体介质宜适用一次性只读光盘（cd-rom）来刻制，以最大程度减少采用多次可写光盘（cd-rwm）的可被擦写修改的风险，保证这种取证绝对固化的效果，再回归到法庭相关设备的还原举证，使系统达到完善的证明信息的司法传递。

第二，对于电子商务的贸易双方而言，可以收集并提取网络服务商储存的资料。由于网络服务商具有资料保密和存储的义务，对于用户和数据采用密码方法或其他方法给予特殊保护，所以当贸易双方发生纠纷时，可以将存放在网络服务商那里的电子档案作为有效的诉讼证据。

第三，电子证据的诉讼保全。我国《民事诉讼法》第八十四条规定：“在证据可能灭失或者以后难以取得的情况下，诉讼参与人可以向人民法院申请证据保全，人民法院也可以主动采取保全措施。”在网络环境下维护权利人的利益，规范网络环境秩序，除当事人申请外，法院也可以适当地主动采取保全措施。对于电子证据的诉讼保全分为诉前证据保全和诉讼证据保全。

电子证据的诉前保全问题，最高人民法院参照《民事诉讼法》第八十四条，同时参照《与贸易有关的知识产权协议》的相关规定精神制定了《关于诉前停止商标专用权行为和保全证据适用法律问题的解释》（以下简称《诉前保全解释》），其中明确了诉前证据保全的规定，依该规定当事人申请电子证据保全应当具备的条件是：申请保全电子证据的具体内容、范围、所在地点；请求保全的证据能够证明的对象；申请的理由，包括证据可能灭失或者难以取得，且因为客观原因不能收集的具体说明。该解释第十一条规定，法院对保全申请应审查：（1）被申请人正在实施或者即将实施侵权行为；（2）不采取保全措施会给申请人的合法权益造成难以弥补的损失；（3）提供担保的情况；（4）采取保全措施是否损害社会公共利益。诉前证据保全的开展，目前处于初始阶段，有许多问题有待进一步研究与完善，因此，最高人民法院对于诉前证据保全的态度是“稳妥、慎重”，但并不限制对诉前证据保全的适用。

电子证据诉讼保全，是法院面临的一个全新课题。法院除了要选择相关的备份程序、以收集磁盘等物质载体为目标，并且对相关的使用人、制作者进行必要的询问外，还应在专家的指导下开展相应的保全工作。在保全过程中不可避免地要碰到各种各样的技术问题，而专业人员能够帮助法院最大限度地获取相关资料，并能进行司法分析，帮助恢复残留数据和其他隐藏或丢失的数据，通过制作镜像拷贝来将被删除的文件或其他残留数据在硬盘驱动器和软盘上得到恢复。

第四，电子证据的公证保全。公证证据的证明力高于一般证据。我国《民事诉讼法》第七十二条规定：“经过法定程序公证证明的法律行为、法律事实和文书，人民法院应当作为认定事实的根据。”《最高人民法院关于民事诉讼证据的若干规定》第七十七条规定了公证文书的证明力一般大于其他书证、视听资料和证人证言。在涉及网络电子证据的纠纷案件中，由于电子证据本身具有易复制、易改动、易销毁的特点，当事人收集证据非常困难，对所取得的电子证据的真实性以及收集证据方式的合法性证明也更加困难，因此越来越多的当事人采取申请国家公证机关公证保全的方式取得电子证据。

取得电子证据也要注意方式方法，否则有可能导致收集到的电子数据不被法院所采纳，那当事人就会白费工夫，并且还会因为电子数据没有被采纳，承担不利的判决结果。如果不清楚该如何收集这类证据的话，可以委托专业的律师来提供帮助。

青岛××不良资产处置有限公司诉被告追偿权纠纷案案例解析

□曾　雷[①]

【摘　要】本文结合一则案例，将办理金融借款合同纠纷案件中出现的相关争议问题，如合同相对方、电子合同、证据形式、管辖权、法院送达方式、债权转让通知等，进行研究与探讨，表达作者对这些问题的观点、看法。

【关键词】金融借款合同纠纷；案例解析

【案情介绍】

2019年1月6日，被告通过案外人深圳××科技有限公司（以下称“A公司”）运营的某款APP成功向南京××银行股份有限公司贷款20 000元，借款合同约定：“借款金额为20 000元，贷款期限3个月。”合同签订后，南京××银行股份有限公司于当日依约向被告指定账户转账20 000元，但被告自2019年3月6日起未能按照上述借款合同约定按时履行还本付息的义务，被告的行为已构成违约。案外人深圳市××担保有限公司（以下称“B公司”）按照其与被告签订的《服务协议》依约作为担保人并承担了担保责任，为被告偿还了全部款项。后深圳市××贷款有限公司（以下称“C公司”）基于其

① 曾雷，北京京师（海口）律师事务所监事委员会主任，海口市龙华区第八届人大代表、海南国际仲裁院仲裁员，海口市中级人民法院特约律师调解员，被列入《海南省第二批拟评定专业律师名单》中建筑房地产专业律师。

与B公司签署的个人贷款服务协议，向B公司支付了相应代偿款项，依法取得了对被告的追偿权。2019年11月20日，C公司与原告签订了《债权转让协议》，将其对被告的债权依法转让给原告，故此，原告享有对被告的全部债权。

1. 本案诉讼请求

（1）判令被告偿还剩余未还本金20 000元，并支付利息，利息以20 000元为基数按年利率24%计算；

（2）本案诉讼费由被告承担。

2. 原告向法院提供的

（1）《额度借款合同》《借款合同》《服务合同》（上述证据均为电子版），证明被告借款的事实，借款金额、借款期限、利息、违约责任的约定，以及被告逾期还款的，由B公司依约作为担保人并承担担保责任。

（2）《放款证明》及明细，证明银行已依借款合同约定实际履行了放款义务。

（3）《还款证明》及明细，证明被告逾期未还款项已由B公司依约偿还。

（4）B公司与C公司间的《债权转让协议》及明细，证明B公司将其对被告拥有的债权依法转让给C公司，C公司依法取得对被告的债权。

（5）C公司与原告间的《债权转让协议》及明细，证明C公司将其对被告拥有的债权依法转让给原告，原告依法取得对被告的债权。

（6）《齐鲁晚报》公告的《债权转让》通知，证明受让债权的事实已经通过合法的形式通知了被告。

3. 焦点问题

（1）本案被告签署的《额度借款合同》《借款合同》《服务合同》是否真实有效。

（2）原告主张的本金及利息是否有事实依据及法律依据。

4. 裁判结果

驳回原告全部诉讼请求，理由如下：

（1）因被告没有到庭，原告提交的《额度借款合同》《借款合同》《服务合同》均为电子合同，合同中被告的签名均为打印并非亲笔签名，且电子合同原件均储存在系统中，法院以未能提供电子版原件予以核对，无法证实被告签署的《额度借款合同》《借款合同》《服务合同》是否真实有效为由，对该项证据不予确认。

（2）法院认为银行出具的《放款证明》和《还款证明》，因落款没有时间及印章模糊等问题，证据形式不符合《最高人民法院关于适用〈中华人民共和国民事诉讼法〉的解释》相关规定，因此对该证据不予采纳。

5. 律师视角

（1）律师认为原告为青岛××不良资产处置有限公司，并非上述合同的合同主体，且上述合同均为电子合同，原始存储介质在相关APP中，原告曾请求法院调取合同原件，但法院均予拒绝，并且在上述案例当中，虽然相关证据材料为电子文本，但是电子文本合同效力与一般文本的合同效力是一样的。因为根据《民法典》第四百六十九条的规定："当事人订立合同，可以采用书面形式、口头形式或者其他形式。书面形式是合同书、信件、电报、电传、传真等可以有形地表现所载内容的形式。以电子数据交换、电子邮件等方式能够有形地表现所载内容，并可以随时调取查用的数据电文，视为书面形式。"现在电子文本合同越来越普遍，因其便捷性成为很多公司的选择。那么，电子合同到底是否有效？怎么去确认它的真实性？是需要当事人提供电子合同的出处，以及相关电子合同经过认证的证明。本案中，被告并未到庭，所以没有对方的认可，法院在无第三方认证情况下，无法判断电子合同的真实性，但是否可通过银行出具证明等方式认可原告提供证据的真实性，的确值得商榷。

（2）法院认为银行出具的《放款证明》和《还款证明》的证据形式不符合法律相关规定，因此不予采纳。但律师认为所提交的证据均符合法律规定的证据形式，且证据链完整，均能证明相应款项已经代偿。且全国类似案例中，提供相同的证据，其效力法院均予认可，因此律师认为法院应支持原告的诉讼请求。

（3）关于本案管辖权的问题。本案中，法院是以被告身份证地址所在地为其管辖范围从而认为本法院有管辖权，但是在金融类不良资产的处置过程中，银行作为贷款人常常和债务人以及担保人就相关争议对管辖法院进行约定，该约定管辖对受让人是否具有约束力呢？若出现贷款合同约定管辖和担保合同约定管辖不一致的情形，金融不良债权受让人能否向主合同约定管辖法院对担保人提起诉讼呢？裁判实践当中，如果金融不良债权受让人未和债务人或担保人就管辖法院达成新的约定，法院将会作出驳回债务人或担保人管辖权异议的裁定；担保合同和主合同约定管辖不一致时，债权人可以向主合同约定管辖法院对担保人提起诉讼。根据《最高人民法院关于审理涉及金融资产管理公司收购、管理、处置国有银行不良贷款形成的资产的案件适用法律若干问题的规定》第三条规定，金融资产管理公司向债务人提起诉讼的，应当由被告人住所地人民法院管辖。原债权银行与债务人有协议管辖约定的，如不违反法律规定，该约定继续有效。如原先的债权银行与债务人有协议管辖约定的，应以原协议管辖为主。故法院应以原贷款合同的约定确认案件管辖事宜。

（4）法院送达方式事宜。本案中，法院因按程序无法正常将诉讼文书送达给被告，采取了公告送达方式，但是根据最高人民法院发布的《关于进一步推进案件繁简分流优化司法资源配置的若干意见》（以下简称《意见》）第三条规定："完善送达程序与送达方式。当事人在纠纷发生之前约定送达地址的，人民法院可以将该地址作为送达诉讼文书的确认地址。当事人起诉或者答辩时应当依照规定填写送达地址确认书。积极运用电子方式送达；当事人同意电子送达的，应当提供并确认传真号、电子信箱、微信号等电子送达地址。充分利用中国审判流程信息公开网，建立全国法院统一的电子送达平台。完善国家邮政机构以法院专递方式进行送达。"故本案中，因原贷款合同中已经明确被告送达地址，并且被告也在相关协议中承诺如发生诉讼，法院文书可以送达至上述地址，视为被告签收等意思表示，故本案中，不采取公告送达方式为宜。

（5）债权转让通知事宜。本案中债权已经经过两轮转让，根据《民法典》第五百四十六条："债权人转让债权，未通知债务人的，该转让对债务人不发生效力。债权转让的通知不得撤销，但是经受让人同意的除外。"所以债权人转让权利的，应当通知债务人。未经通知，该转让对债务人不发生效力。债权人将债权转让给第三人，使第三人成为新的债权人时，必须把债权转让给第三人的情况通知债务人向第三人（新债权人）履行。否则，债权人将债权转让给第三人的行为，对债务人不发生效力。债务人可以拒绝第三人（新债权人）要求履行债务的请求，新债权人也无权主张债权。但是如何选择通知方式视为有效通知？应允许让与人自有选择，双方之间有通知方式进行特别约定的，应按照当事人约定。本案中，债转通知是通过登报方式实现，因该债转属于全国性范围转移，那么该报纸是否属于有全国影响力保证还需考虑，另外，因原贷款合同中已经明确被告送达地址，可以将债权转让的有关通知向其送达。

王某某与周某、第三人房地产经纪有限公司商品房买卖合同纠纷案

——违约的代价

□王　娇[1]

【摘　要】在二手商品房买卖交易中，经常会出现卖方听闻“拆迁信息”而不惜违背诚实信用原则，撕毁商品房买卖合同的情形。在此种情形下，有的卖方会想尽办法让自己的违约行为看起来合情合理，为了逃避违约责任，甚至推卸责任至买方。笔者根据自己代理的一起案件，浅谈此类案件的调查取证难度以及法院对违约责任负担的支持程度。

【关键词】违约方；违约责任的负担

一、案情介绍

原　告：王某某（笔者代理）

被　告：周某

第三人：海南某房地产经纪公司

原告王某某诉称：原告为孩子能在2021年9月顺利入学，在网上选中了位于海口市某小区的房屋。2021年4月7日，原告与被告在第三人海南某

① 王娇，北京京师（海口）律师事务所复合型人才律师，长期办理银行不良资产、物业服务费用清收案件，委托清收额达三千万元，具有丰富的大型、批量案件处理经验，同时为多个企业提供法律顾问服务，受到委托人的认可与肯定。

房地产经纪公司的陪同下，签订了涉及三方的《房屋买卖合同》(以下简称“合同”)，约定被告将其所有的位于海口市某小区房屋出售给原告，房屋成交价格650 666元，定金50 000元需在合同签订时支付；首付款200 000元，需双方在银行申请贷款面签时支付；尾款400 000元，需在买卖完成并办妥他项权利登记后由贷款银行直接划入卖方银行账号；666元为彩头钱，需在过户当天以红包形式支付给被告。

合同签订后，原告依约于4月7日、4月19日向被告转账20 000元、30 000元，共计50 000元。被告也分别于4月7日、4月20日向原告出具了收到定金20 000元和30 000元的收据。与此同时，原告也履行了向海口市某银行（以下简称“按揭银行”）申请办理贷款的义务，然而被告一直拖延时间，直至5月9日晚才抵达海口，谁知第二天被告竟以房子要拆迁为由，拒绝售卖房屋。经原告多次催告，被告仍拒绝配合办理贷款事宜及过户手续，依据合同第四条第二款的规定：“卖方不能按本合同约定将该物业售予买方，或者因违约而无法将该物业售予买方的，应向买方支付该物业成交价的30%作为违约金，买方有权解除合同。卖方逾期交付该物业，或者未能按时履行合同约定的其他义务，每逾期一日，按该物业成交价的千分之一向买方支付违约金；逾期超过30日的，买方有权解除合同，不再购买该物业，卖方应退回全部已收款项并向买方支付该物业成交价的30%作为违约金。”被告已严重违约，应退回全部已收款项50 000元并向原告支付195 199.80元违约金。

为此，原告诉至人民法院，要求判令如下：（1）判令依法解除原被告之间签订的《房屋买卖合同》；（2）判令被告返还已收款项50 000元；（3）判令被告向原告支付违约金195 199.80元（违约金的计算方式是以650 666元为基数乘以30%）；（4）由被告承担本案诉讼费用、公告费用、保全费用等。

被告周某辩称如下：（1）原告已构成严重违约，双方签订的《房屋买卖合同》已于2021年5月17日解除。2021年4月9日，在各方微信联系及邮寄材料后，原告、被告及第三人签订《房屋买卖合同》，合同约定了案涉房屋的地址、面积、购房价格、付款方式、权利义务、违约责任及补充条款等。同年5月9日，为配合原告办理贷款业务及过户事宜，被告专门回到海口，竟发现原告存在欺瞒及违约行为：首先，被告和原告及第三人当面沟通、看房后发现一直与被告联系的人实为原告王某某的姐姐，她在第三人公司就职，王某某与其姐姐之间无授权委托关系。被告仅于5月1日看房时及5月14日在银行沟通时见过原告，原告已违反诚实信用原则。其次，被告至海口后才发现涉案房屋涉及改造和拆迁，其价格远高于涉案合同价格，系因王某某姐姐与第三人串通欺瞒上述事实，才导致被告草草签订合同。该事实已构成重大误解，合同显失公平，系可撤销合同。最后，被告为配合原告办理贷款手续到银行与工作人员沟通后才发现，由于原告及第三人的失误，三方事前签订的《房地产买卖契约》存在错误，银行审核未通过需重新签署，《房屋买卖合同》和《房地产买卖契约》约定的违约责任不一致，期间原告不愿出面与被告沟通确认，也未支付首付款，双方无法按照《房屋买卖合同》第十一条第六款和第七款约定的时间完成贷款及过户手续。综上，原告的行为已构成严重违约，被告便于2021年5月17日向原告及第三人送达《通知函》通知解除《房地产买卖合同》。

（2）原告主张违约金无事实和法律依据，依法应予以驳回。首先，被告5月9日到达海口，次日与原告及第三人一起查看涉诉房产，5月11日单独至银行查询原告银行贷款办理情况，即发现贷款无法办理，原定预约的房屋过户手续也无法办理。在被告的要求下，原告和第三人5月14日才到银行沟通，被告已尽到合同义务，不存在拖延的情况。相反，系原告及第三人失误且不缴纳首付款的行为造成无法按时办理贷款手续致使合同目的无法实现，合同解除系因原告的违约行为所致，原告无权主张违约金。其次，即使被告违约，但《房屋买卖合同》第四条第二款与《房屋买卖契约》第五条约定的违约金额计算方式不一致，原告在仅支付定金的情况下按照合同价款30%主张违约金明显过高。最后，《通知函》已明确告知原告《房屋买卖合同》解除，且要求原告提供银行卡号用于返还定金，但原告不配合，被告6月24日至银行查询转账记录后才得以将定金返还原告。被告已尽到告知及退款义务，不应再对此担责。

综上所述，被告认为根据相关法律规定，原告与第三人串通，隐瞒改造拆迁的重要事实，违反诚信原则，已造成被告重大误解，属于可撤销合同，且原告行为已构成根本违约，《房屋买卖合同》已于2021年5月17日解除，定金已返还，依法应驳回原告的诉讼请求。

第三人辩称，2021年5月11日至15日，案涉合同三方在海口市某银行办理面签手续，但被告不配合办理手续。诉前第三人已多次通过电话、短信方式通知被告到银行签字，但被告收到通知后均未回复。

二、人民法院裁判

人民法院整理了相关事实和证据如下：2021年4月9日，被告周某（卖方）与原告王某某（买方）与第三人（经纪方）签订《房屋买卖合同》，约定：原告以650 666元的价格购买被告位于海口市某小区房屋，该房屋建筑面积为46.83平方米。付款方式如下：（1）定金。签订本合同时支付50 666元作为定金，定金在卖方支付首付款时自动转为房款。（2）首期房款（含定金）。首付款为人民币200 000元，由买方在银行申请贷款放款时直接支付给卖方。（3）房价余款。选择银行按揭付款方式：买方申请商业贷款，贷款额为400 000元，买方应在2021年4月30日前办妥按揭贷款申请手续，而卖方应全力协助办理相关手续，包括但不限于提供资料，前往按揭银行签署有关文件/合同等。合同还约定了违约责任："卖方不能按本合同约定将该物业售予买方，或者因违约而无法将该物业售予买方的，应向买方支付该物业成交价的30%作为违约金，买方有权解除合同。"合同签订后，原告王某某于2021年4月7日、2021年4月19日分别向被告周某转账支付20 000元、30 000元。被告周某分别于2021年4月7日、2021年4月20日出具收到上述定金的收据。2021年5月17日，被告向原告及第三人发送《通知函》，声称："卖方5月9日到达海口后曾于5月11日、5月13日到银行了解审批情况并获悉贷款资料未审核通过，卖方多次联系买方和经纪公司到银行当面核实，对方最终于5月14日上午到达银行，双方共同核实的结果为资料存在问题、未审核通过。因此买方未按合同约定在4月30日前做好资料审批及完善手续，截至5月15日未完成也未通知卖方，是经纪公司及买方的失职，且买方未足额支付定金50 666元及首付款。综上原因，已无法再继续履行三方签订的案涉买卖合同，现书面通知经纪公司及买房人解除签订的海口市某小区房屋的买卖合同。请买方收到《通知函》三日内把王某某打款定金的账户提供给卖方，卖方把收到的定金50 000元返还给买方。”2021年6月24日，被告周某转账退还原告王某某50 000元，2021年10月22日，中国某银行出具《情况说明》，载明：“王某某夫妇因购买周某名下位于海口市某小区房屋房产拟向我行申请二手房贷款，王某某夫妇于2021年4月7日前来我行办理二手房贷款的面签手续。目前为止，根据我行贷款要求，该笔贷款仍缺少如下材料：（1）完整的首付款凭据及收款收据；（2）卖方周某夫妻到场签署的贷款相关材料，包括但不限于房地产买卖契约等材料。”原告王某某认为被告周某已严重违约，应支付违约金1951 999.8元，遂成讼。

以上事实，有《房屋买卖合同》《转账凭证》《收据》、微信聊天记录、短信聊天记录、《通知函》及邮寄单、《电子银行回单》《情况说明》等证据及当事人陈述、开庭笔录在案佐证，足资认定。

本院认为，《房屋买卖合同》系三方真实意思表示，且合同内容不违反法律、行政法规的强制性规定，该合同合法有效，当事人应当按照约定全面履行自己的义务。本案中，原告王某某支付定金后，被告周某未按合同约定配合原告前往银行办理面签手续的行为已构成违约，应承担违约责任。现原告按照合同约定主张解除合同，有事实和法律依据，本院予以支持。根据《中华人民共和国民法典》第五百六十五条第二款“当事人一方未通知对方，直接以提起诉讼或者申请仲裁的方式依法主张解除合同，人民法院或者仲裁机构确认该主张的，合同自起诉状副本或仲裁申请书副本送达对方时解除”的规定，应认定案涉《房屋买卖合同》于起诉状副本送达之日即2021年9月

8日解除。被告周某辩称原告未足额支付定金、未按约定支付房屋首付款的行为构成违约并不符合事实，因为本案中，原告已实际支付定金50 000元，被告接收时未持异议或拒绝接收，应视为双方已达成一致意见，若对定金数额予以变更，定金数额以实际支付为准。此外，根据合同约定，原告应予双方到银行办理贷款面签手续时向被告支付首付款，现被告未配合到银行签署贷款相关材料，属于违约在先，故本院对该抗辩意见不予采纳。被告辩称在签订合同时存在重大误解，合同系可撤销合同，但未能提交有效证据证明其主张，本院对该抗辩意见亦不予采纳。

另外，关于违约金，在本案中，根据《房屋买卖合同》的约定，违约金为成交价的30%即195 199.8元。被告周某辩称原告主张的违约金数额过分高于实际损失，应予以减少。根据《中华人民共和国民法典》第五百八十五条“约定的违约金高于造成的损失的，人民法院或者仲裁机构可以根据当事人的请求予以适当减少”。本院结合合同的履行情况、当事人的过错程度以及预期利益等综合因素，酌情调整违约金为成交价的10%即65 066.6元。对于原告诉请中的超出部分，法院不予支持。

海口市某区人民法院依照《中华人民共和国民法典》第五百零九条、第五百六十五条第二款、第五百七十七条、第五百八十五条以及《中华人民共和国民事诉讼法》第六十七条第一款之规定，判决如下：

（一）确认原告王某某、被告周某、第三人海南某房地产经纪有限公司于2021年4月9日签订的《房地产买卖合同》于2021年9月8日解除；

（二）被告周某于本判决生效之日起十日内向原告王某某支付违约金65 066.6元；

（三）驳回原告王某某的其他诉讼请求。

三、律师解析

本案的争议焦点在于，原告、被告到底谁是违约方？违约责任的负担比例应该是多少？

依据《中华人民共和国民法典》第五百一十条：“合同生效后，当事人就质量、价款或者报酬、履行地点等内容没有约定或者约定不明确的，可以协议补充；不能达成补充协议的，按照合同相关条款或者交易习惯确定。”具体到本案，案涉合同关于首付款约定为“首付款为人民币贰拾万元整，由买方在银行申请贷款放款直接支付给卖方”。5月14日在银行现场，第三人工作人员陈某又再一次向被告解释首付款条款：“首付款申请银行面签，面签通过以后就可以打首付款给你。”被告当场表示：“我通过了，他才打首付款给我。”也就是说双方已经对该条款做了清楚准确的解释与理解，双方清楚地知道需要等面签通过后，买方才向卖方支付首付款，被告也并未对该履行顺序提出异议。再结合第三人工作人员陈某的庭审陈述以及市场实际情况，二手房市场的交易习惯为：签订买卖合同→付定金→双方到银行签署面签文件→面签通过→买方支付首付款→报税过户→领取新产权抵押→放尾款→交房。故对于被告夫妻需到场签署贷款相关材料的义务和原告需向被告支付首付款的义务的先后履行顺序是清楚明确的，即被告夫妻履行了当场签署贷款相关材料的义务且经银行审核通过后，原告方可向被告履行支付首付款的义务。被告在银行弄清楚贷款流程后，银行工作人员问：“没有问题了吗？”被告回复：“没有问题了。”但被告却在离开银行后，拒绝签署相关材料，表示不再售卖房屋。在其明示毁约后，原告及第三人均多次通过微信、短信催告其继续走银行面签手续，但被告始终拒绝履行。该行为已经严重违约，导致合同目的无法达成。在被告明确表示拒绝售卖房屋、拒绝签署贷款资料的情况下，原告未支付首付款的行为不构成违约。依据《中华人民共和国民法典》第五百二十六条：“当事人互负债务，有先后履行顺序，应当先履行债务一方未履行的，后履行一方有权拒绝其履行请求。先履行一方履行债务不符合约定的，后履行一方有权拒绝其相应的履行请求。”在被告不愿意配合办理面签手续的情况下，原告享有先履行抗辩权，有理由拒绝支付首付款，自然不构成违约。且原告行使先履行抗辩权，不影响原告主张先履行被告的违约责任。

在违约方明确后，违约责任的承担比例就是本案最重要的问题。正如人民法院在裁判的说理部分中所述：“根据《中华人民共和国民法典》第五百八十五条‘约定的违约金高于造成的损失的，人民法院或者仲裁机构可以根据当事人的请求予以适当减少’。本院结合合同的履行情况、当事人的过错程度以及预期利益等综合因素，酌情调整违约金为成交价的10%即65 066.6元。对于原告诉请中的超出部分，法院不予支持。”

在目前的商品房买卖合同违约纠纷中，法院对违约的裁判尺度一般是房价的10%，虽然法院会对双方事先约定的违约责任比例进行调整，但违约方始终都逃不掉其应当承担的违约责任。毕竟诚实守信是现代法制社会的基本法律准则，也是市场经济的基本原则。合同双方当事人都应遵守诚实信用原则，严格按照合同约定履行自己的义务。市场交易变幻莫测，切不能因为莫须有的“小道消息”而背信弃义。契约精神始终都是人们在市场经济活动中应该遵循的一项基本原则，这也是做人的基本准则，不遵守契约精神的人，就要付出违约的代价！

小区选聘物业公司操作要点及法律风险防控

□ 陈建兴[①]

【摘　要】基层社会治理是国家治理的基石，住宅小区作为现代城市社区不可或缺的部分，是推进社会治理现代化的基本单元和重要抓手。物业服务差、业委会成立难、小区更换物业难、共有产权收益去向不明或被挤占挪用等问题引发的矛盾冲突仍有发生。在建筑物区分所有权中，对于一些影响到业主权益的重大事项上，如制定和修改业主大会议事规则、制定和修改管理规约、选举业主委员会或者更换业主委员会成员、选聘和解聘物业服务企业或者其他管理人、筹集建筑物及其附属设施的维修资金、改变共有部分的用途或者利用共有部分从事经营活动等，均需要业主共同商讨决定。《民法典》第二百七十八条规定在原《物权法》第七十六条规定的基础上进行了完善，重构了物权法中业主共同决定事项的范围，对事项的表决要求也进行了调整，体现了法律对业主切实行使自身权利的重视，鼓励业主积极参与到小区公共管理事务中来。针对选聘和解聘物业服务企业或者其他管理人这一重大事项而言，在实践中常通过召开业主大会参与表决的形式来共同决定，而小区业主委员会作为业主大会的执行机构，往往扮演的是

① 陈建兴，中共党员，华南理工大学硕士，北京京师（海口）律师事务所创始合伙人、副主任，现担任多家单位的法律顾问，执业以来办理民事、行政等案件2 000件以上，特别在民事诉讼领域有丰富的经验。

组织者的角色。本文将从小区业主委员会的角度出发，分析在选聘和解聘物业服务企业时具体应如何操作以及可能存在的诉讼法律风险，以便做好风险防范。

【关键词】业主委员会；选聘物业；法律风险

一、基本案情

长江某花园第三届业主委员会、江苏苏南某物业服务有限公司无锡分公司等业主撤销权纠纷一案。

李某华、陈某麟、昌某宝系长江国际花园小区业主。

2018年1月7日，小区业主大会表决通过《长江某花园业主大会议事规则》（以下简称《议事规则》），其中第六条、第八条约定业主大会决定制定物业服务内容、标准以及物业服务收费方案，选聘和解聘物业服务企业，需经专有部分占建筑物总面积过半数且占总人数过半数的业主同意。第十二条约定：业主大会表决事项应采用书面征求意见的形式，由业主大会筹备组授权的工作人员按以下方式负责收发选票：（1）设立投票箱：在物业服务区域内分设立投票箱，由业主自行将选票投入选票箱内。（2）上门发放、收集业主选票：由业主大会筹备组组织工作人员逐户发放、收集。（3）其他有效方式收集业主选票。会议结果应在上级主管部门、社区居委会和与会业主等的监督下进行公开唱票、计票，当众宣布结果并公示15天。同时，该次业主大会表决通过的事项除了《长江国际花园业主议事规则（修改稿）》《长江国际花园业主公约（修改稿）》外，对于引进专业物业服务公司的表决未通过。2018年1月8日，长江某花园第三届业主委员会备案。

2018年9月30日，第三届业委会发布公告：决定于2018年10月27日至2018年11月17日召开长江某花园2018年度第三次业主大会，议题包括：（1）是否同意选聘某物业公司作为物业服务企业（附件1《长江某花园物业服务合同》);(2)是否同意使用住宅专项维修资金对长江某花园消防设施进行全面整改。本次大会采用书面征求意见的形式举行，业主大会投票期间为2018年10月27日8：30—2018年11月17日20：30，开票时间为2018年11月18日上午9点，地点在小区物业二楼，选票送达方式有四种：(1)业主或与其同住的成年家属到物业前台当面领取，领取后视为选票送达成功；(2)由业委会组织的本次业主大会工作人员送达至业主家，由业主或与其同住的成年家属领取后，视为选票送达成功；(3)确认业主身份后，通过QQ、微信、电子邮箱等电子送达方式发送业主指定的接收人后，视为选票送达成功；(4)业委会组织的本次业主大会工作人员两次上门未能送达成功的，经两名工作人员签名,《领取业主大会选票通知书》张贴于业主家门上，视为选票送达成功；投票方式如下：本次业主大会采用记名投票，投票人必须在选票上填写自己拥有的物权并签名(盖章):(1)本次选举采用投票箱收集选票，投票箱粘贴业委会盖章确认的封条，投票箱物业前台放置一个，另根据需要设置流动投票箱若干；(2)业主可以到物业前台自行投票后将选票投入投票箱，也可以接收工作人员送达的选票后投票并投入投票箱；(3)业主可以通过书面、电话、微信、QQ等多种方式委托他人行使投票权，以上述方式投票的，应当有两名工作人员签名确认；(4)选票送达成功后，业主应在投票期限内将选票投入投票箱、业主超过投票截止时间仍未将选票投入投票箱的，视为业主不参与本次业主大会表决；(5)在发放选票和投票期间，由业委会组织工作人员及业主进行监督及参与工作；开票时间、地点为2018年11月18日上午9时在小区物业二楼，在到场的主管部门监督下，进行公开点票、唱票，具体事宜将另行公告。

2018年9月29日，第三届业委会向长江某花园小区所在社区发函告知：2018年6月10日，长江某花园小区业主大会决议通过引入专业物业服务企业管理小区事项，业委会现经考察拟聘某物业公司作为小区物业服务企业，另需申请住宅专项维修资金对小区消防设施进行全面整改，现拟定于2018年10月27日至2018年11月17日召开业主临时大会，就上述两议题进行表决，请责单位对小区业主大会相关事宜进行监督指导。

第三届业委会发放的表决票载明两项议题：议题一，是否同意选聘某物业公司作为长江某花园小区物业服务企业（附件：《长江国际花园物业服务合同》）；议题二，是否同意使用住宅专项维修资金对长江某花园消防设施进行全面整改（附件：《消防改造工程》）。同时注明“表决须知：（1）业主收到表决票可当场投票，另小区物业（东门会所1楼）设置固定票箱，设置日期为2018年10月27日—2018年11月17日，业主自行投票时间为8：30—20：30；（2）表决事项的相关附件《长江某花园物业服务合同》《消防改造工程》均已在本物业管理区域现场公告；（3）同意的在议题对应空格处画“○”，不同意的画“×”，留白表示弃权，并在表决票与存根相应位置写上业主（代理人）签名，同一表决事项存在多种选择，以及表决票严重破损或严重涂改以致无法识别的视为无效投票；（4）未尽事宜依据相关法律法规、《长江某花园业主大会议事规则》执行”。

第三届业委会在2018年10月21日在业主QQ群中上传了在物业管理区域现场张贴《长江某花园物业服务合同》的照片，10月25日在业主QQ群中上传了《长江某花园物业服务合同》。李某华、陈某麟、昌某宝表示自己不在业主群内。

第三届业委会提供了李某华、陈某麟、昌某宝所在户的三张选票，均为反对票。李某华、陈某麟表示均投了反对票，但否认投票上的签名系本人所签，昌某宝表示其投的是同意引进万科物业公司，但不同意消防方案。

2018年11月18日上午，第三届业委会进行唱票、计票。开始时即有部分业主与业委会工作人员发生纠纷，期间社区及街道物管办有人员到场，纠纷平息后遂先行离开，后续业委会继续唱票、计票。

2018年11月18日，第三届业委会公示《长江某花园2018年度第三次业主大会表决结果公告》：2018年11月18日，在无锡市新吴区某街道办事处、无锡市新吴区某街道办事处长江社区居民委员会、无锡市相关部门以及部分业主的现场见证和监督下，第三届业委会组织了本次开票工作，小区专有面积159 373.05平方米，业主总人数1 302人；表决结果为关于议题一收到同意票745、反对票175、弃权票80；根据议事规则计算后80.41%的人数为同意票，80.90%的面积比例为同意票，故据此公告选聘某物业公司作为长江某花园小区物业服务企业（附件:《长江某花园物业服务合同》）这一议题获得长江某花园2018年度第三次业主大会表决通过。

2018年12月28日，第三届业委会与某物业公司签订《长江某花园物业服务合同》，后某物业公司进场服务至今。

李某华等在业主撤销权行使期限内向一审法院提出诉讼。经前期诉前调解无果，后转为诉讼。诉讼中，关于第三次业主大会所投选票，第三届业委会表示投票分为自投票、代投票两种，其中自投票同意人数397，对应专有面积为57 854.6平方米，自投票原始选票现均在新吴区住建局物管处，数量为397，对应专有面积为57 854.6平方米；代投票为通过电话、微信表达意向并由业委会成员或志愿者在名单中标注记录，然后由整理核对人员誊抄至投票上，由誊抄人员签名统一代投，但因保管不利，当时电话询问意见的录音及微信聊天记录截图已丢失，经查找现仅能提供当时的录音文件14个、微信截图16张。为了证明当时代投票为业主真实意思，第三届业委会补充提供了诉讼中征询部分业主当时同意票系真实意思表示的签字表，其中多数为电话询问意见，根据此次补证的统计结果，代投同意票的人数已经达到至少261人，对应专有面积为19 981.4平方米，故可以证明决议是有效的。经播放音频文件，李某华等原告对提供的录音、微信证据提出如下质疑：询问意见时未核查业主身份，有些房屋是出租状态，并未查实是业主还是租户，有些询问的并非业主本人，仅是其他楼号的亲朋意见；电话询问时仅询问是否同意引进物业，并未提及还有附件的问题，更有业主询问物业费涨价的具体内容时却被工作人员告知属于下一个议题；微信聊天内容亦未体现业主信息，也未发送过附件合同文档；即便是诉讼中的补证，在电话询问过程中仍未核查业主身份，在询问当时是否委托业委会成员代投票的意见时仍未提及还包括附件内容的代投意见；等等。

二审中第三届业委会、某物业公司提交了以下证据：长江某花园第三届业主委员会会议记录；关于长江某花园召开2021年第一次业主大会会议的公告；小区业主大会会议表决意见统计表、公示照片；长江某花园业主大会会议结果公示、公示照片；《长江某花园物业服务合同》。以此证明2018年业委会与物业公司签订的物业服务合同已经得到大多数业主的再次确认，一审认定的瑕疵已经都得到了纠正，之前的物业服务合同合法有效，前期物业合同到期后续签的物业合同，本次业主大会再次确认与物业公司签订的合同。该合同已经在新吴区物业管理处备案。法院认为，当事人对自己提出的诉讼请求所依据的事实或者反驳对方诉讼请求所依据的事实有责任提供证据加以证明。没有证据或者证据不足以证明当事人的事实主张的，由负有举证责任的当事人承担不利后果。一是业主委员会作为业主大会执行机构，对履行业主大会的决议时承担相应法律责任。本案中第三届业委会作为民事主体符合法律规定并无不当。二是本案中，2018年11月18日上午第三届业委会进行唱票、计票过程中，部分业主与业委会工作人员发生冲突。在讨论议题设置不合理、对于投票业主身份未能核实而且代投票操作存在明显瑕疵情况之下，第三届业委会在明知部分业主对于决议存有争议，却未能妥善保管代为投票相关证据材料，应当由第三届业委会承担举证不能的法律后果。三是因业委会相关决议予以撤销。一审法院认定业委会根据该次决议与某物业公司签订的《物业服务合同》应属无效并无不当。四是二审中上诉人提供的新证据本身也说明，前期投票过程中存在不规范。

二、法院裁判

一审法院判决如下：（一）撤销2018年11月18日第三次业主大会作出的选聘某物业公司作为长江某花园小区物业服务企业（附件：《长江某花园物业服务合同》）的决议；（二）确认第三届业委会与某物业公司签订的物业服务合同无效。案经上诉后，二审法院维持原判。

三、律师解析

该小区业主向法院提起业主撤销权诉讼，该案件在实践中具有一定的代表性，《中华人民共和国民法典》第二百八十条规定“业主大会或者业主委员会作出的决定侵害业主合法权益的，受侵害的业主可以请求人民法院予以撤销”。在实务中，业主请求法院撤销的理由绝大多数是基于实体因素，即小区全体业主共同决定的事项（包括本案的选聘物业公司）应达到《民法典》第二百七十八条法律规定的表决标准，投票结果不符合该条法律规定的标准小区业主即可请求人民法院予以撤销。但在本案中，人民法院是从保障小区业主程序性权利的角度进行评判，认为合法权利受到业主大会或者业主委员会决定的侵害，既包括程序性权益，也包括实体性权益，其中业主的程序性权益受到侵害指的是业主大会或业主委员会作出决定的内容虽然未侵害业主的合法权益，但作出决定的程序违反了法律、法规规定，如未能核实业主身份、代投票方式操作存在瑕疵等，法院重点强调了程序性权益。

四、扩展分析

基于上述物业纠纷代表性案例，我们作进一步的扩展分析和说明。

（一）业主及其主体资格

在涉及物业的纠纷中，特别是业主撤销权纠纷案件中，必然涉及业主的概念，《物业管理条例》第六条规定：房屋的所有权人为业主。即小区房屋的产权人称为业主。若婚后夫妻共同出资购房，无论房屋登记在哪一方名下，因该房屋属夫妻共同财产，另一方也系小区业主。在上述案例中，李某华等以业主的身份为原告提起诉讼。

（二）业委会的产生

《业主大会和业主委员会指导规则》规定：业主委员会由业主大会依法选举产生，履行业主大会赋予的职责，执行业主大会决定的事项，接受业主的监督；业主委员会由业主大会会议选举产生，由5至11人单数组成。业主委员会委员实行任期制，每届任期不超过5年，可连选连任，业主委员会委员具有同等表决权。特别指出的是，业主委员会的委员由业主大会选举产生的，但业委会主任和副主任不是业主大会选举的，是由业委会委员内部推选产生的。

（三）业委会的诉讼主体资格

《关于金湖新村业主委员会是否具备民事诉讼主体资格请示一案的复函》（最高人民法院〔2002〕民立他字第46号）中答复：根据《中华人民共和国民事诉讼法》第四十九条、最高人民法院《关于适用〈中华人民共和国民事诉讼法〉若干问题的意见》第四十条的规定，金湖新村业主委员会符合“其他组织”条件，对房地产开发单位未向业主委员会移交住宅区规划图等资料、未提供配套公用设施、公用设施专项费、公共部位维护费及物业管理用房、商业用房的，可以自己名义提起诉讼，这属于承认了业主委员会在一定条件下具有民事诉讼主体资格。

（四）业委会是业主大会的执行机构

根据《物业管理条例》第十五条的规定，业委会是业主大会的执行机构，《关于春雨花园业主委员会是否具有民事诉讼主体资格的复函》（最高人民法院〔2005〕民立他字第8号）答复“业主委员会是业主大会的执行机构，根据业主大会的授权对外代表业主进行民事活动，所产生的法律后果由全体业主承担”，因此，业委会系根据业主大会的授权开展活动，包括诉讼、对外签订合同等民事活动，其权利源于业主的授权，业委会在提起诉讼时，人民法院通常会要求业委会提供获得小区业主授权的证据，其法律依据亦在此，因业委会民事活动所产生的法律后果是由小区全体业主承担。

（五）由小区业主共同决定的事项

《中华人民共和国民法典》第二百七十八条第一款第四项规定：“下列事项由业主共同决定：（四）选聘和解聘物业服务企业或者其他管理人”，第二款规定：“业主共同决定事项，应当由专有部分面积占比三分之二以上的业主且人数占比三分之二以上的业主参与表决。决定前款第六项至第八项规定的事项，应当经参与表决专有部分面积四分之三以上的业主且参与表决人数四分之三以上的业主同意。决定前款其他事项，应当经参与表决专有部分面积过半数的业主且参与表决人数过半数的业主同意”，据此，上述案例中“选聘和解聘物业服务企业或者其他管理人”属于应由业主共同决定的事项范畴，应通过业主大会有关表决权决议的法定程序予以实现。除此之外，制定和修正业主大会议事规则、制定和修正管理规约、选举业主委员会或者改换业主委员会成员等均属于业主共同决定的事项。

（六）地下产权车位是否计入投票权数

《业主大会和业主委员会指导规则》第二十五条规定，业主大会应当在业主大会议事规则中约定车位、摊位等特定空间是否计入用于确定业主投票权数的专有部分面积。就是说，产权车位是否有表决权，能否计入业主投票权数，可以在业主大会议事规则中进行约定。针对在业主大会议事规则中没有约定的如何处理？《最高人民法院关于审理建筑物区分所有权纠纷案件适用法律若干问题的解释》第二条规定：“建筑区划内符合下列条件的房屋，以及车位、摊位等特定空间，应当认定为《民法典》第二编第六章所称的专属部分：（一）具有构造上的独立性，能够明确区分；（二）具有利用上的独立性，可以排他适用；（三）能够登记成为特定业主所有权的客体。根据该法律规定和案例，地下产权车位通常会计入投票权数，相应产权人有表决权。

（七）政府部门的指导和监督

《中华人民共和国民法典》第二百七十七条第二款规定“地方人民政府有关部门、居民委员会应当对设立业主大会和选举业主委员会给予指导和协助”,《业主大会和业主委员会指导规则》第六条规定，物业所在地的区、县房地产行政主管部门和街道办事处、乡镇人民政府负责对设立业主大会和选举业主委员会给予指导和协助，负责对业主大会和业主委员会的日常活动进行指导和监督。业主委员会作为群众自治组织，其行为应符合法律的规定，亦受到政府部门的监督和指导。在上述案例中，第三届业委会向长江某花园小区所在社区发函，告知小区业主大会决议通过引入专业物业服务企业管理小区事项等内容，是必经的程序性事项。

（八）业委会备案

《物业管理条例》第十六条规定，业主委员会应当自选举产生之日起30日内，向物业所在地的区、县人民政府房地产行政主管部门和街道办事处、乡镇人民政府备案。《业主大会和业主委员会指导规则》第三十三条规定，业主委员会应当自选举产生之日起30日内，持下列文件向物业所在地的区、县房地产行政主管部门和街道办事处、乡镇人民政府办理备案手续：（一）业主大会成立和业主委员会选举的情况；（二）管理规约；（三）业主大会议事规则；（四）业主大会决定的其他重大事项。这些法律法规都对业主委员会在政府部门备案作出了明确规定。

（九）业委会备案不是行政许可行为

《关于〈物业管理条例〉第十六条的请示》的答复（国法秘函〔2005〕439号）规定，《物业管理条例》第十六条第一款规定的“备案”是一种告知行为，不具有行政许可性质。在实际案例中，政府主管部门对业主委员会备案行为的审查，注重审查备案申请文件是否齐全以及是否符合法律规定，除审查备案申请文件是否符合法律规定，除形式要件外，通常也会视情况对文件实质内容进行审查认定。总体来说，业委会的备案登记属备查性质的行政管理行为，不是行政许可。行政管理部门对选举产生的业主委员会依法备案，是对业主委员会合法性的确认。

（十）撤销权的一年除斥期间

根据《中华人民共和国民法典》第一百五十二条和第二百八十条的规定，业主以业主大会或者业主委员会作出的决定侵害其合法权益或者违反了法律规定的程序为由，请求人民法院撤销该决定的，应当在知道或者应当知道业主大会或者业主委员会作出决定之日起一年内行使。该撤销权的行使期限属于除斥期间，不发生中止、中断或者延长的法律效力，期间已过，撤销权当然、确定、绝对地消灭。在上述案例中，明确业主是在业主撤销权行使期限内向一审法院提出诉讼，这也是我们在提起诉讼时要重点关注的时间因素。

（十一）业委会未经小区业主授权自行选聘并签订物业服务合同的效力问题

《中华人民共和国民法典》第一百七十一条第一款、第二款规定，行为人没有代理权、超越代理权或者代理权终止后，仍然实施代理行为，未经被代理人追认的，对被代理人不发生法律效力。相对人可以催告被代理人自收到通知之日起三十日内予以追认。被代理人未作表示的，视为拒绝追认。行为人实施的行为被追认前，善意相对人有撤销的权利。小区业委会是小区业主大会的执行机构，在小区业主大会未选定物业公司为小区提供物业服务的情况下，小区业委会与特定物业公司签订物业服务合同属于无权处分，该物业服务合同处于效力待定状态。安徽省旌德县人民法院（2018）皖1825民初966号、重庆市开州区人民法院（2018）渝0154民初5301号、湖南省长沙市岳麓区人民法院（2021）湘0104民初10340号、内蒙古自治区通辽市科尔沁区人民法院（2019）内0502民初5944号、贵州省湄潭县人民法院（2022）黔0328民初125号案件，法院对于该情况均作出了业委会与新物业公司签订的物业服务合同处于效力待定状态的认定。

（十二）前期物业服务合同的终止

前期物业服务合同依法自业委会与选聘的新物业服务企业所订立之物业服务合同生效时终止。注意的是，对于前期物业服务企业而言，不存在“解聘”问题，只涉及“终止”。由此，前期物业服务合同履行终止期限，以新物业服务合同生效为准。

五、业委会选聘物业公司操作要点

业主行使权利的主要方式是通过参加业主大会会议决定重大物业管理问题。业主作为建筑物区分所有人，享有知情权，享有了解本小区建筑区划内涉及业主共有权及共同管理权等相关事项的权利。业主的撤销权系法律赋予建筑物区分所有权的业主所享有的一种新型的撤销权。目前，小区业主、小区开发商、业委会、旧物业公司和新物业公司之间的纠纷日趋增多，特别是在业委会在更换选聘物业公司以及新旧物业公司进行交接过程中，各利益相关方矛盾凸显，很容易造成小区物业服务的混乱。在这种情况下，小区业委会在更换选聘物业公司时，尤其需要注意合规，在实体上和程序方面均符合法律的规定。

（一）物业公司进场提供服务的依据

1. 前期物业服务

前期物业服务合同，通常是指开发商与前期物业服务公司签订的合同。《民法典》第九百四十条规定：“建设单位依法与物业服务人订立的前期物业服务合同约定的服务期限届满前，业主委员会或者业主与新物业服务人订立的物业服务合同生效的，前期物业服务合同终止。”如果物业公司提供的服务确实不到位，达不到合同约定的标准，小区业主对物业公司心存不满，在开发商与前期物业服务公司签订的前期物业服务合同期限届满前或期满后，可以选聘其他物业公司，请求原物业公司退出物业服务区域、移交物业服务用房和相关设施以及由其代管的专项维修资金。

2. 小区业主大会选聘的物业公司

《民法典》第二百七十八条规定：“下列事项由业主共同决定：（一）制定和修改业主大会议事规则；（二）制定和修改管理规约；（三）选举业主委员会或者更换业主委员会成员；（四）选聘和解聘物业服务企业或者其他管理人；（五）使用建筑物及其附属设施的维修资金；（六）筹集建筑物及其附属设施的维修资金；（七）改建、重建建筑物及其附属设施；（八）改变共有部分的用途或者利用共有部分从事经营活动；（九）有关共有和共同管理权利的其他重大事项。业主共同决定事项，应当由专有部分面积占比三分之二以上的业主且人数占比三分之二以上的业主参与表决。决定前款第六项至第八项规定的事项，应当经参与表决专有部分面积四分之三以上的业主且参与表决人数四分之三以上的业主同意。决定前款其他事项，应当经参与表决专有部分面积过半数的业主且参与表决人数过半数的业主同意。”同时，《民法典》第九百三十九条规定“建设单位依法与物业服务人订立的前期物业服务合同，以及业主委员会与业主大会依法选聘的物业服务人订立的物业服务合同，对业主具有法律约束力”。因此，更换选聘物业公司是小区业主共同决定的事项，并需达到法律规定的表决标准。业主大会享有选聘物业管理企业的权利，同时也是更换物业管理企业的主体，小区业主可以通过业主大会选聘新的物业公司接管原物业公司，为小区业主提供物业管理服务。

（二）小区业主选聘物业公司的方式

主要有两种：一种是小区业主通过召开业主大会的方式直接表决选聘物业公司，小区业主委员会辅助整个召开业主大会的流程；另一种是小区业主通过召开业主大会的形式授权业主委员会进行选聘，同时表决选聘方案或表决新《物业服务合同》中的物业收费标准、计费方式、合同期限、履约保证金、违约责任等主要条款内容，小区业主委员会获得授权后，可以通过委托招标的形式选聘物业公司。

（三）选聘前的准备工作

1.关于表决票样的制作，尽量按照当地政府主管部门制定的参考模板印制，表决内容可以根据大会的内容进行添加。如果是小区业主通过召开业主大会来直接表决选聘物业公司，可以在表决事项中列明几家候选的物业公司，让业主自行选择并投票；如果是小区业主通过召开业主大会的形式授权业主委员会进行选聘物业公司，可以在表决议题中加入续聘前期物业或不同意续聘前期物业、授权业委会组织对外公开选聘的内容，表决栏中的选项应有赞成、反对、弃权，否则可能会被认定为剥夺了业主的选择权，最后导致业主大会的表决结果无效。选票中还应盖有居民委员会或业主委员会的公章，选票的发放数量至少要达到小区全体业主人数的三分之二。在选聘前，还应提前组织好人员，根据业主大会统计的事项，设定唱票人、计票人、监票人，采取简便快捷的点票方案。

2. 2022年1月海口市住房和城乡建设局发布了《海口市业主决策电子投票规则（试行）》，电子投票系统的上线使用，为小区业主投票提供了方便，便利政府部门的指导和监督，若充分利用电子投票系统，能大大提高效率。

（四）小区选聘物业公司的程序性内容

召开业主大会应注意以下细则。

1.物业管理区域内，已交付的专有部分面积超过建筑物总面积50%时，建设单位应当按照物业所在地的区、县房地产行政主管部门或者街道办事处、乡镇人民政府的要求，及时报送下列筹备首次业主大会会议所需的文件资料：（1）物业管理区域证明；（2）房屋及建筑物面积清册；（3）业主名册；（4）建筑规划总平面图；（5）交付使用共用设施设备的证明；（6）物业服务用房配置证明；（7）其他有关的文件资料。符合成立业主大会条件的，区、县房地产行政主管部门或者街道办事处、乡镇人民政府应当在收到业主提出筹备业主大会书面申请后60日内，负责组织、指导成立首次业主大会会议筹备组。首次业主大会会议筹备组由业主代表、建设单位代表、街道办事处、乡镇人民政府代表和居民委员会代表组成。筹备组成员人数应为单数，其中业主代表人数不低于筹备组总人数的一半，筹备组组长由街道办事处、乡镇人民政府代表担任。筹备组中业主代表的产生，由街道办事处、乡镇人民政府或者居民委员会组织业主推荐。筹备组应当将成员名单以书面形式在物业管理区域内公告。业主对筹备组成员有异议的，由街道办事处、乡镇人民政府协调解决。建设单位和物业服务企业应当配合协助筹备组开展工作。

2.筹备组应当做好以下筹备工作：（1）确认并公示业主身份、业主人数以及所拥有的专有部分面积；（2）确定首次业主大会会议召开的时间、地点、形式和内容；（3）草拟管理规约、业主大会议事规则；（4）依法确定首次业主大会会议表决规则；（5）制定业主委员会委员候选人产生办法，确定业主委员会委员候选人名单；（6）制定业主委员会选举办法；（7）完成召开首次业主大会会议的其他准备工作。业主的投票权数由专有部分面积和业主人数确定。业主委员会委员候选人由业主推荐或者自荐。筹备组应当核查参选人的资格，根据物业规模、物权份额、委员的代表性和广泛性等因素，确定业主委员会委员候选人名单。筹备组应当自组成之日起90日内完成筹备工作，组织召开首次业主大会会议。

3.提前通知业主。《物业管理条例》第十四条规定："召开业主大会会议，应当于会议召开15日以前通知全体业主。"

4.提前告知辖区居委会。召开业主大会会议，应当于会议召开15日以前告知辖区居民委员会，辖区居委会进行监督和指导。

5.业主大会会议可以采用集体讨论的形式，也可以采用书面征求意见的形式，应当由专有部分面积占比三分之二以上的业主且人数占比三分之二以上的业主参与表决。采用书面征求意见形式的，应当将征求意见书送交小区业主，无法送达的，应当在物业管理区域内公告。凡需投票表决的，表决意见应由业主本人签名。业主大会确定业主投票权数，可以按照下列方法认定专有部分面积和建筑物总面积：（1）专有部分面积按照不动产登记簿记载的面积计算；尚未进行登记的，暂按测绘机构的实测面积计算；尚未进行实测的，暂按房屋买卖合同记载的面积计算；（2）建筑物总面积，按照前项的统计总和计算。业主大会确定业主投票权数，可以按照下列方法认定业主人数和总人数：（1）业主人数，按照专有部分的数量计算，一个专有部分按一人计算。但建设单位尚未出售和虽已出售但尚未交付的部分，以及同一买受人拥有一个以上专有部分的，按一人计算；（2）总人数，按照前项的统计总和计算。一个专有部分有两个以上所有权人的，应当推选一人行使表决权，但共有人所代表的业主人数为一人。业主为无民事行为能力人或者限制民事行为能力人的，由其法定监护人行使投票权。业主因故不能参加业主大会会议的，可以书面委托代理人参加业主大会会议。未参与表决的业主，其投票权数是否可以计入已表决的多数票，由管理规约或者业主大会议事规则规定。物业管理区域内业主人数较多的，可以幢、单元、楼层为单位，推选一名业主代表参加业主大会会议，推选及表决办法应当在业主大会议事规则中规定。业主可以书面委托的形式，约定由其推选的业主代表在一定期限内代其行使共同管理权，具体委托内容、期限、权限和程序由业主大会议事规则规定。业主大会会议应当由业主委员会作出书面记录并存档。业主大会的决定应当以书面形式在物业管理区域内及时公告。

6.在召开业主大会选聘物业公司的这个过程中，业主委员会在这之中通常起组织作用。业主委员会辅助业主大会更换物业的主要流程为：（1）召开业主大会对物业进行投票表决，投票达到法定标准后，则可更换物业公司；（2）由业主委员会负责物业招标工作，制定管理要求和费用，质证标书；（3）联系物业公司或房管部门进行物业招标；（4）组建评标小组或评审专家；（5）评标，选出中标的物业；（6）由业主委员会向业主宣布招投报告，并出示评标过程和结果，小区业主对结果进行投票表决；（7）若表决通过，由业主委员会和物业服务公司签订小区物业管理服务合同，新的物业服务公司与前物业服务公司进行工作交接，新物业公司进场为小区提供物业服务。

（五）小区选聘物业公司的实体性内容

1.不管是小区业主通过召开业主大会的方式直接表决选聘物业公司，还是小区业主委员会辅助召开业主大会，除了必须符合程序上的要求外，还必须符合硬性的实体条件，即达到法律规定的标准，具体为由专有部分面积占比三分之二以上的业主且人数占比三分之二以上的业主参与表决，经参与表决专有部分面积过半数的业主且参与表决人数过半数的业主同意选聘和解聘物业服务企业或者其他管理人。

2.需要注意的是，业主表决票中的签名并非一定要求是本人所签，若因业主本人未能亲自参与投票，在表决小区共同决定事项时，业主可以书面委托他人进行投票，在出具的授权委托书中应写清楚代理权限和委托事项。在一套房屋存在多个权利人的情况下，任意一位权利人的投票均有效。除此之外，若投票人与房屋业主系夫妻关系，房屋作为夫妻的共同财产，其配偶的投票也具有效力；父母与子女之间的代签行为也可能构成表见代理，具有法律效力。其投票权数是否可以计入已表决的多数票，可以在管理规约或者业主大会议事规则中约定。

六、违反上述法定程序或实体方面的法律规定的后果

《民法典》第二百八十条规定了业主撤销权。如若业主大会或者业主委员会在选聘和解聘物业服务企业或者其他管理人的过程中作出决定的程序违法或超越法定权限，侵害了业主的实体权益、程序权益，很有可能会面临决议被撤销的法律风险。

从本文开头的案例中可以明显地看出，业主大会的召开程序存在明显瑕疵，选票的议题设置不合理、业主参与投票时未能核实业主身份、代投票方式操作存在漏洞等程序上的问题，都能导致业主大会决议无效，从而被法院撤销。

七、小区业委会选聘物业公司的注意事项

（一）程序方面

1.在业主委员会制作选票票样时，如果选票议题的内容设置不规范，那么也会导致表决程序上出现瑕疵。例如，若业主委员会将选聘某物业公司以及拟与某物业公司签订的物业服务合同内容作为同一议题，使一个议题包括了是否愿意选聘某物业公司和同意授权业委会签订该份物业服务合同两项内容，此种设计不利于业主做出准确选择。在通过召开业主大会的形式授权业主委员会进行选聘，同时表决选聘方案，小区业主委员会取得授权后，再通过委托招标的形式选聘物业公司时，通常会再次召开业主大会临时会议，对候选的物业公司进行表决，这时的表决选项中应包含多个选项，如果只对一个物业公司进行表决而未提供其他物业公司作为选项，则会侵害到业主的选择权。业主委员会在制作选票议题时，应注意不得将数个应由业主大会决定的事项以不清晰、不明确的方式合并在一个议题中予以表决，应严格遵守《议事规则》中的内容，对于在议题中涉及修改业主大会议事规则的内容，应当予以明确说明和告知，包括拟修改的条款及修改内容。在业主进行投票时业主委员会也应当完整地向其说明整个选票议题内容，或者进行有针对性的解释、提示，避免对业主造成困惑和误导。

2.选聘物业公司、签订物业合同事宜，法律明确规定应由业主共同决定，业主委员会作为业主大会的执行机构，在组织业主大会选聘物业公司时应尽到公示义务，保障业主的知情权，动员小区业主积极参与到公共事务管

理中来。在召开业主大会前，应将召开业主大会的通知提前张贴在小区的公共栏或其他明显位置，对议题内容、投票方式、投票时间、开票时间、地点向业主进行告知，若只是简单地在业主微信群中发送通知图片，无法保证小区业主都在业主微信群中且无法证实是否为业主本人，很有可能会被认定为未尽到公示义务；业主委员会在组织业主大会的过程中应按《议事规则》所规定的方式，向小区业主确认身份信息后送达、回收选票。对于长期不在小区的业主，以电话代投票的方式具有一定的合理性，但业主委员会在电话代投票方式中应核对清楚业主信息、面积等信息，并通过录音、录像等方式记录下整个代投票的过程，以防在日后诉讼中出现举证不能的情况；在业主大会召开的收尾阶段，业主委员会应在监票人或物业所在地镇政府、居民委员会、公证机构的监督下统计汇总，并在小区向全体业主公布表决结果，说明异议期限和表达异议的途径。业主委员会在组织业主大会的过程中，应严格遵循这些程序，否则会直接导致业主大会的决议无效。

3.通常在《业主大会议事规则》中，对参与业主委员会决议的人员及人数有要求，若会议的参加人员并非经有关单位备案登记的业委会成员，或者参会人数不符合《业主大会议事规则》的要求，也属于表决程序有问题的情况。因此，业主委员会在进行物业选聘相关工作时，应由具有业主委员会成员资格的人进行工作，若存在变更业主委员会成员的情况，应将该事项提交业主大会进行选举表决，并及时地向有关单位进行备案登记，以免出现导致业主大会决议无效的情况。

（二）实体方面

小区业委会选聘物业公司，最基本的实体要求是要有“双三分之二”的业主参与且“双过半”的业主同意。有代为投票情况时，还应要求其出具业主的合法有效授权即委托书，大量租户或与业主同住的父母、配偶等，在没有取得或没有提供业主合法有效的授权证明情况下，代业主参与了投票表决，这样不仅会导致投票可能是无效的，还会导致大量的刷票行为产生。《议事规则》中对投票方式的约定既是业主自治意思的体现也是保障业主自身权利的体现，如果《议事规则》中并无电话短信及微信委托投票的方式且明确代为参加业主大会需提供书面委托手续，那么表决票中属于电话委托投票和被告未能提供书面委托手续的不应计入有效票数。因此，业主委员会在召开业主大会时，应注意统计业主人数以及专有部分面积情况，投票时要核实清楚投票人的真实身份，并向其释明表决票或议题中的内容，确保业主知情且是自愿、真实、有效的表决，要求代为参与投票的人员需提供书面委托手续。在业主撤销权这一类纠纷的案件中，通常事实上的举证责任是由业主委员会承担的，所以业主委员会在组织投票的过程中，起码要通过照片、录像等形式证明参与的表决票中有效选票数超过二分之一，已参与投票表决的“业主”经过了房屋权利人的有效授权。

八、结语

选聘和解聘物业服务企业或者其他管理人是属于小区业主共同决定的事项，但业主人数较多，表达诉求不易。业主大会是由一个物业管理区域内的全体业主共同组成的，业主大会本身仅是作为全体业主集体决策、共同管理事务的议事机构，而从业主委员会是业主大会的执行机构，根据业主大会的授权对外代表业主进行民事活动，所产生的法律后果由全体业主承担，所以业主委员会在选聘和解聘物业服务企业或者其他管理人中充当着很重要的角色。在实践中，业主委员会召开业主大会的出发点是为了维护小区全体业主在物业管理活动中的合法权益，提高业主们的共同生活水平和质量，但是在实际开展工作过程中，会容易忽视法律在程序和实体上的规定。未达到“双三分之二”业主参与且“双过半”业主同意的标准、未将门面商铺、车位及储藏间的专有部分面积纳入小区总建筑面积、对选票议题的内容设置不规范、业主委员会未按规定完成公示、业主委员会决议的人员及人数不符合要求都有可能导致业主大会的决议被撤销。因此，业主委员会必须通过严格的程序确保业主充分行使表决权，进而达到保障业主共同利益的目的，严格按照法律和业主大会议事规则规定的程序执行，听取社区居委会及街道物管部门的意见和建议，接受行政部门的监督，减少不必要的矛盾，在最大范围内实现小区业主的公共管理权利。

拍卖公告中载明的租期长达二十年的事实能否作为法院审理其他案件的免证事实

□ 李举中　高琳潇　罗思洁①

【摘　要】拍卖公告中载明的事实能否作为法院审理其他案件的免证事实在实务界一直存在争议，本文将围绕这个问题展开讨论，并阐明自己的观点。

【关键词】免证事实；拍卖公告；生效裁判文书

一、基本案情

2020年12月，A法院作出《拍卖公告》载明：标的物由承租人经营餐饮，租赁期限为二十年，从2012年6月28日起至2032年6月27日止，并一次性缴纳了全部租金。由于两次拍卖均流拍，债权银行自愿接受了以物抵债，A法院作出了发生法律效力的以物抵债裁定书。由于实际承租人郭某某拒绝办理承租房屋，债权银行以抵押贷款时的承租人文某某为被告向标的物所在地B法院提起赔偿损失的诉讼。

---

① 李举中，四川省律协重大项目研究委员会副主任，成都市发改委智库专家，北京京师（成都）律师事务所的创始合伙人。
高琳潇，专注于公司法律风险防范、民商事诉讼等。
罗思洁，专注于知识产权、公司法律服务。

二、法律分析

产生的争议是：如果拍卖公告上载明事实不符合客观事实，该载明事实能否直接作为免证事实予以认定？

第一种观点：拍卖公告上载明的事实可以作为免证事实予以认定。本案被告文某某或者实际承租人郭某某（拍卖公告仅仅载明承租人，但未明确具体承租人）并未侵害案涉房屋的物权。

第二种观点：法院执行公告中载明的事实不能作为免证事实，实际承租人郭某某应被追加参与诉讼且有证明责任，即证明租赁行为在抵押之前就已经存在且租期为20年，否则应承担举证不能的法律后果。

笔者赞同第二种观点，理由如下：

（一）拍卖公告记载事实是没有经过举证质证程序查明的事实

法院拍卖公告载明事实是法院执行阶段根据相关承租人自己提交到法院执行机构的证据材料记载上去的，该证明材料没有经过举证质证这种对抗程序查明，法律对执行公告载明事实应该怎样认定没有程序上的明确规定。

（二）生效裁判文书确定的预决事实作为免证事实都是有前提条件的，更不必说执行公告不能等同于生效裁判文书

生效裁判文书确定的事实之所以不需要证明，一是因为该事实已为人民法院经正当证明程序所查明，客观上无再次证明的必要；二是因为该事实已为人民法院裁判所认定，该裁判具有法律约束力，此种约束力也包括对该事实认定上的不可更改性。概括起来，预决事实具有预决的效力，具备的前提条件主要有：

第一，先行案件的法院裁判须是生效的、确定的；

第二，先行案件裁判所确定的事实与后续案件存在着相关性，即先行案件裁判所确定的事实构成后续案件事实的一部分或者全部；

第三，预决事实的证明须遵循正当程序保障原则。

这是最高法院在《证据规定》理解与适用上阐明的观点，虽然最高院并未给预决效力设定一个明确的性质界定，但仍可从中大致看出这一效力对后诉具有一定的拘束力。

（三）即使人民法院生效文书确认的事实，如果能够被推翻，法院依然应按照客观情况予以认定

本案中，拍卖公告上所载明的事实为：标的物中的一部分由承租人经营餐饮店，这个承租人就是郭某某，租赁期限为二十年，从2012年6月28日起至2032年6月27日止，与文某某承租时间是相矛盾的。因为文某某的承租时间虽然是从2012年7月30日起，但银行抵押时在实际承租使用，而郭某某的公司成立于2015年，不可能在2012年就提前两年承租，这不符合生活常识。

（四）预决事实是法律规定的免证事实的一种，应受免证事实规则的约束

对于免证事实，《民诉法解释》第九十三条、《民事证据规定》第十条是一致的。其中，人民法院生效裁判文书确认的基本事实和仲裁机构生效裁决文书确认的事实属于免证事实中的预决事实。本案法院拍卖公告上载明事实不能等同于人民法院生效裁判文书确认的基本事实，即使是人民法院生效裁判文书确认的预决事实，当事人有证据足以推翻的仍不免除举证方的证明责任。

综上情况，案涉拍卖公告载明的内容未经过人民法院正当证明程序所查明，也未在庭审上经过双方当事人的质证，如果作为预决事实予以认定，对于没有参与《拍卖公告》载明事实查明的买受人是不公平的。因此，我们从本案得到的启发是：（1）人民法院对于拍卖公告需要载明的事实应该有证据支持，并尽量通过正当程序予以查明；（2）如果引发新的诉讼，拍卖公告载明事实不能作为预决的免证事实予以认定；（3）相关当事人故意提供虚假的超长租期和一次性缴纳较长租期租金的证据，导致拍卖价格大大低于市场价格的，应作为虚假诉讼线索移交公安机关。

三、结语

因生效法律文书查明的事实可作为另案依据的免证事实，因此将对相关当事人权益造成重大影响，那么人民法院作出的何种类型的法律文书确定的事实可以作为免证事实具有重大意义，本文就此进行研讨，以期为适用免证事实提供新的思考。

浅析以划拨国有土地使用权出资的若干法律问题

□李举中　高绿飞　李一鑫[①]

【摘　要】公司是具有民事权利能力和民事行为能力、依法独立享有民事权利和承担民事义务的企业法人。公司享有权利、承担义务的基础是公司有独立的法人财产，享有法人财产权。因此，公司的发起人出资的财产是否符合法律规定具有重大理论及现实意义。而《公司法》第二十七条规定，除法律、行政法规规定不得作为出资的财产外，股东可用于出资的财产不仅限于货币，也可以用非货币财产，其中包括土地使用权。但国有土地使用权基于取得方式、用途等的区别，各自权利状况不尽相同，本文拟就划拨国有土地使用权是否能够作为出资进行探讨。

【关键词】划拨国有土地使用权；出资；法律分析

2009年A市与B公司签订战略合作协议书，约定共同合作投资A市基础设施建设，由A市下属投资控股集团有限公司与B公司共同设立项目公司C公司具体负责投资管理事宜，A市下属投资控股集团有限公司认缴C公司40%的出资额，B公司认缴C公司60%的出资额，后B公司以现金出资，A市

① 李举中，四川省律协重大项目研究委员会副主任，成都市发改委智库专家，北京京师（成都）律师事务所的创始合伙人。
高绿飞，专注于建筑工程、公司治理领域。
李一鑫，专注于建筑工程施工合同纠纷、不良债权催收。

下属投资控股集团有限公司以A市某市政广场经评估后作价出资，但用以出资的某市政广场未办理土地使用权出让手续，仅办理权属变更登记。现双方对A市下属投资控股集团有限公司是否全面履行出资义务及是否享有股东权利产生争议。故本文就前述争议以划拨国有土地使用权出资的相关法律问题为主题进行分析。

一、划拨国有土地使用权

（一）划拨国有土地使用权的含义

根据取得方式的不同对国有土地使用权进行分类，分为出让国有土地使用权及划拨国有土地使用权，二者本质上的区别在于是否为市场化取得国有土地使用权。根据《城镇国有土地使用权出让和转让暂行条例》第四十三条的规定："划拨国有土地使用权是指土地使用者通过各种方式依法无偿取得的国有土地使用权。"

根据《土地管理法》第四条的规定，国家按土地用途，将土地分为农用地、建设用地和未利用地。《土地利用现状分类》（GB/T 21010—2017）附录A对该标准的土地利用现状分类与土地管理法"三大类"的对照，划拨国有土地使用权归属于建设用地之中。

（二）划拨国有土地使用权的特征

1. 无偿性

相对于出让国有土地使用权，以划拨方式取得国有土地使用权无须向国家缴纳土地使用权出让金等土地有偿使用费。此处所述的"无偿性"对应的系应支付国家的合同对价。除税费之外，部分情形下划拨国有土地使用权人支付的安置费、补偿费等费用因并非合同对价而不能否定划拨国有土地使用权的无偿性。

2. 公益性

设立划拨国有土地使用权须基于公益目的。《民法典》第三百四十七条规定，严格限制以划拨方式设立建设用地使用权。建设单位使用国有土地原则上是有偿使用，仅在基于公益目的且符合法律法规规定的情形时，履行相应审批手续后方可以划拨方式无偿使用国有土地。根据《土地管理法》第五十四条、《城市房地产管理法》第二十四条的规定，国家机关用地和军事用地；城市基础设施用地和公益事业用地；国家重点扶持的能源、交通、水利等基础设施用地；法律、行政法规规定的其他用地可以划拨方式使用国有土地。

3. 交易受限性

根据《城镇国有土地使用权出让和转让暂行条例》第四十四条的规定，划拨土地使用权，除本条例第四十五条规定的情况外，不得转让、出租、抵押。划拨国有土地使用权原则上不得进入市场进行交易。

而《城镇国有土地使用权出让和转让暂行条例》第四十五条规定，符合下列条件的，经市、县人民政府土地管理部门和房产管理部门批准，其划拨土地使用权和地上建筑物、其他附着物所有权可以转让、出租、抵押：（一）土地使用者为公司、企业、其他经济组织和个人；（二）领有国有土地使用证；（三）具有地上建筑物、其他附着物合法的产权证明；（四）依照本条例第二章的规定签订土地使用权出让合同，向当地市、县人民政府补交土地使用权出让金或者以转让、出租、抵押所获收益抵交土地使用权出让金。由前述规定可知，仅在划拨国有土地使用权人按规定与市、县人民政府土地管理部门签订土地使用权出让合同补交或以交易所获收益抵交土地使用权出让金后并经有关部门批准后，方能对划拨国有土地使用权进行交易。

二、可用于出资的财产

根据《公司法》第二十七条的规定，股东可以用货币出资，也可以用实物、知识产权、土地使用权等可以用货币估价并可以依法转让的非货币财产作价出资；但是，法律、行政法规规定不得作为出资的财产除外。即货币、实物、知识产权、土地使用权等均可用于出资。但对于实物、知识产权、土地使用权等财产有特殊要求。

（一）用以出资的非货币财产可以用货币估价

根据《公司登记管理条例》第十三条的规定，公司的注册资本应当以人民币表示，法律、行政法规另有规定的除外。我国对公司注册资本采取以货币作为表现形式，那么作为出资的非货币财产当然要求可以用货币估价，否则将无法确定是否足额、全面出资。而信用、自然人姓名等基于其本身的性质导致根本无法以货币估价，依法不得出资。

（二）用以出资的非货币财产应经评估作价

根据《公司法》第二十七条的规定，对作为出资的非货币财产应当评估作价，核实财产，不得高估或者低估作价。法律、行政法规对评估作价有规定的，从其规定。非货币财产在评估作价前其价值未经确定，而足额出资是股东的法定义务，未经评估作价则无法确定股东是否足额出资，进而影响到股东享有相关权利、承担相应义务。

（三）用以出资的非货币财产的完整财产权利均归属公司

股东履行出资义务后，用以出资的财产即归属于公司，用以出资的非货币财产的占有、使用、收益和处分权利均需让渡予公司，即用以出资的非货币财产由公司取得完整的所有权，此时股东方未全面履行出资义务。《公司法》第三条规定，公司是企业法人，有独立的法人财产，享有法人财产权。公司实质享有完整的财产权利系公司存续的物质基础。公司的根本属性系以营利为目的的企业法人（经济组织），公司即为盈利而生，则公司得以占有、使用作为出资的非货币财产并获得相应收益系应有之义，而处分权作为完整财产权利非常重要的一方面，公司享有得以独立、自由处分其所有财产系公司独立财产权及盈利属性的本质特征。

（四）能够用于公司生产经营或有独立市场交易价值

纵观《公司法》第二十七条及《公司登记管理条例》第十四条对可用于出资的财产及禁止用于出资的财产的规定可知，用于出资的财产必须能够用于公司的生产经营活动或可转化为可用于生产经营的货币或生产资料。而对于劳务、信用、自然人姓名、商誉等不能或不适于货币估价、交易以及不能由公司完全独立自主用于公司生产经营的出资形式则不予认可。对于特许经营权、设定担保的财产等存在交易限制或权利负担的财产，因存在不适于交易或公司占有、使用、收益受限且无法独立自由处分该类财产等情形，因此也不得以该类财产出资。而对于具有生产经营使用价值，仅不适用于拟接受出资的公司生产经营之用的财产，在不能直接用于本公司生产经营时，可交易性就至关重要了，公司可以用该类财产进行交易并获得自身生产经营所需，那么用于出资的非货币财产的独立市场交易价值就必不可少。

三、以划拨国有土地使用权出资的注意事项

（一）解除实质性市场交易权利限制以获得完整财产权利

《城镇国有土地使用权出让和转让暂行条例》第四十四条规定，划拨土地使用权，除本条例第四十五条规定的情况外，不得转让、出租、抵押。据此，划拨国有土地使用的占有、使用、收益、处分等财产权利受限，并不完整。而作价出资实质上必然涉及划拨国有土地使用权的转让。

根据《划拨用地目录》[中华人民共和国国土资源部令（第9号）]第二条的规定，符合本目录的建设用地项目，方可向有批准权的人民政府申请以

划拨方式提供土地使用权。即凡是不在《划拨用地目录》所列的建设用地项目，均不得使用划拨国有土地使用权。《划拨用地目录》第三条规定，对以营利为目的，非国家重点扶持的能源、交通、水利等基础设施用地项目，应当以有偿方式提供土地使用权。即哪怕是基础设施用地项目，也仅有少数特定项目可以使用划拨国有土地使用权，对于以营利为目的且不属于国家重点扶持的特定项目均不得使用划拨国有土地使用权。由此可知，以划拨方式使用国有土地使用权对项目性质、土地用途等均有明确严格的划定，不得突破。

前文已对可用于出资的非货币财产进行分析，用以出资的非货币财产的完整财产权利须均归属于公司，且能够用于公司生产经营或有独立市场交易价值。但划拨国有土地使用权本身的性质特征决定了其不得自由交易流通，完整的财产权利也不可能归属于土地使用权人。欲符合法律对可用于出资的非货币财产的要求，那么需要先依法履行相应批准、变更程序，使土地使用权人获得该宗划拨国有土地使用权实质上的全部财产权利。经营性、营利性是公司的本质特征，用以出资的划拨国有土地使用权因严格限定土地用途，不仅导致交易受限，且公司无法使用该宗限定用途的划拨国有土地使用权进行生产经营以获得收益。而《城乡规划法》第七条规定经依法批准的城乡规划，是城乡建设和规划管理的依据，未经法定程序不得修改；《土地管理法》第五十六条规定，建设单位使用国有土地的，应当按照土地使用权出让等有偿使用合同的约定或者土地使用权划拨批准文件的规定使用土地；确需改变该土地建设用途的，应当经有关人民政府自然资源主管部门同意，报原批准用地的人民政府批准。其中，在城市规划区内改变土地用途的，在报批前，应当先经有关城市规划行政主管部门同意。因此，在出资前，拟用于出资的该宗划拨国有土地使用权人应依法向有批准权的有权部门申请变更土地用途，使得该宗划拨国有土地使用权符合法律法规对用以出资的非货币财产的实质性要求，符合公司生产经营所需或可独立交易换取所需。

（二）办理出让手续后方可作价出资

《城镇国有土地使用权出让和转让暂行条例》第四十五条规定，符合下列条件的，经市、县人民政府土地管理部门和房产管理部门批准，其划拨土地使用权和地上建筑物、其他附着物所有权可以转让、出租、抵押：（四）依照本条例第二章的规定签订土地使用权出让合同，向当地市、县人民政府补交土地使用权出让金或者以转让、出租、抵押所获收益抵交土地使用权出让金。据此，仅在满足该行政法规规定特定情形时方可转让，因此，划拨国有土地使用权必须先行办理出让手续方可作价出资。另外，《四川省〈中华人民共和国土地管理法〉实施办法》第三条也明确国有土地使用权作价出资或入股实行有偿使用制度；第四十七条规定作价出资或入股方式提供国有土地使用权，由县级以上人民政府土地行政主管部门与土地使用者签订合同，因此，划拨国有土地使用权作价出资必须办理出让手续。

《划拨用地目录》划定的可使用划拨国有土地使用权的项目凸显公益性、非营利性（特殊项目除外），以划拨国有土地使用权向公司出资。因出资目的为经营盈利，体现了非公益性、营利性，此时该划拨国有土地使用权不再符合《划拨用地目录》。且作价出资必然需要履行权属变更手续，涉及土地使用权转让，根据《划拨用地目录》第四条的规定，以划拨方式取得的土地使用权，因企业改制、土地使用权转让或者改变土地用途等不再符合本目录的，应当实行有偿使用。因此，划拨国有土地使用权本身未经办理出让手续且改变土地用途无法直接出资，若将划拨国有土地使用权用以出资，则应以有偿方式立即办理出让手续后才可以出资。

（三）划拨国有土地使用权的评估的特殊之处

《资产评估法》第十七条规定，评估机构应当依法独立、客观、公正开展业务，建立健全质量控制制度，保证评估报告的客观、真实、合理。《财政部 工商总局关于加强以非货币财产出资的评估管理若干问题的通知》第四条规定，资产评估机构从事以非货币财产出资评估业务时，应当严格遵循有关的资产评估准则和规范，并对评估结论的合理性承担法律责任。据此，资产评估机构对拟用于出资的划拨国有土地使用权进行评估时，因划拨国有土地使用权的特殊性，评估机构应特别注意。

前文已就非货币财产及其中的划拨国有土地使用权作价出资所需办理的相关事宜进行论述。因此，对于划拨国有土地使用权人未按前文所述依法获得完整财产权利、变更土地用途、办理出让手续时，该宗划拨国有土地使用权无法作价出资。那么，评估机构当然也无法对以该宗划拨国有土地使用权作价出资的价值进行评估。作价出资的前提是可以转让，对于不可以转让的财产不应评估其作价出资的价值。

（四）依法办理财产权的转移手续

根据《公司法》第二十八条的规定，股东以非货币财产出资的，应当依法办理其财产权的转移手续。此处包含以下几层内容。

1.须依法办理出资前的相关手续，依法履行相应审批程序并缴纳相关费用。

2.转移的对象为财产权，基于前文所述，该财产权须是完整的财产权。

3.股东作价出资需在有权机关办理权属变更登记，变更登记至公司名下。

4.需办理转移占有相关手续，将非货币财产移交给公司占有，进而由公司获得使用、收益、处分权利。

因此，以划拨国有土地使用权作价出资时，包括土地使用方式、土地用途、完整财产权的获得、缴纳出让金及税费等事项均须依法履行相应的审批程序并缴纳相关费用，办理权属变更登记并转移占有，以完成财产权的转移手续。

四、股东未经法定程序以划拨国有土地使用权出资的法律后果

未经法定程序为划拨国有土地使用权办理出让手续缴纳相关费用并变

更土地用途等土地变更手续，与公司办理权属变更登记并转移占有；或仅办理权属变更登记但未变更使用方式、土地用途，导致未实质转移占有且公司未取得完整财产权利，无法使用、收益、处分。此种情形下以划拨国有土地使用权作价出资，导致公司实质上没有接收完整财产权利，仅在形式上获得财产权，但实质上根本不享有相应财产权利。《最高人民法院关于适用〈中华人民共和国公司法〉若干问题的规定（三）》第八条规定，出资人以划拨土地使用权出资，未在人民法院指定的合理期间内办理土地变更手续，人民法院应当认定出资人未依法全面履行出资义务。第十条规定，出资人以房屋、土地使用权出资，已经交付公司使用但未办理权属变更手续，人民法院应当责令当事人在指定的合理期间内办理权属变更手续。据此，若股东未在合理期限内办理相关变更手续，应当认定该股东未依法全面履行出资义务。

股东未依法全面、足额履行出资义务，应当依法承担以下四条相应责任。

（一）依法足额缴纳出资

《公司法》第二十八条明确规定，股东不按照前款规定缴纳出资的，除应当向公司足额缴纳外，还应当向已按期足额缴纳出资的股东承担违约责任。《最高人民法院关于适用〈中华人民共和国公司法〉若干问题的规定（三）》第十三条规定，股东未履行或者未全面履行出资义务，公司或者其他股东请求其向公司依法全面履行出资义务的，人民法院应予支持。第十九条规定，有限责任公司的股东未履行或者未全面履行出资义务或者抽逃出资，公司或者其他股东请求其向公司全面履行出资义务或者返还出资，被告股东以诉讼时效为由进行抗辩的，人民法院不予支持。据此，股东以划拨国有土地使用权作价出资，若未办理土地变更手续、权属变更手续等相应事宜，导致公司未获得完整财产权，依法应当继续向公司足额缴纳认缴的出资额，且不受诉讼时效的影响。此时股东应依法办理划拨国有土地使用权的相应变更手续，或以其他符合法律规定的财产出资。

（二）向已按期足额缴纳出资的股东承担违约责任

《公司法》第二十八条同时规定，股东除应当向公司足额缴纳外，还应当向已按期足额缴纳出资的股东承担违约责任。股东以划拨国有土地使用权作价出资，截至出资人协议或章程约定的注册资本缴纳期限届满仍未将相应的变更手续办理完毕，此时该股东违约，应当依法、依约承担相应的违约责任。

（三）股东权利受限

《公司法》第三十四条规定，除全体股东另有约定外，股东按照实缴的出资比例分取红利；公司新增资本时，股东有权优先按照实缴的出资比例认缴出资。《最高人民法院关于适用〈中华人民共和国公司法〉若干问题的规定（三）》第十六条规定，股东未履行或者未全面履行出资义务或者抽逃出资，公司根据公司章程或者股东会决议对其利润分配请求权、新股优先认购权、剩余财产分配请求权等股东权利作出相应的合理限制，该股东请求认定该限制无效的，人民法院不予支持。股东未办理拟用于出资的划拨国有土地使用权的相关变更手续，此时该股东未按约定实际缴纳出资，相应的分取红利等股东权利受到相应的限制。《最高人民法院关于适用〈中华人民共和国公司法〉若干问题的规定（三）》第十条规定，出资人以房屋、土地使用权出资，已经办理权属变更手续但未交付给公司使用，公司或者其他股东主张其向公司交付，并在实际交付之前不享有相应股东权利的，人民法院应予支持。据此，在未实际转移占有的情况下，实际交付之前不享有相应股东权利。

（四）解除股东资格

《最高人民法院关于适用〈中华人民共和国公司法〉若干问题的规定（三）》第十七条规定，股东未履行出资义务，经公司催告缴纳，其在合理期间内仍未缴纳，公司可以股东会决议解除该股东的股东资格。因此，若以划拨国有土地使用权作价出资而未办理相应变更手续，经催告仍未缴纳，公司有权经法定程序后解除该股东的股东资格。

五、结语

《公司法》规定的可出资的财产形式多样，而土地使用权作为最重要的非货币财产之一具有重大经济价值，划拨国有土地使用权作为广泛存在的土地使用权形式之一如何合法有效出资具有重大现实意义。本文对此进行了研析，并建议以划拨国有土地使用权出资的股东应当在法律法规的框架内，依法履行相应审批流程、缴纳出让金及税费、进行财产评估、取得土地变更手续、完成权属变更登记，公司据此取得完整财产权利才视为股东对公司完成出资义务。反之，股东在未依法履行相关义务，仅进行权属变更登记但未实际完成出资就必须要承担相应的法律后果。

执行案件参与分配中的优先权解析

□ 蔡春雷①

【摘　要】执行程序中参与分配是债权人、抵押权人实现债权、抵押权的重要方式和手段。但由于多数债权人对参与分配程序以及法律规定的不了解，造成了实践中债权人未行使自身参与分配的权利，延误了自身债权的及时受偿。等到执行程序终结后，再提起执行程序时，方才发现债务人早已人去楼空，无财产可供执行，追悔莫及。因此，及时进入参与分配程序对于债权人等来说至关重要。笔者将以近日代理的一起他案执行过程中其他债权人申请参与分配的案件为例，对现行执行参与分配程序进行介绍，并重点对建设工程优先权和抵押权在受偿中何者更具优先性进行探讨，以期对法律实务中债权人充分行使自身权利、及时进入参与分配程序有所帮助。

【关键词】执行案件；执行优先权；建设工程；抵押权

一、案情简介

2019年10月21日，三位原告卢某、杨某一、杨某二作为甲方（申请执

① 蔡春雷，律师，北京市京师律师事务所创始合伙人，执业纪律委员会主任，不良资产法律事务部主任。海南、西安、沈阳、大连、珠海仲裁委员会仲裁员，北京市律师协会十一届惩戒委副主任，北京市朝阳区第三届律师协会副会长，北京市通州区第六、七届人民代表大会代表、法制委员会委员，中央民族大学法学院企业家保护中心研究员，最高人民检察院民行咨询专家。

行人），与作为被告的乙方某房地产企业（被执行人）签订《和解协议》，该协议载明：杨某某（原实际施工人）作为乙方某开发项目的一方，2015年病逝导致其负责的施工无法继续。三位原告作为其继承人，为了厘清杨某某遗留下的某开发项目（含三期一工程和三期二工程）施工合同债权债务关系，特向法院提起了诉讼。法院审理认为，杨某某被法院认定为某开发项目的实际施工人。现该项目三期一已完成竣工验收，三期二项目未进行竣工验收，判决被告向原告支付剩余欠付施工款项。判决生效后双方经平等友好协商，就上述工程和解金额达成协议。协议具体内容包括："双方确认并认可，截至本协议签订之日，就某开发项目的三期一工程和三期二工程乙方同意向甲方支付和解款3 500万元作为全部工程的尾款。""甲乙双方确认并认可本协议所述和解款包含法院已判决生效内容。""乙方向甲方支付和解款后无须另行向甲方支付判决内容确定的施工费用。""为保障甲方的权益，乙方同意以开发项目的六套房屋为工程款3 500万元作担保，如乙方未按约定的期间履行义务，则甲方有权将六套房拍卖、变卖后所得价款优先受偿或者双方将六套房屋折价后过户登记至甲方名下冲抵工程款。如甲方拍卖、变卖冲抵欠款的，拍卖、变卖的房款超出3 500万元的，超出部分甲方应当返还给乙方，不足3 500万元的，甲方有权要求乙方补足。"和解协议签订后，三位原告帮助被告卖房时发现涉案房屋有大量被上海法院和平谷法院查封的情况，故此认为被告卖房向原告支付和解款已不能实现，并向北京某法院申请强制执行。

2022年1月，我方代理的当事人（甲资产公司）从他处受让了其与上述被告某房地产企业与乙资产公司的债权。在此之前乙资产公司已进行诉讼并取得上海某法院生效调解书对债权的确认。调解书确认了乙资产公司与某房地产企业的债权债务关系，乙资产公司有权以某房地产企业所有的在建工程房屋优先受偿（抵押物为被告所有的开发项目三期二在建工程国有土地使用权及在建建筑物，已办理抵押登记）。2022年6月，我方当事人取得上海某法院作出的变更执行申请人裁定书，裁定书明确载明将调解书项下的全部债权转让给甲资产公司。

2022年12月，三位原告申请北京某法院公开拍卖被告某房地产企业所有的开发项目三期二在建工程国有土地使用权及在建建筑物，拍卖价4 530余万元。笔者作为代理人获知上述情况后，第一时间与北京某法院联系，告知我方的抵押权人身份，要求作为债权人参与拍卖款项的分配，同时向上海法院提起了参与分配申请。

2023年1月，上海法院向北京法院发去参与分配函，请求参与分配。北京法院在进行审查时认为：三位原告作为申请执行人享有建设工程价款优先受偿权，我方当事人具有在建工程抵押权，均为优先权，但在建工程价款优先权优于抵押权，遂决定拍卖价款优先抵偿三位原告的建设工程价款本金、利息及逾期违约金等。此时，笔者提出建设工程价款优先权仅限于承包人的本金，不应包含利息、罚息、逾期违约金等。最终北京法院认定建设工程价款优先权包含承包人的工程价款本金及利息，未支持三位原告的其他请求。后在笔者及上海法院的努力下，取得了分配款项，及时维护了甲资产公司的合法权益。

二、法律聚焦

1. 什么是参与分配？执行中参与分配的法律规定有哪些

参与分配制度是指执行程序开始后，被执行人为公民或者其他组织的财产不能清偿所有债权，被执行人的其他债权人依法向人民法院申请对执行财产按其债权性质或者债权数额按比例予以受偿的财产分配方式。我国《民事诉讼法》中没有关于财产分配制度的相关规定，参与分配仅规定在最高人民法院制定的相关司法解释中，主要是《最高人民法院关于适用〈中华人民共和国民事诉讼法〉的解释》第五百零六条至第五百一十二条，《最高人民法院关于适用〈中华人民共和国民事诉讼法〉执行程序若干问题的解释》第十七条至第十八条，《最高人民法院关于人民法院执行工作若干问题的规定》第五十五条、第五十六条。故本案参与分配所适用的法律主要是最高人民法院制定的司法解释。

2. 哪些主体有权申请参与分配？应向哪个法院提出申请？由哪个法院负责组织分配

（1）申请参与分配的主体分为普通债权人和享有优先权的债权人两类。

普通债权人要以取得执行依据为前提。执行依据包括民商事类、行政类、刑事类。民商事类包括判决书、调解书、支付令、裁定书、民事制裁决定书，商事仲裁的裁决书、调解书，劳动人事争议仲裁裁决书、调解书，经人民法院裁定认可的外国、港澳台地区的判决书、裁决书，公证机构赋予强制执行效力的公证债权文书等。行政类包括判决书、裁定书、调解书、由法院裁定准予执行并实施的行政处罚决定、行政处理决定。刑事裁判涉财产部分的内容，刑事附带民事的判决书、裁定书、调解书。对被执行财产享有优先权、担保物权的债权人可以直接申请参与，不以取得执行依据为前提。具体到本案，我方代理人在申请参与分配权时债权已由法院调解书确认，但即使我方当事人未取得执行依据，但基于所拍卖标的物为我方享有优先权的抵押物，依照上述法律规定仍可以抵押权人身份参与分配。

（2）申请参与分配的，原则上应向受理其案件的执行法院提交上述文件。

本案中，受理案件的法院主体包含北京法院和上海法院，其中，北京法院是主持标的物拍卖和分配的法院，这里简称为“支持分配法院”，上海法院是负责我方当事人债权执行的法院，这里简称为“参与分配法院”。根据前文所述，我方当事人已取得执行依据并申请参与分配，应当由参与分配法院出具执行情况说明，连同当事人提交的参与分配申请书、参与分配依据等材料一并移交主持分配法院。执行情况说明的内容应当包括：执行案号、当事人基本情况、应执行标的额、已执行标的额、未受偿标的额、对被执行人财产的调查情况，以及已控制但未处置完毕的被执行人财产及其价值等。但实务中法院执行案件众多，案件移送时间难以确定，从及时主张权利的角度考虑，债权人也可以直接向主持分配法院提交材料。结合参与分配制度的立法本意考虑，主持分配法院收到其他法院所受理案件的债权人直接向其递送参与分配申请书的，也应视为该债权人已申请参与分配。此外须特别强调，由于我方当事人对被执行财产享有优先权，因此越过参与分配法院直接向主持分配法院申请参与分配，也具有理论可行性。综上，对于对被执行财产享有优先权的债权人，如已取得执行依据的，具有向主持分配法院或参与分配法院申请参与分配的选择权。

（3）关于主持分配法院的确定。

《最高人民法院关于人民法院执行工作若干问题的规定（试行）》（2020修正）（法释〔2020〕21号）第五十六条规定：对参与被执行人财产的具体分配，应当由首先查封、扣押或冻结的法院主持进行。首先查封、扣押、冻结的法院所采取的执行措施如系为执行财产保全裁定，具体分配应当在该院案件审理终结后进行。

3. 参与分配申请应在何时提出?

根据《最高人民法院关于适用〈中华人民共和国民事诉讼法〉的解释》（2022年修正）第五百零七条第二款，参与分配申请应当在执行程序开始后，被执行人的财产执行终结前提出。但在司法实务中，如何界定“被执行人的财产执行终结”的时点，不同省市的法院在理解与适用上截然不同。最高人民法院在［（2020）最高法执监105号］案件审理中法院认为“……分配的目的就是从价款中受偿，不能说不动产所有权转移，执行就终结了，只要执行价款还在，执行程序就不能终结，即在被执行人财产未分配处置完毕之前，债权人可以申请参与分配”。因此，根据最高人民法院判例，在被执行人财产未分配处置完毕之前，债权人均可以申请参与分配。

三、律师观察

1. 我国《民法典》规定的优先权有哪些

优先权是指多名权利人对同一标的具有相同权利时，部分权利人依法或者依据合同约定，可以先于其他权利人行使权力，在具有优先权的权利人不行使优先权时，其他权利人才能行使权力。我国《民法典》规定了多种类型的优先权，目的是充分保障具有优先权的权利人行使权利，维护民事活动的合法有序开展。

优先权主要包括：按份共有人的优先购买权、担保物权人的优先受偿权、房屋承租人的优先购买权及优先承租权、承包人的工程价款优先受偿权、职务技术成果完成人的优先受让权、委托人优先受让技术研发专利申请权、优先受让技术合作开发的专利申请权等。本案涉及的主要是担保物权人的优先受偿权与承包人的工程价款优先受偿权受偿顺序及范围。

需特别注意的一点是：在2023年4月20日施行的《最高人民法院关于商品房消费者权利保护问题的批复》中，规定了针对建设工程价款优先受偿权、抵押权以及其他债权之间的权利顺位的例外情形，一是商品房消费者以居住为目的购买房屋并支付全部价款，主张其房屋交付请求权优先于建设工程价款优先受偿权、抵押权及其他债权的，应予支持。二是房屋不能交付且无实际交付可能的，商品房消费者主张价款返还请求权优先于建筑工程价款优先受偿权、抵押权以及其他债权的，人民法院应当予以支持。故根据最高人民法院施行的最新司法解释，将对建设工程施工领域的优先权产生巨大冲击，值得注意。

2. 实际施工人是否享有优先受偿权

实际施工人是指违法分包或违法转包中的分承包人、转承包人，借用或挂靠有资质企业的承包人。概括言之，“实际施工人”是无效施工合同中的违法承包人。在司法实践中，多数倾向于实际施工人不享有优先受偿权。但《最高人民法院关于审理建设工程施工合同纠纷案件适用法律问题的解释（一）》第二十六条规定了分包人和实际施工人完成了其与总包人或转包人之间合同约定的施工义务且工程质量合格的，在总包人或者转包人不主张或者怠于主张工程价款优先受偿权的情况下，应允许分包人或者实际施工人就其承建的工程部分在发包人欠付的工程款范围内向发包人主张工程价款优先受偿权。分包人或者实际施工人有条件地享有优先受偿权。

3. 建设工程价款优先受偿权与担保物权何者具有更优先性

优先权按照传统民法理论是指在某个特殊债权关系中债权人依照法律的规定而对债务人的财产所享有的优先于一般债权人受偿的权利。就债务人的全部财产所享有的优先权称为一般优先权。而对债务人的特定财产所享有的优先权称为特别优先权。按照此定义，无论建设工程价款优先权还是担保物权，均是对特定财产享有优先权，因此属于特别优先权范畴。其中，建设工程价款优先受偿权是指承包人对于建设工程价款就该工程折价或者拍卖的价款享有优先受偿的权利，优先于一般的债权。在中国担保法领域，优先受偿权是指担保特权人基于担保物权的优先清偿效力而享有的就担保物的价值优先受偿其债权的效力。关于建设工程价款优先受偿权和担保物权优先受偿权何者更具优先性的问题，立法上已给予了明确回应。

1999年颁布的《合同法》第二百八十六条，首先出现了建设工程价款优先受偿权的概念，其设立目的是对农民工等建筑工人的工资权益予以优先保护。后在司法实践中，为了司法机关更好地理解与适用该项制度，最高人民法院于2002年6月20日公布《最高人民法院关于建设工程价款优先受偿权问题的批复》（以下简称“优先受偿权批复”），而在2018年12月29日颁布的《最高人民法院关于审理建设工程施工合同纠纷案件适用法律问题的解释（二）》中，共有七条对建设工程价款优先受偿权的适用问题作出了更加细化的规定。2021年1月1日生效的《民法典》第八百零七条规定：“发包人未按照约定支付价款的，承包人可以催告发包人在合理期限内支付价款。发包人逾期不支付的，承包人可以与发包人协议将该工程折价，也可以请求人民法院将该工程依法拍卖。建设工程的价款就该工程折价或者拍卖的价款优先受偿。”《最高人民法院关于审理建设工程施工合同纠纷案件适用法律问题的解释（一）》第三十六条也规定：“承包人根据民法典第八百零七条规定享有的建设工程价款优先受偿权优于抵押权和其他债权。”在前述规定基础上作了适当调整，形成我国建设工程优先受偿权优先于担保物权有限受偿权的现行规则体系。

四、案件评析

1. 被执行人为法人单位，债权人能否申请参与分配

《最高人民法院关于适用〈中华人民共和国民事诉讼法〉的解释》（以下简称《民诉解释》）第五百零六条第一款规定，被执行人为公民或者其他组织，在执行程序开始后，被执行人的其他已经取得执行依据的债权人发现被执行人的财产不能清偿所有债权的，可以向人民法院申请参与分配。第五百一十一条规定，执行中，作为被执行人的企业法人符合企业破产法第二条第一款规定情形的，执行法院经申请执行人之一或者被执行人同意，应当裁定中止对该被执行人的执行，将执行案件相关材料移送被执行人住所地人民法院。

根据上述两个法律条文的规定，债权人申请参与分配的被执行人应为自然人或非法人单位。对于被执行人为企业法人的，《最高人民法院关于执行案件移送破产审查若干问题的指导意见》规定，被执行人为企业法人的执行案件，不再适用参与分配制度，而是要通过执行转破产的制度解决，通过破产程序保障债权人得到公平受偿。但是，执行转破产的启动，需要经过债权人之一或者被执行人同意，且法院裁定受理破产案件。那么，如果没有债权人向法院申请将企业法人移送破产审查或者法院裁定不受理企业法人破产案件，债权人的债权又该如何受偿呢?

现行民诉解释第五百一十四条对此有明确规定：“当事人不同意移送破产或者被执行人住所地人民法院不受理破产案件的，执行法院就执行变价所得财产，在扣除执行费用及清偿优先受偿的债权后，对于普通债权，按照财产保全和执行中查封、扣押、冻结财产的先后顺序清偿。”另据［（2022）最高法执监215号］裁定认为：“根据《最高人民法院关于适用〈中华人民共和国民事诉讼法〉执行程序若干问题的解释》（以下简称《执行程序若干问题的解释》）第十七条规定，有多个债权人对同一被执行人申请执行或者对执行财产申请参与分配的，执行法院可依照该规定制作分配方案，并不区分被

执行人是自然人、法人或非法人组织。例如，源泰公司对弘基公司的债权已经生效判决予以确认，其向晋城中院申请对弘基公司名下财产参与分配，有事实和法律依据。晋城中院以本案被执行人为法人为由，不予准许源泰公司参与分配的申请，异议审查中又以源泰公司应通过分配方案异议及异议之诉进行救济为由，驳回源泰公司的异议申请，适用法律均有不当，山西高院对此予以纠正，符合法律规定。"［（2019）最高法执复14号］裁定论述中指出："有多个债权人对同一被执行人申请执行或者对执行财产申请参与分配的，执行法院可依照该规定制作分配方案；当事人对分配方案不服的，可以通过分配方案异议或异议之诉程序处理，并不区分被执行人是企业法人或者是公民、其他组织。"

事实上，参与分配有广义和狭义两种概念。广义的参与分配，是指不管被执行人是否为企业法人，只要涉及多个债权人对其财产申请分配的，执行法院均应按《执行程序若干问题的解释》第二十五条的规定启动分配程序；而狭义的参与分配，则特指被执行人为公民或者其他组织时，在其财产不能清偿所有债权的情况下，按债权比例公平清偿的分配方式。《民诉解释》第五百零八条的规定针对的正是狭义参与分配，但不能据此否定《执行程序若干问题的解释》第二十五条规定的广义参与分配程序之适用，只是根据《民诉司法解释》的相关规定，被执行人为企业法人的，不得对其采取按债权比例清偿的狭义参与分配程序。

2. 作为建设工程的抵押权人，如何保障自己的权利

（1）注意审查建设工程价款优先受偿权的主体是否适格？

根据《中华人民共和国民法典》第八百零七条"发包人未按照约定支付价款的，承包人可以催告发包人在合理期限内支付价款……建设工程的价款就该工程折价或者拍卖的价款优先受偿"以及《最高人民法院关于审理建设工程施工合同纠纷案件适用法律问题的解释（一）》第三十五条"与发包人订立建设工程施工合同的承包人，依据民法典第八百零七条的规定请求其承建工程的价款就工程折价或者拍卖的价款优先受偿的，人民法院应予

支持”。该两项条款所述“承包人”，系指与发包人订立建设工程施工合同的承包人，故优先受偿权的主体应当仅限于与发包人签订书面合同的承包人。如果是其他主体主张建设工程价款优先权，则抵押权人可提出抗辩，要求人民法院不予支持。司法实务也秉持该裁判规则，如在最高人民法院的［（2019）最高法民再258号］［（2019）最高法民申2755号］案件中，最高法均认为实际施工人不享有建设工程价款优先受偿权。

（2）抵押权人可否对建设工程价款优先受偿范围进行审查？

根据《最高人民法院关于审理建设工程施工合同纠纷案件适用法律问题的解释（一）》第四十条规定：“承包人建设工程价款优先受偿的范围依照国务院有关行政主管部门关于建设工程价款范围的规定确定。承包人就逾期支付建设工程价款的利息、违约金、损害赔偿金等主张优先受偿的，人民法院不予支持。”根据最高人民法院的司法解释，建设工程款优先受偿范围应当依照国务院有关行政主管部门关于建设工程价款范围的规定确定，但明确利息、违约金、损害赔偿金等不享有优先受偿权。根据《建设工程施工发包与承包价格管理暂行规定》第五条规定：“工程价格由成本（直接成本、间接成本）、利润（酬金）和税金构成。”工程价款可分为四个部分：一是直接成本，又称直接费，包括定额直接费、其他直接费、现场管理费和材料差价。其中，定额直接费又包括人工费、材料费和施工机械使用费三部分。二是间接成本或称企业管理费，包括管理人员工资、劳动保护费等十多项。三是利润，由发包人按工程造价的差别利率计付给承包人。四是税金，包括增值税、城市建设维护税、教育费附加等。这四部分构成工程价款的整体，缺一不可。在实践中，建设工程价款的表现形式有工程估算价、设计概算价、施工图预算价、施工预算（概算）价和竣工结算价五种。《民法典》第八百零七条中所称工程价款，如是已竣工工程，应指竣工结算价；如是未竣工工程，则应以施工预算价为基础进行评估确定工程价款。《民法典》第八百零七条的立法精神是保护建筑施工企业被拖欠的工程款，主要是工人工资、承包人的管理费和正常的利润。因此承包人利润是工程价款的重要组成部分，显然应享有优先受偿权。综上所述，享有优先保护的建筑工程价款的范围可以界定为，如指已竣工工程，应指竣工结算价，如指未竣工工程，则应以施工预算价为基础进行评估确定工程价款；包含承包人的正常利润，但不包括承包人因发包人违约造成的损失。根据笔者对上述两项规定的理解，建设工程优先受偿权的范围仅限于建设工程价款，并不包含利息、违约金、逾期罚息等内容，当抵押权人在遭遇承包人主张建设工程价款优先权的权利冲突时，应当注重审查承包人主张的价款是否包含了利息、违约金或损害赔偿金等款项，以缩小优先权的范围，为自身的抵押权实现争取更大的空间。

但关于利息是否具有优先受偿性，在司法实践中也存在不同的观点。在最高人民法院第一巡回法庭《建设工程施工合同案件审理中应注意的问题》中法院认为："建设工程价款优先受偿权的行使范围包括承包人为建设工程应当支付的工作人员报酬、材料款等实际支出费用，不包括承包人因发包人违约造成的损失。而利息系法定孳息，应属于建设工程价款优先受偿权的行使范围。从我国法律和司法实践中多个有关优先受偿的权利内容的横向比较来看，主债权的利息无一例外地被纳入优先受偿的债权范围。但超过同期同类人民银行贷款利率部分的利息，不属于工程价款优先受偿权的行使范围。"

遗憾的是，本案中虽然笔者坚持按照《最高人民法院关于审理建设工程施工合同纠纷案件适用法律问题的解释（一）》第四十条以及住房和城乡建设部《建设工程施工发包与承包价格管理暂行规定》第五条的规定建设工程优先受偿权的仅及于工程价款，不包含利息、违约金、罚息等内容，但最终法院还是认定建设工程价款优先权为本金及利息，仅未支持逾期利息、罚息、违约金等。笔者也建议司法机关能够对建设工程价款优先受偿权进行进一步的明确，解决目前立法和司法对建设工程价款优先受偿权范围法律适用上的冲突。

（3）抵押权人应对行使建设工程价款优先受偿权的期限进行审查。

2021年1月1日实施的《最高人民法院关于审理建设工程施工合同纠纷

案件适用法律问题的解释（一）》第四十一条，将承包人行使建设工程价款优先受偿权的期限延长到十八个月。承包人应在该法定期限内行使建设工程价款优先受偿权，过期则丧失权利。实践中，各建设工程的具体情况不同，工程应付款时间如何确定也不同，因此如何确定建设工程价款优先受偿权的起算时间即如何确定工程款的给付时间，根据不同的情况分为以下几种：

①合同明确约定工程结算款给付时间。建设工程施工合同有效，合同中明确约定工程结算款的给付时间，该时间为建设工程价款优先受偿权的起算时间。此外，另行订立补充协议就工程结算款的给付时间达成新的约定，建设工程价款优先受偿权的起算时间按照补充协议约定确定。

②合同未明确约定工程结算款给付时间。建设工程施工合同未约定工程结算款给付时间或者是约定不明的，如双方就此达成结算协议对付款时间加以明确，则以结算协议约定的付款时间确定工程款给付时间。如双方未达成结算协议的，按照工程的具体情况具体分析：建设工程实际交付的，以建设工程交付之日为应付款时间。在建设工程实际交付发包人后，发包人已经实际占有、使用工程并产生收益，此时，发包人应当向承包人给付工程款。建设工程未交付的，提交竣工结算文件之日为应付款时间。

③建设工程未交付，工程价款也未结算的，为当事人起诉之日确定工程款给付时间。

（4）存在土地使用权抵押情况下，工程款优先受偿权不及于建设工程的土地使用权。

根据《民事审判指导与参考》（总第44集，法律出版社2011年版第208页）中最高法院民一庭意见“建筑物价值变现时，尽管根据‘房地一体处分’原则建筑物和土地使用权一并处分，但要区分建筑价值和土地使用权价值，工程款优先受偿权仅针对建筑物价值”。在中信银行股份有限公司芜湖分行与安徽南天建设有限公司、芜湖润泰房地产开发有限公司第三人撤销之诉［案号：（2021）最高法民终456号］和杭州银行股份有限公司上海虹口支行、浙江宝业建设集团有限公司建设工程施工合同纠纷［案号：（2019）最高法执监470号]，最高法的裁判观点认为：建设工程价款优先受偿权的客体系扣除土地价值之后的建设工程，不及于建设工程所占用的土地使用权，“房地一体”应当理解为针对处置环节，而不能将建筑物与土地使用权理解为同一财产，应当对涉案在建工程和土地使用权的价值分别确定，并由建设工程款优先受偿权人和抵押权人分别优先受偿。

因此，抵押权人在针对建设工程行使优先受偿权时，一定要仔细甄别人民法院对于抵押权的拍卖及作出的分配程序，是不是未区分土地和地上房屋的价值，导致建设工程价款优先受偿权人对于土地使用权的变价也优先受偿。如果是，应及时提出执行行为异议，要求人民法院予以纠正。

3. 当参与分配的债权人权益受到侵害，如何救济

（1）对执行法院驳回参与执行分配申请的异议。

《中华人民共和国民事诉讼法》第二百三十二条规定：“当事人、利害关系人认为执行行为违反法律规定的，可以向负责执行的人民法院提出书面异议。当事人、利害关系人提出书面异议的，人民法院应当自收到书面异议之日起十五日内审查，理由成立的，裁定撤销或者改正；理由不成立的，裁定驳回。当事人、利害关系人对裁定不服的，可以自裁定送达之日起十日内向上一级人民法院申请复议。”因此执行法院不同意债权人参与分配申请，应属于《民事诉讼法》第二百三十二条规定的具体执行行为，如债权人对此如有异议，可向执行法院提出执行异议，对法院异议裁定不服的，可依法行使复议权利在法定期间内向上一级人民法院申请复议。

（2）对分配方案有异议的，该如何处理？

《民诉解释》第五百一十一条规定：“多个债权人对执行财产申请参与分配的，执行法院应当制作财产分配方案，并送达各债权人和被执行人。债权人或者被执行人对分配方案有异议的，应当自收到分配方案之日起十五日内向执行法院提出书面异议。”《民诉解释》第五百一十二条第一、第二款规定：“债权人或者被执行人对分配方案提出书面异议的，执行法院应当通知未提出异议的债权人、被执行人。未提出异议的债权人、被执行人自收到通知之日起十五日内未提出反对意见的，执行法院依异议人的意见对分配方案审查修正后进行分配；提出反对意见的，应当通知异议人。异议人可以自收到通知之日起十五日内，以提出反对意见的债权人、被执行人为被告，向执行法院提起诉讼；异议人逾期未提起诉讼的，执行法院按照原分配方案进行分配。”故债权人对执行法院的财产分配方案有异议的，应当在收到分配方案之日起十五日内向执行法院提出书面异议，并根据具体情况采取相应的诉讼措施。

双重视角下的建设工程施工合同纠纷司法实践问题研究

——以海南××建设工程有限公司诉海南××投资有限公司、林某某、张某某等人案件为例

□王　新[①]

【摘　要】建设工程施工合同纠纷虽有法律法规的细致规定，但随着社会的不断发展，合同的约定、案情的复杂、纠纷的原因都越来越花样百出。在此情况下对司法实践案例进行剖析，从中分析出当前建设工程施工合同纠纷存在的主要焦点和分歧，通过文书判决说理和理论讨论，以实践和法理的双重视角对分析出的问题——合同效力、开工竣工日期以及公司与股东责任的承担进行深入研究与探讨，更大程度地纾解此类案件症结与纠纷、更大程度地减少此类问题的出现与争论。

【关键词】建设施工；合同效力；开工竣工日期；股东责任

一、案例简介与分析

（一）基本案情

海南××建设工程有限公司（以下称“A公司”）与海南××投资有限公司

① 王新，北京京师（海口）律师事务所律师、管理委员会主任。任海口市第十七届人大代表、海南省律师协会海口工作站副站长、建筑工程与房地产专业委员会副主任，民革海南省委会社会与法治专业委员会委员。

（以下称“B公司”）就海南×××市场项目（以下称“涉案工程”）先后签订两份《建设工程施工合同》，第一份合同签订于2016年10月13日，计划开工日期为2016年10月14日，竣工日期为2017年4月14日。合同签订后A公司入场并实施了前期的施工准备工作，后因B公司的原因《施工许可证》未能下达，涉案工程未能如期开工。2017年2月22日，B公司就涉案工程发布招标公告，A公司中标并根据招标内容于中标次日与B公司签订了第二份《建设工程施工合同》，该合同除了约定开工日期为2017年2月24日，竣工日期为2017年10月21日，合同暂定价为32 621 421.73元外，其他内容与双方签订的第一份合同内容一致，至此涉案工程正式开工。

在施工过程中，B公司多次以工程签证的方式对涉案工程进行设计变更，但在工程签证中未明确因设计变更是否对原定工期作相应调整，甚至在原定工期截止后，B公司仍对涉案工程进行部分设计变更。另B公司在未与A公司达成书面变更协议的前提下，擅自将涉案工程第三层的消防工程发包给案外人进行施工，导致涉案工程整体完工时间不一致，A公司施工部分已于2018年1月完工，B公司已将完工部分对外进行出租经营，但交由案外人施工的第三层直至2020年7月才通过消防验收。

因B公司一直以涉案工程未通过整体竣工验收，B公司以尚不具备支付条件为由拒付工程款，2019年10月16日，A公司向B公司法定代表人公证邮寄送达《工程结算书》，但B公司未在约定的期限内进行答复或提出异议。A公司于2020年1月向海口市×××人民法院提起诉讼，请求B公司支付拖欠的工程款17 604 290.8元及利息，B公司的股东林某某等在未出资的本息范围内对公司债务不能清偿部分承担补充赔偿责任。B公司提起反诉，请求A公司赔偿因逾期完工造成的损失10 000 000元。

法院归纳争议焦点如下：（1）涉案的两份《建设工程施工合同》的效力如何？应以哪份合同作为判定双方权利义务的依据；（2）涉案工程的开工日期及竣工日期如何认定；（3）A公司主张的工程款数额和利息是否有法律依据；（4）B公司反诉要求A公司赔偿逾期完工的损失是否有事实和法律的依

据；（5）A公司请求B公司的股东在未出资的本息范围内对公司债务不能清偿部分承担补充赔偿责任是否有法律依据。

法院判决如下：（1）被告（反诉原告）B公司于本判决生效之日起十日内向原告（反诉被告）A公司支付工程款17 604 290.8元及利息（利息以17 604 290.8元为基数，按中国人民银行已授权全国银行间同业拆借中心公布的贷款市场报价利率，自2020年4月5日起至实际付清之日止）；（2）原告（反诉被告）A公司在未付工程款及利息范围内对涉案工程项目享有优先受偿权；（3）驳回原告（反诉被告）A公司的其他诉讼请求；（4）驳回被告（反诉原告）B公司的反诉请求。

（二）律师视角分析

本律师接受A公司的委托，作为原告代理人参与本案的诉讼活动。在接受委托后，本律师第一时间整理全部证据并与A公司多次交换意见，最终对案件可能涉及的事实认定和法律适用形成如下代理意见。

1. 关于涉案两份合同的效力

我方在起诉时向法院提交的是第二份施工合同（签订于2017年2月23日），主张以此作为双方工程款支付和结算的依据，理由为：从事实上来说，原被告最终达成合意的开竣工日期均系以第二份合同为准，同时第二份合同的合同金额也与中标的内容一致；从法律上来说，根据《最高人民法院关于审理建设工程施工合同纠纷案件适用法律问题的解释》第二十一条“当事人就同一建设工程另行订立的建设工程施工合同与经过备案的中标合同实质性内容不一致的，应当以备案的中标合同作为结算工程价款的根据”和《最高人民法院关于审理建设工程施工合同纠纷案件适用法律问题的解释（二）》第一条第一款“招标人和中标人另行签订的建设工程施工合同约定的工程范围、建设工期、工程质量、工程价款等实质性内容，与中标合同不一致，一方当事人请求按照中标合同确定权利义务的，人民法院应予支持”的规定。故以第二份合同作为判定双方权利义务的依据有事实和法律的依据。

另外我方并未将第一份施工合同作为证据提交，因为根据《中华人民共和国招标投标法》第四十三条“在确定中标人前，招标人不得与投标人就投标价格、投标方案等实质性内容进行谈判”和第五十五条“依法必须进行招标的项目，招标人违反本法规定，与投标人就投标价格、投标方案等实质性内容进行谈判的，给予警告，对单位直接负责的主管人员和其他直接责任人员依法给予处分。前款所列行为影响中标结果的，中标无效”的规定，若我方同时提交两份合同作为证据，会存在被法庭认定前一份合同系后一份合同（中标合同）串标的证据，进而判定合同无效的风险。但后续在法庭审理过程中，B公司向法庭提交了第一份合同并主张以该合同作为双方权利义务的依据。

最后法庭经过审理，判定涉案两份合同均为无效合同。理由为：根据《最高人民法院关于审理建设工程施工合同纠纷案件适用法律问题的解释》第一条、第三条，《中华人民共和国招标投标法》第三条和《工程建设项目招标范围和规模标准规定》第三条的规定，涉案项目属于必须进行招标的项目，第一份合同签订前未进行招标因此无效；第二份合同因存在《中华人民共和国招标投标法》第四十三条规定的串标行为而无效。

2. 本案开工日期和竣工日期如何认定

（1）本案的开工日期。

原被告对开工日期持有不同意见，原告主张以第二份中标合同为准，而被告主张以第一份合同为准，因开工日期涉及本案工程款的支付以及被告反诉工程逾期等问题，因此属于双方的争议焦点。我方认为根据《最高人民法院关于审理建设工程施工合同纠纷案件适用法律问题的解释（二）》第五条第一款“开工日期为发包人或者监理人发出的开工通知载明的开工日期；开工通知发出后，尚不具备开工条件的，以开工条件具备的时间为开工日期；因承包人原因导致开工时间推迟的，以开工通知载明的时间为开工日期”的规定，虽然××公司发出的《开工令》为第一份合同约定的时间，但当时《施工许可证》尚未下达，故不具备开工条件。涉案工程《施工许可证》下达后涉案工程才具备开工条件，其上注明的开工时间与第二份合同一致，故应以第二份合同为准。

（2）本案的竣工时间。

被告B公司认为涉案工程2019年才通过正式的验收，但我方提交其与案外人于2018年2月与案外人签订的《装饰装修合同》以及《租赁合同》作为证据，证明其于2018年2月已擅自使用涉案工程，根据《最高人民法院关于审理建设工程施工合同纠纷案件适用法律问题的解释》第十四条第三款“建设工程未经竣工验收，发包人擅自使用的，以转移占有建设工程之日为竣工日期”的规定，涉案工程竣工时间应为2018年2月，法庭最终支持了我方关于开竣工日期的主张。

3. 原告以《工程结算书》为依据主张工程款是否法律依据

关于《工程结算书》的效力，原被告在涉案两份《施工合同》通用条款第十四条“发包人在收到承包人提交的竣工结算申请单后75天内未完成审批且未提出异议的，视为发包人认可承包人提交的竣工结算申请单并已签发竣工付款申请书”的约定以及《最高人民法院关于审理建设工程施工合同纠纷案件适用法律问题的解释》第二十条“当事人约定，发包人收到竣工结算文件后，在约定期限内不予答复，视为认可竣工结算文件的，按照约定处理。承包人请求按照竣工结算文件结算工程价款的，应予支持”的规定，本案原告A公司在公证送达《工程结算书》后，被告B公司未在约定的期限内提出异议，故A公司根据《工程结算书》的金额向B公司主张尚拖欠的工程款及利息有事实和法律的依据。

此外，虽然涉案两份施工合同均被法院认定为无效合同，但根据《最高人民法院关于审理建设工程施工合同纠纷案件适用法律问题的解释》第二条“建设工程施工合同无效，但建设工程经竣工验收合格，承包人请求参照合同约定支付工程价款的，应予支持”的规定，原告请求B公司参照合同约定支付工程款仍应得到支持。

4. 被告反诉工期延误的损失以及申请鉴定工期延误的天数、原因及责任承担主体是否能得到支持

（1）关于本案工期的问题。

虽然合同中约定工期为240天，但在实际施工过程中B公司多次进行设计变更，甚至在原定工期截止后仍对原设计图纸进行部分变更，根据《施工合同》第10.6条的约定："因变更引起工期变化的，合同当事人均可要求调整工期，具体由合同当事人协商。"本案中原被告并未对设计变更后的应顺延的工期进行具体约定，应视为约定不明，故B公司主张工期延误没有事实依据。

（2）关于B公司申请对工期延误的天数、原因及责任承担主体进行鉴定。

原告对延误天数、原因及责任承担主体的鉴定提出异议，理由为B公司申请工期延误鉴定所依据的《建设工程司法鉴定程序规范》（SF/Z JD0500001—2014），已于2018年11月8日被司法部司办通〔2018〕139号予以废止，且该鉴定申请依照《最高人民法院关于人民法院民事诉讼中委托鉴定审查工作若干问题的规定》第一条第（四）项的规定应属于由当事人举证的非专门性问题。最终鉴定公司采纳了我方的意见，认为鉴定内容超出了公司的专业能力和技术条件，予以退案。

5. 原告请求B公司的股东承担相应的法律责任是否能得到支持

因考虑到被告方怠于履行工程款支付义务且存在恶意拖延的情形，为了给其股东施加压力，原告将B公司的全体股东均列为被告，要求其在未出资本息范围内对公司不能清偿的债务承担补充赔偿责任。法院在庭审中查明了B公司的章程及股东出资期限后，以股东出资期限尚未届满、原告未提供证据证明B公司无法还债为由，驳回了原告该项诉讼请求。

二、法理研析

（一）案涉建设工程施工合同法理分析

1. 第一份施工合同——必须招标而未招标的情形

建设工程施工合同基本是通过招标投标方式订立的。根据《最高人民法院关于审理建设工程施工合同纠纷案件适用法律问题的解释（一）》（以下简称"《建设工程合同解释（一）》"）第一条的规定，对于建设工程必须进行招标而未招标或者中标无效的，施工合同无效。此种类型包括必须招标而未招标和中标无效两种情形。必须招标的建设工程项目，发包人未经招投标程序直接跟承包人签订建设工程施工合同，施工合同无效。

（1）必须招标的建设工程项目相关规定沿革。

《中华人民共和国招标投标法》（1999年）第三条仅规定哪些工程项目必须进行招标，而第四十九条仅规定了"规避招标"的处罚措施，如罚款、暂停拨付资金、处分相关责任人员等处罚措施的规定，但未规定合同无效，在司法实践中难以把握"规避招标导致合同无效"的裁判尺度，司法解释亟待出台。

《建设工程合同解释（一）》第一条第（三）项规定，建设工程必须进行招标而未招标的，应当根据《合同法》第五十二条第（五）项的规定，认定无效；依据《合同法》第五十二条第（五）项的规定，违反法律、行政法规的合同无效。该司法解释适用的范围是施工合同纠纷，而上述条款的前提是"建设工程"，依据《合同法》第二百六十九条的规定，建设工程合同包括工程勘察、设计、施工合同，《施工合同司法解释一》的上述条款作为认定施工合同效力的"方法论"毋庸置疑，上述条款前提虽为"建设工程"，但此处不宜作"扩大解释"，认定勘察、设计合同，以及监理合同的效力，应按《招投标法》第三条以及《必须招标的工程项目规定》（国家发改委第16号令）及其他相关文件的规定，并依其中的法理去认定。

根据《最高人民法院关于适用〈中华人民共和国合同法〉若干问题的解释（一）》第四条："合同法实施以后，人民法院确认合同无效，应当以全国人大及其常委会制定的法律和国务院制定的行政法规为依据，不得以地方性法规、行政规章为依据。"另据《最高人民法院关于适用《中华人民共和国合同法》若干问题的解释（二）》第十四条的规定，合同法第五十二条第（五）项规定的"强制性规定"，是指效力性强制性规定。既然认定合同效力的“实体法”为法律、行政法规中的效力性强制性规定，那么国家发改委第16号令，是依据《招投标法》第三条的“授权立法”，是对必须进行招标的工程建设项目的具体范围和规模标准的进一步明确，且该令是经国务院批准后施行的，不能简单地将其归属为部门规章，相当于《招投标法》第三条的配套法规。

（2）法定必须招标的建设工程项目内容。

《招标投标法》第三条做了列举式规定，大型基础设施、公用事业等关系社会公共利益、公众安全的项目；全部或者部分使用国有资金投资或者国家融资的项目；使用国际组织或者外国政府贷款、援助资金的项目。项目的具体范围和规模标准，由国务院发展计划部门会同国务院有关部门制定，报国务院批准。法律或者国务院对必须进行招标的其他项目的范围有规定的，依照其规定。

上述规定列举范围较窄且不够具体，司法实践中可能存在一定的适用问题，因而其授权国家发改委颁布的《必须招标的工程项目规定》《必须招标的基础设施和公用事业项目范围规定》对项目的具体范围和规模做了规定。具体包括四个类型：（1）全部或者部分使用国有资金投资或者国家融资的项目包括：使用预算资金 200 万元人民币以上，并且该资金占投资额 10%以上的项目；使用国有企业事业单位资金，并且该资金占控股或者主导地位的项目。（2）使用国际组织或者外国政府贷款、援助资金的项目包括：使用世界银行、亚洲开发银行等国际组织贷款、援助资金的项目；使用外国政府及其机构贷款、援助资金的项目。（3）不属于上述规定情形的大型基础设施、公用事业等关系社会公共利益、公众安全的项目。（4）前述三项所涉建设项目的施工单项合同估算价在 400 万元人民币以上；重要设备、材料等货物的采购，单项合同估算价在 200万元人民币以上；勘察、设计、监理等服务的采购，单项合同估算价在 100万元人民币以上。

另外，也存在可以不进行招标的例外情形：（1）对于涉及工程建设、设备采购或服务外包的PPP项目，已经依据政府采购法选定社会资本合作方的，合作方能够自行建设、生产或者提供服务的，按照《招标投标法实施条例》第九条规定，合作方可以不再进行招投标。（2）发改委2018年在获得《招标投标法》授权，制定《必须招标的工程项目规定》《必须招标的基础设施和公用事业项目范围规定》中，将商品房住宅建设项目从强制招投标的范围中移出。因此，商品住宅建设项目不属于必须招投标范围，其施工合同未履行招投标手续，施工合同有效。（3）因为国际标工程涉及项目属地、法域的不同，实践中涉及"一带一路"建设工程中的国际标工程可以不进行招标。以上三类施工合同未进行招投标手续，其施工合同不因此无效，若无其他无效事由，合同有效。

2. 第二份施工合同——串通投标的情形

（1）建设工程领域串通投标相关规定沿革。

《中华人民共和国招标投标法》第三十二条对"禁止串通投标"做了规定；第五十三条规定，串通投标、贿赂中标的，中标无效，并作出罚款（双罚）、没收违法所得、取消投标资格直至吊销营业执照、赔偿损失、构成犯罪的追究刑事责任。对于串通投标导致中标无效，并未设定"必须招标项目"的前提条件，以及"影响中标结果"的后果条件，对于串通投标采取的"零容忍"，可见串通投标的行为危害性极大。

《中华人民共和国招标投标法实施条例》（以下简称《条例》）第三十九条、第四十条、第四十一条分别对"投标人相互串通投标""视为投标人串通投标""招标人与投标人串通投标"的情形作出详细规定；第六十七条对"串通投标、贿赂中标的，中标无效"再次进行规定，同时对"串通投标的处罚"作出更具操作性的详细规定。串标现象普遍、危害极大，一直是招投标领域的诟病，为严厉打击串标行为，《条例》对串标情形及处罚措施作出详细规定。

《刑法》第二百二十三条对"串通投标罪"作出规定，最高可处三年以下有期徒刑，并处或单处罚金。《立案追诉标准二》第六十七条对"串通投标罪"的立案追诉标准作出明确而又详细的规定。串通投标的现象虽然普遍，但刑事处罚相对较轻，最高可处3年以下有期徒刑，追诉时效仅为5年，意味着串通投标“倒查”时间最长5年，体现预防为主、处罚为辅的立法精神。

《民法通则》第五十八条第一款第（四）项规定，恶意串通，损害国家、集体或者第三人利益的民事行为无效；《合同法》第五十二条第（二）项规定，恶意串通，损害国家、集体或者第三人利益的合同无效；《民法总则》第一百五十四条规定，行为人与相对人恶意串通，损害他人合法权益的民事法律行为无效。《通则》与《合同法》作出几乎完全一致的规定，但该两部法律待《民法典》颁布施行后即行废止，不过，在此之前，《民法通则》与《民法总则》并行适用，但应注意适用规则，同时应当注意《民法总则》与《合同法》的关系以及在《民法典》施行前的法律适用问题，尤其注意区分2017年10月1日即《民法总则》施行前后所成立合同适用法律的问题。对此，2019年11月8日的《九民纪要》作出了明确规定：2017年10月1日之前成立的合同，认定合同效力适用《合同法》总则的有关规定；2017年10月1日之后成立的合同，认定合同效力适用《民法总则》的规定；《民法典》施行后，《合同法》将废止，认定合同效力适用《民法典》的规定。

（2）法定禁止串通投标的情形。

属于或视为投标人相互串通投标的情形包括：（1）投标人之间协商投标报价等投标文件的实质性内容；（2）投标人之间约定中标人；（3）投标人之间约定部分投标人放弃投标或者中标；（4）属于同一集团、协会、商会等组织成员的投标人按照该组织要求协同投标；（5）投标人之间为谋取中标或者排斥特定投标人而采取的其他联合行动；（6）不同投标人的投标文件由同一单位或者个人编制；（7）不同投标人委托同一单位或者个人办理投标事宜；（8）不同投标人的投标文件载明的项目管理成员为同一人；（9）不同投标人的投标文件异常一致或者投标报价呈规律性差异；（10）不同投标人的投标文件相互混装；（11）不同投标人的投标保证金从同一单位或者个人的账户转出。

属于招标人与投标人串通投标的情形包括：（1）招标人在开标前开启投标文件并将有关信息泄露给其他投标人；（2）招标人直接或者间接向投标人泄露标底、评标委员会成员等信息；（3）招标人明示或者暗示投标人压低或者抬高投标报价；（4）招标人授意投标人撤换、修改投标文件；（5）招标人明示或者暗示投标人为特定投标人中标提供方便；（6）招标人与投标人为谋求特定投标人中标而采取的其他串通行为。

3. 案涉施工合同违规签订的效力认定及法律后果

在建设工程项目违反招投标相关规定的情形中，应当进行招投标而没有进行、进行招投标但过程中存在借用资质、串通行为是较严重的违法行为，其中在招投标过程中存在串通行为又可以分为必须招标项目发生串通，以及非必须招标项目发生串通两类。在违反招投标相关规定的民事法律后果中，对所签署的合同效力的影响是司法实践中极为关注的问题。因此，从应当进行招投标而没有进行；应当进行招投标但过程中存在串通行为两种情况分析各自情形对合同效力的影响以及其他的民事法律后果。

（1）应当进行招投标但实际未进行招投标签订的合同无效。

根据《最高人民法院关于审理建设工程施工合同纠纷案件适用法律问题的解释（一）》第一条规定，建设工程属于《招标投标法》规定必须进行招标的建设项目范围，未经公开招投标程序的，所签订的施工合同属于《民法典》第一百五十三条规定的无效合同。需要注意的是，对于若干个应依法公开招标的项目，现有招标投标的相关法律、行政法规没有明确禁止项目招标人将这些项目合并进行一次招标。因此，为了提高招标效率和降低交易成本，招标人可以根据实际需要，对一定期限内的重复性招标项目或者不同实施主体的同类招标项目进行集中招标，此种做法不属于未进行招标的情形，但在集中招标过程中不得有限制、排斥潜在投标人或者投标人等违法违规行为。

（2）应当进行招投标，在招投标过程中存在串通行为，中标及中标后签署的合同无效。

《民法典》第七百九十条、《中华人民共和国反不正当竞争法》第十五条及《招标投标法》第三十二条中均明确禁止串通投标，排挤竞争对手公平竞争的行为。因此，如果在应当进行招投标项目的招投标过程中存在串通行为，中标前后及中标的备案合同均因违反法律的强制性规定而无效。

（3）违反招投标规定导致合同无效的法律后果。

合同无效或者被撤销后，因该合同取得的财产，应当予以返还；不能返还或者没有必要返还的，应当折价补偿。根据《建设工程合同解释（一）》第二十四条的规定，施工合同无效后，若建设工程质量合格，承包人仍可以请求发包人参照实际履行的合同关于工程价款的约定折价补偿承包人。如实际履行的合同难以确定，可以参照最后签订的合同关于工程价款的约定折价补偿承包人。最高人民法院在答记者问中阐述的理由是，建设工程施工合同具有特殊性，合同履行的过程，就是将劳动和建筑材料物化在建筑产品的过程。合同被确认无效后，已经履行的内容不能适用返还的方式使合同恢复到签约前的状态，而只能按照折价补偿的方式处理。

从建设工程施工合同的实际履行情况看，当合同被确认无效后，有两种折价补偿方式，一是以工程定额为标准，通过鉴定确定建设工程价值，考虑到目前我国建筑市场的实际情况，有的发包人签订合同时往往把工程价款压得很低，如果合同被确认无效还按照第一方案折价补偿，将会造成无效合同比有效合同的工程价款还高，这超出了当事人签订合同的预期。二是参照合同约定结算工程价款。这种折价补偿的方式不仅符合双方当事人在订立合同时的真实意思，而且还可以节省鉴定费用，提高诉讼效率。因此，通过对以上两种折价补偿方案的比较，根据我国建筑行业的现状，衡平合同各方当事人的利益，在《建设工程合同解释（一）》第二条中规定，建设工程施工合同被确认无效以后，建设工程质量合格的，可以参照合同约定结算工程价款。

《建设工程合同解释（一）》规定适用的无效合同仅指合同标的物为质量合格的建设工程，不包括质量不合格的建设工程。建设工程质量合格，包括两方面的意思，一是建设工程经竣工验收合格，二是建设工程经竣工验收不合格，但是经过承包人修复后，再验收合格。总之，只要建设工程经过验收合格，即使确认合同无效，也可以按照合同约定结算工程价款。对质量不合格又不能修复的工程可以不支付工程价款。

（二）建设工程价款优先受偿权的法律分析

1. 建设工程价款优先受偿权的性质

建设工程价款优先受偿权的性质存在三种不同观点。第一种观点认为属于法定抵押权，理由是优先受偿权与抵押权构成要件相符合。第二种观点认为属于留置权的一种，理由为建设工程合同属于特殊的承揽合同，优先受偿权的行使方式与留置权方式一致。第三种观点认为，属于法定优先受偿权。

笔者认为，工程价款优先受偿权行使对象为不动产，因此不同于留置权；工程价款优先受偿权无须登记并且优先于抵押权，故不同于抵押权；同时，因工程价款优先受偿权在一定条件下又劣后于消费者的交付房屋请求权，因此，在性质上认定为法定优先受偿权较为合适。

2. 相关法律规定

《民法典》第八百零七条规定："发包人未按照约定支付价款的，承包人可以催告发包人在合理期限内支付价款。发包人逾期不支付的，除根据建设工程的性质不宜折价、拍卖外，承包人可以与发包人协议将该工程依法拍卖。建设工程的价款就该工程折价或者拍卖的价款优先受偿。"所以建设工程价款优先受偿权是指承包人对建设工程折价或拍卖的价款优先受偿的权利，是法律直接创设的、无须登记的法定优先受偿权。

具体来说，第一，该权利的行使主体有限定，为建设工程施工合同的承包人和装饰装修工程的承包人，因实际施工人不属于"与发包人订立建设工程施工合同的承包人"，故实际施工人不享有建设工程价款优先受偿权。第二，该权利的行使条件较为宽松，与建设工程施工合同的效力无关，与建设工程是否实际竣工无关，只要建设工程质量合格，且发包人有欠付工程款的事实，未竣工工程的承包人亦有权主张建设工程价款优先受偿权。第三，该权利的行使期限十分严格，根据《最高人民法院关于审理建设工程施工合同纠纷案件适用法律问题的解释（一）》的修改规定，自发包人应当给付建设工程价款之日起计算，性质属于除斥期间，不存在中止、中断、延长的情形。

3. 行使优先受偿权的期限和起算点

《最高人民法院关于审理建设工程施工合同纠纷案件适用法律问题的解释（一）》第四十一条规定，承包人应当在合理期限内行使建设工程价款优先受偿权，但最长不得超过十八个月，自发包人应当给付建设工程价款之日起算。从上述规定的内容本身看，行使优先受偿权的期限最长为18个月，应当给付建设工程价款之日起算，期间届满后，权利归于消灭。

通常情况下，在《建设工程施工合同》的实际履行过程中，工程通常需要经过竣工、验收、结算之后才能付款，工程竣工、验收、结算、付款期限届满是四个不同的时间。在《建设工程施工合同》正常履行完毕，双方经过竣工、验收、结算，对工程款进行了确定的情况下，发包人在工程款数额确定后支付工程价款，对应付工程款的日期不存在争议。但在实践中，建设工程案件十分复杂，有的《施工合同》并未对付款时间进行明确约定，有的约定并不明确，以及存在补充协议约定的情形，此时如何确定“应当给付工程价款之日”，是建设工程施工合同纠纷中的难点所在。

（1）合同对付款时间及方式有明确约定且合同已正常履行完毕，应遵从当事人约定。

若《建设工程施工合同》中对于付款时间及方式有明确约定且合同已经正常履行完毕的，则对于“应当给付工程价款之日”应当遵从当事人之间的约定。双方已在合同中对支付工程价款的时间进行了明确约定，故应当将合同约定的支付工程价款的时间作为建设工程价款优先受偿权的起算点。同时，住建部发布的《建设工程施工合同（示范文本）》（GF–2017–0201）通用条款第14.2条约定：“发包人在收到承包人提交竣工结算申请书后28天内未完成审批且未提出异议的，视为发包人认可承包人提交的竣工结算申请单，并自发包人收到承包人提交的竣工结算申请单后第29天起视为已签发竣工付款证书。”因此，在《建设工程施工合同》对付款时间有明确的约定的情况下，发包人依约支付工程款的时间即为应付工程款之日，也即行使工程价款优先受偿权的起算时间。

（2）建设工程实际交付的，以建设工程交付之日为应付款之日。

双方当事人并未明确约定应付款时间，案涉工程已交付发包人使用，故交付日认定为应付款之日。发包人对诉争的案涉工程已经实际控制，有条件对案涉工程行使占有、使用、收益的权利，在此种情况下，发包人已经受益，若仍然欠付承包人工程价款，双方的权利义务显然不对等，故从此时开始承包人可以向发包人主张欠付工程款并行使优先受偿权。

（3）建设工程未交付，价款也未结算的，以起诉之日为应付款时间。

建设工程价款未结算，建设工程也未交付的情形下，此大多数工程均为未完工或完工后未经验收的“烂尾工程”，此种情况下，合同约定的结算条件尚未成就，无法确定应付款时间，此时以起诉时间作为应付款时间，主要考虑起诉为权利人向司法机关正式主张权利的时间点，有助于提高司法效率。

（三）认定建设工程开工日期与竣工日期的法理分析

1. 关于开工日期的认定

住建部发布的建设工程施工合同（示范文本）（GF-2017-0201）（以下简称“示范文本”）将开工日期分为计划开工日期和实际开工日期。计划开工日期是指“合同协议书约定的开工日期”。但施工方实际进场开始施工的时间与计划开工日期往往不一致。示范文本将实际开工日期规定为“监理人按照开工通知约定发出的符合法律规定的开工通知中载明的开工日期”。但由于很多建设方、施工方的合同管理水平有限，实际开工日期会以开工报告、开工令、施工许可证、会议纪要、信函、签证以及竣工报告等各种形式体现。因实际开工日期的认定直接关系到工程款的结算、工期计算、违约金确定等问题，所以，实际开工日期的认定对建设方、施工方来说都是非常重要的。

一般来说，开工时间按照下列原则确定：开工时间以开工令或开工报告为依据。开工令、开工报告发出后，仍不具备开工条件的，应以开工条件成就的时间确定。没有开工令或开工报告的，应以实际开工时间确定。如无法举证证明实际开工时间的，依据合同约定的开工日期予以认定。开工令、开工报告，是建设方通知施工方可以在指定的时间开工的通知或者施工方向建设方提出可以在指定时间开工的申请（该申请一般会有建设方同意在指定时间开工的指令）。因此，开工令、开工报告一般能反映出实际开工时间，也是认定开工时间非常有力的证据。但有时候开工令或开工报告发出后，施工现场仍不具备开工条件，导致施工方无法开工，此时就不能再以开工令、开工报告的时间作为实际开工时间。例如，建设方未完成场地的“三通一平”，或者工作面因权属争议造成施工方出现开工障碍，或者行政审批程序未完成等。此时，在开工条件不具备的情况下，开工令、开工报告记载的开工时间就会与实际情况不符，就应当以消除开工障碍、开工条件成就的时间作为实际开工时间。另外，在没有开工令或开工报告的情况下，当事人必须承担举证责任，以证明实际开工的时间。

这里需要注意的是，建设工程施工许可证也会载明一个开工日期，但这个日期只是行政管理部门批准的一个开工日期，一般不是实际开工日期，所以一般不能以施工许可证载明的开工日期作为实际开工日期。那么在建设方没有取得施工许可证的情况下，施工方可以以此为由要求顺延开工日期吗？从《中华人民共和国建筑法》第八条之规定可以看出，施工合同是办理开工许可证的前提条件，未取得施工许可证并不影响合同的效力。然而，施工许可证是行政机关对建筑工程进行管理的行政措施，没有取得施工许可证的，不得擅自开工。所以，施工许可证应为开工的一个条件，如未取得施工许可证，则不具备开工条件，承包方有权拒绝开工。如果已经开工，也可以以没有施工许可证为由暂停施工。但是，在已经开始施工的情况下，施工方如果以没有取得施工许可证为由主张顺延工期，就必须提供证据证明没有施工许可证导致停工，且没有施工许可证与停工之间存在因果关系。如无法证明，则不能要求顺延工期。

2. 关于竣工日期的认定

住建部发布的示范文本同样也将竣工日期分为计划竣工日期和实际竣工日期。计划竣工日期是指合同协议书约定的竣工日期。实际竣工日期按照示范文本界定为："工程经竣工验收合格的，以承包人提交竣工验收申请报告之日为实际竣工日期，并在工程接收证书中载明；因发包人原因，未在监理人收到承包人提交的竣工验收申请报告42天内完成竣工验收，或完成竣工验收不予签发工程接收证书的，以提交竣工验收申请报告的日期为实际竣工日期；工程未经竣工验收，发包人擅自使用的，以转移占有工程之日为实际竣工日期。"

最高人民法院在《建设工程合同解释（一）》第九条中规定："当事人对建设工程实际竣工日期有争议的，按照以下情形分别处理：（一）建设工程经竣工验收合格的，以竣工验收合格之日为竣工日期；（二）承包人已经提交竣工验收报告，发包人拖延验收的，以承包人提交验收报告之日为竣工日期；（三）建设工程未经竣工验收，发包人擅自使用的，以转移占有建设工程之日为竣工日期。"该司法解释也对实际竣工日期作出了规范性的规定。

关于竣工日期，法律实务中需要进一步考虑以下几个问题：

其一，完工日期和竣工日期的关系。完工日期是指施工方完成承包范围内工程施工的日期；竣工日期是指施工方完成承包范围内工程施工并且通过竣工验收的日期或竣工验收通过的情况下承包人提交验收报告的日期。完工日期和竣工日期是两个不同的概念。先有完工日期，后有竣工日期。完工日期一般来说是施工方的单方行为，即施工方的完工。竣工日期与竣工验收通过有关，一般来说是建设方与施工方的双方行为。只有在工程经建设方竣工验收通过，或者施工方已经提交竣工验收报告，但建设方拖延验收，或者工程未经竣工验收，但在建设方擅自使用的情况下，才有竣工日期一说。没有上述所列的三种情况，就谈不上竣工日期，但却仍然存在完工日期。

其二，《建设工程合同解释（一）》第九条规定的“建设工程未经竣工验收，发包人擅自使用的，以转移占有建设工程之日为竣工日期”。我们从两个方面分析这一规定：一是在发包人整体接收并擅自使用的情况下，以转移占有之日为竣工日期，对这一点应该没有争议；二是在发包人部分接收并擅自使用该部分的情况下，是否还能以该部分的转移占有之日为建设工程的整体竣工日期？例如，施工方承包范围是某商场的外墙装修，完工后因结算发生争议，在未经竣工验收的情况下，发包方就将该商场开业。施工方主张发包方已擅自使用建设工程，应视为已竣工，工程款支付条件已成就；发包方主张其使用的是商场的内部装修，并未使用施工方承包的外墙装修，不构成擅自使用，支付工程款条件未成就。那么这种情况下，怎样认定？这时，我们就要考察发包方的合同目的是否已经实现。发包方与承包方签订建设工程装饰装修合同，其目的自然是商场开业。现商场已经开业，其合同目的已经实现。而外墙是商场不可分割的组成部分，商场开业是一个将商场内外部整体向顾客展示的行为。因此，发包方主张只使用商场内部装修的说法与实际不符。在发包人已经使用工程后，如果再重新进行竣工验收，已经使用工程中发现的质量问题将很难界定是谁的责任。而发包人在未经竣工验收的情况下擅自使用工程，本身就违反了法律规定和合同约定，应当对质量责任难以界定承担责任。因此，这种情况下，仍应视为工程在转移占有之日已竣工。

综上所述，建设工程施工合同的开工时间以开工通知或开工报告为依据。开工通知或开工报告发出后，仍不具备开工条件的，应以开工条件成就时间确定。没有开工通知或开工报告的，应以实际开工时间确定。既无开工通知、开工报告也无其他相关证据能证明实际开工日期的，以施工合同约定的开工时间为开工日期。发包人、承包人、设计单位和监理单位四方在工程竣工验收单上签字确认的时间，为工程竣工验收合格时间。承包人已经提交竣工验收报告，发包人拖延验收的，以承包人提交验收报告之日为竣工时间。建设工程未经竣工验收，发包人擅自使用的，以转移占有建设工程之日为竣工时间。

（四）公司未实缴股东的补充赔偿责任分析

最高人民法院《关于适用〈中华人民共和国公司法〉若干问题的规定（三）》第十三条第二款规定："公司债权人请求未履行或者未全面履行出资义务的股东在未出资本息范围内对公司债务不能清偿的部分承担补充赔偿责任的，人民法院应予支持。"该规定突破了债的相对性，赋予了公司债权人对未尽出资义务的股东的债权请求权。司法实务中，对于股东未能按照在章程或登记机关承诺的期限及出资额，应依照上述规定承担责任一般不存在争议；对于出资期限尚未届满情况下发生的公司债务，是否应当加速到期，法院也一般认为无法律规定，只能在破产清算程序中适用加速到期。但在出资期限尚未届满，股东将股权转让他人，转让后出现公司债务不能清偿情形下，未出资的转让方股东是否还要承担补充赔偿责任，司法审判观点不一，裁判结果迥然。

1. 观点分化

如何认定"未履行或者未全面履行出资义务"是裁判该类案件中转让股东是否承担补充赔偿责任的关键。

（1）狭义说。

狭义说认为未履行义务不包括出资未到期的情形。理由在于：（1）新《公司法》修改的目的就是活跃经济、放松管制，采用狭义说符合新公司法的立法精神和目标；（2）补充赔偿责任是一种法定性责任，是基于明确法律规定而承担，应当严格按照条款本身的字面意思来进行理解；（3）根据《〈公司法〉司法解释（三）》第十三条第一款规定"股东未履行或者未全面履行出资义务，公司或者其他股东请求其向公司依法全面履行出资义务的，人民法院应予支持"，此处的"股东未履行或者未全面履行出资义务"明显是指股东的违约行为。如采用广义解释是在同一法条中对同一文字作出两种不同解释，语义的不统一会造成实务中无所适从。

（2）广义说。

广义说认为股权转让不转移转让股东的出资缴纳义务，即“未履行或者未全面履行出资义务”包括未到期出资，即使股东之间约定的缴纳出资期限未到，股东也应该承担责任。理由在于：（1）债权人的利益应优先得到保护；新公司法的修改虽放松对市场主体准入的管制，降低准入门槛，但并不表明可以损害债权人利益。相反，正因为市场主体条件放宽的同时，更应加强股东责任，保障交易安全；（2）《〈公司法〉司法解释（三）》第十三条第一款和第二款分别对应的股东内部责任和外部责任，是在不同情境下的语义，可以做出不同的解释。

2. 本文观点

本文经分析后认为对“股东未履行或者未全面履行出资义务”应以狭义解释为原则，但在有证据证明股权转让方恶意转让股权以逃避债务或损害债权人利益的情形下，转让股东应承担责任。理由如下：

第一，对“股东未履行或者未全面履行出资义务”以狭义解释为原则，不应作扩大解释。从公司制度的起源和发展来看，中世纪商品交易中逐步初具公司组织形态雏形，在大航海时期得以发展并日臻完善。公司的起源、发展是经济发展、贸易繁荣的产物，但过来亦对经济发展起着重要作用。公司组织形态从股东无限责任到有限责任演变，市场管制逐渐宽松化是一个总趋势。公司所具有的独立承担责任，与股东个人财产相分离的风险屏蔽功能具有极重要的价值和功能。《〈公司法〉司法解释（三）》第十三条第二款规定虽然突破了债的相对性，但其发生显然基于股东内部违约行为对外部债权人产生侵害，因此该款的规定有其特定适用条件，如允许扩大解释，必造成法律适用的混乱、尺度不一，法律预测功能失灵。

股东补充赔偿责任具有法定性，即根据法律的明确规定而界定责任的范围和程度，责任的确定应具有法定性、合理性和明确性，而应严格限制类推、扩大适用。认缴制度下，公司法允许股东对其出资享有出资的期限利益。如允许对《〈公司法〉司法解释（三）》第十三条第二款进行扩大解释，其实质限制了股东的出资期限利益。股东出资缴纳首先表现股东对公司的责任，而公司以其全部财产承担外部责任。股权转让发生只是内部应缴纳出资人这一主体发生变化，缴纳义务并不随之减少或取消，因此，就外部关系而言对债权人权利并无碍。如允许对《〈公司法〉司法解释（三）》第十三条第二款进行扩大解释，必将造成公司内、外部关系混乱。

债权人的利益应当保护，但应与股东自由意志及权益并行考虑。现行公司法及商事登记中均规定公司章程应载明股东认缴的出资金额及期限，且该部分资料依法应予以公开。债权人完全可以获取上述信息并由此判断交易风险。除非有证据证明股东存在恶意行为且对债权构成依赖利益损失，不能一概而论地对债权人利益优先保护。

第二，有证据证明股权转让方恶意转让股权以逃避债务或损害债权人利益的情形下，转让股东应承担责任。民法理论中“第三人侵害债权”，一般是指债权关系外的第三方以损害他人债权为目的实施某种侵权行为，致使债权人的债权部分或全部不能实现并致债权人损害的行为。根据该理论，当公司股东不正当地转让股权，利用股东期限利益，损害债权人权益，应当承担责任。综上，债权人在诉讼阶段至少需满足公司负有债务且确定不能清偿、股东在出资期限届满后仍未完全出资或公司章程对股东的出资期限未作有效约定、未因同样原因已在另案中承担过补充赔偿责任等几个条件，才有被法院支持让股东担责的可能。满足上述条件的债权人为了最大限度保护自己合法权益，通常在起诉时便将股东列为被告，法院为了提高司法效能、一次性解决争议，亦默许此做法。但在执行中，法院依旧严格把握以公司财产作为第一顺位偿还债务的原则。

三、总结

招标投标是建设工程项目应当考虑的重要环节，无论是发包人、承包人，还是招标代理机构、律师事务所等中介机构，均应熟悉招标投标的相关规定以及法律后果，为建设项目的招标投标及签约做好法律风险防范，确保项目顺利进行。承包人依法可以行使建设工程价款优先受偿权，行使该权利需要确定“应当给付工程价款之日”，合同对付款时间及方式有明确约定且合同已正常履行完毕，应遵从当事人约定；建设工程实际交付的，以建设工程交付之日为应付款之日；建设工程未交付，价款也未结算的，以起诉之日为应付款时间。

关于开工日期，开工令、开工报告一般能反映出实际开工时间，但当施工方出现开工障碍，或者行政审批程序未完成时，就应当以消除开工障碍、开工条件成就的时间作为实际开工时间；竣工日期同理，发包人、承包人、设计单位和监理单位四方在工程竣工验收单上签字确认的时间，为工程竣工验收合格时间；承包人已经提交竣工验收报告，发包人拖延验收的，以承包人提交验收报告之日为竣工时间；建设工程未经竣工验收，发包人擅自使用的，以转移占有建设工程之日为竣工时间。

当发包方未支付工程款时，发包方以其自身全部财产承担支付责任，其全部股东应以认缴资金为限对公司债务承担责任，若其股东未履行或者未全面履行出资义务时即转让其股权，现行公司法及商事登记中均规定公司章程应载明股东认缴的出资金额及期限，且该部分资料依法应予以公开，债权人完全可以获取上述信息并由此判断交易风险，且在有证据证明股权转让方恶意转让股权以逃避债务或损害债权人利益的情形下，则该转让股东仍应承担责任。

综上所述，实践案例中同一问题会存在多种不同的细节和情形，在分析问题运用法条时要特别注意具体问题具体分析，专注于案件中的每一个细节，从中抽丝剥茧、化繁为简，再以对应的法律法规进行适用，从而达到事实与法律的统一，最大程度维护当事人的合法权益。

加拿大外商投资基础法律篇

□付　英[①]

一、加拿大政府及法律体系

近年来，中国人定居在加拿大、留学在加拿大或投资在加拿大是很热门的话题。在从中国走向海外的过程中，从安居到乐业，从选择投资或收购对象，直到进行实际投资，我们不得不面对日常生活中发生的纠纷。创业过程中如何去管理，投资、交易之后如何形成一体化运作，都离不开对当地法律的运用。

例如，新移民在出国之前请朋友帮忙租好了一套公寓，入境后直接入住，免去了租家庭旅馆再去找出租房的很多麻烦。没想到入住之后很快就发现，公寓隔壁就是锅炉房，锅炉启动的噪声干扰得人休息不好，常常头痛。又如，有一天你收到通知，说你的商店卖烟给了未成年人，要罚款，你反复回忆也想不起来买烟的人是否是未成年人，你怀疑这是政府部门的钓鱼执法。再如，你用血汗钱投资一家餐馆，接手后没几天发现餐馆的经营状况根本不是购买前在中介处看到的系列文件所体现的那样。再仔细查看发现购买合同中充满了欺诈和陷阱条款。面对这些问题，你该如何入手才能迅速有效地通过法律途径解决问题呢？这其中又需要哪些必须的步骤？我们将系统介绍最基本的加拿大法律知识，帮助同胞们解除在加拿大所遭遇法律问题的疑惑。

---

① 付英，北京市京师律师事务所全球合伙人北美法律事务中心主任，加拿大CMKZ律师事务所高级法律顾问，美国CTP海外事务法律总顾问，投资委员会委员，专注于中国——北美经贸领域的民商事律师，活跃在北美投融资、地产、诉讼及冲突的解决、投资移民、海商事等领域。

（一）加拿大政府及法律体系概述

加拿大的历史发展受到三大力量的重要影响，即英国、法国和美国，是实行联邦议会制政府的双语（英语和法语）国家。各级政府——包括加拿大议会以及加拿大十个省份和三个地区的立法机构——具有不同立法权及立法能力。

1867年，加拿大开始成为一个自治国家，当时英国议会通过了《英属北美法》。在1982年之前，该法一直是加拿大的成文宪法，英国于1982年正式宣布放弃对加拿大宪法的管辖权。

加拿大建立了两级政府体制，联邦负责涉及国家利益的领域，10个省份则负责管理属于地区性利益的领域。加拿大宪法具体列出了各级政府所享有的具体权力和司法权限，其目的是使各级政府各自对于其相关领域具有排他性权限。例如，联邦政府所具有的权限包括监管贸易和商业、银行、专利、著作权和税务。各省则有权管理财产、民事权利以及相应司法。

（二）加拿大政府体系

1. 联邦政府

加拿大联邦政府位于安大略省的渥太华市。与美国联邦政府相似，加拿大议会分为两院，一切法案均需两院批准方可形成法律。下议院由民选议员构成，上议院则由被任命的参议员组成。议会议员（MP）由加拿大300多个选区中选出的下议院代表构成。联邦政府的最高负责人为总理，总理通常是下议院中执政党的领袖。总理从当选的议员中选择任命联邦内阁成员，由此产生的“部长”对相关政府部门负责。

加拿大现有四大政党，即自由党、保守党、魁人团和新民主党。在下议院中拥有最多席位的政党作为执政党组建政府。正式反对党则是拥有第二多数席位的政党。

加拿大下议院根据宪法授权，具有通过法律筹集并使用资金的唯一权力。一旦某一部新法律或现行法律的修正案由下议院投票通过，相关法律即交由上议院进行辩论并投票表决。

上议院由总督根据总理提议而任命的一百多名参议员组成。从理论上而言，参议员对执政党的潜在越权提供一种制约。如果某法案或其修正案经上议院通过，则可上交女王钦定。钦定典礼时间一般由执政党确定，除非法案中具体列出生效日期，否则有关法案于钦定日生效。该段时间因政治因素可短至数日，或长至数月。

2. 各省和地方政府

与美国各州体系类似，加拿大各省均有其民选的省长（类似于美国州长）、省内阁部长及省立法议会（即立法机构）、政党和法院系统。

市级单位的政府被视为各省所建立的机构，根据各省法律享有其权限。根据加拿大宪法，加拿大议会还设有若干联邦直辖地区。此类地区并不享有省的地位，其权力来自联邦政府的授权，其政府结构与各省类似。

各省所负责的法律包括家庭法律、医疗卫生法、雇佣标准、教育、社会服务和住房。与联邦议会相似，各省的选民分选区选出各省议员。

选出的官员为立法机构议员（MLA）或省议会议员（MPP）。执政党是在立法机构中拥有大多数席位的政党。目前加拿大设有10个省及3个联邦直辖区（见表1、表2）。

表1　　加拿大的十个省份及首府

序号	省份	首府
1	阿尔伯塔省	埃德蒙顿
2	卑诗省	维多利亚
3	曼尼托巴省	温尼伯
4	新布伦瑞克省	弗雷德里克顿
5	纽芬兰与拉布拉多省	圣约翰
6	新斯科舍省	哈里法克斯
7	安大略省	多伦多
8	爱德华王子岛省	夏洛特敦

续表

序号	省份	首府
9	魁北克省	魁北克市
10	萨斯喀彻温省	里贾纳

表2　　加拿大三个联邦直辖区及首府

序号	加拿大中央直辖区	首府
1	西北地区	耶洛奈夫
2	努纳武特地区	伊魁特
3	育空地区	怀特霍斯

二、加拿大的司法体系

1. 司法独立

加拿大的司法部门完全独立于政府其他部门。所有政府行为均受到司法部门的监督。司法部门还有责任确保政府行为符合加拿大《宪章》。民选的议员和政府官员不能影响或左右法院的管理和执法。理论上看，联邦和各省的政府制定法律，而法院则解释和执行法律。但立法的权限日趋模糊。有时，加拿大法院的释法解释其实有着立法的效果。

2. 加拿大宪法

加拿大宪法为国家最高法律。宪法制订民主政府的基本原则并且定义政府的三个不同分支——行政、立法及司法。宪法还划分联邦政府和省政府的立法权力及责任。联邦政府负责的领域有：外交事务和国际贸易、防御、货币体系、刑法、专利、破产/资不抵债以及某些“全国性”领域，如金融服务以及电信。省政府负责教育、医疗保健、市政、证券规章、国有资源以及其他领域。

近年来，在加拿大立法和司法改革方面起巨大推动作用的是《加拿大权力与自由宪章》(以下简称《宪章》)，自从1982年以来引起过数次重要法律争议也包括在宪法内。该宪章对影响加拿大人基本权利和自由的政府行为进行了限制。此类权利包括自由、平等、宗教自由、言论自由、结社自由以及在经独立和公正司法裁决认定有罪前的无罪推定权利。但该《宪章》一般而言并不管辖公民与公司之间的私法行为。与美国的《人权宣言》不同，《宪章》对于经济权力的干预有限。

3. 两套民法典

其他国家相比较，加拿大法律体系的一个特别之处在于，因1774年的《魁北克法案》创造出的两个法律体系，即在魁北克适用的大陆法系统以及适用于其他各省的普通法系统。

虽然全国的刑法体系和多数地区的民法典以英国普通法为基础，魁北克省民法典却是由法国的《拿破仑法典》（法国民法典）衍生而来的。因此，在加拿大全国范围内拓展商业活动的外国公司和投资者必须确保其法律顾问熟悉两个法律体系。与美国相类似，普通法系统依据的是法院多年来对法律的解释。而魁北克所沿用的大陆法系统则通过法院的决定来解释立法者的意图和权威，同时也依据成文的民法典，民法典提出了私法法律关系中可接受行为或行动的标准。

4. 加拿大的法院

加拿大的法院体系本身呈金字塔型。在金字塔顶端是加拿大联邦最高法院，它是上诉终审法院，对加拿大的法律具有最终解释权。最高法院可以宣布某项法律全部或部分无效。各级法院在处理类似案例时必须沿用最高法院的有关解释。只有议会或有关立法机构方可根据其相关权限改变最高法院解释的效力。

商业性质的法律诉讼程序通常在联邦法院或省高级法院（由联邦任命的法官主持）举行。在多伦多，安大略省的多数商业案件得以在专门的商业法庭审理；其他省份的某些法官也非正式地受委任主持商业诉讼审理。对于法律费用，加拿大拥有“输方支付”的体系——法庭交战的输方通常支付赢方的部分法律费用。当事人支付给律师的律师费用是不能报销。换句话说，每一方支付各自的律师费。

最高法院之下是各省上诉法院。各省上诉法院的判决对本省其他各级法院具有约束力。在有些省份当中，部分法院会认真考虑其他某省上诉法院的决定，但是，除非本省上诉法院对此表示同意，否则并不必沿用其它省上诉法院的决定。

在各省上诉法院之下，则是各省的初审法院和特别法院，对各类民事和刑事案件进行审理。

5. 加拿大的集体诉讼

加拿大的多数省份——包括人口最稠密的安大略省和魁北克省——都有适用于集体诉讼的法规。即便在其他司法辖区，也可代表很多人提起诉讼，即“代表”诉讼。在加拿大，特别是魁北克省，对集体诉讼持相对欢迎的态度。

三、加拿大商业组织形式

（一）商业组织形式概述

在加拿大，从事商业活动最常采用的一些组织形式是公司制企业、有限合伙企业、合伙企业、信托公司、共有、合资企业和无限责任公司。商业组织体形式的选择在个案中可能取决于投资者的具体情况，对从事活动的性质、融资方法、所得税的支出和与活动相关的潜在责任问题，不可一概而论。

在加拿大设立或收购企业时，我们既需要考虑联邦法，同时也要考虑企业经营所在省份的法规。认真考虑加拿大联邦及各省法律之下经商的不同形式，有助于帮助投资者决定经商的最适当方式。各省法律通常对商业实体的形式予以规定，但在加拿大也可按联邦法律注册公司。加拿大十个省份中有九个省的法律体系和三个地区的法律体系遵循普通法，而在魁北克省，其法律体系遵循民法典。由于加拿大其他普通法省份的法律制定和程序与安大略省相似，故本文主要采用安大略省的信息。

（二）子公司

对于在加拿大经商的外国实体首先考虑的是选择直接以由母公司在加拿大设立分支机构，还是通过在加拿大建立实体来从事商业活动。在作出决定之前，需综合考虑以下问题：就税务而论，投资方的所在国要如何处理加拿大国家企业的收入？可否明智地把母公司的资产同在加拿大的公司造成的赔偿要求相隔离？是由一方还是多方拥有加拿大的企业？可否达到联邦政府、省政府和市政府激励政策的标准和加拿大税务方面的考量？

在加拿大，外国实体的分支机构在加拿大任何省份经商均要登记注册。此外，对外国实体的要求和加拿大本土公司的要求在很多方面相同，均需向联邦政府和省政府提交相关信息披露和申报。

1. 私营公司和公众公司

根据加拿大法律，公司可分为非公开发行股票公司（通常称为“私营或私人控股公司”）以及公开发行股票的公司。私营公司在股票转让及其股东数量上通常会有些限制（某些个人如员工除外）且不得向公众发行股票。公众公司则无此等限制，但公众公司向公众发行和交易其股份时，必须遵循各省的证券法和证券交易所的规定。

由于私营公司的股东通常积极介入公司的管理，故其不需要那些公众公司股东必需的法律保护。公众公司关于董事、内幕交易、代理权征求、财务报表报备、审计师任命、收购要约和公开披露等相关的规定均不适用于私营公司。但无论哪种公司，股东对于影响公司的一些基本变动均享有重大权力，包括保留异议和要求估价的权力。同时也可因受压制而享有广泛的救济。

2. 联邦级公司与省级公司

外国实体决定组建加拿大子公司，则子公司可以根据加拿大法律组建成联邦级公司，或根据加拿大某个省份的法律组建成省级公司。组建这类公司程序非常简单，不需要任何政府级审批。需要做的是简单申报并在各种税收部门（以及其他政府部门）登记注册该公司。公司资本化情况为个人的选择，也无须经过批准，尽管税收政策可能会影响个人的选择。除非公司为上市公司，否则公司的股份资本和财务信息不必公开。

如果某一公司希望在多个省份或国外开展业务，则可考虑按联邦法律注册联邦公司。《加拿大商业公司法案》（以下简称“CBCA”）适用于按照联邦法律组建的公司。加拿大的十个省份有可比的立法，尽管法律在不同方面存在差异。通常而言，联邦级公司具有自然人的能力和权限，可以在加拿大任何地方经营，可以在任何省份使用其名称。各省通过要求在该省经营的公司注册、申报收入和付费等的法律来监管联邦级公司的活动。

无论是联邦级公司还是省级公司，只要该公司在公司所属辖区以外的省份经营，该公司就必须在经营所在地所处的省份注册或获取外省执照。如果公司名称在要求执照的省份不被接受（如具有相似名称的公司已经在该省注册），那么登记可能不予批准。在魁北克省，公司必须拥有双语名称或法语版名称，但名称是注册商标的情况除外。

董事会议可以在加拿大或以外的地方举行，如安大略省的公司董事会议可以在加拿大或以外的地方举行；但某些辖区要求在公司章程或章程细则内特别指明董事会议可在加拿大或以外的地方举行。

3. 公司建立的程序与费用

在加拿大注册公司应根据《加拿大商业公司法》或各省的相关公司法（在安大略省为《商业公司法》）提供要求的文件。

《加拿大商业公司法》及类似法令下应提供的最重要文件是公司的章程，公司章程列出了公司名称、股本、股份转让的限制、董事数量及公司业务的范围。在卑诗省，提交的章程申报书会列出公司名称、核定资本、某一类股票是否具特别权力或限制、公司董事的姓名与住址以及关于公司内部事务处理的规定。在其他大部分地区，卑诗省公司章程范围内的问题则在公司注册之后由董事和股东通过的公司章程细则进行处理。大部分法令均规定，公司像自然人一样具有资格和权利，无须具体说明公司注册的宗旨。

各省对公司的名称都有严格规定，以避免名称含义过广或产生误导。部分地区设有预审程序，有时在申请成立之前也可预先要求保留公司名称。此外魁北克《法语宪章》还要求在魁北克开展业务的公司必须使用法文名称。

按规定提交文件并支付费用之后公司就自动成立。监管机构发放成立执照之日即为公司成立之日。

成立一家加拿大公司的政府方面费用在大部分地区均比较低廉。但在新斯科舍省，成立无限责任公司的费用远高于平均水平，并采用年费形式。各省也可能在公司开始开展业务时收取较为低廉的注册费用。

4. 对加拿大居民董事人数的要求

对于CBCA公司（按照联邦法律组建），加拿大居民董事人数的要求降到25%的水平（董事委员会在加拿大居民董事人数上没有要求）。对于CBCA公司，出席作出商业决定的董事会议的加拿大居民董事人数不得少于25%。如果加拿大居民董事通过书面或电子方式批准商业决定（否则需要出席），CBCA允许董事会在没有达到最低人数的加拿大居民董事出席的情况下作出商业决定。

董事人数低于4名的CBCA公司，至少需有一名加拿大居民董事。对于需要作出商业决定的董事会议，该加拿大居民董事必须出席；如果该加拿大居民董事缺席，其必须通过书面或电子方式批准商业决定。对于适用于法律法规规定加拿大居民所有权最低要求的CBCA公司，董事会（和董事委员会）绝大多数成员必须是加拿大居民。需要注意的是，有些外国投资者会选择在不列颠哥伦比亚省、新不伦瑞克省、魁北克省、育空地区或新斯科舍省组建公司。这些省份或地区没有加拿大居民董事要求的商业公司法规。

5. 公司资本的形成

（1）股份。

股份代表公司资本的组成部分，使持股者有权在公司清算时按其相应权利获取公司资产。股款缴清后方可发行股份（虽然魁北克省法律规定部分之前已经存在的公司可以采取股份制度)。

根据加拿大联邦法令和大部分省的公司法，公司不可发行具有票面值的股份。对于公司可发行股本的最高或最低限额并无特殊规定，公司注册文件当中另行规定的除外。加拿大法律允许一人股东的公司。

对于如何设计适当的公司资本结构，加拿大公司法具有极大灵活性。注册章程会具体说明允许发行哪一种类的股票及有关的重要条件。股份可分为投票股或非投票股，或具有有限投票或不按比例投票的权利。注册文件中对于红利支付和公司清算时的相关权利均有具体规定。如在章程中无具体规定，则按照安大略省和联邦法律的规定，股东在今后股份发行当中并不具有优先购买权利。公司对股份的赎回或回购以及红利的支付，按法律规定都需要符合偿付能力标准。在一些省份，对公司股东和其他内部人士提供财务支持也有具体法律规定，但联邦和安大略省不再有此规定。

(2)债务融资。

可通过借贷方式筹集公司资金。除非公司组建文件或股东一致协议另行规定，否则董事可批准借贷。但是，在未经授权即举借债务的情况下，对公司董事的限制条款通常并不能使公司有权对抗第三方。公司也有权用其资产提供担保和抵押。

(三)分公司

外国公司可通过在加拿大设立分公司而在加拿大开展业务，但应达到《加拿大投资法》及各省有关注册和许可法规的要求。

加拿大子公司在国外税收上不与其他运营部门视为一体。故在预期亏损的初始阶段，在以分公司方式经营业务的公司，根据国内法律的规定，允许用在加拿大的亏损来抵销在国内的盈利。分公司作为外国公司的一部分而开展业务，可从此类安排中获得税务上的优势。但是，外国公司对其加拿大业务所产生的债务和责任承担无限责任，这不同于外国公司通过一家独立的公司(除了卑诗省、阿尔伯塔省或新斯科舍省的无限责任公司以外)在加拿大开展业务，并持有该公司股份的情况。

利用外国公司的分公司在加拿大任何省份经商均要求申请外省执照，在申请中说明申请的公司结构并指定省内“服务代理人”。执照上的企业或公司名称须获得省级有关机构的批准。利用分公司经商的外国公司受联邦及省级法律的管辖，故可考虑首先在本国设立一个全资子公司，其次该子公司在加拿大设立分公司。根据本国法律不同，外国母公司可以避免加拿大运营部门的直接法律责任，但是仍旧可能将加拿大分公司的损失计入本公司的财务报表，以有利于税收。

（四）过渡实体

在某些情况下，因为美国税法的规定，美国投资者想通过“过渡实体”持有加拿大公司的权益。虽然这个目标一般不可能通过加拿大或省级公司实现，但阿尔伯塔省、不列颠哥伦比亚省和新不伦瑞克省允许建立无限责任公司（以下简称“ULC”）。在美国，无限责任公司被视为与合伙企业或“勾选”过渡实体等同的公司。但是，利用该等过渡实体越来越困难，因为最近对加拿大、美国税务条约的修订法否认该等实体利益的条款。

（五）合伙企业及合营企业

与加拿大一个或多个个人或企业组成合伙企业或合营企业，在特定情况下，特别在税收方面，是一种具有吸引力的经营方式。但在其他情况下不具有吸引力，例如，根据加拿大预扣税的规定，非加拿大合伙人或合伙公司须缴纳预扣税。如果非加拿大居民通过在加拿大组建子公司的方式拥有合伙企业或合营企业的股份，还应考虑上述与子公司相关的税务问题。如果非加拿大居民投资者直接参与合伙公司或合营企业（考虑到外国税收或其他问题），就等同于通过加拿大分公司经营。该非加拿大居民一方应获得合伙或合营企业经营地所在省份的外省执照。

如果考虑合伙企业，那么通常合伙人会签订一份详细的合伙协议，以避免在没有协议的情况下某些合伙立法条款的自动适用。有限合伙企业通常用于投资目的，使有限合伙人在保持有限责任的同时获得税收抵销。通过组建合伙企业，可以让普通合伙人（承担无限责任的合伙人）以公司形式存在，以维持对合伙企业的有限责任。例如，安大略省的《有限合伙法》与其他省份和美国各州的立法相似。

真正的合营企业或共有权安排，通常涉及一个或多个公司，避免了适用于合伙人的无限连带责任。它们还使得合营或共有权人能够控制税收抵销标准，而不被强制使用与其他合营人同样的抵销标准（这一点在合伙企业是不可能的）。合营企业协议必须清楚表明企业性质为合营，而非合伙。

（六）特许经营许可及执照

由非加拿大居民人士从外国直接授予加拿大人特许经营许可或执照。生意是从加拿大国外经营的，在加拿大的持证人为在加拿大内独立经营的实体。使用这种方法，不需要特别考虑建立分别的加拿大商业结构。鉴于非加拿大居民人士没有在加拿大经营，从税收上讲，非加拿大居民人士将从加拿大经营证照或经营许可证持有人处得到收入，减去任何适用的加拿大预扣所得税。

另外，可以在加拿大设立实体，由该实体从事特许经营许可或执照授权；该实体的活动与外国母公司活动相同。非加拿大居民人士设立尚未在加拿大领域经营的该种实体，需要根据《加拿大投资法》通报，并可能需要经过审查。无论使用哪种方法，重要的是要确保许可人或者授权人的知识产权（如商标、专利和版权）在加拿大得到适当保护。阿尔伯塔省、安大略省、新不伦瑞克省以及爱德华王子岛要求授予特许经营权的一方在授予前，提交给被授予方一份按规定表格填写的信息公开表。目前，很多国家授权人的商业惯例是，起草合并信息公开表以便在四个要求披露的省份披露，并在自愿的基础上，在加拿大其他省份披露。

四、加拿大争议解决机制

（一）加拿大法院系统

与美国及英国的法院体系相类似，加拿大有两套平行的法院体系，即联邦法院和省级法院。在加拿大的十省三区，均设有联邦法院和省级法院。和加拿大的其他地区不同，魁北克省采用大陆法体系，而其他各省和地区的法院采用普通法体系。

联邦法院的司法管辖范围包括对加拿大政府提起的索赔和联邦监管范围内的民事诉讼，包括海事、知识产权和航空，以及对联邦行政法庭裁决的异议。不同于省级和特区高等法院，联邦法院不享有广泛的民事管辖权。

加拿大省级高等法院被推定同时兼具联邦法律和省级法律的司法权，故对于有些争议，省级和联邦法院均有管辖权。一方面，除非某一事由根据联邦法律属于加拿大联邦法院的管辖范围，否则各省的高级法院对各类案件享有固有的审判管辖权。除魁北克省之外，所有省份和特区均为普通法管辖区域。另一方面，魁北克为大陆法管辖区域，其首部民法典以法国《拿破仑法典》为范本。虽然仍然存在一些不同，但是管辖每一省份和地区的规则和程序类似。

具体而言，加拿大法院系统由以下三个部分组成：

（1）联邦法院，其拥有管辖权的标的事项与商业环境的联系通常较小。其管辖事务包括海事、航空运输、著作权和原住民法。

（2）省高等法院，由省政府管理，但法官由联邦政府任命。商业纠纷通常由此等法院解决。

（3）省法院，对儿童福利、小额索赔及轻微刑事案件等事务享有管辖权。省法院的法官由省政府任命。

每个省都设有一个上诉法院，当事人有权将高等法院的最终判决上诉到此等法院。加拿大最高法院是加拿大级别最高的法院，该院审理来自终审法院（通常是各省或特区的上诉法院或者联邦上诉法院）的上诉案件。只有在经加拿大最高法院允许后，当事人才能上诉至该法院。

（二）民事诉讼程序

对于民事纠纷，各省区对于法院的审理和裁判行为均制定了程序规则。

以安大略省和魁北克省为例，两省的高等法院具有普通管辖权，并且主审该省范围内适用的程序规则或制定法未予明文排除在外的任何案件，包括审理刑事和民事案件。两省的高等法院的诉讼均由一名法官独任审理。与某些其他民法管辖区域的诉讼程序相比，在魁北克省，法官的角色与普通法管辖区（如安大略省）一样，仅限于享有判决权的人。法官不负责调查其所审理诉讼的事实。在魁北克省，民事案件不适用陪审团审判。所有初审案件均由法官独任审理。在安大略省，所有案件的原告有权将其案件提交陪审团审理。实践中，陪审团审判常见于人身伤害诉讼，鲜见于商业纠纷。不存在必须由陪审团审理的民法诉讼类型。法院保留驳回陪审申请书并且要求法官独任审理的裁量权。视案件复杂程度，法院可驳回陪审申请书。

适用于加拿大诉讼的民事诉讼程序规则允许当事人交换诉状和答辩状，然后交换有关争议的文件。在开庭之前，民事诉讼各方均需提交与诉讼相关的证据文件。证据文件的定义较广，目前包括电子邮件、计算机文件、磁带录音或录像等。在大多数省份，各方的主要责任即提供所有相关证据文件。但在魁北克省，当事方只需要提供一审时所需要的证据文件，或根据特殊要求提供文件。文件披露之后，当事方有权对另一方的一名代表进行质证。与美国制度不同，加拿大各省的法规通常不会默认允许对非当事方或另一方超过一名的代表进行质证。以安大略省为例，如果一方希望对某公司的多位代表或多位证人进行质证，则需要得到法庭批准后方可进行。

安大略省高等法院就其享有管辖权的一系列商业事宜（如破产、债权人权利、股东纠纷、公司安排等）保持一份“商业案件清单”。列入该清单的案件因得到高效处理以及法官的专业性得到了高度认可。

部分省份对于诉讼程序有特别的管理规则。这些案件管理规则使司法系统可以更深地介入诉讼的开展，并制定了诉讼期限等强制性规定。

加拿大的官方语言为英语和法语，加拿大（包括安大略省和魁北克省）法律程序的一方当事人通常有权要求法院以英语和法语中的任何一种语言审理案件。

（三）成本与诉讼费用的补偿

加拿大法院系统的原则通常要求败诉方在诉讼结束后支付诉讼费用（在部分省份中，该原则不适用于所有集团诉讼）。

在安大略省和魁北克省，当事人的部分诉讼费用可以通过费用判决予以补偿。费用补偿判决通常会判给胜诉方，但法院有权不作费用判决，或者判决与败诉方平摊费用。法院在行使其裁量权时会考虑很多因素，包括程序的复杂程度以及任何一方不必要地导致程序缩短或延长的行为，或者不适当的、无理纠缠的或不必要的行为。但法院判决的费用通常并不能补偿当事人招致的全部法律费用。

大部分省份采用了与安大略省类似的制度，可判决两类费用。最常见的一类费用为安大略省的部分赔偿，胜诉方可从败诉方收到大约25%—35%的诉讼费用。如果一方的行为极为恶劣，或者原告有效地提出了和解要约，法院可判决更高比例的费用，这被称为重大赔偿，通常是部分赔偿费用的1.5倍。付现费用等大部分固定费用通常予以全额赔偿，专家费用则需接受与律师费类似的审核，补偿金额可能较少。对于是否判予费用赔偿以及判予的金额，法院具有最终的自由裁量权。取决于案件情况、和解要约及胜诉方在诉讼中的行为，甚至可能出现败诉方从胜诉方获得费用赔偿的可能（虽然这十分罕见）。在诉讼标的具有公共利益因素的情况下，可要求各方承担自身的费用。根据地方规定或者法院批准，所有省份均允许律师收取成功酬金。在部分省份，集团诉讼还有享受公款补助的可能。

在魁北克省，费用补偿仅限于对起诉收取的管理费、法院诉讼收费单中确定的某些款项（通常大大低于实际费用）以及某些开支，如抄录费、专家酬劳等。此外，对于争议金额超过10万加元的案件，还会对10万加元以上的部分判处1%的费用。在“重大”案件中，法院也有权在所有其他费用之外判处“特别费用”。但判处特别费用的情况非常少见。

（四）损害赔偿

加拿大允许惩罚性、加重和惩戒性损害赔偿，法官在民事侵权案件中常常判予这类损害赔偿。在一般情况下，加拿大侵权损害赔偿额远远低于美国法院判予的金额，而在违约案件中很少判予。

（五）其他争议解决方式

鉴于诉讼的费用和所耗时间，加拿大已稳固地建立了替代性争议解决机制。当事人可以通过多种争议解决机制（“ADR”）（包括仲裁和/或调解）协商解决争议。

大部分情况下此类替代方式均有自愿性。但安大略省就某些类型的案件出台了强制调解的规定，要求各方在开庭之前召开调解会议，在卑诗省，按有关程序规定，某一当事方可要求其他各方出席调解会议。

在适当情形下，与传统的诉讼相比，替代性争议解决方式可能极为高效，且能大大降低费用。此等方式也可能帮助各当事方找到合理的解决方案，使其能够继续维持业务关系。

1. 调解

调解，是指通过中立的第三方开展工作，以寻求争议解决方案。加拿大某些地区，各方必须在审理前接受调解。调解需要一名中立的“调解人”，调解人对当事人之间的争议进行评估并努力促成和解。调解不具约束性，开展调解的各方共识是，如果调解未达成一致意见，各方可终止调解继续进行诉讼。受过专业训练、经验丰富调解人士，备受尊敬的律师和退休法官都可以担任调解人。各方有权选择自己的调解员。除了强制性法庭调解之外，各方通常还将案件交付自愿调解。

在安大略省，高等法院启动的某些类型的程序必须进行强制调解。否则，当事人不需要参与调解。魁北克法院也规定了此种选择，即当事人可在诉讼程序的任何阶段召开和解会议，会议由一名法官主持，不公开、保密且不影响当事人合法权利也不需要当事人支付费用。魁北克省的诉讼当事人也可以同意指定一名私人调解人进行和解调停。如果这项目前在魁北克省提议的修正案通过，法律将需考虑提出在诉讼程序以前的其他解决方式。

2. 仲裁

（1）国际仲裁。

1986年，加拿大开始实施《联合国承认和执行外国仲裁裁决公约》(United Nations Convention on the Recognition and Enforcement of Foreign Arbitral Awards)。加拿大各省和联邦都实施了《联合国国际贸易法委员会国际商事仲裁示范法》(UNCITRAL Model Law on International Commercial Arbitration)。

（2）国内仲裁。

各省都有国内仲裁法。但是，各省仲裁法之间存在着很大的差异，特别是在是否可就仲裁裁决向法院提起上诉以及当事人可在何种程度上通过合同作出与法律条款不同的规定等方面。

与调解相比，仲裁是更为正式的程序，往往具有约束力。在加拿大，许多商业合同现在规定了具有约束力的仲裁或其他形式的替代争议解决方式，作为在法院以外解决合同中争议的替代方式。在仲裁过程中，对争议事由具有专业经验的仲裁员会审查证据和各方理由，类似于法院的庭审。与法院程序相比，仲裁程序有时（并非总是）正式程度较低，费用也较低，并能在非公开的情况下较快地完结。在开始仲裁或调解程序之前，当事方通常会签订仲裁或调解协议，对调解或仲裁程序的相关事宜作出规定。但安大略省和魁北克省进行的仲裁有各种适用的仲裁法规。

在魁北克省，仲裁协议是《魁北克民法典》项下认可（指定）的合同，无须正式认可即可实施。仲裁员拥有裁决与其自身职权（管辖权）相关的事项。如果已经向法院起诉的案件之争议标的为当事人之间已有的仲裁协议所涵盖，则在该案件立案并决定审判之前，经当事人一方请求（且该当事人尚未接受法院的管辖），法院可以将案件移交仲裁。非经《魁北克民法典》明确授权，法官不得干预仲裁过程，但经一方当事人请求，可以采取临时措施协助仲裁程序。魁北克省进行的仲裁程序受合同约束，或者若没有合同，则受《魁北克民法典》相关规定约束。

在安大略省，仲裁受《国际商事仲裁法》或（安大略省）《仲裁法》约束。《国际商事仲裁法》适用于涉及商业标的且具有国际性的争议，亦即争议所涉当事人的经营场所位于不同国家。《国际商事仲裁法》对根据联合国国际贸易委员会通过的《联合国国际贸易法委员会示范法》进行的仲裁进行规范。该示范法程序灵活，允许相关当事人在《国际商事仲裁法》框架内从根本上定制最适合自己的程序。

如果《国际商事仲裁法》不适用，且当事人已经书面或口头同意将争议提交仲裁解决，则（安大略省）《仲裁法》得适用于所有非劳务性质的国内仲裁。与《魁北克民法典》规定类似，（安大略省）《仲裁法》规定，仲裁员有权依其职权作出裁决。如果已经在安大略省法院启动诉讼程序的事项受仲裁管辖，在一方当事人申请时，该法院应当终止法庭诉讼程序并移交仲裁，少数情形除外。但是，安大略省法院可颁布不同的命令来协助仲裁程序的进行。

（六）起诉前采取的措施

通常情况下，通过向法院提交适当文件起诉的，起诉之前无须实施任何行为。但上述规则存在例外情形。如当法律的合宪性受到质疑或政府（联邦或省级）另行牵涉其中的，需要在提起诉讼之前或当日向政府发出事先特别通知。通常做法为有意提起诉讼的一方在起诉前向对方当事人发出催告函，何时实施该行为对其索赔没有影响，但负有催告义务的情形除外。事实上，发出该等催告通常是明智做法，因为催告函可以标明利息起算之日。

每一省各有其自身时效期限，诉讼必须在该期限内提起。在安大略省，多数民事索赔例如合同违约和过失的一般时效期限为两年。在魁北克省，多数民事索赔的一般时效期限为三年。然而，在某些情形下，相关时效期限可能不同。除时效期限外，在普通法省份和地区，若适用衡平法原则（如迟误或默认），索赔可能因延迟而丧失时效。任何有意提起诉讼的当事人一旦知悉其可能提出索赔，应立即寻求法律意见对任何可能到期的有效期予以保护。

1. 启动法律程序

在安大略省，有两种方式可以提起法院程序：诉讼和申请。在魁北克省，所有程序均通过提起诉讼动议的方式提起。动议是一份简明扼要的事实声明，且其中的事实构成提起诉讼和寻求赔偿的基础。动议与传唤被告正式出庭应诉并告知其出庭向法官提出起诉动议日期的通知一并提供。除特殊情形外，前述日期不得早于送达之日起30日。

2. 应诉

在安大略省和魁北克省，原诉法律程序文件一经送达，被告即享有规定的应诉时限。诉讼和动议的应诉方式均为递交答辩状。对申请书的应答方式为递交出庭通知。在魁北克省，被保人须在递交原始动议的10天之内向法院记录提交正式出庭，否则原告可以在被告缺席的情况下进行诉讼。在诉讼或动议中，如果被告有意向原告索赔，也可以提起反诉，同时也可以联合该等诉讼的另一被告或第三方。如果被告有意对第三方提出与原诉讼相关的索赔，其可以提出第三方索赔（在魁北克省被称为担保诉讼）。在多个被告人的情况下，任何一名被告人都可以向其他一名及以上的被告人提起反诉。与诉讼有利害关系但还不是当事人的一方，可以在判决之前的任何时间，作为完整当事人或法院之友向法院寻求准许干预诉讼。

3. 证据披露程序

在加拿大的民事诉讼中，争议的性质和范围根据各方交付的诉状确定。诉状主要由上文所述的文件（起诉书、申请通知、动议通知和答辩状）

构成。诉状为规定（或辩论）争议所涉的所有重大事实的简要陈述。诉状旨在界定与审判相关的事实和问题。

（1）文件证据披露。

在安大略省，诉讼每一方当事人均应当在各方权力、占有或控制范围内向对方当事人出示相关文件（受特权保护的文件除外）。在魁北克省，任何一方都没有义务向其他各方列举或出示相关文件。相反各方均必须通过传票或在口头询问过程中具体要求其他方出示具体和确定的相关文件。根据证据采纳规则，各方应当提供前述文件的副本。在安大略省和魁北克省，法院可以责令第三方于审前出示相关文件，但前提是该等命令符合司法利益。

（2）口头证据披露。

在安大略省和魁北克省，各方获准于审前在庭外向其他各方提问，并且由法院速记员正式记录问题和答案。该等“询问”的正式证言笔录事后可被并入庭审记录或用于审理的交叉询问时质疑证人。各方通常仅有权询问对方当事人的一名代表，但经法庭许可可以获准在例外情形下询问一方或第三方的多名代表。各方可以在口头证据披露过程中基于证据规则提出反对。随后该等反对应该提交法官裁决。在安大略省和魁北克省，（据以书面提问和答复的）书面质询可用于替代口头证据披露，但极少采用。

（3）视同/默示承诺规则。

在进行书面证据披露和通过口头询问方式证据披露时，除若干限定情形外，诉讼当事方不得将从其他方获取的证据或信息用于法院审理程序以外的任何目的。

（七）动议和其他中间程序

1. 审前动议

在安大略省和魁北克省，动议可以在庭审之前或过程中的任何时间向法院提出。除紧急的特殊情形外，动议的目的（及动议本身）必须通过向其他方发出事先通知的方式予以书面证据披露。

2. 简易判决或终结诉讼的动议

在安大略省，若被告能够证明不存在需要庭审的真正争议点，法院可以通过简易判决方式在预备阶段终结诉讼。魁北克省无该等简易判决程序。但魁北克省准许法院就“程序使用不当”施以多种处罚，包括基于案情实质终结诉讼，条件是其缺乏根据、无意义或故意拖延。魁北克法院也具有处罚一方各种无理滥诉、争吵、恶意或过分行为的自由裁量权。该权利设立的目的之一是惩罚那些通常被称为“SLAPP”的案件程序，即“针对公众参与的战略性诉讼”。在魁北克省，寻求在预备阶段终结诉讼的一方（不管是以何种理由），其所承担的证明责任都非常重大。

3. 禁令

在安大略省和魁北克省，一方可以向法院申请禁令，其为禁止当事人从事某项行为或者要求当事人实施某项行为的命令。禁令可以具备永久性并且由终审判决裁定，也可以临时授予直至作出终审判决。临时性禁令通常仅在下列条件下方可授予：动议方能够确定其将在没有禁令的情况下遭受不可弥补的损害（特别是不能通过金钱损害赔偿予以补偿的损害）；和便利平衡利于授予禁令。在安大略省和魁北克省，若法院其后裁定不应当签发禁令，两省的一般规则为寻求禁令的一方因临时性禁令被责令作出承诺或支付保证金以赔偿另一方遭受的任何损失，但事实上该等情形在安大略与魁北克相比更为常见。

4. 判前查封令和扣押

在安大略省，若诉讼涉及土地权益的权利索赔，原告在法院授权（可以未经被告的通知请求）下，能够就涉案财产所有权登记“未决诉讼证明”。该等登记不会限制财产处分，但其将会提醒第三方可能最终导致抵押财产的原告索赔。

在魁北克省，原告可以在审判前的任何时间，向法官申请在审判前扣押被告财产的授权，条件是有理由认定若无该等救济，原告可能无法收回其债务。财产由法庭官员扣押并随后交其指定的监护人托管，除非原告授权被告保管所扣押的财产。在判决前扣押的财产不会被移交给原告，直到最终判决对其十分有利。原告也可以在法律明文规定的某些特殊情形下，未经法官授权在审判前扣押被告财产，包括当财产属于原告享有合法权利重新证实的动产时。

（八）判决、命令和上诉

1. 判决、命令

庭审结束之后，法律将根据各方争议作出最终判决。判决可以当庭公开宣读的方式作出，也可以将判决书交法院办公室保存。在安大略省，尽管由法院来对争议作出决定并提供判决理由，但通常是由当事人来起草法院命令并将之提交法院批准签字。在魁北克省，判决由法庭起草并发布，由首席法官签署。

在安大略省和魁北克省，最终判决可以修订、撤销或变更，但仅限于极少数情形。在安大略省，如果确定法庭命令是以欺诈方式取得或者新取得的事实无法在庭审时作为证据披露，且此种证据披露很可能影响命令的结果，则该命令可以撤销或变更。同样，在魁北克省，如果程序存在瑕疵，法官判非所请或未依据起诉的基本理由之一判决、判决所依据的文件事后被发现是虚假的或者基于对方的欺诈，或者判决作出之后发现了因不可抗拒的情形或对方当事人行为阻挠而无法提供的决定性文件，则法庭的命令可以变更或撤销。

2. 上诉

通常最终判决作出后，当事人唯一的选择就是向高等法院上诉，这也是大多数情形下可以获得的追索权。在安大略省和魁北克省，法官不得审判自己判决的上诉案，也不得参与任何此等上诉案的合议。此外，两省的上诉法庭均享有广泛的裁量权，可发出其认为公正的任何上诉审命令，包括撤销下级法院判决并代之以自身的判决、将争议发回原审法官或其他法官重审或判决，或一并解散上诉庭。

在上诉审中，视上诉的情形不同，可适用不同的复核标准。一般而言，上诉法庭会给予庭审法官或陪审团作出的事实判决以极大尊重，只有此种判决明显错误并构成显著且极重要的错误时才会撤销。纯法律问题的判决受到的尊重较少，且一旦被认为错误，通常会被撤销。法律和事实混合的问题受到尊重的程度与纯事实问题受到尊重的程度相同。

3. 缺席判决

在安大略省和魁北克省，如果被告在获得原审法律文书送达之后不予进行法庭答辩（魁北克称为应诉），则原告有权取得对被告不利的缺席判决。某些情形下，缺席判决均可撤销。在魁北克省，当事人若欲撤销缺席判决，必须证明其受到意外、欺诈事件阻挠而无法答辩或者有其他充分理由，以此证明其不答辩的正当性。在安大略省，如果被告能够证明其不答辩并非出于故意或蓄意、已经立即寻求撤销该缺席判决且其进行答辩有益处，则法院会撤销缺席判决。

4. 和解判决

在安大略省和魁北克省，被告可以在诉讼程序的任何阶段、全部或部分同意原告的主张。如果被告仅同意原告的部分主张，则该部分主张的判决可立即作出，而其余部分主张将继续该诉讼程序。

（九）特别程序

1. 集体诉讼

集体诉讼是一种由一人或多人提起的诉讼，由该一人或多人在对相同的被告的相似请求中代表一“类”人的利益。

2. 简易与小额索赔程序

在安大略省，可依简易程序提起金额为10万加元或以下关于金钱、不动产或动产的索赔。所涉金额不超过2.5万加元的案件可向小额索赔法庭提起，比起高等法院，该法庭对正式程序的要求较少。在魁北克省，只要原告不是雇工5人以上的实体，且索赔金额不超过15 000加元，则案件通常必须在小额索赔法庭审理，且仅在极其例外情形下，此种审理才需要律师代理。

3. 竞争法庭程序

竞争法庭可因当事人被指控违反《竞争法》而启动诉讼程序。竞争法管辖诸如合并、误导性广告宣传以及限制性行规等事项。竞争法庭是一个严格意义上的审判机关，其运作独立于任何政府部门。竞争法庭由经济、商业和法律领域专家组成。

4. 证券委员会程序

加拿大每个省份均有证券监管机关，监督资本市场，包括股票、固定收益及衍生产品。在安大略省，安大略证券委员会（以下简称“OSC”）是一家独立核算的国有企业，对安大略省议会负责。在魁北克省，金融市场管理局（以下简称“AMF”）被授权执行与魁北克金融行业（包括证券行业）监管相关的法律。魁北克省的独立动产裁决与审核局（Bureau de décision et de révision en valeurs mobiliéres）（以下简称“裁审局”）是一个行政法庭，负责在一审案件中行使《魁北克证券法》规定的某些权力。该局有权如发出有关收购要约或发行人要约的命令；有权责令停止证券或衍生产品交易相关的活动；或者下令禁止某人以董事或高管身份行事。该局还行使审查AMF决定的权力。一经向高等法院备案，该局的决定即与高等法院判决具备同等可执行性，拥有高等法院判决所具有的全部效力。为开展此等审理，该局已经通过了其自行制定的程序规则。对该局最终决定的上诉应向魁北克法院（魁北克的省级法院）提出，经上诉法院法官同意，魁北克法院的决定也可上诉到上诉法院。

五、加拿大外商投资监管法

加拿大对外商投资的限制很少，但仍然存在某些审查，并且某些行业的确存在来自联邦或省级层面的特别限制。《加拿大投资法》适用于所有“非加拿大人”，这包括所有非加拿大公民或永久居民的人士，以及任何非由加拿大人控制或实益拥有的实体。

《加拿大投资法》包含两种独立的审查程序。这两种程序各有不同的门槛和流程，并考量不同的因素。第一种程序仅审查超过某个特定金额门槛的重大投资。该程序考量此等投资是否将“使加拿大获得净利益”。第二种程序普遍适用于任何非加拿大人在加拿大或进入加拿大的投资，不受规模大小限制。该程序考量的是，根据合理的预期，此等投资是否将损害加拿大的国家安全。

（一）告知与“加拿大净利益”审查

非加拿大人在加拿大新设企业，或收购现有加拿大企业控制权必须提交一份关于该投资的简明扼要的“告知”；或者一份更为详细的“审查申请”。若非加拿大人在加拿大开始一项新的业务或收购一家现有“加拿大企业”的控制权，并且此等行为无须接受“加拿大净利益”审查，则该非加拿大人必须提交一份告知。“加拿大企业”是指符合下列条件的在加拿大经营的企业：（1）在加拿大拥有经营场所；（2）一名或多名与业务相关而受雇或自雇的个人；（3）在加拿大拥有用于经营该业务的资产。企业目前的所有权或控制权与此项判定无关，因此在加拿大运营的外资实体仍将被视为“加拿大企业”。若仅要求“告知”，则该告知必须在非加拿大人实施任何投资之前或实施该投资后30天内提交。然而，若该投资适用“净利益”审查且必须提交一份审查申请，在大多数情况下，该申请必须在投资实施之前提交，并且审查程序必须在此前完成。

（二）“加拿大净利益”审查的适用门槛

在非加拿大人收购现有加拿大企业控制权的情况下，若收购的资产的账面价值超过以下适用门槛之一，则此等收购需通过“净利益”审查，而不能仅仅履行告知。

1.若投资者来自非世界贸易组织（“WTO”）成员国的国家，则任何超过

500万加元的直接收购，或超过 5 000万加元的间接收购均须通过“净利益”审查。

2.受制于如下所述的例外情形，若投资者来自WTO成员国，则任何超过3.54亿加元的直接收购均需通过审查（来自WTO成员国投资者的间接投资无须审查）。

3.通常适用于来自 WTO 成员国投资者的 3.54 亿加元门槛不适用于对任何从事文化产业（如书籍、杂志、报纸、电影或音乐的出版、发行或销售）的加拿大公司的收购。上述文化投资适用于以上第一段列明的较低的审查门槛。

需注意，受制于与文化企业相关的特殊条款，《加拿大投资法》中的“净利益”审查条款只适用于收购加拿大企业“控制权”或其实质上全部资产的情形。《加拿大投资法》只规定了非加拿大人收购加拿大企业“控制权”的某些指定的方式。如果拟议交易不属于这些特定方式的范围，则不存在《加拿大投资法》意义上的控制权收购，并且该交易也无须通过“净利益”审查。需特别注意，若非加拿大人仅通过合同、协议（如知识产权许可协议）取得对加拿大企业有效的或事实上的控制权，但并未发生股权、表决权或资产等其他收购，则交易无须通过“净利益”审查。

（三）申请程序

根据《加拿大投资法》提交告知或审查申请（视情形而定）的义务仅适用于作出投资的非加拿大人。参与交易的加拿大企业或卖方没有申报义务，但其通常会提供必要的信息以协助投资者完成所需的申报。提交告知或审查申请均无须缴纳申报费。

自一份完整的审查申请提交日开始，工业部长（以下简称“部长”）拥有 45 天的期限决定该拟议投资是否将给加拿大带来净利益。如果部长认为有必要延期以完成审查，其可单方面将初始审查期延长30 天（这是通常的做法）。任何进一步的延期必须征得投资者同意，但投资者通常会同意。此外，如果投资属于或可能属于国家安全审查范围（如下所述），“净利益”审查期将自动延长。通常，审查申请提交后，必须由部长作出该项投资将给加拿大带来净利益的判定，提交申请的投资者才能执行拟议投资。

（四）“净利益”因素

根据“净利益”审查条款，部长的总体任务为判定拟议投资是否将给加拿大带来净利益。《加拿大投资法》列明了部长在作出判定的过程中必须考虑的具体因素。针对这些因素在国有企业投资者情况下的适用，部长还发布了特别的指南，即《国有企业投资净利益评估指南》。《部长指南》特别规定，国有企业的治理结构和商业定位将是部长在“ 净利益”审查过程中特别考虑的因素。

（五）“国家安全”审查

《加拿大投资法》下发的第二种审查程序是“国家安全”审查。若非加拿大人对加拿大的任何直接或间接投资可能损害国家安全，则其必须接受国家安全审查，不论其金额大小。如果被认定为具有潜在危险性，则投资可被完全否决，或者被允许按照院督（实际上是联邦内阁）认为可接受的条款和条件实施。若投资已实施，其也可能会被命令分拆。

（六）国家安全审查程序

国家安全审查程序适用于非加拿大人对加拿大的所有拟议的或已实施的投资，包括在加拿大设立新企业，收购加拿大企业的控制权，收购加拿大企业的全部或部分运营，或建立实体以在加拿大开展全部或部分运营等。总的来说，部长在投资者提交告知和审查申请（如上所述，这是“净利益”审查程序的一部分）的过程中应当了解交易是否存在潜在的国家安全方面的担忧。所有此等交易都可能需接受国家安全审查。然而，国家安全审查程序的潜在适用范围更广，它还适用于根据“净利益”程序无须告知或审查的交易，包括少数股权投资。

（七）企业所有权限制

除《加拿大投资法》的条款以外，联邦政府和各省政府均在某些战略性或敏感性行业设定了企业所有权限制。

（1）金融机构。

一般而言，未经部长批准，外资银行不得在任何加拿大银行（包括加拿大银行的子公司在内）中持有任何股份种类中的超过 10% 的股份。该一般原则有各种例外情形。

（2）广播。

为了鼓励加拿大人拥有并控制广播实体，加拿大议会颁布了一项广播许可的一般规则，即此等许可不授予非加拿大人或非加拿大人直接或间接有效管控的公司。

（3）电信。

为了鼓励加拿大人拥有并控制普通电信运营商，加拿大议会颁布了一项一般规则，即电信运营商必须是根据加拿大法律或省级法律设立或存续，并由加拿大人拥有和控制的公司，才有资格在加拿大运营公用载波电信业务。

（4）航空运输。

一般而言，国内航线经营许可只签发给由加拿大人实际控制，并且由加拿大人拥有并控制 75% 以上表决权的公司。国际航线经营许可可以签发给提出申请的非加拿大人，但条件是该非加拿大申请人符合特定的资格要求。

六、加拿大税法

加拿大税法基于两个重要的概念，即居民地位和收入来源。在加拿大，加拿大居民的收入和非加拿大居民来源于加拿大的收入必须缴纳加拿大所得税。根据联邦《所得税法》（Income Tax Act，“ITA”）第一部分，加拿大居民就其在全球范围内的收入缴纳所得税，而非加拿大居民则需就其来源于加拿大境内的收入缴纳所得税。非加拿大居民的收入通常包括因在加拿大境内受雇、开展业务或出售“应税加拿大资产”而取得的收入。根据《所得税法》第十三部分，非加拿大居民可能还需就某些类型的消极收入缴纳加拿大预提税，其中包括利息、股息、租金和特许权使用费。

（一）居民地位

为确定加拿大所得税意义上的个人居民地位，通常需要判定该个人是否在加拿大境内“经常居住”，或者与加拿大建立了重要的居住联系。《所得税法》还将某些人士视为加拿大居民。若个人任意一年内在加拿大实际居住总天数达到或超过183天，则其被视为全年在加拿大居住。如果一家公司在1965年4月26日之后的任何时候在加拿大成立，则该公司被视为加拿大居民纳税人。此外，如果一家在外国司法辖区成立的公司董事会在加拿大召开，或对该公司的控制是在加拿大行使的，则该公司将被视为加拿大居民纳税人。在该外国司法辖区与加拿大签订了税收协定的情况下，如果发现个人或公司同时在不止一个国家拥有居民地位，则可能会适用进一步的联系切断规则。

（二）所得税税率

联邦个人所得税采用边际税率，税率随着收入额的提高而提高。2013年联邦个人所得税的边际税率是：应税收入中第一部分（43 561加元）的税率为15%；第二部分（43 562加元）的税率为22%；第三部分（43 931加元）的税率为26%；超过135 054加元的部分的税率为29%。除联邦所得税以外，省级或地区所得税也是根据收入征收。

（三）申报与报告要求

加拿大居民须向加拿大税务局（Canada Revenue Agency，“CRA”）提交加拿大年度所得税申报表，报告其在全球范围内的所得。同样，加拿大居民还须针对特定的外国财产权益以及与非独立的非居民或外国信托的交易提交信息申报表。公司必须在纳税年度结束后的六个月内提交企业所得税申报表。

根据《所得税法》负有纳税义务的非加拿大居民也必须向加拿大税务局提交纳税申报表。非加拿大居民可能还必须根据适用于居民纳税人的规则自行估定并交纳预估税。非加拿大居民的股利等被动收入本身不会使非加拿大居民承担提交加拿大所得税申报的义务。但是，此等款项的支付人必须向加拿大税务局提交信息单，并可能需要就此等款项代扣代缴税款。

（四）业务所得

非加拿大居民业务所得是否应缴纳加拿大所得税通常取决于该业务活动是否足以形成加拿大应税商业存在。若非加拿大居民“在加拿大开展业务”，则须为其业务所得纳税。认定是否在加拿大开展业务应依据普通法原则及特定的推定规则。然而，若非加拿大居民在加拿大开展业务并且其居住国与加拿大签订了税收协定，则其仅需就其通过加拿大“常设机构”开展的业务的所得在加拿大纳税。在此等情形下，业务利润可能需在加拿大纳税，但仅限于可归属于常设机构的利润。

（五）受雇所得

《所得税法》规定，若非加拿大居民个人在加拿大受雇，且其应税所得可归属于其在加拿大担任职务或受雇期间的履行职责行为，则其应在加拿大纳税。个人是否在加拿大受雇取决于其实际提供雇佣服务的地点。若非加拿大居民通过电话、网络或其他通信工具向加拿大居民远程提供服务，则通常不认为此等服务在加拿大提供。雇主的居民地位通常与受雇所得来源的判定无关。在某些情况下，加拿大受雇所得可享受税收减免。根据加拿大签订的许多税收协定，在加拿大提供服务的所得若满足以下条件则无须在加拿大纳税：

（1）来自协定成员国的居民在一个日历年度内（或任意 12 个期间月）

在加拿大连续或累计居住的期间不超过183天；

（2）在根据《所得税法》计算加拿大居民雇主的应税所得，或计算可归属于非居民雇主在加拿大的常设机构或固定场所的应税所得的过程中，此等薪酬未被扣除。

（六）处置加拿大财产所得

非加拿大居民有义务就处置"应税加拿大财产"获得的资本利得在加拿大纳税。"应税加拿大财产"的定义包括但不限于加拿大的不动产及资源性资产、用于开展业务的加拿大资产以及特定公司的股份。任何此类财产的处置均应报告。同样，此等所得可能得以根据加拿大签订的税收协定享受税收减免。加拿大税收协定的一般模式是，限制加拿大的税收管辖权仅限于对非加拿大居民在"转让"不动产或常设机构或固定场所的财产时产生的资本利得征税。针对其他类型财产转让的资本利得，税收协定通常排除加拿大政府的征税权利。

（七）预提税

加拿大居民向非加拿大居民支付的利息、租金、特许权使用费、股息、管理或行政费用或其他指定的款项缴纳25%的非居民预提税。若作为收款人的非加拿大居民是与加拿大签订了税收协定的国家的居民，预提税率通常适用相关协定条款规定的优惠税率。特定类型的支付可享受预提税特别免税，其中包括特定类型的特许权使用费以及就公司欠独立债权人的债务支付的非参与利息。

（八）分支机构税

《所得税法》还对所有在加拿大开展业务的非加拿大居民公司征收"分支机构税"。该项税收旨在取代就加拿大子公司向其非加拿大居民母公司支付的股利征收的非加拿大居民预提税。若无分支机构税，则从节税的角度而言，在加拿大设立分支机构将优于在加拿大设立子公司，因为该子公司的业务所得本身需缴纳企业所得税，从中分配给非加拿大居民股东的股利还需纳税。相反，分支机构所得则仅需缴纳企业所得税。所以，非加拿大居民来源于加拿大的业务利润需缴纳25%的分支机构税（适用某些调整）。

（九）非居民信托的加拿大税收

如上所述，纳税人的居民地位将决定加拿大在何种程度上享有税收管辖权。因此，与非加拿大居民个人一样，非加拿大居民信托无须在加拿大纳税，除非该信托有来源于加拿大的所得。然而，若在某些情形下非加拿大居民信托被认定为加拿大居民，则其应就全球范围内的所得在加拿大纳税。

（十）资本税

一些省份征收公司资本税，不同省份的税率各不相同。

（十一）货物与销售税

联邦和大多数省级政府还针对货物及服务销售征收各种税，在某些情形下还就不动产转让征税。这些税收包括消费税、销售税、燃料税及土地转让税。

（十二）增值税

加拿大根据《消费税法》（Excise Tax Act）针对加拿大的商品及服务消费征收多阶段商品及服务税（“GST”）。加拿大有些省份选择将其零售税与联邦GST合并。

（十三）省级零售税

萨斯喀彻温省、曼尼托巴省和不列颠哥伦比亚省征收零售税。这些税直接针对应税货物和服务向买方、消费者或承租租赁人征收，通常基于被征税货物或服务的售价或租金征收。各省税率不一样，从5%到8%不等。

魁北克省征收单独的销售税，即魁北克省销售税（“QST”），其适用的商品及服务范围大体上与GST相同。QST是一项增值税，在性质和适用上类似于联邦GST，其税率为9.975%。在单独征收销售税的省份提供应税商品或服务的企业必须取得省级供应商许可。获得许可的供应商代理省政府收取买方或消费者的应纳税款。通常，只要货物是用来转售而非个人消费或使用，则获得许可的供应商之间的销售可免税。

（十四）其他省税收

大部分省份征收林业和矿产运营税，并对石油和天然气开采征收矿区使用费。另外还联邦及/或省还对其他某些商品征收额外的税收，这些商品包括酒精饮料、烟草制品、燃料和其他特定物品。某些省、市还对房地产转让征税。

七、外商投资加拿大地产

在加拿大，房地产立法主要由各省负责。除了魁北克省以外，各省的房地产法都是从英国普通法演变而来。在魁北克省，房地产法由《拿破仑法典》衍生的《魁北克民法典》管辖。在加拿大，对于房地产权利，没有宪法的保护。政府或准政府权力机构可以征用地产；但是，必须支付适当的补偿金。一般来说，土地权益可以是房地产产权或通过契约享有租赁权。各户拥有独立产权的公寓或分层契业权在加拿大各地也很普遍。各省份都有公开土地产权注册系统，通过该系统可以确认所有权并注册土地权益。

（一）投资载体

可以通过各种法律结构来投资加拿大房地产，包括普通合伙、有限合伙、合资（通常称为“合营企业”）、公司、信托、个人所有及上述结构的任何组合形式。选择适当法律结构由各种因素决定，包括税收筹划要求、责任问题、商业考虑和各个外国投资者的规则和法规。

（二）并购

房地产交易的首要文件自然是买卖双方的购销协议，但在签署购销协议之前通常会先签署无法律约束力的意向书，该意向书规定了已达成协议的主要交易条款。该协议应包含所有必要的交易条款，其中包括土地描述、购买价格、押金（如有）、交接日期及任何其他特殊条款。该协议一般包含对买方和/或卖方有利的条件，以及卖方的陈述和保证，在较小程度上，还有买方的陈述和保证。

1. 尽职调查

一旦签订了购销协议，通常由买方负责（通常通过律师）对所购房地产进行尽职调查。调查内容包括查询产权和区域划分，以及审阅房地产的租赁契约和测绘。对于房地产（尤其是对较陈旧的房产）的环境和物理事宜，通常会进行独立的工程审查。

2. 产权保险

产权保险在加拿大各地均可买到，买方的律师可以向买方提供有关产权的意见。有了产权保险，买方依赖保单确认产权，而不是律师的意见。

（三）租赁

1. 地块租赁

房地产可以租赁，也可以购买。一种租赁方式是长期地块租赁，在此情况下，承租人租赁空地进行开发。一旦开发完成，地块承租人可以根据开发类型，将其分租给零售、办公室或工业租户。地块租赁权可以与房地产产权一样的方式进行买卖。

2. 商业租赁

加拿大的大多数商业办公场所和零售场所，以及很多标准工业场所只能通过商业租赁才可租到。大多数商业租赁交易以租赁协议开始，但在此之前通常会先签订没有法律约束力的意向书。租赁协议通常具有法律约束力，包含各方已达成协议的商业条款，如空间、租期、租金及任何吸引租房的优惠条件等。

加拿大的商业租赁通常以净/净租金为基础，即要求租户支付基本租金加上由按比例分担的物业税、保险、水电气费和商业大厦的其他维护费。零售租赁中，租户还可能按年销售额的一个比例来缴纳租金。

3. 住房租赁

住宅租赁由省级立法管辖。在某些情况下，不管契约方的意图是什么，适用的立法都可能会推翻租赁条款。在某些省份，省级立法限制房东上调租金的能力。

（四）融资

大多数房地产融资是通过银行、信托公司、养老金基金、信用社和保险公司这类贷款机构完成。贷款机构的信用条款各有不同，并取决于交易类别及涉及的风险。

1. 利率

房地产融资的利率一般在规定期间内固定或浮动，浮动利息根据贷款机构定期设定的“基本利率”而定。基本利率根据加拿大银行不时宣布的利率来决定。借款人可考虑以其他货币贷款，并可选择贷款利率定价，包括加拿大政府债券利率、伦敦银行同业拆放利率和银行承兑汇票。通常贷款机构会收取一些费用，如承诺费和处理费。通常情况下，借款方负责支付安排房地产贷款所产生的贷款机构的律师费和其他费用。

2. 主要和附属抵押担保

贷款机构一般收取以房地产和相关形式资产的主要及附属抵押担保。典型的主要担保包括：房地产按揭与抵押、包含对房地产固定抵押的债券，以及某些情况下（不止一家贷款机构参与），一份保障房地产按揭或债券的信托契约，并包含对房地产的特定抵押。附属担保通常包括：租赁和租金转让，总担保协议以及个人担保。

3. 外国借贷机构

因为在加拿大的许多外国借贷机构是世界主要银行的子公司，它们通常通过由加拿大主要借贷机构安排的银团贷款来参与借贷。无论是通过银团还是直接参与借贷，外国借贷机构获得的利息要扣除一定的预扣税款及其他形式的税款。

4. 环境利害

加拿大有很多详细的环境保护法律。这些法律要求土地业主及造成污染的人承担相应责任。

业主对从其产业排放到环境中的污染物和有害材料负有责任。请注意，由于废物管理不当导致的责任可由下一个业主继承。

（五）环境风险评估

买方应评估与所购房地产相关的环境风险。在加拿大，政府官员不会“认证”某物业不存在环境风险。可以通过查询适用公司和公共记录来确定房地产的环境情况。在很多情况下，买方会希望对所购物业进行“环境审核”，环境审核可能包括对物业进行科学测试和技术分析。借贷机构在发放贷款前，通常要求对物业进行环境审核。

（六）开发控制

物业开发由省政府管辖，主要是在市级。市政当局一般通过官方规划和区域划分法规来控制土地使用和开发密度。许多市政当局收取辖区内的新开发项目费用。有些省份限制业主将地产划分成几块再行出售。

新项目的建设也受到省级和市级立法的管辖。建筑规范除了规定现有建筑的维护外，还制定了楼宇建筑的特定标准。大多数市政当局要求在建筑施工开始前获得建筑许可证和所有的监管批准。

1. 房地产经纪人立法

一般情况下，人们在房地产经纪人的帮助下处理或购买房地产。加拿大的房地产经纪人受到特定法规的管辖。每个省都有监管房地产交易的立法。

在安大略省，由安大略省房地产委员会负责监管房地产交易，实施《2002年房地产及商业经纪法》，该法规定，所有的经纪公司、经纪人、销售人员和涉及房地产交易的任何人都应在安大略省房地产委员会注册。安大略省房地产委员会成员接受道德规范，道德规范是立法的一部分，规定了成员如何在安大略省开展业务。根据该法，安大略省房地产委员会可以收取一定费用，其委员会主席有权建议、撤销或限制经纪人的注册。安大略省房地产委员会设置投诉、巡查和处罚程序，确保委员会成员出现不道德行为时能够采取有效措施。

2. 按揭经纪人立法

正如房地产经纪人一样，加拿大的按揭经纪、贷款机构和管理者均受到特定法规的管辖。这些法规由不同的省级立法管辖。在安大略省，《2006年按揭经纪、贷款机构与管理者法案》要求，所有安大略省的按揭经纪公司、管理者、经纪人和代理人必须获得许可证才可执业。其他很多省份已经出台相似法律或正在考虑出台相似法律。

3. 土地转让税

在某些省份，转让房地产时要征收土地转让税。支付的税额根据房地产代价款额的不同而不同。可能会免收某些土地租赁权或其他权益的税收。

八、加拿大商业人士的移民程序

（一）非移民或临时入境

基本的规则是，所有非加拿大公民且非加拿大永久居民的人必须持有工作许可才能在加拿大工作。通常，只有在相关职位无合格加拿大人可用时才会授予工作许可。但这一基本规则也有很多例外情形，在这些情况下，要么无须工作许可，要么很容易获得工作许可。以下是一些广为利用的该基本规则的例外情形。

1. 商务访问者

如果某人寻求在不直接进入加拿大劳动力市场的情况下在加拿大从事国际性商业活动，则其可以商务访问者的身份进入加拿大且无须工作许可。若某人商务活动的主要报酬来自加拿大境外，且该业务雇主的主要营业场所位于加拿大境外且其大部分利润来自加拿大境外，及/或其提供的服务不与加拿大公民或永久居民提供的服务直接竞争，则此等人士将被视为未直接进入加拿大劳动力市场。另外，若加拿大境外企业的代表为参加商务会议，购买加拿大商品或服务，或在其雇主的加拿大母公司或子公司举办或接受培训的目的而访问加拿大，其可以在没有工作许可的情况下在加拿大工作。以上对被允许行为的列举并未穷尽，但它们的确是一些最常用的工作许可豁免条件。

2. 工作许可

如果某外国公民进入加拿大从事商务活动的目的超出了商务访问者条款的范围，其必须取得工作许可。工作许可可在许多不同的类别下取得：

（1）公司内部调派人员。公司内部调派人员是某些类型的外国商务人士来加工作的最迅速、最便利的方式之一。公司内部调派人员必须是处于公司高管、管理人员或具备雇主所提供产品、服务、工艺或流程所需专业知识的职位人员，受雇于位于加拿大境外的分支机构、子公司或母公司至少一年，并寻求进入加拿大并在某一加拿大关联公司以高管、管理人员或具备公司所需专业知识人员的身份短期工作。

（2）为加拿大创造重要的就业或其他利益。若某人的受雇将为加拿大制造、保持大量就业机会或带来其他利益，则其可利用“重要利益”类别。例如，若某人不符合公司内部调派人员类别的要求，但其具备在加拿大开展业务的公司财务、行政管理或程序性事务方面的知识，且能证明其受雇将产生重要利益，则可利用该类别。但是，除特殊情况以外，移民局官员通常不愿行使其自由裁量权而在此类别下授予工作许可，仅在极不寻常的情况下才会在该类别下授予工作许可。

（3）根据贸易协定入境。加拿大签署的某些国际贸易协定，如《北美自由贸易协定》《服务贸易总协定》《加拿大-智利自由贸易协定》，允许拥有其他成员国国籍的特定类别工人短期入境。在这些协定下，通常可授予三类工作许可：①贸易商和投资者；②专业人士；③公司内部调派人员。针对这些类别的人员，无须由加拿大服务局（Service Canada）出具《劳动力市场意见》，且入境手续通常较为快捷。

（4）经确认的工作邀请。若外国工人无法获得以上或其他豁免类别，则必须取得加拿大服务局出具的《劳动力市场意见》。在加拿大，对外国工人工作邀请的评估标准因地区而异，取决于就业水平、劳务市场状况以及该职位的性质特性。关键因素是必须使加拿大服务局确信，无可用的、适合承担该项工作的合格加拿大公民或永久居民（因已在加拿大开展该特殊招聘或发布招聘广告），或者，换言之，聘用该外国工人不会对加拿大劳动力市场造成负面影响。

（二）外国工人家属

通常，一份工作许可允许一位配偶（婚姻或同居配偶，并且两种情况均包括同性配偶）和子女与被许可在加拿大工作的工人同行。还允许受抚养子女在加拿大就读中小学。但不允许配偶或子女在加拿大就业。然而在很多情况下，配偶有望依照加拿大配偶工作许可计划（Canada's Spousal Work Permit Program）获得工作许可。此外，在安大略省和阿尔伯塔省，受抚养子女也可获得工作许可。